应用型本科金融学十二五规划系列教材

杨艳华 ◆ 主编

保险学

JIN RONG XUE

（第二版）

厦门大学出版社 国家一级出版社
XIAMEN UNIVERSITY PRESS 全国百佳图书出版单位

图书在版编目(CIP)数据

保险学/杨艳华主编.—2 版.—厦门:厦门大学出版社,2020.1
应用型本科金融学十二五规划系列教材/吴军梅,李良雄主编
ISBN 978-7-5615-6040-2

Ⅰ.①保… Ⅱ.①杨… Ⅲ.①保险学—高等学校—教材 Ⅳ.①F840

中国版本图书馆 CIP 数据核字(2016)第 088942 号

出 版 人 郑文礼
责任编辑 许红兵
封面设计 蒋卓群
技术编辑 朱 楷

出版发行 厦门大学出版社
社 址 厦门市软件园二期望海路 39 号
邮政编码 361008
总 机 0592-2181111 0592-2181406(传真)
营销中心 0592-2184458 0592-2181365
网 址 http://www.xmupress.com
邮 箱 xmup@xmupress.com
印 刷 厦门兴立通印刷设计有限公司

开本 787 mm×1 092 mm 1/16
印张 20.75
字数 480 千字
印数 1～2 500 册
版次 2016 年 7 月第 1 版 2020 年 1 月第 2 版
印次 2020 年 1 月第 1 次印刷
定价 48.00 元

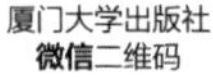

厦门大学出版社
微博二维码

第二版前言

本书是从事保险专业教学多年的一线教师针对应用型院校的教学需求而编写的一本保险学教材。编者在注重保险理论的基础上加强了实务内容，强调理论性与实践性的有机结合，强调学生实践能力的培养。

为达到应用型本科教学需求这一目的，我们在编写教材时，紧密联系保险市场发展的最新动态，力争使本书内容更符合当前的形势，注意做好以下几点：

普适性。本教材既可供保险学专业学生使用，也可供其他经济类相关专业学生使用。教材内容既体现了一定的专业性，又兼顾了非保险专业学生的学习需求。

基础性。本教材注重保险学的基础知识和基本原理，没有过多强调理论的深度与广度，能保证应用型本科学生的理解和掌握，为后续课程留下了合理的空间。

实践性。在教材中我们加入了大量的专栏知识、一定的理论前沿和真实的案例分析与讨论等，便于学生对知识的深入理解。

使用便利性。我们在每一章后提供了章节小结、复习思考题、习题和案例分析，以方便读者对知识的复习和巩固。

与第一版相比，本版在结构上未做大的调整，大部分内容保持原貌。但在以下几个方面做了调整、修订和补充。一是《保险法》于 2015 年重新修订后，书中相关内容随着保险法的修订做了调整。二是车险改革内容较多，对机动车辆保险这一章的内容做了较大幅度的修订。三是更换了不少案例，使所举案例更贴近现时；课后习题也做了调整和补充，并配有参考答案。同时，本版还增加了配套的课件供大家下载使用。

本书由杨艳华担任主编，负责教材大纲的拟定和编写组织工作，并对全书作整理修订。由王明梅担任副主编。各章修订分工如下：第一章、第六章由曾怡修订；第三章、第十章由杨艳华修订；第二章、第四章由邱全俊修订；第五章由王明梅修订；第七章由王丹修订；第八章由李玉水修订；第九章由洪琛修订。

杨艳华对本书作了校对工作。(以上人员均为福建江夏学院金融学院教师)。

本书在编写过程中参阅了大量其他编者和作者的有关论著及文章,在此一并表示诚挚的感谢。

由于保险业处在不断地发展过程中,也由于编者水平有限,书中有不足之处,恳请读者批评指正。

编者

2019 年 10 月

目 录

第1章 风险与风险管理

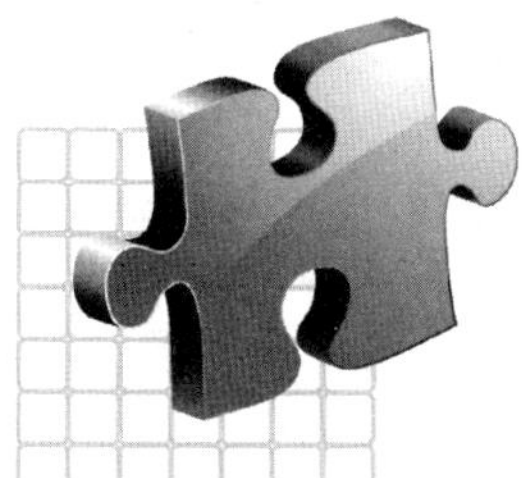

学习目标

通过本章的学习，使学生了解并掌握风险的含义、构成要素、特征及种类；风险管理的含义、程序与方法，为进一步学习保险知识奠定基础。

学习要点

风险的构成要素；风险的特征；风险的种类；风险管理的方法。

案例导读

台风“利奇马”于2019年8月4日15时许获得日本气象厅命名，8月7日5时许被中央气象台升格为台风，8月7日23时许被中央气象台进一步升格为超强台风，并继续向西北方向移动，向浙江沿海靠近，并于8月10日1时45分许在浙江省温岭市城南镇沿海登陆，登陆时中心附近最大风力有16级(52m/s)，这使其成为2019年以来登陆中国的最强台风和1949年以来登陆浙江第三强的台风；随后其纵穿浙江、江苏两省并移入黄海海面，又于8月11日20时50分许在山东省青岛市黄岛区沿海再次登陆，登陆时中心附近最大风力有9级(23m/s)，此后其移入渤海海面并不断减弱，最终于8月13日14时被中央气象台停止编号。

截至2019年8月14日10时，“利奇马”共造成中国1402.4万人受灾，57人死亡(其中浙江45人，安徽5人，山东5人，江苏1人，台湾1人)，14人失踪(浙江3人，安徽4人，山东7人)，209.7万人紧急转移安置，直接经济损失537.2亿元人民币。

我们对死伤人员感到痛心的同时，也再一次感受到了风险的难料与无情。那么，人们应该如何认识风险？如何对风险进行有效的管理和控制，减少其可能给人类造成的威胁和损失呢？

风险的存在是保险产生和发展的基础，“无风险无保险”。因而在学习正式的保险内容之前，应先了解风险与风险管理。

第一节　风险概述

风险是促使保险产生和推动保险发展的根源和动力。一个没有风险的世界是枯燥乏味、死气沉沉的，当然也就不需要保险了。那么，风险到底是什么？

一、风险的含义

风险处处有，人人都在谈。比如人们谈论的投资风险、人身风险、财产风险、市场风险等，与风险有关的词语与事物比比皆是。那么，究竟什么是风险呢？不同的人可能有不同的回答，不同的人对风险也有不同的理解。

风险是指某种事件发生的不确定性。在人们从事某种活动或者对某件事情做出决策时，未来结果都是不确定的，从而导致某种事件发生或不发生。从广义上讲，只要某一事件的发生存在着两种或两种以上的可能，那么就可认为该事件存在着风险。从狭义的角度讲，风险仅指损失发生的不确定性。具体来说，该“不确定性”主要表现在三个方面：一是发生与否的不确定，二是发生时间的不确定性，三是发生时导致的结果不确定。

知识链接 

有关风险的主要学说

究竟什么是风险？由于各类研究的角度和实践中所需结果的不同，对风险的定义在国内外学术界尚无统一的意见。归纳起来，关于风险的学说主要有以下几种：

一、风险客观说

风险客观说的学者认为，风险是客观存在的损失的不确定性。因为风险是客观存在的，所以它是可以预测的。在对风险事故进行观察的基础上，可以用统计观点以客观概率对这种不确定性加以定义并测量其大小，而且所有的结果都以金钱来计价。保险精算和安全工程领域的风险概念都属于风险客观说。

在实际中，由于应用领域不同，测量风险的指标又有很多不同的选择。

(1)“损失可能性”学派。这一学派的着眼点在于损失发生的可能性，并用概率作为可能性的表达。实践中，很多工程项目的风险评估就是从这一角度出发的，例如江河防洪系统的水灾风险评估就将工程在使用期间内的失事概率定义为风险。

(2)“损失不确定性”学派。这一学派强调的是损失的不确定性，也用概率作为度量风险的指标。

(3)“损失差异性”学派。这一学派强调不确定事件所造成的结果之间的差异，差异越大，风险越大。

(4)“未来损失”学派。这一学派的代表观点是，风险为不同概率水平下的危险性，在某一概率水平下，危险越大，风险越大。

二、风险主观说

风险主观说并不否认风险的不确定性，但认为个人对未来的不确定性的认识与估计会同个人的知识、经验、精神和心理状态有关，不同的人面对相同的事物会有不同的判断，因此，所谓风险的不确定性是来源于主观的。心理学、社会学、文化人类学与哲学等领域的学者都持这一观点。

自20世纪80年代开始，部分学者就对风险客观说提出异议，指出了客观说存在两个主要问题：首先，有些方面的客观是相对的，其中的主观判断成分难以避免；其次，人们在进行风险评估时势必要加入自身的价值观与偏好，例如同一种损失对于不同财富的人来说，感觉可能不同，可见在风险评估这一阶段就不存在绝对的客观。由此可见，风险主观说的思维更贴近于实际决策，这种观点会日益得到重视。

三、风险因素结合说

这类学说不强调区分风险的客观性和主观性，而着眼于风险产生的原因和后果，认为风险是每个人和风险因素的结合体，灾害的发生及其后果与人类行为（人为因素）之间有着极为复杂的互动关系。

风险因素结合说由美国学者佩费尔（Pfeiffer）在1956年提出，在《保险与经济理论》一书中，他认为：不确定性是主观的，概率是客观的；某种事件的概率为1或0时，不存在不确定性，某种事件的发生和不发生，其概率相等时，不确定性最大，风险是按此概率测定出来的。该学说的主要观点是：风险是不幸事故与风险状态所存在的一种客观关系，其产生的相对频率可以由概率测定出来。风险和不确定性互为表里，前者是表面现象，以客观的概率进行测算；后者是心理状态，凭主观臆断进行测定。

二、风险的特征

风险的特征，指的是风险的本质及其发生规律的外在表现。理解风险的特征有助于更好地理解风险管理理论的相关原理，有利于正确认识和识别风险。概括起来，风险具有如下几个方面的特征：

（一）客观性

风险是一种客观存在。例如，自然灾害、意外事故、疏忽大意等损失风险是客观存在的，是不以人的意志为转移的。人们只能在一定时间和空间内改变风险存在和发生的条件，降低风险发生的频率和损失幅度，但不可能完全消除风险。但是，随着人类认识和管理水平的不断提高和改进，人类逐步发现，风险的发生具有一定的规律性，这种规律性为人类认识风险、估计风险、避免风险和管理风险提供了现实可能性。相反，如果没有这种规律性的存在，人类就无法有效地进行风险管理。

（二）普遍性

自人类出现以来，就面临着各种各样的风险，如自然灾害、疾病、伤害、战争等。随着科学技术的发展、生产力的提高、社会的进步以及人类的进化，人类又产生了新的风险，如企业面临着自然风险、市场风险、技术风险、政治风险等，甚至国家和政府机关也面临着各种风险。总之，风险已渗入社会、企业、个人生活的方方面面，无处不在，无时不在。正是由于这些普遍存在的对人类社会生产和人们生活构成威胁的风险，才有了保险存在的必要和发展的可能。

（三）不确定性

不确定性是风险最本质的特征，风险是各种不确定性因素的综合产物。不确定性通常包括以下三方面：

1.风险是否发生的不确定

与风险是否发生的不确定相对立的是确定性，即肯定发生或肯定不发生。就个体风险而言，其是否发生是偶然的，是一种随机现象，具有不确定性；但在总体上，风险的发生往往呈现出明显的规律性，具有一定的必然性。

2.发生时间的不确定

从总体上看，有些风险是必然发生的，但何时发生是不确定的。例如，生命风险中，死亡是必然发生的，这是人生的必然现象，但是具体到某一个人何时死亡，在其健康时是不可能确定的。

3.产生结果的不确定性

结果的不确定性，即损失程度的不确定性。例如，沿海地区每年都会遭受或大或小的台风袭击，但是人们对未来年份发生的台风是否会造成财产损失或人身伤害以及损失的程度如何，却无法预知。

正是风险的这种总体必然性与个体偶然性的统一，构成了风险的不确定性。

（四）可测性

风险的不确定说明风险基本上是一种随机现象，是不可预知的，这是就个别单位而言。就风险总体而言，根据数理统计原理，随机现象一定要服从于某种概率分布。也就是说，对一定时期内特定风险发生的频率和损失率，是可以依据概率论原理加以正确测定，即把不确定性化为确定性。最典型的例子是死亡表，它表明死亡对于个体来说是偶然事件，但是，通过对某一地区人的各年龄段死亡率的长期观察统计，就可以准确地得出该地区各年龄段稳定的死亡率，并加以测定。

所以说，风险客观存在的确定性和发生的不确定性，构成了保险的风险，两者缺一不可，而且可测性奠定了保险费率厘定的基础。

（五）发展性

人类在创造和发展物资资料生产的同时，也创造和发展了风险。尤其是当代高科技的开发和应用，使风险的发展性更为突出。风险的发展性主要表现在三个方面：第一，某些风险消失了，比如，一些固有的疾病已经在地球上的某些国家和地区彻底消失了；第二，某些风险减少了，随着人的素质的提高，一些不良行为逐渐减少，比如不遵守交规、乱扔烟头等行为，均可在一定程度上减少风险事故发生；第三，新的风险出现了，随着新产品、新技术的出现，人们又会面临着一系列新的、不确定的风险，如原子弹和核技术的发展，会带来核污染及核爆炸等风险。

三、风险的构成要素

风险本质上是未来的不确定。要全面描述或把握这种状态，识别、评估、防范、化解风险，就必须进一步剖析构成风险的本质要素。一般来说，风险的构成要素主要包括风险因素、风险事故和损失三个方面。

(一)风险因素

风险因素也叫风险条件，是指引发风险事故或在风险事故发生时致使损失增加的条件。因此，风险因素是就产生或增加损失频率与损失程度的情况来说的。风险因素是风险事故发生的潜在原因，是造成损失的内在或间接原因。

风险因素一般分为以下三种：

1.物质风险因素

物质风险因素是指有形的、能直接影响事物的物理功能的风险因素。比如，汽车的刹车系统失灵是车祸发生的物质风险因素，建筑材料不符合规定是引起建筑物火灾的物质风险因素，环境污染是影响人们身体健康的物质风险因素。这类风险因素是看得见、摸得着的，所以又叫作实质风险因素、有形风险因素。

2.道德风险因素

道德风险因素是指与人的品德修养有关的无形因素，即由于个人的不诚实、不正直或不良企图致使风险事故的发生，以致引起财产损失或人身伤亡的因素。比如，欺骗、纵火、盗窃、抢劫、贪污等恶意行为，均属于道德风险因素。

3.心理风险因素

心理风险因素是指与人的心理状态有关的无形因素，即由于人的主观上的疏忽或过失，以致增加了风险事故发生的机会或扩大损失程度的原因或条件。比如仓库值班员未尽职守，增加了盗窃风险的发生；锅炉工忘了及时给锅炉加水，增加了发生爆炸的可能性；人们出门忘了锁门，增加了被盗的可能性；企业或个人投保了财产保险后，放松了对保险财产的保护措施；个人投保人身保险后，忽视了自己的身体健康等。

道德风险因素和心理风险因素与人密切有关，前者侧重人的恶意行为，后者侧重人的善意行为，所以常将二者合并称为人为风险因素。

(二)风险事故

风险事故也称风险事件，是指造成损失的直接原因或外在原因，即风险有可能变成现实引起损失的结果。风险因素是间接原因，因为风险因素要通过风险事故的发生才能导致损失。比如说刹车失灵引起了车祸，这里刹车失灵是风险因素，车祸是风险事故。火灾、爆炸、地震、车祸、疾病等，是风险事故常见的表现形式。

风险事故与风险因素的区分有时并不是绝对的。例如，同样是暴风雨，如果是毁坏房屋、庄稼等，暴风雨就是风险事故；如果是造成路面积水、能见度差、道路泥泞，引起连环车祸，暴风雨就是风险因素，车祸才是风险事故。在这里，判定的标准就是看暴风雨是否直接引起损失。

(三)损失

损失作为风险管理和保险经营的一个重要概念，是指非故意的、非预期的、非计划的经济价值的减少，通常以货币单位衡量。这一定义包含两个重要因素：一是"非故意的、非预期的、非计划的"，二是"经济价值的减少"，两者缺一不可，否则就构不成损失。例如，恶意行为、折旧、面对正在受损失的物资可以抢救而不抢救等造成的后果，分别属于故意的、计划的、可预期的，因而不能称为"损失"。但是，车祸使受害人丧失一条胳膊，便是损失，因为车祸的发生满足第一个要素，而人的胳膊虽不能以经济价值来衡量，但丧失胳膊后所需医疗费以及因残疾而导致的收入减少可以用金钱来衡量，所以车祸的结果满足了第二个要素。

损失通常被分为两种形态，即直接损失和间接损失。所谓直接损失，是指实质风险事故导致的财产本身损失和人身伤害，也可称为实质损失；所谓间接损失，是指由直接损失引起的其他损失，包括额外费用损失、收入损失和责任损失等。在有些情况下，间接损失的金额可能非常大，有时甚至会超过直接损失。

（四）风险因素、风险事故和损失三者之间的关系

风险因素、风险事故和损失三者是风险的构成要素，构成风险统一体，三者缺一不可。只有具备了风险因素，才有发生风险事故的可能性；只有发生了风险事故，才有可能造成损失。缺少其中的任意一项，我们都不能称其为风险。如果将这种关系连接起来，便得到对风险的直接解释，如图 1-1 所示。

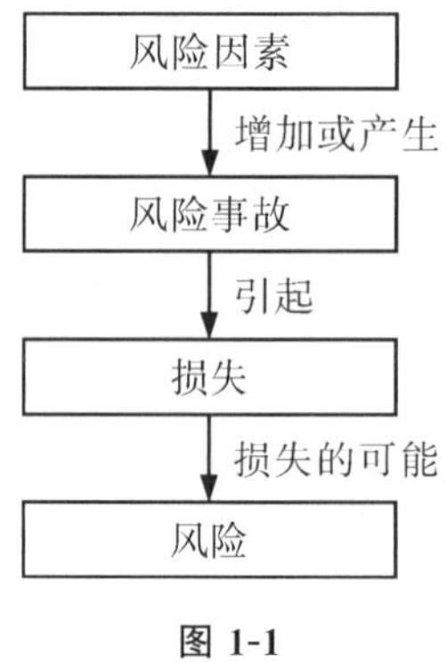

图 1-1

四、风险的分类

划分风险的种类，有助于更好地识别风险和管理风险。风险通常可按以下几种方法分类：

（一）按风险产生的环境分类

风险按其所产生的环境分类，可分为静态风险和动态风险。

静态风险是指由于自然力的不规则变动所导致的风险。它一般与社会经济和政治变动无关，在任何社会经济条件下都是不可避免的。例如台风、洪水，它们都是自然力不规则变动引起的。

动态风险是指由于社会经济或者政治的变动而导致的风险。例如，人口的增加、资本的增长、技术的进步、产业组织效率的提高、消费者爱好的转移、政治体制改革等，都有可

能引起风险。

上述两种风险都具有不确定性，二者的区别在于：

首先，损失不同。静态风险对于个体和社会来说，都是纯粹风险，而动态风险对于一部分个体可能有损失，但对另一部分个体则可能获利，从社会总体上看也不一定有损失，甚至受益，例如消费者爱好的转移，会引起旧产品失去销路，增加对新产品的需求。

其次，影响范围不同。静态风险通常只影响到少数个体，而动态风险的影响则比较广泛，往往会带来连锁反应。

再次，发生特点不同。静态风险在一定条件下具有一定的规律性，也就是服从概率分布，而动态风险则不具有这一特点，无规律可循。

最后，性质含量不同。静态风险一般均为纯粹风险，而动态风险包含纯粹风险和投机风险。比如商业萧条时期，商品大量积压，此属投机风险；而商品积压，遭受各种意外事故所致损失的机会就大，此为纯粹风险。

（二）按风险的性质分类

风险按其性质分类，可分为纯粹风险和投机风险。

纯粹风险是指只有损失机会而且没有获利可能的风险。自然灾害和意外事故，以及人的生老病死等，均属此类风险。

投机风险是指既有损失机会，又有获利可能的风险。例如商业行为上的价格投机、商业经营以及新技术开发等，就属于此类风险。

（三）按风险损害的对象分类

风险按其所损害的对象分类，可分为财产风险、责任风险、信用风险和人身风险。

财产风险是指可能导致一切有形财产发生损毁、灭失或者贬值的风险。例如建筑物有遭受火灾、地震、爆炸等损失的风险；汽车行驶有因碰撞、倾覆所致损失的风险等。至于因市场价格跌落致使某种财产贬值，则不属于财产风险，而是经济风险。

人身风险是指可能导致人的伤残、死亡或者丧失劳动力的风险。如疾病、意外事故、自然灾害等。这些风险都会造成经济收入的减少或支出的增加，影响本人或其所赡养的亲属的经济生活的安定。

责任风险是指个人或团体因行为上的疏忽或过失，造成他人的财产损失或者人身伤亡，依照法律、合同应负的经济赔偿责任的风险。例如司机驾驶机动车辆不慎造成行人伤残或死亡，企业生产销售有缺陷的产品给消费者带来的损害，雇主对雇员在从事职业范围内的活动中身体受到伤害等，以上各主体应负的经济赔偿责任均属于责任风险。

信用风险是指在经济交往中，权利人与义务人之间，由于一方的违约或违法行为给对方造成经济损失的风险。常见的信用风险有两类：债务人不能或不愿意履行债务而给债权人造成损失的风险；交易一方不履行业务而给交易对方造成经济损失的风险。

（四）按风险产生的原因分类

风险按其产生的原因分类，可分为自然风险、社会风险、经济风险和政治风险。

自然风险是指由于自然现象、物理现象和其他物质风险因素所导致的风险，如洪水、地震、风暴、火灾、泥石流等所致的人身伤亡或财产损失的风险。在各类风险中，自然风险是保险承保最多的风险。

社会风险是指由于个人或团体的行为或不行为使社会生产及人们的生活受到损失的风险，如人的过失行为、不当行为以及故意行为等都可能对他人的财产或身体造成损失或伤害。

政治风险是指又称国家风险，指在对外投资和贸易过程中，因政治原因或订约双方所不能控制的原因，使债权人可能遭受损失的风险。如因进口国发生战争、内乱而中止货物进口而造成的损失；因进口国实施进口或外汇管制，对输入货物加以限制或禁止输入而造成的损失等。

经济风险是指在经营活动过程中，受各种市场供求关系、经济贸易条件等因素变化的影响，或经营者决策失误、对前景预期出现偏差等导致经营失败的风险。比如企业生产规模的增减、价格的涨落和经营的盈亏等。

（五）按风险是否可分散分类

风险按其是否可分散来分类，分为可分散风险和不可分散风险。

可分散风险，又称非系统风险或公司特有风险，是指某些因素给个别经济单位带来经济损失的可能性。它是由个别单位的一些重要事件引起的，是可以通过多样化来避免的风险。

不可分散风险，又称系统风险或市场风险，是指某些因素给所有经济单位带来经济损失的可能性。这种风险是无法通过多样化来消除的。

区别可分散风险和不可分散风险，对于研究保险市场是非常必要的，它不但影响风险分担、购买保险的必要性，也涉及风险分担机制的建立和保险价格的确定等问题。

第二节　风险管理

一、风险管理的内涵及意义

了解了风险的相关知识后，我们应研究如何面对风险，如何对风险进行管理与控制。风险管理与控制的对象是风险，作为人类社会对客观存在的风险的主观能动性和经验的总结，风险管理古已有之。但作为一门系统性的管理科学，风险管理科学起源于 20 世纪四五十年代的美国。促成风险管理科学产生的因素是多方面的，其中发生在 20 世纪四五年代的几起重大事件是直接的推动力。如 1948 年美国钢铁工人的大罢工事件，1953 年美国通用汽车的变速箱厂发生火灾等，这些事件促使人们探索系统而科学的方法来有效防范和抑制重大事故的发生，避免风险事故给人们带来的灾难性后果。这便导致了 20 世纪五六十年代学术界和职业界关于风险管理科学的系统性研究和探索。

（一）风险管理的内涵

风险管理是指人们对各种风险的认识、控制和处理的主动行为。它要求人们研究风险发生和变化规律，估算风险对社会经济生活可能造成损害的程度，并选择有效的手段，有计划有目的地处理风险，以期用最小的成本代价获得最大的安全保障。

作为一门新兴的管理科学，风险管理既包括管理方面，又包括决策方面。从管理科学的角度讲，风险管理首先被定义为计划、组织、指挥和协调企业组织的有关活动的管理过程，并在费用合理支出的基础上将意外损失后果降低到最低程度。风险管理强调的"管理"与企业其他管理相联系，是一种旨在处理潜在意外损失的管理过程。作为一门决策科学，风险管理还被定义为决策过程。风险管理的决策过程表现为：根据企业的各项目标，识别与估计各类潜在的风险损失；分析和评价各类风险；选择风险管理技术；实施风险管理决策；评价风险管理决策及其实施效果。

其实风险管理是一个很大众的话题，因为每个人、每个经济单位无一不在时刻管理着自己面临的、潜在的各种风险。比如开车外出要备有一点钱，就是为了防范万一在途中发生意外，这种行为其实就是一种风险管理。

（二）风险管理的意义

对于任何一个经济单位而言，进行风险管理主要出于以下一些方面的需要：

1.安全需要

安全需要包括实际的部分和虚拟的部分。例如，保险保障就提供了安全需要的两种内涵：对于出险的客户，可以及时获得经济补偿；而对于未出险的客户，也满足了相应的心理安全需要。

2.经济需要

任何意外损失成本都涉及直接损失和间接损失，对遭受损失方来说都是一项沉重的财务负担，而且不确定性本身的存在会引起一系列的成本增加或资源的非正常使用，从而导致低效率等。这些因素的客观存在促使人们产生风险管理的需要，并希望借此获得某种经济补偿的可行安排。

3.执法需要

这是风险管理的国家宏观制度的动因。如为保护人民的生命财产安全，各国政府通常要求雇主执行最低的安全措施标准，包括职业安全规定和环境安全规定等。

二、风险管理的目标

风险管理的基本目标是以最小成本获得最大的安全保障。风险管理的目标对风险管理效果十分重要，这些目标必须是清晰的，否则，在以后实施过程中会产生很大的意见分歧。

按照损失发生的前后，风险管理的目标具体可分为损失前目标和损失后目标。前者是指通过风险管理消除和降低风险发生的可能性，为人们提供较安全的生产、生活环境；后者是指通过风险管理在损失出现后及时采取措施，使受损企业的生产得以迅速恢复，或使受损家园得以迅速重建。

（一）损失前目标

损失前目标是风险事故发生前，风险管理应达到的目标，具体包括经济合理目标、安全系数目标、社会公众责任目标等。

1.经济合理目标

企业应以最经济的方法预防潜在的损失。这就要求对安全计划、保险以及防损技术的费用进行财务分析，从而使风险事故对企业可能造成的损失成本最小，达到最大安全保障的目标。

2.安全系数目标

即将风险控制在可承受的范围内。风险的存在及其可能造成的不利后果，不仅会造成财产的损失，也会使人们产生焦虑与不安，影响决策者的决策水平。因此，风险管理者必须使人们意识到风险的存在，并给予其足够的安全保障，以减轻人们对风险以及潜在损失的忧虑，力求使企业置身于一个安定可靠、确定的环境。

3.社会责任目标

即遵守和履行外界赋予企业的责任。一个企业遭受损失时，受损的绝不仅是企业本身，还会殃及其他企业、个人，甚至会使国家和社会蒙受损害。因此，一个良好的风险管理计划不仅要做到转嫁自身风险，同时还要以降低社会损失为目标；不仅可以树立企业自身的形象，更深层次的意义在于提高社会福利及减少社会损失，对企业的长远发展起到良好的推动作用。

（二）损失后目标

无论多么完美的风险管理计划都不可能消灭风险，也不可能完全避免损失。因此，事先确定风险事故发生之后的风险管理目标是十分必要的。

1.生存目标

在发生损失后，企业要在一段合理的时间内尽快恢复生产或经营，这是损失发生后的企业风险管理工作的最低目标。只有在损失发生后能够继续维持受灾企业的生存，才能有机会使企业减少损失造成的影响，尽早恢复损失发生前的生产状态。

2.持续经营目标

生产经营和生活中断并不一定导致企业或家庭破产，但是在竞争性的市场中，生产经营的中断会使其丧失进一步发展的机会，以致在今后的竞争中处于劣势，进而使其生存发展受到威胁。因此，风险管理应尽可能保证企业或家庭在损失后能够持续经营。为此，风险管理者应该首先分析生产经营过程，找到关键环节，然后分析风险，找到最容易致损的事件或风险因素，进而制定应对之策。

3.获利能力目标

企业发生损失，企业的管理者很关心的一个问题就是损失时间对企业获利能力的影响。因此，必须把损失控制在一定的范围内，使企业获利水平不低于预期的最低报酬率。

4.收益稳定目标

收益的稳定对风险管理单位来说十分重要。稳定的收益有利于增强投资者的投资信心，有利于企业或家庭的正常发展。不过，为了达到稳定收益的目标，风险管理单位的支出无疑将增加。

5.持续增长的目标

在激烈的市场竞争中，不进则退，企业必须不断发展，以求获得长期生存。因此，必须建立高质量的风险管理计划，及时有效地处理各种损失结果，使企业在损失发生后能迅速地取得补偿，为企业继续发展创造良好的条件。

6.社会责任目标

即尽可能减轻企业受损对其他人和社会的不利影响，因为企业遭受一次严重的损失灾难转而会影响到雇员、顾客、供货人、债权人、税务部门以至整个社会的利益。企业作为社会的一部分，其本身的损失还可能涉及企业员工的家属、企业的债权人和企业所在社区的直接利益，从而使企业面临严重的社会压力。因此，企业在制定自身的风险管理目标时不仅要考虑企业本身的需要，还要考虑企业所承担的社会责任。

三、风险管理的基本程序

风险管理的基本程序由风险识别、风险估测、风险评价、风险控制和管理效果评价等几个步骤组成。

（一）风险识别

即经济单位对所面临的风险和潜在的风险加以判断、归纳、鉴别性质的过程。识别和分析风险是整个风险管理过程的第一步，也是最重要的一步。如果没有详细、认真的风险识别工作，或是轻易放过一些可疑的风险，就难以制定相应的有效措施。个人和家庭面临多种风险，有必要对其进行适当的分类，以便不重不漏地识别风险。例如，个人和家庭面临的纯粹风险分为财产风险、责任风险和人身风险三大类。其中财产风险的衡量包括财产直接损失及因财产毁损而引起的间接经济损失，对这一类风险衡量的指标包括实际现金价值、重置成本、相关费用等；对责任风险的衡量取决于意外事故的严重程度及法院判决赔偿金额，最大可能的责任损失可以个人累计财富为限；对人身风险的衡量通常包括生理死亡（工作期间生命的提前死亡）、生存死亡（工作期间永久全残）及退休死亡（达到退休年龄出现的死亡）。同样，对一个企业来说，风险管理部门要管理风险，首先要对企业面临的或潜在的风险一一进行识别，并列表逐一进行分析，弄清企业到底有哪些风险隐患、发生的可能性有多大等。不识别出风险来，就谈不上管理风险。因此，风险管理的第一步是风险识别。

（二）风险估测

即在风险识别的基础上，通过收集资料，运用概率论和数理统计，估计、预测风险发生的概率和损失幅度。识别出风险（找到风险隐患）以后，接下来就要对风险发生可能带来的损失进行估计。但是，对于企业等经济实体类的风险管理者来说，风险估测要复杂得多。他们要通过对多年来收集的（或有关部门提供的）大量风险及损失资料进行分析，其中要运用概率论、数理统计等数学知识，来估计风险发生的概率以及损失幅度，使风险分析定量化；同时，将风险管理建立在科学的基础上，为风险管理者进行风险决策、选择最佳管理技术提供可靠的科学依据。

知识链接 

风险估测的数量指标

风险估测主要对三个指标进行分析和衡量。

1.损失概率。损失概率是指风险损失在一定时间范围内实际发生损失或预期发生损失的数量与所有可能发生损失的数量比值。比如，40 周岁的男性每千人发生的死亡概率为 2 人，即这一风险发生的概率为 2‰。

2.损失程度。损失程度是指标的物发生一次风险事故时的平均损失额度，它是发生损失金额按其概率进行加权而得出的平均数，或被称为损失金额的数学期望，通俗而言，即一次风险事故所造成的损失的绝对额。

3.损失的变异性。损失的变异性即损失的波动幅度，通常这种变异程度通过损失变量的方差或标准差来度量。方差是指损失变量相对于损失幅度的偏离程度。方差越小，即损失变量与损失幅度的偏离值就越小，风险就越小；反之，方差越大，损失变量与损失幅度之间的偏离值就越大，风险就越大。在期望损失相同的情况下，两组观测值中方差较大的，风险较大。

（三）风险评价

风险评价是在风险识别和风险估测的基础上，把风险发生的概率、损失的严重程度、危害性等都综合起来考虑，得出系统发生风险的可能性及其风险的等级，决定是否需要采取控制措施以及控制措施采取到什么程度。风险评价通过定性、定量分析风险的性质以及比较处理风险所支出的费用，来确定风险是否需要处理和处理的程度。

（四）选择风险管理技术

根据风险评价结果，为实现风险管理目标，选择最佳风险管理技术并实施，是风险管理的第四步。风险管理技术可以分为风险控制和风险融资两大类型。前者是指针对可能诱发风险事故或导致损失蔓延的各种风险因素而采取的相应措施，如采取减少风险发生概率的预防措施和改变损失风险状况的减损措施，其核心是改变引起风险事故和扩大损失的各种条件。后者是通过事先的财务安排（包括理财规划）来运筹资金，以便对风险事故造成的经济损失进行及时而充分的补偿，其核心是将风险成本分摊在更长的一段时期内，并以转移风险的方式换取保险公司的保障，减少巨灾损失的冲击，稳定财务支出和生活水平。

（五）风险管理效果评价

指对风险管理技术适用性及其收益情况的分析、检查、修正和评估。风险管理效益的大小取决于是否能以最小的风险成本取得最大的安全保障。同时，在实务中还要考虑与整体管理目标是否一致，具体实施的可行性、可操作性和有效性。

四、风险处理技术及其比较

（一）控制型风险管理技术

即采取的防止和减少损失的技术性措施，其重点在于改变引起风险事故和扩大损失的条件。主要有避免、预防、分散和抑制。

1.避免

是指放弃某项活动以达到回避损失发生的可能性，即从根本上消除特定的风险单位和中途放弃某些既存的风险单位。避免适用的情形主要包括：(1)发生频率高且损失程度比较大的特定风险；(2)损失频率虽不大，但损失后果严重，并且无法得到补偿的风险；(3)采取其他方法成本较高，且超过避免风险成本的情形。

这种风险处理方法的优点是简单易行，是一种最彻底、主动避免风险的办法，可以完全、彻底地消除风险事故造成的经济损失。当风险管理者预期风险事故造成的损失较大且无法转移风险的时候,可以采取避免的方式,这无疑是比较明智的选择。但回避风险的同时也放弃了获得经济利益的机会,并且可能会面临着新的风险。例如不乘飞机可以避免空难事故的发生,但并不意味着其他交通工具是绝对安全的。事实上还有一些风险是根本无法用避免的方式解决的,如地震等自然灾害等。

2.预防

指在风险损失发生前为了消除或减少可能引起损失的各种风险因素而采取的各种具体措施,其目的在于通过消除或减少风险因素而达到降低损失发生频率的目的。预防通常是在损失频率高且损失幅度低时采用。这是事前的措施,即所谓"防患于未然"。如定期体检,虽不能消除患重大疾病的风险,但可得到医生的劝告或及早防治,因而可以减少发病的机会或减轻其严重程度。

损失预防措施可分为:工程物理法,是指损失预防措施侧重于风险单位的物质因素的一种方法,例如防火结构设计、防盗装置设置等,这一方法适用于哈顿的能量释放理论;人类行为法,是指损失预防侧重于人们行为教育的一种方法,例如,职业安全教育、消防教育等,这一方法适用于亨利屈的骨牌理论。

3.抑制

指风险事故发生时或者发生后为防止损失扩大所采取的各种措施,例如安装自动喷淋系统和火灾报警器等。损失抑制的一种特殊形态是割离,它是将风险单位割离成许多独立的小单位而达到缩小损失幅度的一种方法。损失抑制常在损失幅度高且风险又无法避免和转嫁的情况下采用。

4.分散

是指将风险单位划分为若干数量少、体积小而且价值低的独立的单位,分散在不同的空间,以减少风险事故的损失程度。也指投资应配置不同的领域,以避免风险的集中发生。分散风险单位的目的是减少任何一次损失发生所造成的最大可能损失。通常说的"不要把鸡蛋放在一个篮子里"就是一种典型的分散风险的管理方式。

(二)财务型风险管理技术

是以提供基金的方式,降低发生损失的成本,即通过事故发生前的财务安排,来解除事故发生后人们的经济困难和精神忧虑,为恢复生产、维持家庭正常生活等提供财务支持。财务型风险管理技术主要包括以下几种方法:

1.自留

是指对风险的自我承担,即经济单位自我承受风险损害后果的方法。自留风险是一种很重要的财务型风险管理技术,有主动自留和被动自留之分。通常在风险所致损失频率和程度低、损失在短期内可以预测以及最大损失不影响经济单位财务稳定时,采取自留风险的方法。自留风险成本低,方便有效,可减少潜在损失,节省费用。但自留风险有时会因风险单位数量的限制而无法实现其处理风险的功效,一旦发生风险损失,可能导致企业财务调度上的困难而使该技术失去作用。

2.转嫁

是指经济单位为避免承担损失,有意识地将损失或与损失有关的财务后果转嫁给他人承担的一种风险管理方式。风险管理者会想方设法地回避并排除风险，把不能回避和排除的风险尽可能地转嫁给第三者，不能转嫁的或损失幅度较小的可以自留。转嫁风险的方式主要有两种，即保险转嫁和非保险转嫁。保险转嫁指投保人通过向保险人投保，以缴纳保险费为代价，将风险转嫁给保险人承担，当被保险人发生风险损失时，保险人按照合同约定责任给予其经济补偿。非保险转嫁又具体分为两种方式：出让转嫁和合同转嫁。出让转嫁一般适用于投机风险。比如，当预测股市行情下跌时，投资人赶快出让手中的股票，从而把股票跌价损失的风险转嫁出去。合同转嫁是指企业将具有风险的生产经营活动以合同的形式承包给对方，并在合同中明确规定由对方承担风险损失的赔款责任。比如，通过承包合同，建设单位可以将建筑、安装工程中的一部分风险转嫁给施工单位等。

在实际生活中，究竟选择哪一种方式最为合理，要根据风险的不同特性并结合行为主体本身所处的环境和条件而定。对于那些出现机会不多、损失金额不大，或者出现机会较多、但损失金额很小的风险，宜采用自留的方式。而对那些出现机会多、损失金额也大，或者出现机会很少、但损失金额巨大的风险，则宜采用转嫁的方式。

保险虽然仅仅是整个风险管理过程中众多财务管理手段之一，但它比其他风险的财务处理手段优越得多，因而得到广泛运用。

表 1-1 是对风险处理技术选择的总结。

表 1-1　风险处理技术的选择

损失频率	高	低	高	低
损失程度	大	大	小	小
风险处理技术	避免	保险转移	预防、自留、抑制	自留

资料来源：胡炳志、刘子操：《保险学》，中国金融出版社 2002 年版。

课堂讨论

1.就风险发生的概率和风险发生后造成损失的严重程度而言，哪种风险最适合用保险的方式进行管理？

2.风险管理与保险是什么关系？保险是否能够达到风险管理的目标？

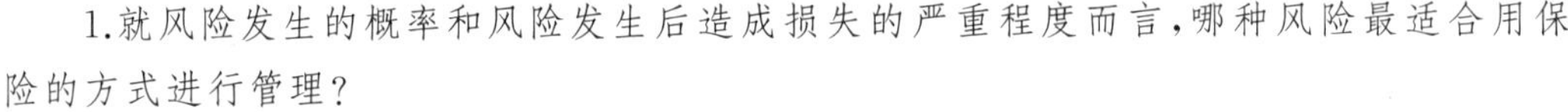

第三节　可保风险

一、可保风险的含义

所谓可保风险，就是可以被保险公司接受的风险，或者说可以向保险公司转嫁的风险。是否所有的风险都可以向保险公司转嫁呢？答案是否定的，即可保风险是有条件的。

二、可保风险的要件

(一)风险是纯粹风险

纯粹风险指的是只有损失机会,而无获利可能的风险。例如火灾风险只有给人的生命财产带来损害的可能,而绝无带来利益的可能。纯粹风险不同于投机风险,投机风险既有损失的可能,又有获利的机会。例如股市风险,投资者既可能因所持股票价格上扬而获利,也可能因股价格下跌遭到损失,对这类投机风险(包括商业风险),保险人一般是不承保的。

(二)风险必须是偶然的

风险是客观存在的,风险的偶然性是对个体标的而言,比如对某个人、某个企业等。偶然性包含两层含义:一是发生的可能性,不可能发生的风险是不存在的;二是发生的不确定性,即发生的时间、对象、地点、原因和损失程度等,都是不确定的,如果是确定的风险,即必然要发生的风险,保险人是不予承保的。比如某人患了绝症,并已确诊,他就不能向保险公司投保死亡保险,因为在可预见的时间内,死亡对他来说是必然的。

(三)风险必须是意外的

风险的意外性包含两层含义:一是风险的发生和风险损害后果的扩展都不是投保人的故意行为,投保人的故意行为引发的风险事件或扩展损害后果均为道德风险,保险人是不予赔偿的;二是风险的发生是不可预知的,因为可预知的风险往往带有必然性。比如适航的海轮在海上出险是不可预知的,而不适航的海轮由于出险概率相当大,在海上出险可以说是可预知的,因此,保险人就不予承保。若船东瞒过保险人投保了,出险时一经查出,保险人也不负赔偿责任。

(四)风险必须是大量标的均有遭受损失的可能性

设立这一条件是要满足保险经营的大数法则要求。也就是说,某一风险必须是大量标的均有遭受损失的可能性(不确定性),但实际出险的标的仅为少数(确定性),比如火灾对于建筑物。只有这样的风险,才能计算出合理的保险费率,让投保人付得起保费,保险人也能建立起相应的赔付基金,从而实现保险的"我为人人,人人为我"的宗旨。如果某种风险只是一个或少数几个所具有,就失去了保险的大数法则基础,保险人承保该类风险等于是下赌注,进行投机。

(五)风险应有发生重大损失的可能性

风险的发生会导致重大或比较重大的损失可能性,才会有对保险的需求。如果导致损失的可能性只局限于轻微损失的范围,就不需要通过保险来获取保障,因为这在经济上是不合算的。

本章小结

1.风险概述

风险是某种事件发生的不确定性。

风险的构成要素主要包括风险因素、风险事故、损失;风险因素通常表现为物质风险因素、道德风险因素和心理风险因素。

风险具有客观性、普遍性、不确定性、可测性、发展性等特征。

按照产生原因分类，风险可以分为自然风险、社会风险、政治风险、经济风险和技术风险；按照性质分类，风险分为纯粹风险和投机风险；按照产生的社会环境分类，风险分为静态风险和动态风险；按照产生风险的行为分类，风险分为基本风险和特定风险；按照损害的对象分类，风险分为财产风险、人身风险、责任风险和信用风险；按照是否可分散来分类，风险分为可分散风险和不可分散风险。

2.风险管理

风险管理是以最小的成本获得最大的安全保障的管理活动。

按照损失发生的前后，风险管理的目标具体可分为损失前目标和损失后目标。

风险管理的基本程序由风险识别、风险估测、风险评价、风险控制和管理效果评价等几个步骤组成。

风险管理的技术可以分为风险控制和风险融资两大类型。

3.可保风险

可保风险是可以被保险公司接受的风险，或者说可以向保险公司转嫁的风险。

可保风险必须具备非投机性、偶然性、意外性、大量标的均有遭受损失的可能性以及有发生重大损失的可能性等要件。

复习思考题

一、名词解释

风险；静态风险；动态风险；纯粹风险；实质风险因素；道德风险因素；心理风险因素；风险事故；风险管理；可保风险。

二、单项选择题

1.风险是指在特定的客观情况下，在特定的时间内，某种损失发生的(　　)。

A.必然性　　B.可能性　　C.特殊性　　D.客观性

2.在保险理论与实物中，风险通常是指(　　)。

A.既可能产生损失，又可能产生收益的风险

B.只可能产生损失的风险

C.只可能产生收益的风险

D.已经产生损失的风险

3.下列关于风险的说法，正确的是(　　)。

A.从总体上看，风险具有不确定　　B.从总体上看，风险具有必然性

C.从个体上看，风险具有必然性　　D.从个体上看，风险具有主观性

4.下列各项不属于风险特征的是(　　)。

A.客观性　　B.不确定性　　C.普遍性　　D.纯粹性

5.关于风险的发展性，下列论述正确的是(　　)。

A.风险的性质是可以变化的　　B.风险的性质不能变化

C.风险不能渗透到人们的生活中　　D.所有的风险都不存在了

6.风险是一种不以人的意志为转移、独立于人的意识之外的存在，这是风险的(　　)。

A.客观性　　B.不确定性　　C.普遍性　　D.纯粹性

7.某建筑工程队在施工时偷工减料导致建筑物塌陷，造成损失事故发生的风险因素是(　　)。

A.物质风险因素　　B.道德风险因素　　C.心理风险因素　　D.无形风险因素

8.建筑商王先生在监理工程中发现水泥质量有问题，含泥土太多，他要求施工队把沙子里的泥冲干净，并去除扁平石子，以免水泥结实度大打折扣。建筑商王先生行为的结果有效改变了(　　)。

A.实质风险因素　　B.道德风险因素　　C.心理风险因素　　D.无形风险因素

9.天气变冷，不注意防寒，增加了患感冒的可能性，这属于(　　)。

A.有形风险因素　　B.道德风险因素　　C.心理风险因素　　D.物质风险因素

10.某人开车的习惯是时速40千米，但自从投保了车险后，开车速度明显提高了。此人的行为属于(　　)。

A.有形风险因素　　B.道德风险因素　　C.心理风险因素　　D.客观因素

11.《汉书》中"曲突徙薪"记载这样一个故事。有一个过访主人的客人，看到主人家炉灶的烟囱是直的，旁边还堆积着柴草，便对主人说："把烟囱改为拐弯的，使柴草远离烟囱。不然的话，将会发生火灾。"主人沉默不答应。不久，家里果然失火，邻居们一同来救火，幸好把火扑灭了。于是，主人杀牛置办酒席，答谢邻人们。被火烧伤的人安排在上席，其余的按照功劳依次排定座位，却不邀请提"曲突"建议的客人。有人对主人说："当初如果听了那位客人的话，也不用破费摆设酒席，始终也不会有火患。现在评论功劳，邀请宾客，为什么提'曲突徙薪'建议的人没有受到答谢、恩惠，而被烧伤的人却成了上客呢?"主人这才醒悟去邀请那位客人。从风险管理角度看，我们可以从该典故中得到的有益启示是(　　)。

A.将一个好的想法付诸实践要讲究实当的方式方法

B.天灾人祸防不胜防，不如不防

C.亡羊补牢，无济于事

D.损前预防胜过损后补救

三、多项选择题

1.风险的构成要素包括(　　)。

A.风险因素　　B.风险事故　　C.损失　　D.风险基金

2.风险的特征有(　　)。

A.客观性　　B.不确定性　　C.普遍性　　D.可测定性

3.按照损失产生的原因，风险可以分为(　　)。

A.自然风险　　B.社会风险　　C.经济风险　　D.政治风险

4.风险管理的基本程序有(　　)。

A.风险识别　　B.风险估测

C.风险评价　　D.选择风险管理的技术

5.风险管理的损前目标包括(　　)。

A.经济合理　　B.安全系数　　C.社会公众责任　　D.生存目标

6.适合通过保险的方式进行管理的风险是(　　)。

A.风险发生的概率高　　B.风险发生的概率低

C.造成损失的严重程度高　　D.造成损失的严重程度低

7.可保风险的要件包括(　　)。

A.风险不是投机风险

B.风险是必然性的

C.风险必须是大量标的均有遭受损失的可能性

D.风险应有发生重大损失的可能性

四、判断题

1.风险管理的基本目标是减少风险事故的发生机会。(　　)

2.在期货市场上发生盈亏属于纯粹风险。(　　)

3.道德风险因素可转换为保险因素。(　　)

4.风险事故使风险的可能性转化为现实。(　　)

5.风险是保险产生和存在的环境。(　　)

五、复习思考题

1.简述风险的特征以及风险的构成要素。

2.风险主要可以分为哪几类?

3.简述纯粹风险与投机风险的区别。

4.简述社会风险与政治风险的区别。

5.可保风险的要件是什么?

课外阅读资料

案例一:风险管理的重要性

【案情介绍】

2015 年 8 月 12 日 23:30 左右,位于天津市滨海新区天津港的瑞海公司危险品仓库发生火灾爆炸事故,本次事故中爆炸总能量约为 450 吨 TNT 当量,造成 165 人遇难、8 人失踪,798 人受伤,304 幢建筑物、12 428 辆商品汽车、7 533 个集装箱受损,经济损失高达 730 亿元。2015 年惠誉、瑞信等机构估算,天津港爆炸事故或为保险公司带来 10～15 亿美元承保损失,可能超过此前保险史上 9 亿美元赔偿的海力士火灾案,成单次事故最大赔偿案。

由于中国进口汽车目前大约 40%经由天津港,此次爆炸中,这些集中于天津的汽车企业损失严重。统计显示,2014 年经由天津港进口的汽车有 50 多万辆。此次爆炸,数千辆新车被炸毁,全球汽车制造商目前正急于评估损失。保险方面,事故主要涉及车险、企财险、家财险、意外健康险、责任险、货运险等六大类险种,创国内单一事故赔付最高水平,由原保险公司承担，再保险公司补充。

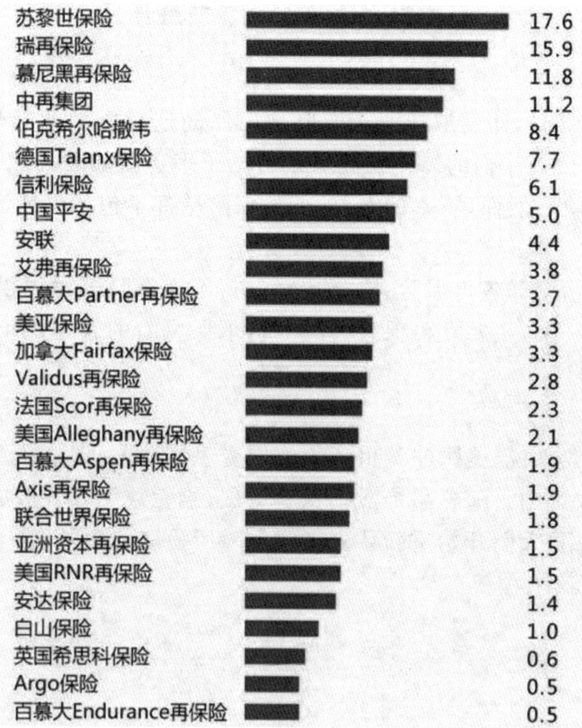

各家保险公司赔付帐单(单位:亿人民币)

本次事故中保险行业完成的首笔人身险赔付案件是严重受伤的的李先生获赔的 1 万元，爆炸发生时，李先生正在离事故现场较近的家中，左手和左腿严重受伤。他投保了意外伤害和附加医疗保险。针对本次事故发布的“十项服务承诺”，保险公司立即为客户开通了绿色理赔通道，简化理赔手续，将 10 000 元理赔预付款送到客户手中，虽然理赔很快，体现了保险公司的责任感和契约精神，但不难看出保额明显不足。从保险公司已经公布的快赔数据看，针对人身险的赔偿额度并不高，人均赔付在几万元。结合此前的地震、爆炸等事故的赔偿情况看，大部分人身险的死亡赔偿额度均在几万、十几万，这与人的身价很不相符。

【案例分析】

企业作为自主经营、自负盈亏、自担风险的独立的商品生产者和经营者，要想在市场经济中立于不败之地，需要经受住各种自然灾害和意外事故所带来的风险考验。一场火灾可以把数十载的艰辛所创下的辉煌基业付之一炬，一场洪涝灾害也能使企业的巨额财产转眼间付诸东流。轻则使企业停工停产，重则使企业倒闭。企业决策者们必须居安思危，加强风险管理。保险作为一种有效的风险管理手段，有助于企业及时恢复经营、稳定收入，有利于安定人民生活，从而保障国民经济持续稳定的发展。

相比较于企业，当前我国居民的保险意识虽有所发展，但仍有较大差距，直接表现为人身保险的社会接受度较低。这直接造成了灾后受害居民无法获得保险的支持。因此加强保险宣传，让保险意识深入家庭，深入人心，是保险业发展中需要注意的方面。

案例二：对保险的重新思考

【案情介绍】

2002 年 10 月 12 日，印度尼西亚旅游胜地巴厘岛连续发生两起炸弹爆炸事件，造成近 200 人死亡、300 余人受伤的惨剧。死者中包括了来自新加坡的四名橄榄球运动员，他们生前都购买了保险。然而，不幸的是，他们的保险单都不包括恐怖活动这种风险责任。

【案例分析】

“9·11”事件后，全球各再保险公司纷纷宣布，不为保险公司提供因恐怖活动造成伤亡的再保险。如此一来，主要靠再保险公司分担承保风险的普通保险公司自然只能将恐怖袭击列为除外风险。

【启示】

对于世界保险业来说，美国纽约世贸中心遭受恐怖袭击，无论在财务方面还是在心理承受方面，都是一次重创。随着恐怖活动愈演愈烈，给无数无辜者造成威胁及对整个社会经济的巨大破坏作用，人们开始重新认真考虑保险所扮演的角色。

第2章 保险概述

学习目标

了解保险的作用、特征和发展历史；掌握保险的基本概念、要素，保险与其他类似活动的比较；熟悉保险的功能与分类。

学习要点

保险的含义；保险的构成要素；保险的比较特征；保险的分类；保险的职能与作用

案例导读

“东方红三号”卫星在航天界内称“DFH－3 通信广播卫星”，这是国家重点卫星研制型号，也是我国第一颗商用通信卫星。某保险公司根据卫星公司的要求和有关方面指示，于 1994 年 11 月 10 日正式接手“东方红三号”卫星的承保工作。1994 年 11 月 18 日，某保险公司与中国通信广播卫星公司正式签订了《CL 星发射保险协议书》，协议规定：“东方红三号”卫星(含火箭)的保险金额为 4 亿元人民币，其中运载火箭为 0.9 亿元，卫星为 3.1 亿元。保险责任分为四项，第一项为“意向点火 3＋0.5 秒责任”，第二项为“全部损失的责任”，第三项为“部分损失的责任”，第四项规定“合计最高赔偿限额为 4 亿元”。

1994 年 11 月 30 日凌晨 1 时 02 分，长征三号甲运载火箭由西昌卫星发射中心发射，1 时 25 分将“东方红三号”卫星送入近地点 209 千米、远地点 3 610 千米的转移轨道。后在调姿过程中发现燃料泄漏，虽经后方技术队伍迅速组织新的实施方案进行调整，但由于卫星上燃料大部分已泄漏，卫星脱离地面测控站测控范围，漂浮太空。1995 年 1 月 13 日，中国通信广播卫星公司致函某保险公司，正式提出索赔申请，要求保险公司负“全部损失的赔偿责任”，索赔金额为 4 亿元。

某保险公司接到卫星公司的索赔申请后，迅速派员进行核损。核损人员在查勘报告中确认：“按照我们和卫星公司签订的保险协议规定，以上损失符合协议规定的全损的概念。”根据核损结论，某保险公司以最快的速度向各卫星共保公司发出急件。急件要求各卫星共保公司接函后速将赔款汇给某保险公司总公司营业二部。各共保公司接到急件后，迅速确认了各自的赔款。

1995年2月23日，某保险公司与中国通信广播卫星公司达成了《关于"东方红三号"卫星保险赔款协议》。双方一致认为，"东方红三号"卫星发射失败应按全损赔付。某保险公司应在1995年3月31日前向卫星公司支付4亿元人民币赔款。至此，引起社会关注的"东方红三号"卫星保险索赔案画上了圆满的句号。

该案例，一是充分展示了保险的经济补偿职能。自保险诞生以来，保险就在组织经济补偿方面发挥了越来越大的作用。现代科技的发展，使得卫星、核电站、石油钻井平台等大量价值高度集中的标的越来越多，也就使得意外一旦发生，将造成巨额的经济损失。而保险的经济补偿功能，可以为现代科技的发展保驾护航。二是体现了"以保险公司理赔为中心"的经营理念，加强了人们对保险的认识和理解。案例中所展示的保险公司的理赔服务，如同给所有关注此事件的人们上了一堂保险理赔课，保险公司的品牌影响力也在这个过程中扩大了，对整个中国保险业都是一个正面的宣传和激励。

第一节　保险的本质

一、保险的概念

在日常生活中，人们经常会接触到"保险"这个概念，如："这样做很保险。"这里的"保险"指的是很有把握的意思。而有人问你："买了保险没？"这里的"保险"指的是一种商品。那么，我们通常所说的"保险"是什么意思？如何定义？

在回答这个概念之前，我们先来了解一下保险学说。关于保险的概念，不同的学说从不同的角度对此进行了定义。这些不同的学说大致有"损失说"、"非损失说"及"二元说"三种。

（一）损失说

该学说主张从损失补偿的角度来分析保险机制，强调没有损失就没有保险，保险是"损害补偿"和"损失分担"。它或者认为保险是一方通过等价支付或商定，来获得损失发生时的补偿；或者强调多数人互助合作共同分担损失这一特征；或者认为保险是一种危险转移机制，任何团体或个人都可以凭支付一定的费用为代价，将生活中的各种危险转移出去。

（二）非损失说

该学说认为"损失说"有其片面性。如技术说主张保险就是把面临同样危险的多数人或单位集合起来，再通过测算危险发生的概率来向个人或单位收取保费；而欲望满足说认为保险是一种满足人们的经济需要和金钱欲望的手段；相互金融机构说认为保险是以发生偶然事件为条件的相互金融机构。

（三）二元说

该学说认为人寿保险也是一种保险。因此，保险的统一定义既不能用危险、损失、被保险人利益或经济损失等概念，也不能用保险人的给付等概念来确定。它把保险合同分为两类：一类是损失补偿的合同，如财产保险；一类是以给付一定金额为目的的合同，如人身保险。

以上是关于保险的各种定义，如果我们继续列举的话，还会有很多。本书关于保险的定义如下：保险是指以契约的形式明确法律关系，以集合众多同质风险为代价建立基金，对个别特定约定风险事故后果提供补偿或给付，从而保障个人或社会财富安全的经济活动。保险分为社会保险和商业保险。我国《保险法》对商业保险的定义如下："本法所称保险，是指投保人根据合同约定，向保险人支付保险费，保险人对于合同约定的可能发生的事故因其发生所造成的财产损失承担赔偿保险金责任，或者当被保险人死亡、伤残、疾病或者达到合同约定的年龄、期限等条件时承担给付保险金责任的商业保险行为。"，不作特别说明的情况下，本书中所称保险是指商业保险。

二、保险的要素

保险的要素是指进行保险经济活动应具备的基本条件。现代商业保险的要素如下：

（一）可保风险的存在

有风险才有保险，但不是所有的风险保险人都会承保。符合保险人承保条件的特定风险称之为可保风险。可保风险一般具备如下条件：

（1）风险应当是纯粹风险。纯粹风险指只有损失机会、没有获利可能的风险。保险人只对纯粹风险进行承保，这与保险的赔偿给付职能有关。

（2）风险必须有使大量标的均有遭受损失的可能。这样才有大量潜在的需要投保的保险标的。按照大数法则，保险标的的数量越多，其实际损失率与预期损失率的偏离程度就越低，保险公司的经营就越稳定。

（3）风险必须有导致重大损失的可能。如果只能导致轻微的损失，这种损失被保险人完全可以自己承担，就没必要通过投保转移给保险公司。在损失大到无法自己承担时，被保险人才可能通过保险来转移风险。

（4）风险不能使大多数的保险标的同时遭受损失。虽然保险公司承保的必须是大量面临同一风险的标的，但这些标的不能同时发生损失，否则会造成在短时期内由于损失金额巨大，保险公司通过收取保险费所建立的保险基金将无法弥补损失。因此，要求风险不能使大多数的保险标的同时遭受损失。

（5）风险必须具有现实的可测性。保险公司的科学经营依赖于能否准确预测风险发生的概率和预估其损失程度，因此，如果某项风险不具有可测性，无法准确地预测其发生的概率，或者无法准确衡量其损失，则保险公司难于准确制订费率，进行科学经营。

（二）大量同质风险的集合与分散

保险是通过集合大量同质风险，使风险造成的损失能在全体标的中发散，从而使个体能以较小的代价得到充分的保障。而作为保险风险的集合与分散，应该具备以下条件：

（1）集合的风险数量必须足够大。集合的风险数量越大，概率论和大数法则就越能充分发挥作用，风险实际发生概率和风险造成的损失额度就跟预测越接近。

（2）集合的风险必须是同质的。即风险单位在种类、品质、性能、价值等方面大体相近，风险才能进行有效的集合与分散。

（三）保险费率的厘定

保险是一种商品。既然是商品，就有其交换的价格。保险的价格是通过保险费率来确定的。因此，费率的厘定是保险的基本要素。保险商品价格的确定与其他商品价格的确定有很大的不同，它是在预估风险发生的概率的基础上进行科学厘定，上下浮动的空间有限。确定费率的厘定要遵循公平性、合理性、适度性、稳定性和弹性原则。所谓公平性是指保险费率的多少必须与保险人承担责任的大小相适应。合理性是指保险费率不能太高，保险人不应在扣除保险赔付和营业费用后，获得过高的利润。适度性是指费率不能过低，过低的费率会导致保险人的偿付能力不足，影响保险人的持续性经营，最终损害被保险人的利益。稳定性原则指保险费率在短期内应该是相当稳定，既有利于保险经营，也有利于投保人续保。弹性原则是指保险费率在长期应该根据实际情况作适当的调整。保险费率的确定与风险概率大小、利率高低、费用多少有关，在长期内，这些因素都会跟随社会环境的变化而变化，这就要求保险费率在长期应该根据实际情况作适当的调整。

（四）保险基金的建立

被保险人在保险责任范围内遭受财产损失或人员伤亡后，能从保险人那里得到赔偿和给付。这就要求保险人必须有一定规模的保险基金，才能随时对被保险人的损失进行赔偿。保险基金是用于补偿或给付因自然灾害、意外事故和人体自然规律所致的经济损失、人身损害及收入损失，并由保险人筹集、建立起来的专项货币基金。它的来源主要是保险人的开业资金和保险费，其中保险费是保险基金的主要来源。在实践中，保险基金是通过提取各种准备金来形成的。

（五）保险合同的订立

保险既然是双方的约定和契约，表现出来就是合同的形式。保险合同的双方按照法律的要求，本着最大的诚信，公平、合理地签订保险合同。通过保险合同，把双方的权利、义务固定下来，使双方能够更好地履行自己的义务，保障自己的权利。

三、保险的基本特征

（一）经济性

保险经济保障活动是国民经济活动的一个有机组成部分。从保障对象上看，其保障对象是属于社会生产资料和劳动力两大生产要素：财产和人身；从实现保障的手段看，都须采取支付货币的形式进行补偿或给付；从保障的根本目的看，都是为了有利于经济的发展。

（二）商品性

保险是一种特殊的劳务商品，保险业是属于国民经济第三产业。保险体现了一种等价交换的经济关系，也就是商品经济关系。这种商品经济关系直接表现为个别保险人与个别投保人之间的交换关系，间接表现为在一定时期内全部保险人与全部投保人之间的交换关系。

课堂讨论

如何认识保险的商品属性？

保险具有商品属性，已经成为一个共识。但在历史上，由于对保险商品属性的认识不足，而对于保险该如何经营也有错误的认识。保险是一种商品，是一种特殊的商品，那么，如何理解保险商品的价值和使用价值这一商品属性呢?

（三）互助性

投保人和保险人通过保险，分担了个别单位和个人不能承担的风险，从而形成了一种经济互助关系。表面上看是发生事故的被保险人从保险公司那里获得赔偿和给付，实质上是保险人通过保险用多数投保人缴纳的保险费所建立的保险基金对少数遭受损失的被保险人提供补偿或给付，体现了投保人之间的互助性。

（四）法律性

保险的法律性体现在保险交易的全过程中。在实践中，保险商品的交易是通过投保人与保险人之间签订保险合同来实现。从法律角度看，保险关系的确立，就是保险双方当事人通过合同来确立双方的权利和义务，按照保险合同的约定来履行权利和承担义务。保险合同双方从保险合同签订、履行、变更以及保险合同的争议处理等一系列过程都体现了其法律性。

（五）科学性

现代保险经营是一种科学化的经营。保险经营相对比较复杂，比如保险商品的价格（即费率）的确定，因为其经营成本（主要为保险赔偿和给付）大部分发生在未来，所以费率的确定是建立在预估未来事故发生的概率基础之上。因此，保险经营所依据的理论是概率论和大数法则等数理理论。只有通过科学的测算，才能准确厘定保险费率，恰当提存保险准备金。

四、保险的职能与作用

（一）保险的职能

职能是事物因其本质的运行所体现出来的功能，而作用则是职能在履行过程中的具体表现效果。要把握保险的职能，必须先认识清楚保险的本质。通过前面保险的定义以及对保险要素和特征的阐述，可以将保险的本质表述为：在参与平均分担损失补偿的单位和个人之间形成的一种分配关系。保险的职能说明和表现保险的性质，因此，随着保险分配关系的发展，保险的职能也随之发展和丰富。

1.保险的基本职能

(1)损失补偿职能。在财产保险中，当被保险人发生保险合同约定的保险事故后，可以获得保险人的保险金赔偿，此保险金在保险金额及合同约定的责任范围内，按其实际损失数额赔偿。这种赔偿的实质在于补偿被保险人因保险事故造成的损失。从社会的角度看，整个社会的财富并没有增加，补偿给个别被保险人的保险金来源于所有投保人交纳的保险费。

(2)经济给付职能。前面的损失补偿主要是针对财产保险而言的。在人身保险中，因为人的身体和生命是无价的，无法用货币衡量，所以没有损失和补偿的说法。保险金给付的主要作用在于满足被保险人将来对于资金的潜在需求。

2.保险的派生职能

随着保险内容的丰富和险种的发展，保险除了基本的损失补偿和经济给付职能以外，还派生出防灾防损和投资等职能。保险公司作为一个商业企业，其根本目的在于追求利润的最大化，所以保险公司会尽量用各种风险管理方法控制风险，减少赔付；同时随着市场竞争的加剧，保险公司利润已不能单纯依靠承保利润，而是越来越倚重于保险投资的有效运营。

(1)保险的防灾防损职能。防灾防损，也就是防止灾害的发生和损失的扩大。实践证明，单纯的补偿是不可能避免和减少社会财富损失的，虽然对某一灾害事故作了经济补偿，但是作为社会财富或人的生命是无法补偿的，而灾害事故所造成的人们心理上的损害更是无法补偿的。因此，防灾防损应该成为现代保险业工作的重要内容。保险防灾防损工作的最大特点就在于积极主动地参与、配合其他防灾防损主管部门，扩展防灾防损工作。

(2)保险的投资职能。保险收入与给付之差，即其利润率是一定的，而且还有减少的趋势。而保险投资的运营，其预期的利润率却是无限大的，所以只有安全有效地进行各种投资运营，才能使保险资金获得长期稳定的增长，使保险公司获得较高的利润，同时才能更好地行使补偿和给付职能。从西方发达国家保险业的现状看，保险公司越来越注重保险投资，甚至很多保险公司的投资利润远远大于其承保利润。可见有效的资本运营是现代保险业的支柱，是保险经营发展的生命线。

(3)社会管理职能。随着保险的发展，保险在社会各领域无所不在。通过保险的内在特性，促进经济社会的协调以及社会各领域的正常运转和有序发展，这就是保险的社会管理职能。保险的社会管理职能主要体现在以下四方面：

一是社会保障管理。保险是社会保障体系的重要组成部分，在完善社会保障体系方面发挥着重要作用。商业保险为没有参与社会保险制度的劳动者提供保险保障，或者作为社会保险的补充，为社会提供多层次的保障服务，完善了一国的社会保障体系，保持了社会稳定。

二是社会风险管理。保险公司作为专业经营风险的企业，不仅具有丰富的识别、衡量和分析风险的专业知识，而且积累了大量风险损失资料，为全社会风险管理提供了有力的数据支持。同时，保险公司从其经济效益和社会效益出发，能够积极督促和帮助被保险人做好防灾防损，降低风险发生的概率，减少风险造成的损失，实现对风险的控制和管理。

三是社会关系管理。由于保险介入灾害处理的全过程，在对损失进行合理补偿的同时，能有效地减少当事人可能出现的各种纠纷，使得保险也能够参与社会关系的管理之中，逐步改变了社会主体的行为模式，为维护政府、企业和个人之间正常、有序的社会关系创造了有利条件，减少了社会摩擦，起到了“社会润滑剂”的作用，大大提高了社会运行的效率。

四是社会信用管理。由于保险经营的特殊性，保险活动对参与当事人的诚信要求非常高。保险公司的经营，在培养和增强社会的诚信意识方面具有潜移默化的作用，能够促进社会信用建设。同时，保险在经营过程中收集的企业和个人的履约行为记录，为社会信用体系的建立和管理提供重要的信息资料来源，实现社会信用资源的共享。

(二)保险的作用

1.保险的宏观作用

保险的宏观作用是保险对全社会和国民经济总体所产生的经济效应。具体表现为以下几方面：

(1)保证社会再生产的顺利进行。随着社会生产力的不断发展，社会分工越来越细，各生产部门之间的相互协作、相互依赖的要求越来越强烈，所以单一生产部门的停业或者破产有可能会使整个社会的再生产停滞。通过保险的损失补偿，可以使生产单位迅速恢复生产，保障社会再生产的顺利进行。

(2)推动市场经济的发展。保险公司尤其是寿险公司，通过收取保费可以聚集大量资金，这些保险资金可以通过保险投资来弥补企业发展的资金不足，从而推动市场经济的高速发展。

(3)维护社会稳定。保险是社会的稳定器，通过分散风险及提供经济补偿，建立完善的经济保障制度，对全社会的稳定具有积极作用。如在 2016 年 5 月，中国大地保险公司对承保的某知名袜业有限公司发生的火灾损失迅速进行理赔，3 380万元赔款 40 天内就支付到位，弥补了受损企业的损失，企业生产得以顺利进行，对企业与员工稳定起到了极大的促进作用，也促进了社会稳定。

(4)促进科学技术的推广应用。新技术的开发面临着很大的风险，有了保险的保障，有利于企业开发新技术、新产品，推动科技发展。如 1996 年中国通讯广播卫星公司的“中星 7 号”卫星发射失败，如果没有保险公司的承保和赔付，中国通讯广播卫星公司就难以有后续资金继续发展，那么中国整体的航天事业也就难以取得现在令世界瞩目的骄人成绩。

(5)增加外汇收入，增强国际收支能力。保险在对外贸易和国际经济交往中，是必不可少的环节。按国际惯例，进出口贸易必须办理保险。保险费、商品的成本和运费一起构成了进出口商品价格的三要素。一国出口商品时争取到岸价格，即由乙方负责保险，则可减少保险外汇支出。此外，当一国进入世界保险市场参与再保险业务时，应保持保险外汇收支平衡，力争保险外汇顺差。保险外汇收入是一种无形贸易收入，对于增强国家的国际支付能力起着积极的作用，历来为世界各国所重视。

2.保险的微观作用

商业保险在微观经济中的作用是指保险作为经济单位或个人风险管理的财务处理手段所产生的经济效应。从一般意义上说，保险的微观作用表现在以下几方面：

(1)有助于企业及时恢复经营，稳定收入。保险因其具有经济补偿的基本职能，所以对遭受灾害事故的被保险人的经济补偿作用十分明显。同样有两家企业，一家参加了保险，而另一家没有参加，如果灾害事故没有发生，则两家企业均不受影响，企业经营正常。但是如果发生了灾害事故，导致两家企业都受到严重的影响，这时，保险的经济补偿作用就能显现出来，参加保险的企业可以从保险人那里取得保险赔款而迅速恢复生产；而对于未参加保险的另一家企业，则只能依赖自身的经济实力来弥补灾害事故所造成的损失，当受损程度太大时，企业将陷入破产倒闭的困境。

(2)促进企业加强风险管理。保险人出于减少保险赔付的需要，会督促投保企业防灾防损。我国《保险法》第 51 条规定，“被保险人应当遵守国家有关消防、安全、生产操作、劳动保护等方面的规定，维护保险标的安全”。根据保险合同的规定，保险人还可以对保险标的安全状况进行检查，及时向投保人、被保险人提出消除不安全因素和隐患的书面建议。投保人、被保险人有权要求增加保险费或者解除合同。保险人还可以用设定一定的自留额和无赔款保费优待等方法，促使企业加强风险管理。

(3)有利于安定人们生活。我国是个自然灾害和意外事故频发的国家，每年都会因此造成大量的人员伤亡。虽然参加保险不能阻止事故的发生，而且保险金的支付也不能抚平人们的心灵创伤，但至少可以妥善地安排死伤者家属今后的生活，使他们不会因为亲人的离世或受伤而导致生活水平的下降，有利于安定人们的生活。例如，2010 年 8 月 24 日晚，河南航空有限公司一架客机在黑龙江省伊春市降落时发生事故，共计有 42 人遇难，54 人受伤，其中 7 人重伤。事故发生后，航空公司和相关保险公司迅速开展理赔工作。其中，中国平安集团旗下平安产险仅用 14 小时即完成伊春空难中两名遇难客户的赔案处理，赔款总计 80 万元。太平人寿经紧急排查，确认 4 名客户在此次事故中遇难，至次日下午 2 时，太平人寿已对其中 3 名做出理赔决定，支付身故理赔金 46 万余元。其他如中国人寿、华泰人寿、泰康人寿、新华人寿、合众人寿、中英人寿、嘉禾人寿均对遇难人员中的所属客户进行了理赔，赔付总金额近 2 000 万元。

五、商业保险与其他类似活动的比较

对个人进行保障的制度，除了保险以外，还有很多。为了更好地了解保险的概念，我们将商业保险与这些相似的制度一一比较。

(一)商业保险与互助保险

两者的主要共同点：一是均以一定范围的群体为条件；二是都具有“一人为众，众人为一”的互助性质。保险与互助保险的差异体现在以下三点：一是保险的互助范围以全社会公众为对象，而互助保险的互助范围是其互助团体内部成员；二是保险的互助是其间接后果而不是直接目的，而互助保险的互助是直接目的；三是保险是按照商品经济原则，以盈利为目的而经营的商业行为，而互助保险则是以共济为目的的非商业活动。从以上区别我们可以看到，二者是两种不同的事物，互助保险不属于商业保险范畴。

(二)商业保险与社会保险

商业保险与社会保险非常相似：一是商业保险与社会保险均以社会公众为对象；二是商业保险与社会保险均以缴纳一定的保险费为条件。两者的区别在于：一是商业保险的实施大多采取自愿原则，而社会保险则是由法律或行政法规规定的强制性行为；二是商业保险经营是以盈利为目的，而社会保险则是以社会安定为宗旨；三是商业保险是以“公正性”费率为准则，而社会保险则是以“均一保费制”为主要缴费原则；四是商业保险以现代企业为其经营主体，而社会保险则是以事业单位为经办主体。社会保险不属于商业保险范畴。

(三)商业保险与社会福利

就两者对社会经济生活的安定作用上看，商业保险与社会福利具有共同之处。而二者的差异主要有：一是商业保险是以商业保险公司为提供保障的主体，而社会福利是以社会为主体；二是商业保险的保障是以投保人缴纳保险费为前提，而社会福利不以缴纳保险费为前提；三是商业保险是以遭受损失和损害为受益条件，而社会保险的受益条件是其他国家规定的条件；四是商业保险是以补偿损失为己任，社会福利则是以改善和提高公民的生活为宗旨。社会福利不属于商业保险范畴。

（四）商业保险与社会救济

商业保险与社会救济为人们提供保障的前提都是因为一定的风险事故给人们的生产和生活带来一定的困难。商业保险与社会救济的根本性质是不同的。一是商业保险的风险事故是以保险合同规定为限，而社会救济的风险事故是以造成生产或生活的困难为前提；二是商业保险的被保险人得到的保险赔偿或给付与其交纳的保费多少有直接关系；而社会救济中的救济金额与其对社会的贡献无直接关系；三是商业保险的主体是各保险公司，而社会救济是以国家为主体；四是商业保险是商业行为，社会救济是社会行为。社会救济不属于商业保险范畴。

（五）商业保险与储蓄

两者的共同之处在于以现在的积累解决以后的需要。两者的不同之处在于：一是保险是以一定的群体为条件，而储蓄则是以个人或单位为主体；二是保险属于他助行为，储蓄属于自助行为；三是保险的受益期限以合同规定为准，储蓄则是以本息返还期限为受益期限。单纯的储蓄行为不属于保险范畴。要注意的是，保险与储蓄相结合的储蓄性保险，则是属于商业保险的范畴。

第二节 保险的基本分类

按照不同的分类方法，保险可以分为不同的种类。了解保险不同的种类，有助于我们更好地了解保险。

一、按保险性质分类

按保险性质分类，保险可以分为商业保险与非商业保险。商业保险以盈利为目的，最常见的一种组织形式就是股份制公司。非商业保险经营目的不是为了盈利，它或者是政府为了社会安定、经济发展等社会目的而开办的保险，如社会保险、政策保险等；或者是以保证加入保险者利益为目的而办理的保险，如相互保险、合作保险等。非商业保险一般不由商业保险公司经营。

二、按保险标的分类

按照保险标的分类，可以将保险划分为财产保险和人身保险，见图 2-1。

财产保险，是以财产或相关利益为保险标的的一种保险。保险人承担保险标的因自然灾害或意外事故导致损失的经济赔偿责任。财产保险有广义和狭义之分。狭义的财产保险专指以物质财富及相关利益为保险标的的财产损失保险，如：火灾保险、运输保险、工程保险等。广义的财产保险不仅包括财产损失保险，也包括责任保险和信用保证保险等以无形利益为保险标的的财产保险。

责任保险，是以被保险人依法应负的民事赔偿责任或经过特别约定的合同责任为保

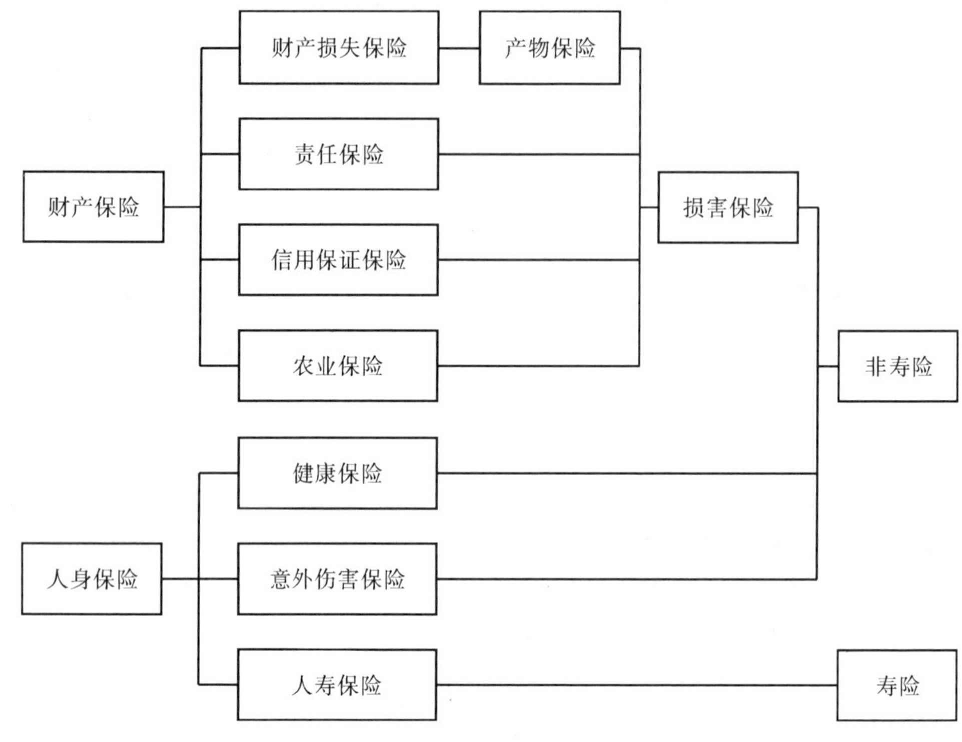

图 2-1　保险的分类

险标的一种保险。责任保险的种类包括：公众责任保险、产品责任保险、职业责任保险、雇主责任保险等。

信用保证保险是一种以经济合同约定的有形财产或预期应得的经济利益为保险标的的一种保险。信用保证保险是一种担保性质的保险。按担保对象的不同可以分为信用保险和保证保险等。

人身保险是指以人的身体和寿命为保险标的，以生存、死亡、疾病或残疾为保险事故的一种保险。根据保障范围的不同，人身保险可以划分为人寿保险、人身意外伤害保险和健康保险等。

知识链接

国际上对保险业务的划分

不同国家对保险业的划分存在一定的差异。如对财产保险，有的国家称为产物保险，有的称为损害保险，有的称为非寿险，这些与我国财产保险的概念存在一定的差异。其中产物保险强调承保的财产物资，类似我国狭义的财产保险；损害保险的承保标的则扩展到了有关的法律风险和信用保证风险，类似我国广义的财产保险；而非寿险则把短期的健康险和意外险包括在内。目前，国际上主要是按保险业务的性质和经营规则把保险业划分为寿险和非寿险，这与我国把保险主要分为财产保险和人身保险有所不同。国际上之所以把短期的健康险及意外险和普通的财产保险放在一块，是因为短期的健康险和意外险在其准备金提存、费率厘定、经营模式方面与财产保险更类似。尽管我国《保险法》中把保险分为财产保险和人身保险，要求财产保险和人身保险分开经营，但从2002年开始，我国允许财产保险公司经营人身险中的短期健康险和意外险，这可以看作是对保险业经营国际惯例的认可和接轨。

三、按实施方式分类

按照实施方式分类，可以将保险划分为强制保险和自愿保险两种。

强制保险，又称法定保险，是国家通过颁布法律强制实施的一种保险。如我国的机动车交通事故责任强制保险，要求在中华人民共和国境内道路上行驶的机动车的所有人或者管理人都应当投保。这是我国首个由国家法律规定实行的强制保险制度。自愿保险，是保险人和投保人在坚持自愿原则的基础上，通过订立保险合同而实现的一种保险。自愿保险是商业保险的主要形式。

四、按风险转嫁层次分类

按风险转嫁层次分类，可以将保险划分为原保险和再保险。

原保险，是保险人与投保人直接订立保险合同而建立保险关系的一种保险。在原保险关系中，投保人将风险转移给保险人，当保险标的遭遇保险责任范围内的事故造成损失时，或者当被保险人死亡、伤残、疾病或者达到合同约定的年龄、期限时，由保险人直接对被保险人承担赔偿或给付责任。

再保险，又称分保，是保险人将其承担的保险责任以分保的形式转移给其他保险人的一种保险。再保险反映的是原保险人与再保险人之间的关系，体现了风险的纵向分担。在保险实务中，原保险人又成为分出公司，接受再保险业务的保险人成为分入公司或再保险人。再保险是保险业中最具国际化的保险业务，也是对全球性巨灾事故的一种风险管理方法。

五、按照承保方式分类

按照承保方式分类，可以将保险分为单一保险、复保险和共同保险。

单一保险，是指投保人以同一保险标的、同一保险利益、同一风险事故与同一保险人订立保险。保险公司绝大多数是以这种方式承保。

复保险，是指投保人以同一保险标的、同一保险利益、同一风险事故分别与数个保险人订立保险。按照各家保险人承保的保险金额总和是否超过保险标的价值，复保险又分为两类：复合保险和重复保险。保险金额总和超过保险价值的复保险，称为重复保险。保险金额总和不超过保险价值的复保险，称为复合保险。复保险在保险实践中不多见。

共同保险，指几个保险人就同一保险利益、同一风险共同缔结保险合同，且其保险金额总和不超过保险价值的一种保险。在共同保险中，保险人由若干家保险公司组成，各保险公司之间达成分担承保风险的协议，当保险事故发生后，各家保险公司按照各自分担的份额承担赔偿责任。共同保险常见于保险标的金额巨大的保险项目中。

第三节 保险的产生与发展

一、古代保险思想

保险是风险转移的一种方式，因此，保险思想的萌芽起源于古代人们规避风险的朴素愿望。在原始社会，社会生产力水平极为低下，人们群居生活，氏族成员相互扶助，共同抵抗外来的风险。所以在古代社会就萌生了对付灾害事故的保险思想和原始形态的保险方法，这在中外历史上均有记载。

据国外一些保险书籍记载，远在公元前3000年，中国一些商人在扬子江的危险水域运输货物时采用了一种分散风险的办法，即把每人的货分装在几条船上，以免货物装在一条船上有遭受全部损失的风险，这是水险起源的最早实例。这种分散风险的方法与现代保险和风险管理的基本原理相似。

而在国外，最早产生保险思想的是处在东西方贸易要道上的文明古国，如古代的巴比伦、埃及和欧洲的希腊和罗马。英国学者托兰纳瓦在《保险起源及早期历史》一书中指出："保险思想发源于古巴比伦，后来传至腓尼基，再传入希腊。"

在公元前2000多年古代巴比伦的《汉谟拉比法典》中有这样一条规定：商人可以雇用一个销货员去外国港口销售货物，当这个销货员航行归来，商人可以收取一半的销货利润；如果销货员未归，或者回来时既无货也无利润，商人可以没收其财产，甚至可以把他的家人作为债务奴隶；但如果货物是被强盗劫夺，可以免除销货员债务。据说这是海上保险的一种起源。

二、保险的起源和发展

(一)海上保险的起源和发展

海上保险是一种最古老的保险，近代保险业就是从海上保险发展而来的。

公元前800至公元前700年，古希腊、古罗马开始流行船舶和货物抵押借款。这种方式的借款实际上是最早形式的海上保险。船舶和货物抵押借款后因利息过高被罗马教皇九世格雷戈里禁止，当时利息高达本金的1/4或1/3。由于航海需要保险作支柱，后来出现了"无偿借贷"制度。"无偿借贷"制度与现代海上保险的含义更为接近。

知识链接

船舶抵押借款、船货抵押借款契约与"无偿借贷"制度

船舶抵押借款是指船主把船舶作为抵押品向放款人取得航海资金的借款。如果船舶安全完成航行，船主归还贷款，并支付较高的利率；如果船舶中途沉没，债权即告结束，船主不必偿还本金和利息。

船货抵押借款契约是向货主放款的类似安排，不同之处是把货物作为抵押品。这种方式的借款实际上是最早形式的海上保险。放款人相当于保险人，借款人相当于被保险人，船舶或货物是保险对象，高出普通利息的差额(溢价)相当于保险费。

“无偿借贷”制度是指在航海之前，由资本所有人以借款人的地位向贸易商借一笔款项，如果船舶和货物安全抵达目的港，资本所有人不再偿还借款(相当于收取保险费)；反之，如果船舶和货物中途沉没和损毁，资本所有人有偿债责任(相当于赔款)。这与上述船舶抵押借款的顺序正好相反，与现代海上保险的含义更为接近。

意大利是海上保险的发源地。14世纪中期，在威尼斯、热那亚、佛罗伦萨等地，出现了类似现代形式的海上保险。目前，世界上发现的最古老的一张保险单，是一个名叫乔治·勒克维伦的热那亚商人在1347年出立的一张船舶承保单。这张保单的措辞类似虚设的借款，它规定船舶安全到达目的地后，合同无效；如中途发生损失，合同成立，该损失由合同的一方(保险人)承担，保险费是在合同成立之前以订金的名义支付的。由于该保单没有注明保险人所应承担的危险，因此还不能说是完全现代意义上的保险合同。直至1384年，第一张纯粹保险单——比萨保单在意大利出现。这份保单的保险人不是一个，而是一组，标的物为四大包纺织品，对保险期限和各种可能的保险责任也做了一一列明，可以看作是具有典型意义的保险合同。

近代海上保险发展于英国。其中英国的劳合社在海上保险的发展过程中起着重要的作用。1683年，英国人爱德华·劳埃德在泰晤士河畔开设了一家咖啡馆，顾客主要是经营远洋航海业的船东、船长、商人、经纪人和高利贷者。这些人经常在咖啡馆交换航海信息，达成海上保险交易，该咖啡馆逐渐成了海上保险交易的中心。为了给交易双方提供充分的信息，1696年，劳埃德咖啡馆开始出版《劳埃德新闻》，每周三期，主要内容是海事航运信息，并登载拍卖船只的广告。到1734年，《劳合社动态》出版，该出版物刊登了有关海上保险更为详尽的消息，并成为具有国际影响的刊物。随着保险业务的日趋扩大，原有的咖啡馆已经无法满足交易者的交易需求。于是在1771年，79个劳埃德咖啡馆的顾客各出资100英镑，另选新址，专门经营海上保险业务。至此，一个专门经营海上保险的保险人组织出现了。到1871年，英国议会通过法案，批准劳合社为一个社团组织。因此劳合社市场的建立可以被看作是国际保险跃入全面创新时期的标志。

在英国海上贸易迅猛发展的同时，西班牙的对外贸易也进入了发展的黄金阶段。不断扩大的海上贸易带动了海上保险发展，政府也不断颁布法令加以规范。之后，法国、荷兰、德国均颁布了有关海上保险的法令，进一步规范了海上保险，促进了海上贸易的发展，表明海上保险走向成熟。以后海上保险就成为国际保险的主要内容，也是涉及国际法律和公约最多、技术含量最高的一种独立险种。

(二)火灾保险的起源和发展

在15世纪之前，欧洲国家的手工业者就建立过行业性质的火灾互助机制，这可以看作是火灾保险的萌芽。德国是早期火灾保险产生并有影响的一个重要国家。1591年，德国汉堡市的酿酒业者为了规避火灾带来的危险，成立了火灾合作社，随后，这种组织迅速发展；1676年，由46家保险组织合并成立了汉堡火灾保险社，使相互保险形态的火灾保险在一定程度上得以发展。

真正促使火灾保险走向大发展的国家是英国，1666 年的伦敦大火事件是火灾保险发展史上的一个有着特殊意义的事件。1666 年 9 月 2 日晚，英国伦敦皇家面包店的烘炉引发了火灾，大火持续了 5 天，烧毁了约 1.3 万栋房屋和 90 座教堂，伦敦城 80%被烧毁，财产损失在 1 000 万英镑以上。伦敦大火的发生为火灾保险观念的传播提供了一个契机，推动了英国火灾保险的发展。1667 年，英国的牙科医生巴蓬博士成立了一家火灾保险商行，开创了私营火灾保险的先例。在保费的收取标准上，巴蓬采用了差别费率，他依照房屋结构计算保费：砖石建筑物的费率为 2.5%，木屋的费率为 5%。这一在保险中运用差别费率的方法沿袭至今，是近代保险的一个重要特点，巴蓬也因此获得了“近代保险之父”的美誉，并开创了火灾保险的新时代。火灾保险的产生与发展，标志着近代保险业进入比较成熟的阶段。

1710 年，英国人查尔斯创办的太阳保险公司，把火灾保险承保业务范围由不动产保险拓展到动产保险，市场范围也拓展为整个国家，费率的计算则进一步分化。1752 年，美国人本杰明・富兰克林在费城创办了第一家火灾保险社，开始了火灾保险与防火消防的结合，使火灾保险进入了一个新的发展阶段。进入 19 世纪之后，火灾保险更是从单一责任走向综合责任，演进为全面的财产保险，并迅速普及开来。工业革命后，机器大工业取代了工场手工业。为了保障财富的安全，许多人开始购买火灾保险，火灾保险迅速发展，股份制的火灾保险公司开始出现。

进入 19 世纪后，火灾保险有了许多与以往不同的发展：火灾保险公司开始实行共同保险；火灾保险的承保范围亦不断扩大，从不动产扩大到动产、从单一的火灾保单责任扩展为综合性的保险。火灾保险发展至今，虽然业务格局未有太大变化，但经营技术与承保风险以及业务的广度与深度又均达到了相当成熟的高度，成为一项普及性财产保险业务。

（三）人身保险的出现和发展

海上保险最早承保的是船舶和货物。15 世纪欧洲比较流行奴隶贩卖活动，许多奴隶由殖民主义者从海上贩运而来，奴隶贩子纷纷为被贩运的奴隶投保海上保险，这就产生了以人的生命或身体作为标的物的保险。16 世纪开始了旅客的人身保险。

现今发现的最早的人寿保险单是 1583 年 6 月 18 日，由伦敦皇家交易所保险行会的 16 名商人共同签发的人身保险，一位名叫威廉姆・吉明的人投保了为期 12 个月，保额为 382.33 英镑的保单。

1699 年，英国出现了世界上第一家人寿保险组织——孤寡保险社，开创了人寿保险发展新纪元的事件是保险精算学的产生。17 世纪后半叶，维德倡导一种终身年金现值的计算方法。

英国数学家和天文学家埃德蒙・哈雷于 1693 年根据德国布雷斯劳 1687—1691 年间的市民按年龄分类的死亡统计资料，编制了第一张生命表，为现代人寿保险奠定了数理基础。1762 年，托马斯・辛普森在英国创办了公平人寿及遗嘱公平保险社（简称“老公平”），这是第一次将生命表用于计算人寿保险的费率。这家保险公司的创立被认为是现代人身保险形式的标志。

1774 年，英国颁布了具有历史意义的人身保险法，要求具有可保利益，以防止道德危险的发生，进一步促进了人身保险业的健康发展。1870 年，英国通过了人寿保险公司法，该项法律要求保险人实行账务公开，接受社会的监督，从而将保险人的经营引向正轨，标志着英国人身保险制度走向成熟。

由于人身保险比其他保险更具有投资稳定与长期积累的特点，同时随着经济的发展和生活水平的提高，人身保障的要求与程度不断提高，“二战”之后的人身保险得以迅速发展。目前在世界保险业务中，人身保险业务占全部保险业务的50%以上，而在人身保险业务发达的日本，该比例高达70%以上。

三、中国保险业的出现与发展

(一)新中国成立前我国保险业的出现和发展

尽管中国古代产生了萌芽性质的保险，但中国现代商业保险是从西方传入的。1805年，英国在广州成立了广州保险公司，主要经营海上运输保险业务。随后扬子江保险公司、太阳保险公司、巴勒保险公司等英资保险机构在中国纷纷成立。

1865年，义和保险行在上海成立，这是我国第一家自办的保险机构，它开创了民族保险业发展的先河，打破了外资保险机构对中国保险市场的垄断。1875年，招商局在上海成立，先后创办了“仁和”与“济和”两家保险公司，后来合并成“仁济和”保险公司，该公司承保财产保险。之后，一批华商人寿保险公司也陆续成立。1907年，上海发起成立华商火险公会，这为以后同业公会组织的发展打下了基础。但总的来说，自鸦片战争至清朝末年，外商保险公司在中国保险市场上居于垄断地位，我国民族资产阶级备受压抑，民族保险业在艰苦的环境中缓慢发展。

第一次世界大战期间，帝国主义国家忙于战争，放松了对中国的经济侵略，我国民族保险业一度得到了迅速发展，1911—1917年，中国出现了多家华商保险公司。但大战过后，中国又回到被列强控制的局面，民族保险业的发展再次陷入困境。第二次世界大战结束后，新的投机性保险公司不断涌现，呈现出一派虚假繁荣局面。新中国成立前夕，国民经济濒临崩溃，通货膨胀率居高不下，保险市场陷入了巨大的混乱之中，许多民族保险公司不得不宣告破产。

知识链接 

旧中国华商保险公司与洋商保险公司的抗争

旧中国的保险业是在第一次世界大战时期萌芽的，到1949年经历了三十多年的磨砺劫难。这期间主要是与帝国主义和买办官僚资本主义进行的压制和反压制、歧视和反歧视、排挤和反排挤的斗争。

华商保险公司刚成立不久，即受到外国保险公司的压制，纷纷败下阵来。华商保险公司失败，一是洋商资本雄厚。当时洋商保险公司和华商保险公司相比，火险承保能力和水险承保能力分别要大10倍和60倍。二是在实际营运中，中国官僚与洋商勾结，给华商保险公司设下了许多不合理的条款。比如，当时上海对于保险就有一些不合理的条款：规定重大保险只准在外国的保险公司办理业务；规定江河沿海物资运输业务必须由外国保险公司垄断办理。在保险费率上也存在对华商保险公司的歧视，如：倘有华人住在租界以外的地方必须加收25%的保费，如果投保者是外国人则不加。即使在如此险恶的环境下，华商保险公司还是与洋商保险公司进行了不屈不挠的斗争。

一是在共保问题上进行了斗争。自华商保险公司成立以来,洋商保险公司就横竖瞧不起。坚持凡洋商保险公司承保的业务,不承认华商有共保之权;凡华商保险公司承保的业务,有超出自己所能承保的限额需要分出时,洋商公司不肯接受其余额的分保。这完全属于不平等条款。对此,华商公司与洋商公司进行了反复的交涉和斗争。同时,华商利用本国民众愿意向本国保险公司投保的有利形势,团结一致,奋力抗争,使自身实力不断扩大,洋商最后不得不退让。他们先是部分退让,到最后终于全部接受了华商的要求,于1924年对章程进行了修改。在章程的"不得与非会员公司共保险"这一规定后面补上了"中国公司除外"的内容,使得华商公司在这个问题上有了比较平等的待遇。

二是围绕中文保险单问题进行了斗争。洋商公司在中国大地上办公司,却规定华商公司的保险单必须用英文印制,否则洋商公司不接受分保。同时,他们还在英文保险单上规定,凡保险与公司有争论时,一律以保单中的英文条款解释为准。这完全是强盗逻辑,是在公然挑衅中国的主权与中国民族文化,华商当然不会答应。经过与洋商多次斗争,华商公司终于获得以中文译文解释为准的权利。

三是与变相控制进行斗争。随着华商保险公司的阵营越来越大,洋商自知已阻止不了,于是他们改变策略,由昔日对华商的歧视、排挤和压抑,逐步改为合作。然而,在合作的后面,他们则以老师自居,摆出一副教育学生的样子,说什么保险必须有理智的经营,不能冒险,业务范围要广,限额要低,超额部分可以由他们协助再保险,企图通过这种手段牢牢控制华商保险公司。对此,华商与之进行了斗智斗勇,最终也没让他们的阴谋得逞。

(二)新中国成立初期至改革开放前的中国保险(1949—1978年)

新中国成立初期,我国对保险市场进行了清理整顿。整顿之后,中国保险市场的性质发生了根本性的变化:外商公司的垄断地位不复存在,国营保险公司逐渐控制了保险市场。

1949年10月20日,中国人民保险公司成立,由中国人民银行总行直接领导,确定了"保护国家财产,保障生产安全,促进物资交流,增进人民福利"为社会主义保险事业的基本方针;1952年划归财政部领导。中国人民保险公司成立后,依靠人民政府的支持,迅速在全国范围内建立了大量的分支机构,广泛开展业务,彻底结束了外商公司操纵中国保险市场的局面,谱写了中国人民独立办保险的新篇章。

从1949年到20世纪50年代中期,我国的保险事业得到了很大的发展,摆脱了外商公司的控制,实现了私营保险公司的社会主义改造,建立了比较完整的社会主义保险体系。但由于认识上的原因,也出现了一些失误。1966年,"文化大革命"开始,受"左"的思想影响,有人认为保险是私有经济的产物,已不再适应我国社会主义的经济基础,"办理国际再保险业务得不偿失",有人还提出要"砸保险"。在这种情况下,国际分保业务也被取消,涉外保险人员一度曾减少到9人。这一时期,保险事业受到了重创,与50年代相比,不但没有得到发展,反而有所倒退。"文化大革命"使新中国保险史上的国内保险业务留下了整整10年的空白。

(三)改革开放至今的中国保险业

1979年2月,在"文革"结束和执政党将工作重心转移到经济建设的大背景下,中国人民银行全国分行行长会议做出了恢复国内保险业务的规定。1980 年，各省的保险业务陆续恢复；1984 年，中国人民保险公司从中国人民银行分离出来，单独作为国务院的直属机构。自此以后，中国保险业迎来了一个崭新的历史时期。

1.保险经营主体的发展

保险公司是保险市场的主体。1986 年 7 月 15 日，中国人民银行批准成立了“新疆生产建设兵团农牧业生产保险公司”，1992 年更名为“新疆兵团保险公司”，结束了中国人民保险公司独家经营的历史。1987 年，交通银行开设保险部，经营保险业务。1991 年 4 月，交通银行保险部改组为中国太平洋保险公司，其总部设在上海。中国太平洋保险公司是继中国人民保险公司之后成立的第二家全国性保险公司。1988 年 3 月，经中国人民银行批准，深圳平安保险公司成立，总部设在深圳，1992 年更名为中国平安保险公司。此后，天安、大众等一批区域性保险公司与华泰、新华、泰康等一批全国性保险公司，以及部分保险代理、保险经纪公司获准经营保险业务，加之中国人民保险集团根据保险法分业经营的要求，改组成独立的中国人民保险公司、中国人寿保险公司和中国再保险公司三家全国性保险公司，整个保险市场经营主体结构发生了根本性的变化。

与此同时，随着中国保险市场改革的逐步深化，许多外国保险公司纷纷在我国设立联络机构，并争先恐后地进入中国的保险市场。如 1980 年 7 月，美国国际保险集团率先在北京设立了联络处。中国加入世贸组织后，越来越多的外国保险公司进入中国直接经营保险业务或合资经营保险业务。截至 2014 年年末，我国保险市场上共有各类保险经营主体 171 家，其中保险集团控股公司 10 家，人身险保险公司 82 家，财产险保险公司 70 家，再保险公司 9 家。

新的保险机构的出现，为保险业的发展注入了活力，促进了我国保险市场中竞争机制的形成。目前，我国保险市场已经初步形成了全国性保险公司和区域性保险公司、中资保险公司和外资保险公司共同存在、公平竞争、共同发展的格局。

2.保险业务的发展

自 20 世纪 80 年代恢复国内保险业务以来，中国保险业经过三十多年的迅速发展，保费规模从恢复初期的 4.6 亿元增加到 2014 年的 2.02 万亿元，全球排名第四。在 2014 年，保险业总资产达到101 591.47亿元，较年初增长 22.57%。这是保险业总资产首次突破 10 万亿元大关。同时，保费收入首次突破 2 万亿元，同比增长 17.49%。其中，财险业务保费收入 0.72 万亿元(7 203.38亿)，同比增长 16%；人身险保费收入 1.3 万亿元(13 031.43亿元)，同比增长 18.2%。2014 年，全国保险密度为1 479元/人(237.2 美元/人)，保险深度为 3.18%。保险行业交出了“历史最好”的成绩单。保险业作为金融业的三大支柱之一，正以自己独特的作用，在国民经济中占据日益重要的地位。

3.保险法律和监管制度日益完善

在 20 世纪 80 年代，我国颁布了《中华人民共和国财产保险合同条例》《保险公司管理暂行条例》等法规。进入 90 年代以后，国家加快了保险法制建设的步伐。1995 年 6 月，《中华人民共和国保险法》颁布，为我国保险市场创造了良好的法律环境基础。1996 年 2 月，中国人民银行制定了《保险代理人管理暂行规定》，同年 7 月公布了《保险管理暂行规定》(暂行)，1998 年 2 月公布了《保险经纪人管理规定(试行)》。1998 年 11 月，中国保险监督管理委员会成立,标志着保险市场监管有了有力的组织保证。1999 年 1 月,中国保险监督管理委员会公布了《保险机构高级管理人员任职资格暂行规定》;2000 年 1 月,又制定了《保险公估人管理规定(试行)》。2001 年 11 月 16 日,中国保险监督管理委员会在同一天同时颁布了《保险代理机构管理规定》《保险经纪公司管理规定》《保险公估机构管理管理规定》三项规定;同年 12 月,公布了《中华人民共和国外资保险公司管理条例(草案)》。上述法律法规的出台,标志着我国以保险法为核心的保险法律体系已初步形成。近年来,保险监管部门不断加大对保险市场的监管力度,使保险经营更加规范化,为保险危险的防范和化解做了许多实质性的工作。

本章小结

1.保险的本质

保险是指以契约的形式明确法律关系,以集合众多同质风险为代价建立基金,对个别特定约定风险事故后果提供补偿或给付,从而保障个人或社会财富安全的经济活动。保险是一种财务安排,是一种合同行为。

现代商业保险的构成要素主要包括可保风险的存在、大量同质风险的集合与分散、保险费率的厘定、保险基金的建立和订立保险合同。

保险的特征包括经济性、商品性、互助性、契约性(法律性)、科学性等基本特征。

保险职能有损失补偿、经济给付两种基本职能和防灾防损、融资等派生职能。

保险在微观经济中的作用有:有助于受灾企业及时恢复经营、稳定收入;有利于促进企业加强风险管理;有利于安定人们生活。

保险在宏观经济中的作用有:有利于保证社会再生产顺利进行;有利于推动市场经济的发展;有利于维护社会稳定;有利于促进科学技术的推广应用;有利于对外贸易和国际交往,促进国际收支平衡。

2.保险的基本分类

保险以保险的性质为标准分类,可以分为商业保险和非商业保险(社会保险和政策保险);以保险标的为标准,可以分为财产保险、人身保险、责任保险、信用保证保险;以保险实施方式为标准,可以分为自愿保险和强制保险;以风险转嫁方式为标准,可以分为原保险和再保险;以承保方式为标准分类,可以分为单一保险、复合保险和共同保险。

3.保险的产生与发展

海上保险是一种最古老的保险,近代保险业从海上保险发展而来。海上保险最早承保的是船舶和货物,随着奴隶贩子纷纷为被贩运的奴隶投保海上保险,产生了以人的生命或身体作为标的物的保险,16 世纪开始了旅客的人身保险。

火灾保险的产生与发展,标志着近代保险业进入比较成熟的阶段。

中国保险业的发展经历了非常复杂曲折的过程。自 20 世纪 90 年代中后期起,尤其是中国加入世贸组织后,中国保险业无论是保险经营主体还是保费规模等,都取得了飞速发展。

 复习思考题

一、名词解释

保险;社会保险;政策保险。

二、单选题

1.保险通过集合多数人的保费,补偿少数人的损失,体现出保险的(　　)。

A.补偿性　　B.互助性　　C.可测性　　D.稳定性

2.符合保险人承保条件的特定风险称为(　　)。

A.可保风险　　B.客观风险　　C.特殊风险　　D.政治风险

3.下列哪一类保险是国家对一定的对象以法律、法令或条例规定其必须投保的种保险(　　)。

A.法定保险　　B.自愿保险　　C.商业保险　　D.社会保险

4.投保人以同一保险标的、同一保险利益、同一风险事故分别与数个保险人订立数份保险合同,并且保险金额总和超过保险价值的保险是(　　)。

A.重复保险　　B.复合保险　　C.超额保险　　D.共同保险

5.世界上发现的最古老的一张保险单,是一个名叫乔治·勒克维伦的热那亚商人在1347年出立的一张(　　)承保单。

A.人身　　B.货物　　C.火灾　　D.船舶

6.保险费率在短期内应该是相对稳定的,这样既有利于保险经营,也有利于保险投资,这属于保险费率厘定原则中的(　　)原则。

A.公平性　　B.稳定性　　C.适度性　　D.弹性

7.保险费率在短期内应该是相对稳定的,在长期内应根据实际情况的变动做相应的调整,这属于保险费率厘定原则中的(　　)原则。

A.公平性　　B.稳定性　　C.适度性　　D.弹性

8.投保人根据合同约定,向保险人支付保险费,保险人对于合同约定的可能发生的事故因其发生所造成的财产损失承担赔偿保险金责任,或当被保险人死亡、伤残、疾病,或者达到合同约定的年龄、期限时承担给付保险金责任的行为,属于(　　)保险。

A.商业　　B.社会　　C.责任　　D.强制

9.体现等价交换关系和商品经济关系是保险的(　　)特征。

A.经济性　　B.互助性　　C.科学性　　D.商品性

10.保险的保障功能,在财产保险中体现为(　　)。

A.补偿功能　　B.给付功能　　C.资金融通功能　　D.社会管理功能

11.保险的本质决定保险的职能,人身保险的基本职能是(　　)。

A.补偿损失职能　　B.经济给付职能　　C.防灾防损职能　　D.资金融通职能

12.保险资金中闲置的部分重新投入到社会再生产过程中,发挥的金融中介作用体现的保险职能是(　　)。

A.防灾防损　　B.经济补偿　　C.经济给付　　D.资金融通

三、多项选择题

1.保险的要素包括(　　)。

A.可保风险的存在　　B.大量同质风险的集合与分散

C.保险费率的厘定　　D.保险基金的建立

E.保险合同的订立

2.保险的基本职能是(　　)。

A.经济给付　　B.社会管理　　C.防灾防损　　D.经济补偿

E.强制储蓄

3.按承保标的为标准分类,保险可分为(　　)。

A.财产保险　　B.社会保险　　C.人身保险　　D.自愿保险

E.政策保险

4.保险的社会管理职能具体体现在(　　)。

A.社会保障管理　　B.社会风险管理　　C.社会关系管理　　D.社会信用管理

E.社会安全管理

5.保险的宏观作用表现为(　　)。

A.保证社会再生产顺利进行　　B.推动市场经济的发展

C.维护社会稳定　　D.促进科学技术的推广应用

E.有利于对外贸易和国际交往,促进国际收支平衡

6.保险的经济性主要表现为保险活动的(　　)等。

A.保障目的　　B.保险标的　　C.保障手段　　D.保障对象

7.商业保险与社会保险的区别表现为(　　)。

A.经济主体不同　　B.行为依据不同　　C.实施方式不同　　D.保障功能不同

四、思考题

1.简述保险的基本职能。

2.通过比较保险与救济、保险与储蓄的异同,分析保险的特征。

3.通过保险历史的学习,谈谈你对保险经营的思考。

课外阅读资料

“壬子兵变”引发中国最早的大赔案

1912 年,孙中山为和平统一南北,将中华民国大总统职位让与袁世凯,并派蔡元培、宋教仁到京请袁就职。袁心存疑虑,为拖延离京,策划了震惊中外的兵变,这一年为壬子年,故史称“壬子兵变”。

兵变起自北京,随后波及天津、保定、石家庄、济南、烟台、奉天等北方大部分城市。兵变的士兵到处烧杀掳掠,仅天津被焚商铺就达 2 200 多家,损失白银 12 120 万两,保定则损失白银 700 余万两。

“壬子兵变”引发了中国时间最早、金额最大、范围最广的保险赔案。仅天津一地就有 300 多家受损商铺向保险公司索赔,索赔金额高达白银 143 万两,这些商铺组成了“索偿

保险会”,依靠天津商会向保险人集体索赔,涉及的保险人与保险代理人有 24 家。

现代商业保险的发展之最

最早的汽车保险是美国的旅行者保险有限公司在 1898 年给纽约布法罗的杜鲁门·马丁售出的保单,原因是马丁非常担心自己的爱车会被马冲撞;随后劳合社设立了最早的有固定模式的汽车保险单,按照马力收取保费,每马力收取保费 1 英镑。

最早的盗窃险保单是 1887 年由劳合社设计的。

最早的分保合同是巴黎国民保险公司和布鲁塞尔业主联合公司于 1821 年签订的。

最早的保险公司于 1424 年在意大利成立,经营海上保险业务。

最早以股份制形式成立的保险公司是 1710 年在英国成立的太阳保险公司,它迄今仍然存在,是世界最古老的保险公司之一。

2012 年,世界资产最雄厚的保险公司是德国安联保险集团,名列《财富》杂志世界 500 强企业第 14 位;最大的再保险公司是慕尼黑再保险公司。

2012 年,最大的中资保险公司是中国人寿保险股份有限公司,名列《财富》杂志世界 500 强企业第 192 位。

第3章 保险合同

学习目标

本章是全书的重点。通过本章内容的学习，学生应掌握保险合同的概念、特征、种类，掌握保险合同的成立与生效，理解保险合同履行的关键，以及保险合同争议的处理方式，为保险业务的学习奠定基础。

学习要点

保险合同的含义；保险合同的特征；保险合同的成立与生效；保险合同的主体；保险合同的解释原则。

案例导读

2010年4月29日，某公司为全体职工投保了团体人身意外伤害保险，保险公司收取了保险费并当即签发了保险单(保险合同)，保险单上列明的保险期间为自2010年5月1日起至次年4月30日止。2010年4月30日，该公司的职工王某在登山中不慎坠崖身亡。事故发生后，王某的亲属向保险公司提出了索赔申请。

这份团体人身意外伤害保险合同是否成立？王某的亲属能否得到赔偿？保险合同的生效与否又将如何影响其有关权利与义务呢？这些都是本章研究的内容。

第一节　保险合同概述

一、合同与保险合同

《中华人民共和国合同法》(以下简称《合同法》)第2条规定：合同是平等主体的自然

人、法人、其他组织之间设立、变更、终止民事权利义务关系的协议。

知识链接

《合同法》分则部分界定了十五类有名合同，分别是：买卖合同，供用电、水、气、热力合同，赠与合同，借款合同，租赁合同，融资租赁合同，承揽合同，建设工程合同，运输合同，技术合同，保管合同，仓储合同，委托合同，行纪合同及居间合同。《担保法》界定了保证合同、抵押合同和质押合同等。

合同是双方的法律行为，其成立须双方意思表示一致。合同可以采取口头、书面或其他形式，合法成立的合同具有法律约束力，当事人不得随意变更协议条件。任何一方无合法原因不履行或不完全履行合同义务的，对方有权请求履行或解除合同，并有权就所造成的损失请求赔偿。

保险合同，又称保险契约，是合同的一种，是保险关系双方当事人之间权利义务关系的协议。尤其要强调的是，这里所说的保险关系是商业保险关系，即一方支付保险费于对方，另一方在保险标的发生约定事故时，承担经济损失补偿责任，或者当约定事件发生时，承担履行给付保险金的义务。

保险合同是民商合同的一种，其订立、变更、终止权利义务关系也必须具备一般民商合同应具备的条件，适用《合同法》和《民法通则》。但保险合同作为一种特殊的民商合同，除具有一般合同都具有的法律特征外，还有着自身的特征。

二、保险合同的特征

1.保险合同是双务合同

按照当事人是否互负义务，可将合同分为双务合同和单务合同。单务合同是指仅有一方负担义务的合同，如赠与合同、无偿保管合同、无偿借贷合同等都属于单务合同。双务合同则是双方当事人互负权利义务的合同。

保险合同中，投保人负有按约缴纳保险费的义务，而保险人则负有在保险事故发生时支付保险金的义务，两者的权利义务互为关联，所以保险合同为双务合同。双务合同分为典型双务合同和非典型双务合同，前者是当事人彼此互负确定的对价给付义务，后者是当事人一方负有确定给付义务，另一方未必为对价给付，可能是向第三人给付，亦未必是确定的给付义务。保险合同正是此类非典型双务合同。

2.保险合同是有偿合同

按照当事人取得利益是否支付相应对价，可将合同分为有偿合同与无偿合同。无偿合同是指当事人一方取得利益无须支付对价，典型如赠与合同。有偿合同是指当事人一方取得利益需要支付相应对价，典型如买卖合同。保险合同属于有偿合同，投保人转移风险需向保险人支付保险费，而保险人收取保险费后需在保险事故发生后支付保险金，双方当事人享有利益的同时均需履行义务。

3.保险合同是射幸合同

射幸又称碰运气或侥幸，射幸合同是指合同效果在订立合同时并不确定的合同，即合同当事人一方是否履行义务有赖于未来偶然事件是否发生。订立保险合同时，当事人对于未来是否发生风险事故都是不确定的，投保人交付保险费是其必尽的义务，但保险人是否给付保险金则取决于合同约定的保险事故是否发生。

在保险合同中，投保人支付保险费是为了将来如果发生保险事故时能够从保险人处获得赔偿。如果保险事故不发生，保险人收取保险费也无须进行赔偿。正因为有这一特点，保险合同是射幸合同。

4.保险合同大多为附和合同

附和合同即由当事人一方(往往是保险人一方)拟订合同的主要内容，另一方当事人(即投保人一方)只能表示同意或不同意、接受或不接受。投保人对保险合同的条款内容没有太多发言权，要同保险人缔约只能附和保险人已经拟定的合同条款，很多学者根据保险合同的这一特点将其称为附和合同。

保险合同主要为格式合同，这也是出于保险业发展的需要。保险的专业性较强，保险费率的计算与统计、责任范围的确定等都很复杂，而且投保人数目众多，因此由保险人提供格式合同供投保人选择也是一种高效的方式。

当然也有一些保险合同由于保险标的的特殊，需要当事人双方采取协商的办法来签订，这与一般的民事合同性质是相同的。在这种情形下，保险合同就不再是格式合同。

课堂讨论

针对保险合同的附和性，应如何保护投保人和被保险人的权益?

5.保险合同是条件性合同

合同的条件性，是指只有在合同规定的条件得到满足的情况下，合同的当事人一方才履行自己的义务;反之，则不履行其义务。保险合同具有这样的特点。作为投保人，可以不履行合同所要求他做的事情，但如果投保人没有满足合同的要求，他就不能强迫保险人履行其义务。比如说，保险合同通常规定，投保人必须在损失发生后的某一规定时间内向保险人报告出险情况，没有人强迫投保人必须这样做。换句话说，在规定的时间内投保人可以不向保险人报告。但是，如果投保人没有这样做，他也就不能指望或强迫保险人赔偿他的损失。

6.保险合同是个人性合同

保险合同这一特点主要体现在财产保险合同中。它的含义是，保险合同所保障的是遭受损失的被保险人本人，而不是遭受损失的财产。由于个人的秉性、行为将极大地影响风险标的发生损失的可能性和严重性，因此，保险人在审核投保人的投保申请时，必须根据各个不同的投保人的条件以及投保财产的状况来决定是接受还是拒绝，抑或是有条件地接受其投保。保险合同的这一特性表明，投保人在转让自己的财产的同时，不能同时转让其保险合同，除非经过保险公司的同意。

三、保险合同的种类

保险合同可以根据不同的标准进行多种划分，主要有以下几种：

1.人身保险合同和财产保险合同

根据保险标的的性质划分，保险合同可以分为人身保险合同和财产保险合同。

人身保险合同是指以人的身体或寿命为保险标的的保险合同。人的生、老、病、死、残等都可以作为保险标的，只要发生约定的保险事故或被保险人生存至合同约定的年龄期限，保险人就要履行给付义务。

财产保险合同是指以财产及其有关利益为保险标的的保险合同。财产保险合同的保险标的既包括有形财产，也包括无形财产和财产的相关利益。财产保险合同大多数属于损失补偿性质的合同。

2.单一危险保险合同和综合危险保险合同

根据保险人所承保的危险状况的不同，保险合同可分为单一危险保险合同和综合危险保险合同。

单一危险保险合同是指保险合同只承保一种危险责任，如农作物雹灾险合同，只对由冰雹造成的农作物损失负责赔偿。

综合危险保险合同是指一个保险合同承保两种以上的多种特定的危险责任，如财产保险合同等。只要损失是由所保危险造成的，被保险人就可以获得赔偿。

3.定值保险合同与不定值保险合同

按保险标的的价值是否载于保险合同来分类，保险合同可以分为定值保险合同与不定值保险合同。

定值保险合同是指合同中载明保险双方约定的保险标的价值的保险合同。在定值保险合同中，若保险标的因保险事故导致全损，不论保险事故发生时保险标的的实际市场价值是多少，保险人均按保险合同中载明的保险标的的价值赔偿。定值保险合同一般适用于特殊的保险标的，如古玩、字画等，由于其本身的价值难以确定，因此需要保险双方事先约定一个固定的价值作为保险价值进行保险。在国际保险市场上，由于运输货物的市场价格在起运地、中途和目的地都不相同，为保障被保险人的实际利益，避免赔款时因市价差额而带来的纠纷，习惯上也采用定值保险合同。船舶保险亦然。

不定值保险合同是指保险双方当事人在合同中事先不确定保险价值，只列明保险金额作为赔偿的最高限额。当保险标的发生保险责任范围内规定的事故损失时，保险人以当时损失发生地的市场价格为依据，确定保险价值并以此作为赔付的标准进行保险赔付。

4.定额保险合同与补偿保险合同

按照保险金额的确定方式，保险合同可分为定额保险合同和补偿保险合同。

定额保险合同是指合同双方当事人协商约定保险金额的合同。人身保险合同大多采用定额保险合同的形式。因为人的生命和身体是不能用经济价值来衡量的，保险金额只能根据被保险人的实际需要和缴费能力来确定。当发生保险事故时，保险人按照事先约定的保险金额对被保险人进行给付。

补偿保险合同是指以保险标的的价值确定保险金额的合同。财产保险合同均属于补偿保险合同(人身保险合同中的医疗费用保险合同也属于补偿保险合同)。保险事故发生后，保险人对被保险人所受的损失如实评定后，按照保险合同的约定进行赔偿。

5.特定危险保险合同与一切危险保险合同

依据保险合同承保危险的不同范围分类，保险合同分为特定危险保险合同与一切危险保险合同。

特定危险保险合同的保险人仅承保一种或几种特定危险，分别称为单一危险保险合同和多种危险保险合同。一般特定危险保险合同所承保的危险都会在保险合同中列明。

一切危险保险合同也称为综合保险合同，是指保险人承保合同中列明的“除外责任”以外的所有危险。一切危险保险合同为被保险人提供了较为广泛的风险保障，但并不意味着它真的承保了一切的危险，还是有除外责任是被排除在保险范围之外的。

6.个别保险合同、集合保险合同与综合保险合同

依保险标的数量多少，可将保险合同划分为个别保险合同、集合保险合同与综合保险合同。

个别保险合同以一个人或单一物体为保险标的，也称单独保险合同。大多数保险合同为个别保险合同。

集合保险合同以多个性质相似的人或物为保险标的，对每个保险标的分别制定各自的保险金额，并针对同一危险订立一个保险合同。

综合保险合同的保险标的数量众多且性质一定类似，整个保险合同仅确定一个总的保险金额。

7.特定保险合同与总括保险合同

按保险标的是否为特定物或是否属于特定范围，保险合同可分为特定保险合同和总括保险合同。

特定保险合同是以特定物为保险标的的合同。上述个别保险合同和集合保险合同均属于特定保险合同。

总括保险合同是以可以变动的多数人或物为保险标的的合同，并不对合同中的每个保险标的分别标明保险金额。总括保险合同较易产生道德风险问题，保险人要格外谨慎。

8.原保险合同与再保险合同

根据保险人所负保险责任的次序，保险合同可分为原保险合同与再保险合同。

原保险合同是指保险人与投保人签订的保险合同。

再保险合同又称分保合同，是指原保险人为了分摊已承保保险的危险而与再保险人签订的保险合同。这种保险合同通常以原保险人所承担的全部或一部分责任作为保险标的，由再保险人负责赔偿按规定分摊的保险赔款。再保险合同是一种补偿性保险合同。

第二节　保险合同的要素

任何法律关系都包括主体、客体和内容三个不可缺少的要素。保险合同的法律关系也是由这三个要素组成。保险合同的主体为保险合同的当事人和关系人，保险合同的客体为保险利益，保险合同的内容为保险合同当事人和关系人的权利与义务的关系。

一、保险合同的主体

合同关系的主体即合同的当事人，通常是订立合同的自然人、法人或其他组织，他们在合同中享有权利并承担相应义务。保险合同的主体包括合同的当事人和关系人。保险合同的主体与一般合同的主体不同：一般合同多是当事人为自己的利益而订立，而保险合同则即可为自己的利益，亦可为他人的利益而订立，这在人寿保险中表现得特别明显。当投保人与被保险人为同一人时，保险人、投保人、被保险人是保险合同的当事人；受益人是保险合同的关系人。当投保人与被保险人不是同一人时，被保险人是保险合同的关系人。

(一)保险合同的当事人

保险合同的当事人有保险人和投保人。

1.保险人

保险人，也称承保人，是与投保人订立保险合同、收取保险费、在保险事故发生时对被保险人承担给付或赔偿损失责任的人。各国法律一般要求保险人具有法人资格，但并非任何法人均可从事保险业。只有依法定程序申请批准，取得经营资格才可经营；此外，还必须在规定的经营范围内进行。如果保险人不具备法人资格，其所订保险合同无效。如属超越经营范围，合同效力则根据具体情况而定。

2.投保人

投保人，是指与保险人订立保险合同，并负有交付保险费义务的人。投保人可以是自然人、法人或其他组织。

投保人通常应具备如下条件：

(1)须具有民事权利能力和民事行为能力。民事权利能力是指由法律赋予的享有民事权利、承担民事义务的资格，它是自然人、法人、其他组织参加民事法律关系、取得民事权利、承担民事义务的法律依据，也是自然人、法人、其他组织享有民事主体资格的标志。民事行为能力是指能够以自己的行为行使民事权利和设定民事义务，并且能够对自己的违法行为承担民事责任，从而使民事法律关系发生、变更或消灭的一种资格。

(2)须对保险标的具有保险利益。投保人如对保险标的不具有保险利益，则不能申请订立保险合同；已订立的保险合同为无效合同。后面章节中我们将会讨论什么是保险利益。

(3)须与保险人订立保险合同并按约定交付保险费给保险人。

课堂讨论

关于公民的民事行为能力，我国法律是怎样界定的？

(二)保险合同的关系人

保险合同的关系人一般是指被保险人和受益人。

1.被保险人

被保险人是指其财产或者人身受保险合同保障，享有保险金请求权的人，投保人可以为被保险人。当投保人为自己利益投保时，投保人、被保险人为同一人。当投保人为他人

利益投保时，须遵守以下规定：被保险人应是投保人在保险合同中指定的人；投保人要征得被保险人同意；投保人不得为无民事行为能力人投保以死亡为给付保险金条件的人身保险。但父母为未成年子女投保的人身保险不受此限制，只是死亡给付保险金额总和不得超过保险监督管理部门规定的限额。

被保险人的成立应具备如下条件：

(1)被保险人须是财产或人身受保险合同保障的人。在财产保险合同中，当发生保险事故致使被保险财产遭受损失后，被保险人可依照保险合同获得补偿；在人身保险合同中，当被保险人死亡、伤残、患疾病或达到约定年龄期限时，保险人要根据保险合同赔偿或给付保险金。

(2)被保险人须享有保险金请求权。保险金请求权的享有以保险合同的订立为前提，其行使则以保险事故或事件的发生为条件。①在财产保险合同中，保险事故发生后，未造成被保险人死亡的，保险金请求权由被保险人本人行使；造成被保险人死亡的，保险金请求权由其继承人依《中华人民共和国继承法》继承。②在人身保险合同中，保险事故或事件发生后，被保险人仍然生存的，保险金请求权由被保险人本人行使；被保险人死亡的，保险金请求权由被保险人或者投保人指定的受益人行使；未指定受益人的，保险金请求权由被保险人的继承人行使。

2.受益人

受益人也叫保险金领受人，是指人身保险合同中由被保险人或者投保人指定的、在保险事故发生后直接向保险人行使赔偿请求权的人。投保人、被保险人都可以为受益人。

(1)受益人的构成要件

有两种形式的受益人：一种是不可撤销的受益人，另一种是可撤销的受益人。在第一种场合，投保人或被保险人只有在受益人同意时才可以更换受益人。在第二种情况，投保人或被保险人可以中途变更受益人，或撤销受益人的受益权。受益人的撤销或变更不必征得保险人的同意，但必须通知保险人。如果受益人改变而没有通知保险人，后者在向原指定受益人做出给付后，不承担对更改后的受益人的义务。受益人的成立应具备以下条件：

①受益人是由被保险人或投保人所指定的人。被保险人或投保人应在保险合同中明确受益人，也可以明确指定受益人的方法。例如，规定以继承人为受益人。受益人可以是自然人，也可以是法人。受益人如果不是被保险人、投保人，则多为与其有利害关系的自然人。胎儿也可以为受益人，但须以出生时存活为必要条件。投保人指定或变更受益人时，须经被保险人同意。受益人可以是被保险人或投保人指定的一人或数人。被保险人为无民事行为能力人或者限制民事行为能力人的，可以由其监护人指定受益人。

②受益人必须是具有保险金请求权的人。受益人是独立地享有保险金请求权的人。受益人在保险合同中，不负交付保费的义务，也不必具有保险利益，保险人不得向受益人追索保险费。保险金请求权是受益人依照保险合同享有的基本权利。当被保险人与受益人不是同一人时，保险事故或事件发生后，如果被保险人死亡，则受益人能够从保险人处获得保险金。人身保险合同中被指定的受益人是一人时，保险金请求权由该人行使，并获得全部保险金。受益人是数人的，保险金请求权由该数人行使，其受益顺序和受益份额由

被保险人或投保人确定;未确定的,受益人按照相等份额享有受益权。受益人的保险金请求权来自人身保险合同的规定,故受益人获得的保险金不属于被保险人的遗产,既不纳入遗产分配,也不用于清偿被保险人生前债务。但是被保险人死亡后,遇有下列情形之一的,保险金作为被保险人的遗产,由保险人向被保险人的继承人履行给付保险金的义务:①没有指定受益人的;②受益人先于被保险人死亡,没有其他受益人的;③受益人依法丧失受益权或者放弃受益权,没有其他受益人的。此时,保险金应按《中华人民共和国继承法》(以下简称《继承法》)规定分配。受益人与被保险人在同一事件中死亡,且不能确定死亡先后顺序的,推定受益人死亡在先。

受益人的赔偿请求权并非自保险合同生效时开始,而只有在被保险人死亡时才产生。在被保险人生存期间,受益人的赔偿请求权只是一种期待权。受益人的受益权是直接根据保险合同产生的,可因下列原因消灭:①受益人先于被保险人死亡或破产或解散;②受益人放弃受益权;③受益人有故意危害被保险人生命安全的行为,其受益权依法取消。

(2)受益人与继承人的区别

虽然受益人与继承人都在他人死亡后受益,但两者的性质不同。受益人享有的是受益权,是原始取得;而继承人享有的是遗产的分割,是继承所得。受益人没有用其领取的保险金偿还被保险人生前债务的义务;但若是继承人,则在其继承遗产的范围内有为被继承人偿还债务的义务。

课堂讨论

为什么财产保险不能指定受益人?

案例分析

投保时尽量避免受益人"法定"

案情:2010年3月,王母以儿子王某为被保险人,投保某保险公司的终身寿险(附加人身意外伤害保险),未指定受益人。保险公司员工在保单"受益人"栏填写上"法定"二字。2011年王某与赵某结婚,婚后生一男孩。2012年6月,王某因遭意外伤害死亡。按合同规定,保险公司应给付10万元身故保险金。但王母与赵某为保险金归属问题发生了争执:赵某认为配偶是法定受益人,应该享有保险金请求权;王母认为自己是投保人,保费是自己交的,投保时王某未婚,因而投保时的法定受益人是王某的父母。争执不下,两人为此闹上了法庭。

分析:《保险法》第39条:"人身保险的受益人由被保险人或者投保人指定。投保人指定受益人时须经被保险人同意。"显然,保险公司是无权在"受益人"栏里填写"法定"的,所填内容也不具有法律效力。而投保人、被保险人均没有在投保单的"受益人"栏指定受益人。根据《保险法》第42条的规定:"……被保险人死亡后,没有指定受益人,或者受益人指定不明无法确定的,保险金作为被保险人的遗产,由保险公司依照《中华人民共和国继承法》的规定履行给付保险金的义务。"因此,本案不是领取保险金的问题,而是遗产继承的问题。保险公司根据《继承法》的相关规定，将保险金作为被保险人的遗产在继承人之间分配。

通过对以上案例的分析可以看出，投保时，最好对保险合同受益人进行明确指定，以免在发生不幸事故之后，再增添家庭矛盾负担。根据《保险法》有关规定，被保险人或者投保人在受益人指定之后，可以通过书面形式向保险公司申请受益人变更。

（三）保险合同的辅助人

保险合同的辅助人因国而异，不同的国家有不同的保险辅助人。一般说来，保险合同的辅助人包括保险代理人、保险经纪人、保险公估人等。

1.保险代理人

保险代理人即保险人的代理人，指依保险代理合同或授权书向保险人收取报酬，并在规定范围内，以保险人名义代理经营保险业务的人。保险代理是一种特殊的代理制度，表现在以下三方面：①保险代理人与保险人在法律上视为一人；②保险代理人所知道的事情，都假定为保险人所知的；③保险代理必须采用书面形式。保险代理人既可以是单位，也可以是个人，但须经国家主管机关核准其具有代理人资格。

2.保险经纪人

保险经纪人是基于投保人的利益，为投保人和保险人订立合同提供中介服务，收取劳务报酬的人。保险经纪人的劳务报酬由保险公司按保险费的一定比例支付。

3.保险公估人

保险公估人是指依照法律规定设立，受保险公司、投保人或被保险人委托办理保险标的的查勘、鉴定、估损以及赔款的理算，并向委托人收取酬金的公司。公估人的主要职能是按照委托人的委托要求，对保险标的进行检验、鉴定和理算，并出具保险公估报告，其地位超然，不代表任何一方的利益，使保险赔付趋于公平、合理，有利于调停保险当事人之间关于保险理赔方面的矛盾。

二、保险合同的客体

保险合同的客体是指保险法律关系的客体，即保险合同当事人权利义务所指向的对象。由于保险合同保障的对象不是保险标的本身，而是被保险人对其财产或者生命、健康所享有的利益，即保险利益，所以保险利益是保险合同当事人的权利义务所指向的对象，是保险合同的客体。

投保人对保险标的应当具有保险利益；投保人对保险标的不具有保险利益的保险合同无效。（有关保险利益的内容，将在第四章详细介绍）

三、保险合同的内容

保险合同的内容包括合同当事人的权利和义务，主要通过保险条款加以明确。保险条款是确定合同双方当事人的权利和义务的依据。从条款的拟定上看，保险合同的内容由基本条款和特约条款构成。基本条款由《保险法》以列举方式直接规定，是保险合同必不可少的法定条款，由保险人拟定；特约条款是《保险法》所列举条款以外的条款，由双方共同拟定。两种条款都具有法律效力，其区别仅在于：前者是根据《保险法》必须约定的条款，是法律规定应具备的保险条款，保险合同如果缺少基本条款将可能影响保险合同的效力或者会使保险合同的履行发生困难；后者则是当事人双方根据实际需要，自由协商订立的条款，可以约定、也可以不约定的条款。

（一）保险合同内容的构成

保险合同的内容有广义和狭义之分。狭义保险合同的内容仅指保险合同当事人依法约定的权利和义务。广义保险合同的内容则是指以双方权利义务为核心的保险合同的全部记载事项。这里介绍的是广义保险合同的内容。

从保险法律关系的要素上看，保险合同由以下几部分构成：

1.主体部分。包括保险人、投保人、被保险人、受益人名称和住所等信息。

2.权利义务部分。包括保险责任和责任免除、保险费及其支付办法、保险金赔偿或者给付办法、保险期间和保险责任的开始、违约责任等。

3.客体部分。保险合同的客体不是保险标的，而是保险利益。保险利益是指投保人或被保险人对保险标的具有的法律上承认的利益。保险利益与保险标的不同，保险标的是保险利益的载体。

4.其他声明事项部分。包括其他法定应记载的事项和当事人约定的事项，前者指除上述事项外的法定应记载事项，如争议的处理、定约日期等；后者指投保人和保险人在法定事项之外约定的其他事项。

（二）保险合同的主要条款

从条款的拟定上看，保险合同的内容由基本条款和特约条款构成。

1.保险合同的基本条款

基本条款是指保险合同应包括的基本内容，是保险合同的重要组成部分，是保险合同的主体享有权利和履行义务的基础。保险合同的基本条款主要包括以下几项：

（1）当事人的名称和住所。明确当事人的名称与住所，是为保险合同的履行提供前提。将保险人、投保人、被保险人和受益人的名称和住所作为保险合同基本条款的法律意义在于：明确保险合同当事人、关系人，确定合同权利义务的享有者和承担者；明确保险合同的履行地点，确定合同纠纷诉讼管辖。

（2）保险标的。保险标的是指作为保险对象的财产及其有关利益，或者人的生命和身体，它是保险利益的载体。保险标的如为财产及其有关利益，应包括该标的的具体坐落地点，有的还包括利益关系；保险标的如为人的生命和身体，还应包括被保险人的年龄，有的还包括被保险人的职业、健康状况，视具体险种而定。将保险标的作为保险合同的基本条款的法律意义在于：确定保险合同的种类，明确保险人承担责任的范围及《保险法》规定的适用；判断投保人是否具有保险利益及是否存在道德危险；确定保险价值及赔偿数额；确定诉讼管辖等。

（3）保险金额。保险金额由保险合同当事人确定，并在保单上载明保险金额，它又可以被看作是保险人的责任限额。保险金额涉及保险人与投保人（被保险人、受益人）之间权利与义务的关系。对于保险人来说，它既是收取保费的计算标准，也是补偿给付的最高限额；对于投保人（被保险人、受益人）来说，它既是缴纳保险费的依据，也是索赔和获得保险保障的最高数额。因此,保险金额对于正确计算保费、进行保险偿付、稳定合同关系,都具有非常重要的意义。

保险金额的确定,既要考虑保险人的利益,也要考虑被保险人的保障程度和合理负担。具体来说,应当依据以下两个原则:

一是不超过保险标的的价值。在财产保险中,以保险财产估价来核定保险价值。保险财产估价过低,保险金额相应减少,保费也会减少,但保障效果也将随之降低,从而使被保险人在保险财产遭受损失时得不到充分保障。反之,保险财产估价过高,保险金额会相应提高,被保险人缴纳的保险费也会相应增加,然而当保险财产遭受损失时,保险人只能按照实际损失负责赔偿,超过保险价值的保险金额就得不到赔付。在人身保险中,不存在保险价值问题,保险金额由双方当事人在订立合同时协商确定,它一般只受到投保人本身支付保费的能力和被保险人健康状况的限制。

二是严格遵循保险利益原则。从价值量来看,如果保险标的属于投保人全部所有,投保人对该保险标的的保险利益与保险价值是相等的。如果保险标的为投保人部分所有,他对该保险标的就仅有部分的保险利益。总之,无论保险金额多大,都要求投保人对保险标的享有保险利益。

(4)保险责任和责任免除。保险责任是指保险合同约定的保险事故或事件发生后,保险人所应承担的保险金赔偿或给付责任。其法律意义在于确定保险人承担风险责任的范围。责任免除是指保险人依照法律规定或合同约定,不承担保险责任的范围,是对保险责任的限制。责任免除条款内容应以列举方式规定。其法律意义在于进一步明确保险责任的范围,避免保险人过度承担责任,以维护公平和最大诚信原则。

(5)保险期间和保险责任开始时间。保险期间是指保险人为被保险人提供保险保障的起止日期,即保险合同有效期间。保险期间可以按年、月、日计算,也可以按一个运程期、一个工程期或一个生长期计算。保险责任开始时间即保险人开始承担保险责任的时间,通常以年、月、日、时表示。保险合同成立后,投保人按照约定交付保险费;保险人按照约定的时间开始承担保险责任。保险责任开始的时间应由双方在保险合同中约定。我国保险实务中以约定起保日的0点为保险责任开始时间,以合同期满日的24点为保险责任终止时间。

(6)保险费及其支付方法。保险费是指投保人为取得保险保障,按合同约定向保险人支付的费用。保险费是保险基金的来源。缴纳保险费是投保人应履行的基本义务,其多少取决于保险金额的大小、保险期限的长短和保险费率的高低等。在我国,主要险种的费率由保险监管部门确定;其他险种的费率应报保险监管部门备案。保险费的支付办法由当事人双方在保险合同中约定,可一次支付,也可分期支付。

(7)保险金赔偿或给付办法。保险金赔偿或给付办法是指保险人承担保险责任的具体方法,由保险合同当事人在合同中依法约定。投保人订立保险合同的目的在于保险事故或事件发生后,保险人能按合同约定的方式、数额或标准,通过赔偿或给付保险金来承担保险责任,因此,保险金的赔偿或给付办法是保险人在保险合同中承担的一项基本义务。保险金的赔偿或给付办法在财产保险合同中按规定的方式计算赔偿金额,在人身保险合同中按规定定额给付。

(8)违约责任和争议处理。违约责任指保险合同当事人因其过错不履行或不完全履行合同约定的义务所应承担的法律后果。保险合同关系到当事人的利益,任何一方的违约均可能给对方造成损失,因此,在保险合同中必须明确违约责任,以防范违约行为的发生。承担违约责任的方式应在保险合同中列明,主要是支付违约金或支付赔偿金。争议处理是指保险合同发生争议后的解决方式,包括协商、仲裁和诉讼。具体使用何种方式,可由当事人双方在合同中事先约定或在争议发生后协商确定,如事先无任何约定(尤其是未约定采用仲裁方式),一方当事人也可在争议发生后直接向法院提起诉讼。

2.保险合同的特约条款

保险合同除了基本条款以外,当事人还可以根据特殊需要约定其他条款。为区别于基本条款,这类条款称为特约条款,具体又可分为以下几种:

(1)附加条款

附加条款是指保险合同当事人在基本条款的基础上另行约定的补充条款。附加条款一般采取在保险单空白处批注或在保险单上用附贴批单的方式使之成为保险合同的一部分。附加条款是对基本条款的修改或变更,其效力优于基本条款。

(2)保证条款

保证条款是指投保人或被保险人就特定事项担保的条款,即保证某种行为或事实的真实性的条款。例如,人身保险合同的投保人保证其申报的被保险人年龄真实。

保证条款一般由法律或同业协会制定,是投保人或被保险人必须遵守的条款,如有违反,保险人有权解除合同或拒接赔偿。

(3)协会条款

协会条款是指保险同业协会根据需要协商约定的条款。如英国伦敦保险协会编制的船舶和货物保险条款就是协会条款,附在保险合同上。协会条款是当今国际保险水险市场的通用特约条款,具有广泛的影响力。

四、保险合同的形式

保险合同采用何种形式,《保险法》并未做出直接规定。在保险实务中,为便于当事人双方履行合同,特别是在保险事故或事件发生后,能够为被保险人、受益人索赔和为保险人承担保险责任提供法律依据,避免日后发生纠纷,同时也为了便于举证,如无特殊情况,保险合同通常采用书面形式。书面形式的保险合同包括:投保单、保险单、保险凭证、暂保单,以及除此之外的其他书面协议。

1.投保单

投保单是投保人向保险人申请订立保险合同的书面邀约,也称要保书。投保单由保险人事先准备,通常有统一的格式。投保人依照保险人所列项目逐一填写。不论是出于投保人的主动,还是保险人(代理人或经纪人)的邀请,投保单的填写均不改变其邀约性质。

在投保时,投保人要向保险人如实告知投保风险的程度或状态等有关事项,这叫“声明事项”。声明事项通常是保险人核实情况、决定承保与否的依据。例如,在财产保险中,投保人需要如实填写被保险财产的所在地、内外部环境、营业性质、消防设备等情况;在人身保险中,投保人要如实填写被保险人的健康、职业、经济状况、与受益人的关系等情况。上述信息对于保险人估计风险,决定是否接受投保,都是非常重要的。

在保险实践中,保险人为简化手续、方便投保,对有些险种也可不要求投保人填具投保单。投保人只要口头形式提出邀约,提供有关单据和凭证,保险人即可当即签发保单或保险凭证。

投保单是保险合同的重要组成部分。投保人在投保单中填写的内容会影响合同的效力。投保单上如有记载,保险单上即使有遗漏,其效力也是与记载在保险单上一样的。如果投保人在投保单中告知不实,在保险单上又没有修正,保险人即可以投保人未遵循合同的诚信原则为由而在规定的期限内宣布合同无效。

2.暂保单

暂保单又称临时保单,它是正式保单发出前的临时合同。暂保单的内容比较简单,一般只载明被保险人、保险标的、保险金额、保险险种等重要事项。订立暂保单不是订立保险合同的必经程序。一般来说,使用暂保单有下列四种情况:

(1)保险代理人在争取到业务但尚未向保险人办妥保险单之前,对投保人临时开出的证明。

(2)保险公司的分支机构在接受投保时,需要请示总公司审批;或者还有一些条件尚未全部谈妥。在这种情况下,保险公司的分支机构向投保人开出暂保单。

(3)正式保单需由微机统一处理,而投保人又急需保险凭证。在这种情况下,保险人在保单做成交付前先签发暂保单,作为保险合同的凭证。

(4)出口贸易结汇时,保险单是必备的文件之一,在保险人尚未出具保险单或保险凭证之前,先出立暂保单,以资证明出口货物已经办理保险,作为结汇凭证之一。暂保单的有效期一般为30天。

暂保单的法律效力与正式保单完全相同,但有效期较短,大多由保险人具体规定。当正式保单交付后,暂保单即自动失效。保险人亦可在正式保单发出前终止暂保单效力,但必须提前通知投保人。暂保单的形式既可以是书面的,也可以是口头的。但为了避免由于"空口无凭"而产生的纠纷,人们大多还是使用书面形式。

3.保险单

保险单简称保单,它是投保人与保险人之间保险合同行为的一种正式书面形式。保险单必须明确、完整地记载有关保险双方的权利与义务,它所记载的内容是双方履约的依据。根据《保险法》第12条的规定,保险合同成立后,保险人应当及时向投保人签发保险单,保险单应载明合同的内容。

4.保险凭证

保险凭证也称小保单,是保险人向投保人签发的证明保险合同已经成立的书面凭证,是一种简化了的保险单。其法律效力与保单相同,只是内容较为简单。实践中,保险凭证没有列明的内容,以同一险种的正式保单为准;保险凭证与正式保单内容相抵触的,以保险凭证的特约条款为准。

5.批单

批单是保险合同双方当事人就已签订的保险合同进行修改、补充或者增删内容时使用的，是变更保险合同内容的一种书面形式。使用批单的情况通常有：保险标的的存放地址变更、迁移、数量及保险金额增减、保险期限变动、航程改变、受益人变更等。批单经原保险人签署后生效，并应附贴于原保险单后，加盖骑缝章。批单的法律效力优于保险单。

第三节 保险合同的订立、生效与履行

一、保险合同的订立

保险合同的订立是投保人与保险人之间基于意思表示一致而做出的法律行为。我国《保险法》第 11 条第 1 款规定："订立保险合同，应当协商一致，遵循公平原则确定各方的权利和义务。"保险合同的订立与其他民事合同的订立程序一样，须经过投保人提出要求和保险人同意两个阶段，这两个阶段即合同实践中的要约与承诺两个阶段，又称投保和承诺。

（一）要约

要约，亦称"提议"，它是指当事人一方以订立合同为目的而向对方做出的意思表示。一个有效的要约应具备四个条件：①要约人须有愿意订立合同的明确意思表示；②要约须向特定的人发出；③要约须有要约人对合同主要内容的完整的意思表示；④要约应当明确要求另一方做出答复的期限。

保险合同的要约即填写投保单。投保单是投保人向保险人申请订立保险合同的书面要约。或者说，保险合同的要约，就是投保人提出投保要求，填写并向保险人提交投保单。很显然，保险合同的要约与其他商事合同的要约在形式上不太相同。在保险合同的实际订立中，往往是保险人把承保危险规范化，订立统一的承保条件和保险费率标准，制定包括投保单、暂保单和保险单等在内的有统一格式和内容的保险合同有关文书，投保人提出投保要求往往需要填写保险人事先印刷好的投保单。这样一来，有些人就误以为保险人向投保人提供投保单是保险合同的要约。其实，这只能视为要约邀请行为，是保险人规范自己业务，方便投保人，招揽生意的做法。投保人填写了投保单并送交保险人，才是具有法律效力的要约行为。

（二）承诺

承诺，又称"接受订约提议"，是承诺人向要约人表示同意与其缔结合同的意思表示。做出承诺的人称为承诺人或受约人。承诺满足下列条件时有效：①承诺必须由受约人本人或订立合同的代理人向要约人做出；②承诺不能附带任何条件，是无条件的，即内容和要约完全一致；③承诺须在要约的有效期内做出；④承诺须以要约要求的形式予以承诺。

保险合同的承诺也叫承保，通常由保险人或其代理人做出。保险人在收到投保单后，经逐项审核，认为符合保险条件从而接受投保的意思表示就是承保，或者说是保险合同中受要约人的承诺。它在形式上表现为向投保人签发保险单或其他保险凭证。根据我国《保险法》第 12 条的规定，经投保人和保险人协商同意，保险合同也可以采取保险单或其他保险凭证以外的其他书面协议形式订立。

据此，遇下列情况可以推定保险人承诺（承保）：一是在投保单上签字盖章；二是向投保人出具保险费收据表示同意；三是法律上承认的能够表示同意的其他书面形式（如书信等）。在这种情况下，保险合同的成立就不以保险人出具的保险单为要件，而是以保险合同的当事人协商一致的书面承诺为依据。

二、保险合同的成立与生效

（一）保险合同的成立

保险合同的成立是指投保人与保险人就保险合同条款达成协议。《中华人民共和国保险法》第13条规定："投保人提出保险要求，经保险人同意承保并就合同的条款达成协议，保险合同成立。保险人应当及时向投保人签发保险单或其他保险凭证，并在保险单或其他凭证中载明当事人双方约定的合同内容。经投保人和保险人协议同意，也可以采取前款规定以外的其他书面协议形式订立保险合同。"

（二）保险合同的生效

保险合同的生效是指保险合同对当事人双方发生约束力，即合同条款产生法律效力。一般来说，合同一经依法成立，即产生法律效力。换句话说，合同成立即生效。但是，许多保险合同是附条件的合同，即约定在合同成立后的某一时间内生效，因此，在合同成立后并不立即生效的情况下，保险人的责任是不同的。保险合同成立后，但尚未生效前发生保险事故的，保险人不承担保险责任；保险合同生效后发生保险事故的，保险人按约定承担保险责任。保险合同生效的条件通常包括以下几点：

1.主体合格。即订立合同的双方当事人符合法律规定的条件。具体说，保险人必须是依法能够从事保险业务的机构。作为投保人，则必须具有民事行为能力，并对保险标的具有保险利益。

2.内容合法。保险合同作为一种民事法律行为，其内容必须合法。只有内容合法的保险合同，才受国家法律的保护，才能达到保险当事人所预期的目的。

3.合同当事人的意思表示一致。订立保险合同，必须坚持"当事人意思表示一致"这一合同订立的基本原则。

4.代理订立保险合同，要有事前授权或事后追认。如有书面授权，可以代理订立保险合同。

5.保险合同必须采用书面形式。对某些保险，在形式上法律还有其他特殊要求的，则必须遵守这一要求。

（三）保险合同成立与生效的区别

保险合同的成立仅仅是反映签约当事人即投保人与保险人双方的意志，如双方合意，符合国家的意志，将被赋予法律约束力；否则，不仅不能在投保人与保险人之间产生法律约束力，而且还要产生合同无效的法律责任。

保险合同的生效是强调保险合同对投保人、保险人双方的约束力，即国家法律对合同成立的一种法律认可，体现了国家对合同关系的干预。保险合同不成立是指投保人与保险人就合同的主要条款未达成一致意见，而非合同内容违反有关法律规定。保险合同签订后，可能会因为法定原因或约定原因，导致保险合同自始不产生法律效力，因而不能把不成立的保险合同当作无效合同来处理。合同不成立只能产生民事责任而不能产生其他法律责任。但对于无效合同来讲则不同,因为它不仅会产生民事责任,而且有可能带来其他法律责任。

案例分析 

针对章首引入的案例,某公司购买的团体人身意外伤害保险合同已经于 2010 年 4 月 30 日零时成立并生效。但由于双方在合同中约定了保险期间"自 2010 年 5 月 1 日起至次年 4 月 30 日止",也就是说保险人开始承担保险责任的时间晚于保险合同生效的时间,所以,对于 2010 年 4 月 30 日王某发生的意外事故,保险人不承担赔付责任,王某的亲属不能从保险人处得到赔偿。所以,正确理解保险合同成立与生效、保险合同生效与保险责任的开始,有利于维护投保双方的权利义务。

课堂讨论 

分组讨论,保险合同是成立就生效的合同吗?

知识链接 

《中华人民共和国保险法》第 13 条规定如下:

投保人提出保险要求,经保险人同意承保,保险合同成立,保险人应当及时向投保人签发保单或者其他保险凭证。

保险单或者其他保险凭证应当载明当事人双方约定的合同内容,当事人也可以约定采用其他书面形式载明合同内容。

依法成立的保险合同,自成立时生效。投保人和保险人可以对合同的效力约定附条件或者附期限。

第 14 条规定如下:

保险合同成立后,投保人按照约定交付保险费,保险人按照约定的时间开始承担保险责任。

三、保险合同的有效与无效

(一)保险合同的有效

保险合同的有效是指保险合同是由当事人双方依法订立,并受国家法律保护。保险合同有效与保险合同生效在保险业务中有所不同。在我国,只要保险合同具备《中华人民共和国民法通则》(以下简称《民法通则》)规定的民事法律有效要件,即当事人有相应的行为能力,意思表示真实、不违反法律或者社会公共利益,就可以认定其有效。保险合同的生效则要求合同所附条件成立,如交纳保险费或满足其他约定条件。因此,保险合同有效是保险合同生效的前提条件。在保险合同有效的前提下,只要所附条件成立,保险合同就生效;在保险合同无效的情况下,即使所附条件成立,保险合同也不生效。

(二)保险合同的无效

保险合同的无效是指合同虽然订立,但不发生任何法律效力。按照不同的因素来划分,合同的无效有以下几种形式:

(1)按照无效的程度,保险合同的无效可分为全部无效和部分无效。全部无效是指有违反国家禁止性规定而被确认无效后,不得继续履行的保险合同,如投保人对保险标的不具有保险利益的保险合同、违反国家利益和社会公共利益的合同、保险标的不合法的保险合同等。部分无效是指保险合同某些条款的内容无效,但合同的其他部分仍然有效,如善意的超额保险,超额部分无效等。

(2)按照无效的性质,保险合同的无效可分为绝对无效和相对无效。绝对无效是指保险合同自订立起就不发生法律效力,如行为人不合格,采取欺诈胁迫等手段订立的合同,违反法律或行政法规的合同等。相对无效是指因重大误解和显失公平等引起无效的保险合同。

(3)根据产生无效的原因来划分,合同无效有约定无效和法定无效两种。约定无效是由合同的当事人任意约定。只要约定的理由出现,则合同无效。法定无效由法律明文规定。法律规定的无效原因一旦出现,则合同无效。各国的保险法通常都规定,符合以下情况之一者,保险合同无效:①合同系代理他人订立而不作申明;②恶意的重复保险;③人身保险中未经被保险人同意的死亡保险;④人身保险中被保险人的真实年龄已超过保险人所规定的年龄限制。

(4)根据时间来划分,无效有自始无效和失效两种。自始无效是指合同自成立起就不具备生效的条件,合同从一开始就不生效;失效是指合同成立后,因某种原因而导致合同无效。如被保险人因对保险标的失去保险利益,保险合同即失去效力。失效不需要当事人作意思表示,只要失效的原因一出现,合同即失去效力。

(三)无效保险合同的确认

无效合同的确认权归人民法院和仲裁机关。根据我国有关合同法律、行政法规和司法解释,应从以下几方面确认合同无效:①保险合同的当事人不具有行为能力;②保险合同的内容不合法;③保险合同的当事人意思表示不真实;④保险合同违反国家利益和社会公共利益;⑤未成年人父母以外的投保人,为无民事行为能力人订立的以死亡为保险金给付条件的保险合同;⑥以死亡为给付保险金条件的保险合同,未经被保险人书面同意并认可保险金额者。

(四)无效保险合同的处理

无效保险合同的处理方式如下:①返还财产。保险合同被确认无效后,因其自始无效,当事人双方应将合同恢复到履行之前的状态,即保险人应将收取的保险费退还投保人;发生保险金额赔偿或给付的,被保险人应将该项金额返还给保险人。②赔偿损失。对无效保险合同给当事人造成损失的,应按照过错责任,由过错的一方赔偿;如果是双方的过错,则相互赔偿。③追缴财产。对于违反国家利益和社会公共利益的保险合同,应当追缴财产,收归国库。追缴的财产包括当事人双方已经取得和约定取得的财产。追缴时应注意保护非故意方的利益,双方都是故意的,追缴双方财产。

四、保险合同的履行

保险合同的履行是指保险合同当事人双方依法全面完成合同约定义务的行为。

(一)投保人义务的履行

1.如实告知

如实告知是指投保人在订立保险合同时将保险标的重要事实,以口头或书面形式向保险人做真实陈述。所谓保险标的重要事实,是指对保险人决定是否承保及影响保险费率的事实。如实告知是投保人必须履行的基本义务,也是保险人实现其权利的必要条件。《保险法》实行"询问告知"的原则,即投保人对保险人询问的问题必须如实告知,而对询问以外的问题,投保人没有义务告知;保险人没有询问到的问题,投保人不告知不构成对告知义务的违法。

2.交付保险费

交付保险费是投保人的最基本的义务,通常也是保险合同生效的必要条件。《保险法》要求投保人在保险合同成立后,按照约定一次性或分期交付保险费。

3.维护保险标的的安全

保险合同订立后,财产保险合同的投保人、被保险人应当遵守国家有关消防、安全、生产操作、劳动保护等方面的规定,维护保险标的安全。保险人有权对保险标的安全工作进行检查,经被保险人同意,可以对保险标的采取安全防范措施。投保人、被保险人未按约定维护保险标的安全的,保险人有权要求增加保险费或解除保险合同。

4.危险增加通知

按照权利义务对等和公平原则,被保险人在保险标的危险程度增加时,应及时通知保险人,保险人则可以根据保险标的危险增加的程度决定是否提高保险费和是否继续承保。被保险人未履行危险增加通知义务的,保险标的因危险程度增加而发生的保险事故,保险人不负赔偿责任。

5.保险事故发生的通知

《保险法》第 21 条规定:"投保人、被保险人或者受益人知道保险事故发生后,应当及时通知保险人。"规定此义务的目的在于:①使保险人得以迅速调查事实真相,不致因拖延时日而使证据灭失,影响责任的确定;②便于保险人及时采取措施,协助被保险人抢救被保险财产,处理保险事故,使损失不致扩大;③使保险人有准备赔偿或给付保险金的必要时间。同时,履行保险事故发生通知义务是被保险人或受益人获得保险赔偿或给付的必要程序。保险事故发生后的通知可以采取书面或口头形式;法律要求采取书面形式的,须采取书面形式。

6.出险施救

《保险法》第 57 条规定:"保险事故发生时,被保险人有责任尽力采取必要的措施,防止或减少损失。"为鼓励投保人、被保险人积极履行施救义务,《保险法》在本条还规定,被保险人为防止或者减少保险标的的损失所支付的必要的、合理的费用,由保险人承担。

7.提供单证

《保险法》规定,保险事故发生后,向保险人提供单证是投保人、被保险人或受益人的一项法定义务。向保险人索赔应当提供的单证，是指与确认保险事故的性质、原因、损失程度等有关的证明和资料，包括保险单、批单、检验报告、证明材料等。提出财产保险合同、人身保险合同的保险金请求均应履行该项义务。

8.协助追偿

在财产保险中由第三人行为造成保险事故的保险人在向被保险人履行赔偿保险金后，享有代位求偿权，即保险人有权以被保险人的名义向第三人索赔。《保险法》第 63 条规定："在保险人向第三者行使代位请求赔偿权利时，被保险人应当向保险人提供必要的文件和其所知道的有关情况。"《保险法》第 61 条第三款规定："被保险人故意或者因重大过失致使保险人不能行使代位请求赔偿的权利的，保险人可以扣减或者要求返还相应的保险金。"

(二)保险人义务的履行

1.条款说明

《保险法》第 17 条规定："订立保险合同，采用保险人提供的格式条款的，保险人向投保人提供的投保单应当附格式条款，保险人应当向投保人说明合同的内容。对保险合同中免除保险人责任的条款，保险人在订立合同时应当在投保单、保险单或者其他保险凭证上做出足以引起投保人注意的提示，并对该条款的内容以书面或者口头形式向投保人做出明确说明；未作提示或者明确说明的，该条款不产生效力。"保险人承担条款说明义务的原因是：保险人因其从事保险业经营而熟悉保险业务，精通保险合同条款，保险合同条款大都由保险人制定；而投保人则常常受到专业知识的限制，对保险业务和保险合同条款大多不甚熟悉，加之对合同条款内容的理解亦可能存在偏差、误解，均可能导致被保险人、受益人在保险事故或事件发生后，得不到预期的保险保障。

对免责条款规定的说明义务是由于免责条款是当事人双方约定的免除保险人责任的条款，直接影响投保人、被保险人或者受益人的利益，被保险人、受益人可能因免责条款而在保险事故或事件发生后得不到预期的保险保障，因此，保险人在订立保险合同时，必须就免责条款向投保人作明确说明。否则，该免责条款不产生法律效力。

2.及时签发保险单证

《保险法》第 13 条规定："投保人提出保险要求，经保险人同意承保，保险合同成立。保险人应当及时向投保人签发保险单或者其他保险凭证。"保险合同成立后，及时签发保险单证是保险人的法定义务。保险单证即保险单或者其他凭证是保险合同成立的证明，也是履行保险合同的依据。

3.承担保险责任

承担保险责任是保险人依照法律规定和合同约定所应承担的最重要、最基本的义务。

(1)保险人承担保险责任的范围。①保险赔偿。财产保险合同中，根据保险标的的实际损失确定，但最高不得超过合同约定的保险标的的保险价值。人身保险合同中，即为合同约定的保险金额。②施救费用。见上文所述的"投保人出险施救义务"。③争议处理费用。争议处理费用是指被保险人因给第三人造成损害的保险事故而被提起仲裁或诉讼的应由被保险人支付的费用，如责任保险中应由被保险人支付的仲裁费、鉴定费等，依照《保险法》第 66 条的规定："责任保险的被保险人因给第三者造成损害的保险事故而被提起仲裁或者诉讼的，被保险人支付的仲裁或者诉讼费用以及其他必要的、合理的费用，除合同另有约定外，由保险人承担。”④检验费用。依照《保险法》第 64 条的规定：“保险人、被保险人为查明和确定保险事故的性质、原因和保险标的的损失程度所支付的必要的、合理的费用，由保险人承担。”

(2)承担保险责任的时限。保险人在收到被保险人或者受益人的赔偿或者给付保险金的请求后，应当及时做出核定，对于属于保险责任的，在与被保险人或者受益人达成有关赔偿或者给付保险金额的协议后 10 日内，履行赔偿或者给付保险金义务。保险合同对保险金额及赔付期限有约定的，保险人应依照合同的约定，履行赔偿或者给付保险金义务。保险人对其赔偿或者给付赔偿金的数额不能确定的，保险人自收到赔偿或者给付保险金的请求和有关证明、资料之日起 60 日内，确定最低数额先予支付；待赔偿或者给付保险金的最终数额确定后，支付相应差额。

(3)索赔时效。《保险法》对索赔时效作了明确规定。人寿保险的索赔时效：被保险人或受益人对保险人请求给付保险金的权利，自其知道保险事故发生之日起 5 年不行使而自动消灭。人寿保险以外的其他保险的索赔时效：被保险人或者受益人对保险人请求保险金赔偿或给付的权利，自其知道保险事故发生之日起 2 年不行使而消灭。

4.为投保人、被保险人或再保险分出人保密

保险人或者再保险接受人在办理保险业务中，对投保人、被保险人或者再保险分出人的业务和财产情况，负有保密的义务。因此，为投保人、被保险人或者再保险分出人保密是保险人或者再保险接受人的一项法定义务。

案例分析

未尽说明义务，保险公司被判赔偿

案情：高某为自己向某保险公司投保了××终身重大疾病险，该保险公司经过审核予以承保，高某缴纳了保险费，保险公司签发了保险单，保险合同成立生效。一年之后，高某感到不适，经各大医院诊断，一致认为其患有急性心肌梗。高某向该保险公司提出索赔，要求保险公司按合同给付保险金。保险公司却拒绝给付，其理由是高某虽患有心肌梗，但其病症不符合保险条款中关于“心肌梗应同时具备的三项医学指标”的要求，故此根据合同规定，如不能同时具备上述三项指标，保险公司应当免除赔付责任。

通过指定权威鉴定得出了不利于高某的结论：她所患的心肌梗确有一项不符合保险条款规定的指标。高某不服，她认为：在订立合同时，保险公司并未对“心肌梗应同时具备的三项医学指标”的规定做出详细说明，自己不知道三项医学指标的医学含义，因此该项条款应属于无效条款。特别是该份保险单在“字面上”没有对保险公司的免责条款做出说明，没有清楚交代。

保险公司辩解说，订立合同时，公司已将免责条款对投保人进行了口头说明，该免责条款是有效的。高某不服，遂将保险公司告上法庭，要求保险公司按规定给付重大疾病保险金。后经法院判决，保险公司给付了高某重疾保险金。

分析：《保险法》第 17 条规定：“订立保险合同……对保险合同中免除保险人责任的

条款，保险人在订立合同时应当在投保单、保险单或者其他保险凭证上做出足以引起投保人注意的提示，并对该条款的内容以书面或者口头形式向投保人做出明确说明；未作提示或者明确说明的，该条款不产生效力。”在本案中，“心肌梗应同时具备的三项医学指标”的含义，保险公司应当对投保人高某做出明确说明，即保险公司应举出有力证据证明其明确告知了高某“心肌梗应同时具备的三项医学指标”的含义。如果保险公司无法举证证明其在与高某订立保险合同时，已就本条款尽到说明义务，按照《保险法》的规定，该条款不发生效力，法院据此做出保险公司应赔付高某重大疾病保险金的判决。

第四节　保险合同的变更、解除、中止与终止

一、保险合同的变更

保险合同变更是指在保险合同存续期间，因为法律规定的事由或者保险合同约定的事由发生变化，或者投保人与保险人协商同意，致使保险合同的主体、内容等发生变更的现象。

（一）保险合同主体的变更

保险合同的主体包括保险当事人以及保险关系人。保险合同的主体不同，变更所涉及的法律程序规定也不相同。

投保人的变更，属于合同的转让或者保险单的转让，如在转移财产所有权或者经营管理权的同时将保险合同一并转让给新的财产受让人。《保险法》第 49 条规定：“保险标的转让的，被保险人或者受让人应当及时通知保险人，但货物运输保险合同和另有约定的合同除外。”

被保险人的变更，只能发生在财产保险合同中。在人身保险合同中，保险标的即被保险人的生命或身体，这是保险关系确立的基础，是不能变更的。在财产保险合同中，保险标的变更实际上意味着投保人的变更，因为投保人对保险标的所具有的保险利益因保险标的的移转而消灭了，但是保险利益仍然存在，为受让人所有。

受益人的变更，根据《保险法》第 41 条规定：“被保险人或者投保人可以变更受益人并书面通知保险人。保险人收到变更受益人的书面通知后，应当在保险单或者其他保险凭证上批注或者附贴批单。投保人变更受益人时须经被保险人同意。”

（二）保险合同客体的变更

保险合同客体变更的原因主要是保险标的的价值增减变化，从而引起保险利益发生变化。保险合同客体的变更，通常是由投保人或被保险人提出，经保险人同意，加批后生效。保险人往往根据变更后的保险合同客体调整保险费率，从而导致保险合同的权利义务的变更。

（三）保险合同内容的变更

保险合同的内容变更，指保险合同主体不变的情况下，主体的权利和义务的变更。通

常表现为保险标的数量的增减，品种、价值或存放地点的变化，或货物运输保险合同中的航程变更、船期变化，以及保险期限、保险金额的变更，保险双方权利义务的修改及补充说明等。保险合同内容的变更一般由投保人提出。

投保人变更保险合同的情形有两种：一是投保人根据实际需要提出变更保险合同内容，例如，延长或缩短保险期限，增加或减少保险金额等。在这种情况下，保险合同内容的变更主要取决于投保人、被保险人的主观意志。二是投保人根据法律规定提出变更保险合同内容。在保险合同的履行过程中，由于某些法定事由的出现，投保人必须根据法律规定及时通知保险人。在这种情况下，变更保险合同的内容，不取决于投保人的主观意志，而取决于法律的规定。

（四）保险合同变更的程序及方式

保险合同变更有通知变更和协议变更两种。

通知变更指保险合同的变更不需征得保险人的同意，只要通知保险人即发生合同变更的效力，如货物运输保险合同的转让等。

协议变更指保险合同的变更须经投保人与保险人双方协商一致后，才能发生合同变更的效力。其中，保险合同的转让，除货物运输保险合同外，其他保险合同均须征得保险人的同意。

二、保险合同的解除

（一）保险合同解除的形式

保险合同解除的形式通常有两种：法定解除与约定解除。

1.法定解除

法定解除是法律赋予合同当事人的一种单方解除权。《保险法》第 15 条规定："除本法另有规定或者保险合同另有约定外，保险合同成立后，投保人可以解除保险合同，保险人不得解除合同。"投保人提出解除保险合同主要是因为主客观情况发生变化，投保人感到保险合同的履行已无必要。但是投保人解除保险合同具有两种情况的限制：①货物运输保险合同和运输工具航程保险合同，保险责任开始后，合同不得解除；②当事人通过保险合同约定，对投保人的合同解除权做出限制的，投保人不得解除保险合同。

以下几种情况保险人有权解除保险合同：

(1)投保人故意或过失未履行如实告知义务，足以影响保险人决定是否承保或者以何种保险价格承保时。

(2)投保人、被保险人未履行维护保险标的的义务。

(3)被保险人未履行危险增加通知的义务。

(4)在人身保险合同中，投保人申报的被保险人的年龄不真实，并且其真实年龄不符合合同约定的年龄限制的，保险人可以解除合同，并在扣除手续费后，向投保人退还保险费，但是自合同成立之日起逾 2 年的除外。

(5)分期支付保险费的保险合同，投保人在支付了首期保险费后，未按约定或法定期限支付当期保险费的，合同效力中止。合同效力中止后 2 年内双方未就恢复保险合同效力事宜达成协议的，保险人有权解除保险合同。

(6)保险欺诈行为发生后,下述两种情形保险人有权解除保险合同:其一是被保险人或受益人在未发生保险事故的情况下,谎称发生了保险事故,向保险人提出赔偿或者给付保险金的请求;其二是投保人、被保险人或者受益人故意制造保险事故。但是人身保险合同的投保人交足2年以上保险费的,保险人应当按照合同的约定向其他享有权利的受益人退还保险单的现金价值。保险合同的法定解除关系到双方的重大利益,故应当采取书面的形式。

2.约定解除

约定解除又称协议解除,是指当事人双方经协商同意解除保险合同的一种法律行为。保险合同的约定解除要采取书面的形式。保险合同的约定解除要注意两个问题:①不得损害国家和社会公共利益;②货物运输保险合同和运输工具航程保险合同的保险责任开始后,在一般情况下,当事人不得解除该保险合同。

(二)保险合同解除的后果

保险合同解除的后果是指解除保险合同的行为对原保险合同的权利义务的溯及力。按照《保险法》的规定,保险合同对以下情形不具有溯及力:①投保人故意不履行如实告知义务,保险人不退还保险费;②投保人、被保险人或受益人因欺诈行为而被解除保险合同的,保险人不退还保险费;③投保人要求解除保险合同的,保险责任开始后,保险人收取的自合同生效至合同解除期间的保险费不予退还。

三、保险合同的中止

保险合同的中止是指保险合同生效后,由于某种原因使保险合同的效力处于暂时停止状态,即保险合同暂时失效。在保险合同的中止期间,保险标的发生保险事故时,保险人不负保险责任,不支付保险金,原因如下:

(1)在分期付款的长期人身保险合同中,除合同另有约定以外,投保人支付首期保险费后,投保人没有按照约定支付当期保险费,超过规定期限的,合同效力中止;或者由保险人按照约定的条件减少保险金额。

(2)在财产保险合同中,被保险人由于故意或者过失使保险标的的危险增加的,保险人享有请求被保险人更正其故意或过失行为的权利。在被保险人更正其行为之前,保险合同效力中止。

四、保险合同的终止

保险合同终止是指某种法定或约定事由的出现,致使保险合同当事人双方的权利义务归于消灭。保险合同终止的主要原因有合同的期限届满、履行完毕、主体消灭等法定或约定事由,其结果是合同权利义务的消灭。

保险合同的终止,除因合同被解除外,还包括下述原因:

(1)保险合同因期限届满而终止。这是保险合同终止的最常见、最普遍的原因。

(2)保险合同因履行而终止。所谓保险合同因履行而终止,即在保险合同有效期间发生保险事故后,合同因保险人按约定履行了全部保险金赔偿或给付义务而消灭。

(3)财产保险合同因保险标的灭失而终止。这里所说的保险标的灭失是指由保险事故以外的原因造成的保险标的的灭失或丧失。如果保险标的非因保险事故而灭失，投保人就不再具有保险利益，保险合同也就因客体的消灭而终止。

(4)人身保险合同因被保险人的死亡而终止。人身保险合同以被保险人的生命或健康为保险标的，其保险利益是投保人对被保险人的生命或健康所具有的法律上承认的利益。被保险人如果非因保险事故或事件而死亡，则投保人于该保险合同就不再有保险利益，保险合同也就随之而灭失。

(5)财产保险合同因保险标的部分损失，保险人履行赔偿义务而终止。《保险法》第58条规定："保险标的发生部分损失的，在保险人赔偿后30日内，投保人可以终止合同；除合同约定不得终止以外，保险人也可以终止合同。保险人终止合同的，应当提前15日通知投保人，并将保险标的未受损失部分的保险费，扣除自保险责任开始之日起至合同终止之日止期间的应收部分后，退还投保人。"

第五节 保险合同的解释与争议处理

一、保险合同的解释原则

保险合同的解释是指当保险当事人由于对合同内容的用语理解不同发生争议时，依照法律规定的方式或者约定俗成的方式，对保险合同的内容或文字的含义予以确定或说明。保险合同的解释原则通常有以下几种：

1.文义解释的原则

文义解释是按照保险合同条款通常的文字含义并结合上下文来解释，既不超出也不缩小合同用语的含义。文义解释是解释保险合同条款的最主要的方法。

我国保险合同的文意解释主要有两种情形。①保险合同一般文句的解释。对保险合同条款适用的一般文句通常应尽可能按文句公认的表面含义和语法意义解释。双方有争议的，以权威性工具书或专家的解释为准。例如对"暴雨"的理解，通常人理解为"大雨"，而在保险合同中则有特定含义，一般应当按照气象部门的技术标准确定。②保险专业术语和法律专业术语的解释。对保险专业术语或其他法律术语，有立法解释的，以立法解释为准；没有立法解释的，以司法解释、行政解释为准；无上述解释的，亦可按行业习惯或保险业公认的含义解释。

2.意图解释的原则

意图解释是指在无法运用文字解释方式时，通过其他背景材料进行逻辑分析来判断合同当事人订约时的真实意图，由此解释保险合同条款的内容。保险合同的真实内容应是当事人通过协商后形成的意思表示。因此，解释时必须尊重双方当时的真实意图。

意图解释只适用于合同的条款不精当、语义混乱，不同的当事人对同一条款所表达的实际意思有分歧的情况。如果文字表达清楚，没有含糊不清之处，就必须按照字面解释，不得任意推测。

3.专业解释的原则

专业解释是指对保险合同中使用的专业术语，应按照其所属专业的特定含义解释。在保险合同中除了保险术语、法律术语之外，还会出现某些其他专业术语。对于这些具有特定含义的专业术语，应按其所属行业或学科的技术标准或公认的定义来解释。

4.不利解释原则

不利解释原则又称不利条款起草人的解释原则。我国《保险法》第30条的规定，在立法上确认了保险合同的解释适用不利解释原则："采用保险人提供的格式条款订立的保险合同，保险人与投保人、被保险人或者受益人对合同条款有争议的，应当按照通常理解予以解释。对合同条款有两种以上解释的，人民法院或者仲裁机构应当作出有利于被保险人和受益人的解释。"

采用不利解释原则，即对保险合同作不利于保险人的解释，其原因在于：保险合同是格式合同，其条款是由保险人事先拟定的，充分考虑了保险人的自身利益，而极少反映投保人、被保险人或受益人的意思，在订立保险合同时，投保人要么全部接受，要么不接受；保险合同内容复杂。并且其中有很多普通人不易理解的专业术语，投保人受专业知识和时间的限制，往往不可能对保险条款予以细致研究；保险人因其对保险具有的专业优势，使其对保险的熟悉程度远远超过被保险人和受益人。这些原因使被保险人在订立保险合同的过程中明显处于弱势地位。

因此，为了保护投保人、被保险人或者受益人的利益，平衡投保人、被保险人或者受益人与保险人双方的利益，避免保险人拟定的保险条款含义模糊，损害投保人、被保险人或者受益人的利益，立法上规定了不利于保险人解释的原则，给予投保人、被保险人或者受益人司法救济。

但不利解释原则的适用有如下条件和范围限制：

(1)不利解释原则仅适用于保险合同条款所用文字语义不清或有歧义而致使当事人意图不明的情况。当保险合同的语义明晰时，即使当事人对合同内容有争议，也不得适用不利解释原则而曲解合同内容。

(2)不利解释原则是为了保护处于弱势的普通被保险人的利益而设立的，它只能适用于普通被保险人。美国司法判决确立了以下原理：如果被保险人不是一个自然人，而是一个规模庞大，且由经验丰富的商人经营，并委托有如同保险公司的顾问水准那样的专业顾问公司，则不能适用不利解释原则。基于相同理由，再保险合同的条款发生争议时，因其当事人均为专营保险业务的保险公司，对再保险合同的内容应当具有充分的判断能力，不能适用不利解释原则。

(3)保险条款的拟订主体是保险人，国家保险监督管理部门负责审批或备案。根据《保险法》第107条的规定，"关系社会公共利益的保险险种、依法实行强制保险的险种和新开发的人寿保险险种等的保险条款和保险费率，应当报保险监督管理机构审批"。国家保险监管部门审批的条款完全可以有效规范保险活动并维护被保险人和受益人的利益，所以此类条款发生歧义时，应当由保险监督管理部门做出公正的解释，一般不应当适用不利解释原则。但由于此类条款无论草拟还是审批并无被保险人参与，未从根本上改变被保险人的弱势地位，故不利解释原则仍然有适用的必要，而对于其他保险险种的保险条款和保险费率，由于实行的是备案制，所以发生歧义时，应当适用不利解释原则。

在解释保险合同时，首先应当按照合同明确的书面内容解释。如果合同内容不明确，语义不清或有歧义，则在合同所使用的语言范围内，适用其他解释原则和方法。各种原则和方法的适用不是孤立的，应当考虑保险合同成立时的各种因素，并同时对保险合同的内容作全面的整体评价，综合运用各种解释原则和方法，将它们有机地结合起来，以推断出保险合同的真意，真实地解释保险合同。

案例分析 

对保险条款内容理解不一引起争议

案情：据2012年7月5日《中国保险报》报道(邱伟)，1998年8月5日，投保人熊某某以自己为被保险人与某公司订立了一份A终身保险合同，选择分20年缴纳保险费，年缴保险费为12 150元，保险金额为15万元。该保险合同所使用的A终身保险条款第6条“保险金额”约定，每年在生效对应日按保险单所列明保险金额的5%增加保险金额。第7条“保险责任”约定，在保险合同有效期间内，保险人负下列保险责任：①自保险合同生效之日起，被保险人生存至每3周年生效对应日，保险人按保险单所列明保险金额的10%给付保险金；②被保险人因残疾造成死亡或身体高度残疾，保险人按保险金额给付保险金，本保险合同即告解除。③被保险人因遭受意外伤害造成死亡或身体残疾，保险人按保险金额给付保险金，本合同即告解除。

保险公司按照“保险单所列明保险金额的10%”即1.5万元的标准已向熊某某给付了四次生存金。后熊某某认为保险公司计算生存金的标准与保险条款不相符，应根据A终身保险条例第6条约定逐年增加后的保险金额来计算每次领取的生存金，从而诉至法院要求判令保险公司为其增加保险金额，返还生存金27 573元。

分析：综合A终身保险条款第6条“每年在生效对应日按保险单所列明保险金的5%增加保险金额”，第7条“自保险合同生效之日起，被保险人生存至每3周年生效对应日，保险人按保险单所列明保险金额的10%给付保险金”，原告并未出现因疾病造成死亡或身体高度残疾，或因遭受意外伤害造成死亡或身体残疾的情形，故其尚不能按保险条款第6条的“保险金额”来领取保险金，而只能按照保险条款第7条的第一项领取生存金。原告要求判令增加保险金额，返还生存金27 573元的诉求，证据不足，其理由不能成立。因而应该驳回原告的诉讼请求。

二、保险合同的争议处理

保险合同订立以后，双方当事人在履行合同过程中，围绕理赔、追偿、交费以及责任归属等问题容易产生争议。因此，应采用适当方式，公平合理地处理。《合同法》第128条规定：“当事人可以通过和解或者调解解决合同争议。当事人不愿和解、调解或者和解、调解不成的，可以根据仲裁协议向仲裁机构申请仲裁。涉外合同的当事人可以根据仲裁协议向中国仲裁机构或者其他仲裁机构申请仲裁。当事人没有订立仲裁协议或者仲裁协议无效的，可以向人民法院起诉。当事人应当履行发生法律效力的判决、仲裁裁决、调解书；拒不履行的，对方可以请求人民法院执行。”据此，对保险业务中发生的争议，可采取协商、调解、仲裁和司法诉讼四种方式来处理。

1.协商

协商是指合同主体双方在自愿诚信的基础上，根据法律规定及合同约定，充分交换意见，相互切磋与理解，求大同存小异，对所争议的问题达成一致意见，自行解决争议的方式。这种方式不但能使矛盾迅速化解，而且还可以增进双方的进一步信任与合作，有利于合同的继续执行。争议双方经协商不能达成一致时，可以约定向仲裁机构提出仲裁，也可以依法向人民法院提起诉讼。

2.调解

为促使保险合同双方当事人达成和解，可以找第三者从中调停，这个“第三者”既可以是双方都信赖的、实践经验丰富、深谙保险业务和法律知识的人，也可以是法院。前者参与的调解称为“一般调解”，调解人的裁定或判断，对双方当事人没有约束力，任何一方或双方既可接受，也可以不接受。后者参与的调解则称为“司法调解”，它也以双方当事人的意见为依据，但一经双方当事人同意制定好调解协议书后，对双方当事人都具有约束力，不能以各种借口拒不执行，否则法院可以强制执行。

协商和调解节省时间、精力和费用，双方当事人坐下来，平心静气地找分歧，寻找共同利益所在，在比较友好的气氛中解决问题，今后仍可能继续保持业务往来，因此这是解决争议的最好途径。

3.仲裁

仲裁是指争议双方依仲裁协议，自愿将彼此间的争议交由双方共同信任、法律认可的仲裁机构的仲裁员居中调解，并做出裁决。仲裁裁决具有法律效力，当事人必须予以执行。

保险合同中具有涉外因素的，涉及外贸、运输和海事纠纷的，应向中国国际商会组织设立的中国对外经济贸易仲裁委员会或海事仲裁委员会仲裁。

仲裁实行一裁终局制。裁决做出以后，当事人就同一争议申请仲裁或向法院起诉的，仲裁机构或法院不予受理。因此，当事人应当履行仲裁裁决，裁决自裁决书做出之日起发生法律效力；一方不履行仲裁裁决的，另一方当事人可以依法向法院申请强制执行。

4.诉讼

保险诉讼主要是指争议双方当事人通过国家审判机关——人民法院解决争端，进行裁决的办法。它是解决争议的最激烈方式。

人民法院在受理案件时，实行级别管辖和地域管辖、专属管辖和选择管辖相结合的方式。《中华人民共和国民事诉讼法》第26条对保险合同纠纷的管辖作了明确的规定：“因保险合同纠纷提起诉讼，通常由被告所在地或者保险标的物所在地人民法院管辖。”最高人民法院《关于适用〈中华人民共和国民事诉讼法〉若干问题的意见》中规定：“因保险合同纠纷提起的诉讼，如果保险标的物是运输工具或者运输中的货物，由被告住所地或者运输工具登记注册地、运输目的地，保险事故发生地的人民法院管辖。”如果拥有管辖权的法院在两个以上，保险合同的主体可以在以上所列有管辖权的人民法院范围内，在书面合同中选择管辖法院；一旦产生纠纷，就应到合同中约定的管辖法院提起诉讼。

本章小结

1.保险合同概述

保险合同,概括地讲,是保险合同的当事人即投保人或被保险人与保险人约定保险权利义务的协议。

保险合同是有偿合同,保险合同是双务合同,保险合同是最大诚信合同,保险合同是射幸合同,保险合同是附合合同。

保险合同可以依据不同的标准进行多种划分。

书面形式的保险合同包括:投保单、保险单、保险凭证、暂保单以及除此之外的其他书面协议。

2.保险合同要素

合同关系的主体,即合同的当事人,通常指订立并履行合同的自然人、法人或者其他组织、他们在合同关系中享有权利并承担相应的义务。

保险合同的客体是指保险法律关系的客体,即保险合同当事人权利义务所指向的对象。

保险合同的内容包括合同当事人的权利和义务,主要通过保险条款加以明确。保险条款是确定合同双方当事人的权利和义务的依据。

3.保险合同的订立、生效与履行

保险合同的订立须经过要约与承诺两个阶段,又称投保和承保。

保险合同的成立是指投保人与保险人就保险合同条款达成协议。

保险合同的生效是指保险合同对当事人双方发生约束力,即合同条款产生法律效力。

保险合同的有效是指保险合同是由当事人双方依法订立,并受国家法律保护。

无效保险合同是指当事人虽然订立,但不发生法律效力、国家不予保护的保险合同。

保险合同的履行是指保险合同当事人双方依法全面完成合同约定义务的行为。

4.保险合同的变更、解除、中止与终止

保险合同变更是指保险合同存续期间,因为法律规定的事由或者保险合同约定的事由发生变化,或者投保人与保险人协商同意,致使保险合同的主体、内容等发生变更的现象。

保险合同解除的形式有两种:法定解除与协议解除。

保险合同的中止是指保险合同生效后,由于某种原因使保险合同的效力处于暂时停止状态,即保险合同暂时失效。在保险合同的中止期间,保险标的发生保险事故时,保险人不负保险责任,不支付保险金。

保险合同终止是指某种法定或约定事由的出现,致使保险合同当事人双方的权利义务归于消灭。

5.保险合同的解释与争议处理

保险合同的解释是指对保险合同条款的说明。保险合同的解释原则有:文义解释的原则,意图解释的原则,整体解释原则,专业解释的原则,不利解释原则。

对保险业务中发生的争议，可采取和解、调解、仲裁和司法诉讼四种方式来处理。

复习思考题

一、名词解释

保险合同；投保人；保险人；被保险人；受益人；保险合同中止和终止。

二、单选题

1.保险合同的客体是（　　）

A.保险利益　　B.保险标的　　C.保险价值　　D.保险金额

2.保险合同中保险人是否对被保险人履行赔偿或给付保险金的义务，取决于约定的保险事故是否发生，这说明保险合同属于（　　）

A.单务合同　　B.射幸合同　　C.附和合同　　D.诚信合同

3.解决保险合同双方当事人争议最激烈的方式是（　　）

A.仲裁　　B.诉讼　　C.解除　　D.协商

4.保险合同的关系人一般是指（　　）

A.受益人　　B.保险人　　C.投保人　　D.代理人

5.其财产或人身受合同保障，享有保险金请求权的人，称为（　　）

A.投保人　　B.受益人　　C.保险人　　D.被保险人

6.（　　）是投保人的最基本义务，通常也是保险合同生效的必要条件。

A.发出要约　　B.签发保单　　C.交纳保险费　　D.签发保险凭证

7.在人身保险中，对变更受益人权力最大的是（　　）

A.投保人　　B.保险人　　C.被保险人　　D.保险代理人

8.保险条款是保险人事先拟定的，投保人只是做是否同意的意思表示，这说明保险合同具有（　　）的法律特征。

A.有偿合同　　B.双务合同　　C.射幸合同　　D.附和合同

9.当保险合同成立之后，保险合同当事人双方依法全面完成合同约定义务的行为称为（　　）。

A.保险合同的承诺　　B.保险合同的要约

C.保险合同的履行　　D.保险合同的生效

10.（　　）是一种简化了的保险单，与保险单的法律效力相同。

A.暂保单　　B.保险凭证　　C.投保单　　D.保险单

三、多选题

1.根据我国《保险法》的规定，被保险人死亡后，保险金作为被保险人的遗产，由保险人向被保险人的继承人履行给付保险金义务的情形有（　　）。

A.没有指定受益人

B.受益人先于被保险人死亡，没有其他受益人

C.受益人依法丧失受益权，没有其他受益人

D.受益人没有行为能力

2.在某人寿保险合同中,如果投保人、被保险人和受益人为三个不同的人,则该保险合同的当事人是(　　)。

A.投保人　　B.保险人　　C.受益人　　D.被保险人

3.作为保险合同当事人一方的投保人应该具备的条件包括(　　)

A.必须具有民事权利能力　　B.必须对保险标的具有保险利益

C.必须具有民事行为能力　　D.必须订立保险合同并交付保费

4.对以下险种,在保险实践中使用保险凭证的有(　　)

A.货物运输保险　　B.机动车辆保险　　C.产品责任保险　　D.团体人身保险

5.保险合同的特征有(　　)

A.射幸合同　　B.最大诚信合同　　C.附和合同　　D.双务有偿合同

6.保险责任开始后,投保人不得解除的合同有(　　)

A.运输工具航程保险合同　　B.信用保险合同

C.货物运输保险合同　　D.人身保险合同

7.在(　　)的情况下,保险人可以解除保险合同。

A.投保人故意隐瞒事实不履行如实告知义务

B.在财产保险中,被保险人未按约定履行其对标的安全应尽之责任

C.在人身保险中,合同效力中止超过 2 年

D.在人身保险合同中,被保险人未指定受益人

8.保险合同的终止,除包括合同被解除外,还包括下列情形:(　　)

A.保险合同因期限届满而终止

B.保险合同因履行而终止

C.财产保险合同因保险标的的灭失而终止

D.人身保险合同因被保险人的死亡而终止

9.投保人的义务包括(　　)

A.维护保险标的安全　　B.提供索赔单证

C.如实告知　　D.及时签发保险单

10.投保人需要通知保险人的有如下事项:(　　)

A.危险增加　　B.承保危险发生　　C.受益人变更　　D.投保人收入增加

四、简答题

1.简述保险合同的解释原则。

2.保险合同终止的原因有哪些?

3.保险合同的特征有哪些?

4.投保人有哪些义务?

5.保险人有哪些义务?

五、案例分析

(1)2005 年 5 月,陈先生投保了生死人寿保险,投保时,考虑大儿子家庭生活困难,便指定其为受益人。2010 年初,陈先生患癌症住院,大儿子只是偶尔去医院看望父亲,而小儿子日夜在医院护理,陈先生知道自己不久于人世,考虑小儿子对自己很孝顺,且尚未成

家，就立下遗嘱指定保险受益人为小儿子。陈先生去世后，两个儿子为 10 万元的保险金发生争议，大儿子认为保险合同已经明确自己是父亲指定的唯一身故受益人，应当由自己来领取保险金；小儿子则认为父亲临终前已立遗嘱将受益人变更为自己，自己才是合法的受益人。但保险公司将保险支付给了大儿子；小儿子不服，将保险公司起诉到法院。法院经审理，驳回了小儿子的诉讼请求。

试根据学习的理论知识对此案例进行分析。

(2)2010 年 2 月，王某向某保险公司投保了 10 万元养老保险及附加意外伤害保险，指定受益人为其妻子张某。两人独立居家，但在王某的母亲家吃饭。同年 5 月 1 日，王某的母亲因多日未见二人前去吃饭，电话也不通，遂前往二人住处探望，发现二人因煤气炉烧水时火被浇灭，造成煤气泄漏，已中毒身亡。5 月 3 日，王某的父母向保险公司报案，并以被保险人法定继承人身份申请给付保险金。两天后，张某的父母也以受益人法定继承人身份申请给付保险金。由于争执不下，两亲家诉诸法院。

你认为法院应该如何判定？

第4章 保险的基本原则

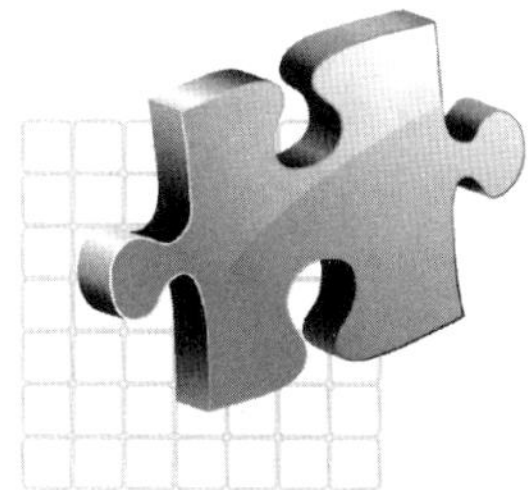

学习目标

通过本章内容的学习，学生应掌握保险最大诚信原则、保险利益原则、近因原则、损失补偿原则及其派生原则的含义与基本内容，理解保险基本原则的作用与意义，并学会灵活运用这些原则进行相关案例和保险活动实际问题的分析。

学习要点

最大诚信原则；保险利益原则；近因原则；损失补偿原则及其派生原则。

案例导读

2010年12月，某保险公司承保了某纺织品公司企业财产险，保险金额10亿元，保险期限从2010年12月31日到2011年12月30日止。保险公司在承保时曾以风险询问表的形式询问纺织品公司是否安装消防喷淋设备，纺织品公司告知“已安装”。2011年2月，纺织品公司告知保险公司其存放成品的仓库未安装消防自动喷淋设备，但纺织品公司强调，根据产品特性其仓库不能安装该设备，按照惯例规定也不需要安装，同时声称已经采取了其他有效的消防措施，足以保证仓库安全，请求保险人按原保险条件承保。保险公司接到申请后，随即以批单的形式同意按原保单条件继续承保。2011年9月，该纺织品公司发生火灾，其存放成品的仓库损失严重。纺织品公司向保险公司提出索赔请求，要求保险公司赔偿人民币4 000万元。

保险公司经调查发现，2011年，消防部门多次书面要求其整改，并特别指出其成品仓库按照管理应该安装消防自动喷淋设施，其现有条件根本不具备保证成品仓库安全的条件。根据行业惯例，此类企业如果没有消防自动喷淋设施，就不予承保或应提高保险费率。经火灾专家鉴定，如果安装了消防自动喷淋设施就足以及时扑灭大火。因此，保险公司认为，纺织品公司在签订合同时未履行如实告知义务。在保险合同期间内，虽然补充告知了未安装消防自动喷淋设施的情况，但其声称按照惯例不应安装，且有其他消防措施足以保证安全。这与消防部门整改通知中所认定的情况不符，所以，纺织品公司虽然做了补充告知，但仍未尽到如实告知的义务，保险公司有权解除保险合同，不承担赔偿责任。纺织品公司向法院起诉，请求法院判决保险公司赔偿其损失 4 000 万元。法院经审理后做出判决：纺织品公司败诉，保险公司不承担保险责任。

纺织品公司为什么会败诉？“讲诚信”对于保险合同双方重要吗？纺织品公司如何做才能在事故发生后得到保险公司的赔偿？

第一节　最大诚信原则

一、最大诚信原则的含义

在“案例导读”中，我们可以看到，保险人是在投保人对保险标的陈述的基础上来判断风险的大小，进而决定是否承保以及以什么样的费率承保。如果投保人在有关标的重要事实的问题上隐瞒或者欺骗保险人，将有可能造成保险人对标的风险的判断错误。由此可见，在保险合同的签订履行过程中讲究诚信非常重要。在民商事活动中，各方当事人都应当遵循诚实信用原则。诚信原则，是世界各国立法对民事、商事活动的最基本要求。而在保险合同的签订履行过程中，对当事人诚信的要求比一般民事活动更加严格。理由如下：

1.保险标的由投保人控制。投保人对保险标的一般拥有所有权或控制使用权，投保人对保险标的各项事实最为了解。同时，标的由投保人（或被保险人）予以使用，其风险的大小与投保人对保险标的是否加以谨慎看管直接相关。保险人虽然对保险标的发生在保险责任范围内的损失予以负责，但不可能把保险标的置于保险人的控制之下，也不可能详细了解保险标的各项重要事实。因此，保险人只能根据投保人提供的资料判断风险的大小，也只能依赖投保人日常对保险标的的谨慎看管来保证标的的安全性。这就要求投保人在投保时如实告知并在合同履行过程中信守承诺。

2.保险标的的多样性。保险发展到今天，其承保的范围越来越广，承保的标的也越来越多样化，从日常的家用电器到高科技的火箭卫星，从有形的财产到无形的责任利益，都有相应的险种承保。如果保险人要准确地判断这些标的的风险，就要求保险公司有对应领域的专家，这在实践中是无法实现的。因此，依靠投保人的如实告知和诚信守诺对于保险人来说是成本最低的方式。

3.保险条款的专业性。从保险产品设计看，保险条款及其费率由保险人单方拟定，其技术和复杂程度远非一般人所能了解，投保人是否投保以及投保的条件完全取决于保险人的告知。这要求保险人如实向投保人说明合同的主要条款，尤其是责任免除条款。

4.保险合同的射幸性。由于投保人只需支付少量的保费就能获得数倍乃至数十倍于保费的赔偿，在利益的驱使下，有些投保人可能会隐瞒标的的危险事实，或者虚构保险事故、夸大标的的损失来为自身获取不当利益。而保险人作为保险合同的另一方，在利益的驱使下,也可能通过欺骗、误导等非法手段来逃避其应该承担的责任,从而节省保险金的赔付。因此,保险合同的订立和履行都必须建立在最大善意的基础上。

由此,我们对诚信在保险业务中的重要性有了更清楚的认识,也就可以对最大诚信原则给出如下定义:最大诚信原则是指保险合同当事人在订立合同时及合同有效期内,应依法向对方提供可能影响对方是否缔约以及缔约条件的重要事实,同时绝对信守合同缔结的认定与承诺。否则,受到损害的一方可以按照相关法律的规定,以此为理由宣布合同无效,或解除合同,或不履行合同约定的义务和责任,甚至对因此受到的损失还可要求对方予以赔偿。简单说,最大诚信原则就是保险合同的各方主体在保险合同的订立、履行过程中诚实不欺、重信守诺。

二、最大诚信原则的主要内容

最大诚信原则要求保险合同的各方主体均要遵守,适用于保险活动中合同的订立、履行、解除等各个环节,其基本内容包括:告知、说明、弃权与禁止反言。

(一)对投保方的要求

1.告知

告知是保险合同当事人一方,在合同缔结前和缔结时以及合同有效期内,就重要事实向对方所作的口头或书面的陈述。具体而言,投保人或被保险人在保险合同缔结前或签订合同时以及在合同有效期内,应尽量将已知和应知的与保险标的有关的重要事实,如实告知保险人。从实践中看,投保人的告知形式主要有无限告知和询问告知两种。

(1)无限告知,又称客观告知,是指法律或保险人对告知的内容没有明确性的规定,投保人应将所有关于保险标的的危险状况及有关重要事实如实告知保险人。很明显,这种方式明显加重了投保人的义务,现在只有少数几个国家采用。

(2)询问告知,又称有限告知和主观告知,是指投保人只对保险人所询问的问题必须如实回答,而对询问以外的问题,投保人可无须告知。询问回答告知义务这种立法形式与无限告知义务相比,对投保人比较有利:一是保险人的询问往往根据以往的经验,保险人没有询问到的问题,投保人不告知不构成告知义务的违反;二是投保人的告知以其所知为限。投保人据其所知回答保险人的询问即为履行了告知义务。即使事后证明他的回答与事实不符,也不构成违反告知义务。在我国,保险立法要求投保人采取询问回答的形式履行其告知义务。但要注意的是,这是对投保人在合同订立时履行告知义务的形式要求。至于合同订立后的危险增加和事故发生的通知义务,则法律没有要求具体形式。

最大诚信原则要求投保人履行告知义务,目的是为了让保险人能更准确地判断标的风险的大小,以便让保险人判断是否接受承保或者以什么条件承保。因此,告知的重要事实是指那些影响保险人确定收取保险费的数额或影响其是否承保以及确定承保条件的每一项事实。具体而言,在我国,投保人告知的时间及内容如下:①在保险合同订立时以及合同续保和复效时,投保人应根据保险人的询问,对已知或应知的与保险标的及其危险有关的重要事实作如实回答;②保险合同订立后,保险标的危险增加应及时通知保险人;③保险标的转移时或保险合同有关事项有变动时,投保人或被保险人应通知保险人,经保险人确认后,方可变更合同并保证合同的效力;④保险事故发生后，投保人应及时通知保险人；⑤有重复保险的投保人应将重复保险的有关情况通知保险人。我国《保险法》第16条、第21条、第49条、第52条和第56条均有关于投保人告知义务的规定。

课堂讨论

告知的义务人是谁？

按我国《保险法》规定，承担保险标的风险告知义务的是投保人，并没有包括被保险人。你觉得是否合理？请结合告知义务的目的来讨论。

2.保证

保证是指保险人和投保人在保险合同中约定，投保人或被保险人在保险期限内允诺某种特定事项的作为或不作为，或担保该事项的真实性。可见，保险合同保证义务的履行主体是投保方。

保证是投保人或被保险人按照保险合同的约定所要遵循的义务。例如，某仓库在投保企财险时，在保险合同内承诺不在仓库堆放易燃易爆品，此项承诺即保证。这项保证实质上是限制了保险标的的风险，使得保险期内保险人承担的风险相对固定，保险人收取的保费能够跟其承担的风险大小相对应。如果保险合同内没有此项保证，则保险人面临的风险将大大增加，保险人将不接受承保，或将调整保单所适用的费率。因此，投保人或被保险人是否遵守保证是影响保险合同效力的重要因素，保证的内容也是合同的组成部分。

保证的形式通常分为明示保证和默示保证。

(1)明示保证是在保险合同中明确列明的保证。明示保证作为一种保证条款，必须写入保险合同内。明示保证又可分为确认保证和承诺保证。确认保证事项涉及过去与现在，它是投保人或被保险人对过去或现在某一特定事实存在或不存在的保证。例如，某人确认他从未交通违章，意指他在此事项认定以前与认定时他从未交通违章，但并不涉及今后他是否会交通违章。承诺保证是指投保人对将来某一特定事项的作为或不作为，其保证事项涉及现在与将来，但不包括过去。例如，某人承诺今后不再从事赛车、高山滑雪等危险活动，意为他保证从现在开始不再从事赛车、高山滑雪等危险活动，但在此之前他是否从事则不予追究。

(2)默示保证是指保证事项虽然并未在保单中订明，但订约双方在订约时都清楚该保证事项。与明示保证不一样，默示保证不通过文字来说明，而是根据有关的国家法律、国际公约以及行业习惯来决定。虽然没有文字规定，但是被保险人应按照行业习惯保证作为或不作为。默示保证实际上是法庭判例影响的结果，也是某行业习惯的合法化。因此，默示保证与明示保证具有同等的法律效力，对被保险人具有同等的约束力。例如，在海上保险合同中通常有三项默示保证：即船舶的适航保证、不改变航道的保证和航行合法的保证。

我国《保险法》对于保证没有明确的规定。在保险实务中，保证往往以投保人或被保险人义务条款的形式出现，并且通常是承诺保证。例如，财产险一般要求被保险人做出“不堆放危险品和特别危险品的保证”；机动车辆保险的被保险人必须保证保险车辆“保持安全行驶技术状态”;货物运输保险的被保险人必须保证“货物包装符合政府有关部门规定的标准”。

保证条款主要是为了控制保险人的风险,维护保险人的利益。但如果对保证的内容没有限制,保险人可能为了降低自身风险,滥用保证条款,在条款中要求投保人遵守各种琐碎的保证,被保险人稍不留神就会被判定违反保证,合同无效,所以有必要对保证条款加以限制。对保证条款的限制主要包括以下这些:(1)保证的内容必须是重要事实。这里所说的重要事实,是指能对保险标的的风险产生重大影响的事实。(2)除默示保证外,保证条款必须明确载于保险合同内。(3)投保人或被保险人违反保证条款,保险人应向其发出书面通知,方可解除保险合同。

(二)对保险人的要求

1.说明

在最大诚信原则中,要求保险人履行说明义务。对于投保人而言,由于保险合同条款的专业性与复杂性,一般的投保人难以准确理解与掌握,对保险人使用的保险费率是否合理、承保条件及赔偿方式是否苛刻等也是难以了解,因此,投保人主要根据保险人为其提供的条款说明来决定是否投保以及投保何险种。这就要求保险人基于最大诚信,充分如实地向投保人说明保险条款的主要内容。对于保险人的说明义务,我国《保险法》第 17 条有如下规定:“订立保险合同,采用保险人提供的格式条款的,保险人向投保人提供的投保单应当附格式条款,保险人应当向投保人说明合同的内容。对保险合同中免除保险人责任的条款,保险人在订立合同时应当在投保单、保险单或者其他保险凭证上做出足以引起投保人注意的提示,并对该条款的内容以书面或者口头形式向投保人做出明确说明;未作提示或者明确说明的,该条款不产生效力。”

(1)说明义务的特点。首先,该义务是法定义务,具有法定性,不允许当事人通过合同条款予以排除和限制。其次,该义务是先合同义务,即保险人履行其说明义务必须在保险合同订立之前或订立保险合同之时。当然,如果合同在履行过程中需要增加或变更合同时,保险人也要履行说明义务。最后,说明义务具有主动性。保险人履行其义务不以投保人的询问为前提,应该主动依法向投保人说明。

(2)说明义务的范围。保险合同订立时,保险人应主动向投保人说明保险合同条款的内容,尤其应当向投保人明确说明免责条款的含义和具体规定。这里注意两点:一是按我国《保险法》第 17 条的规定,说明义务的范围为保险人提供的格式条款;二是“保险合同中免除保险人责任的条款”的范围,不仅指保险合同中“责任免除”部分的条款,还包括一些散落于各章节的限制或者免除保险人责任的条款。

(3)说明义务形式。保险人的说明形式上通常有明确列明和明确说明两种。①明确列明是指保险人只需将保险的主要内容明确列明在保险合同之中;②明确说明是指保险人不仅应将保险的主要内容明确列明在保险合同之中,还必须向投保人作正确的解释。在国际保险市场上,一般只要求保险人做到明确列明保险合同的主要内容即可。我国则对保险人的说明形式采用明确列明与明确说明相结合的方式,要求保险人对保险合同的主要条款,尤其是责任免责条款不仅要明确列明,还要明确说明。这样的规定对投保人更有利。

知识链接

保险人的说明义务在实务中应该注意的问题

在保险实务中,保险人想要正确履行说明义务,要注意以下问题:

1.保险人在投保单中书面提醒客户注意阅读条款,投保人在投保单上签字的,是否足以证明保险公司已经尽到说明义务

如投保单上有如下内容:"请您在仔细阅读保险条款,充分理解保险责任、责任免除、解除合同等规定,权衡保险需求后作出投保决定",在此情形下,投保人在投保单上签字不能证明保险人履行了说明义务,因该提示条款只是提醒投保人注意阅读保险条款,而不是对保险条款进行说明。

2.对于特别约定条款是否应尽说明义务问题

特别约定条款是投保人和保险人经平等协商,在自愿基础上达成的合意的条款。因此,不同于格式条款的单方制定,双方应该在平等协商过程中,对条款的概念、内容和法律效果都有了较深的了解,故保险人不负说明义务。但是,如果在保险合同中虽然载明是特约条款,但实质上是保险人以格式条款提供的,因其并不具有平等协商性,则保险人仍应负说明义务。

3.保险人对保险监管机关审核过的格式条款是否应尽说明义务

如果格式条款经过行政机关审核,具有形式上的公正性,但不能完全避免不公正条款的存在;而且保险监管机关审核并不能等同于投保人能够自主地准确理解保险条款。因此,保险人仍应负说明义务。

2.弃权与禁止反言

先看一个案例:在 Boggio V.California Western States Life Insurance Co.一案中,保险人通过其代理人告诉投保人,投保人不必在投保单中披露其在服兵役期间所遭受的头部伤害。有证据表明,在代理人与投保人填写投保单期间,投保人与代理人之间曾经讨论过,后者说:"只要你不是因伤退役,他们不会关注这些的。只要你是正常退役而不是因伤退役的,你就可以在投保单上签字。"因此,该投保单未提及头部受伤的事实。保险人在保险事故发生后拒绝给付死亡保险金,原因是投保单未提及头部受伤。

我们可以思考一下,保险人的做法是否合理。可以看出,案例中保险代理人误导投保人,使其相信保险人并不要求投保人在投保单中披露其头部受伤的信息,而实际上保险人确实需要这些信息。事后保险人又以此为理由主张合同无效,使投保人失去保险保障。这种做法显然将导致投保人的利益受到损害,因此,应该对保险人这样的行为做出限制。这种限制就是"弃权"和"禁止反言"。

(1)弃权。弃权是保险合同一方当事人放弃他在保险合同中可以主张的某种权利。通常是指保险人放弃合同解除权与抗辩权。构成弃权必须具备两个要件:首先,保险人必须知道这一权利的存在。其次,保险人须有弃权的意思表示。这种意思表示可以是明示

的,也可是默示的。

(2)禁止反言。禁止反言(也称"禁止抗辩")是指保险合同一方既然已放弃他在合同中的某种权利,将来不得再向他方主张这种权利。事实上,无论是保险人还是投保人,如果弃权,将来均不得重新主张。但在保险实践中,它主要用于约束保险人。例如:某企业为职工投保团体人身保险,在提交的被保险人名单上,已注明某被保险人因肝癌已病休2个月,但因代理人未严格审查,办理了承保手续,签发了保单,日后该被保险人因肝癌死亡,保险人不能因该被保险人不符合投保条件而拒付保险金。

弃权与禁止反言往往因保险代理人的原因产生。保险代理人出于增加保费收入以获得更多佣金的目的,可能不会认真审核标的的情况,而以保险人的名义对投保人做出承诺并收取保险费。一旦保险合同生效,即使发现投保人违背了保险条款,也不得解除合同,因为代理人放弃了本可以拒保或附加条件承保的权利。从保险代理关系看,保险代理人是以保险人的名义从事保险活动的,其在授权范围内的行为所产生的一切后果应由保险人来承担。所以,代理人的弃权行为即视为保险人的弃权行为,保险人不得为此拒绝承担责任。实践中有如下典型的禁止反言:保险人明知投保人进行了虚假陈述或违反合同义务,可使保单无效,但保险人不动声色;代理人明知投保人违反保单保证,并未告诉保险人;代理人在替投保人填写投保单时蓄意提供不确切的信息,且被保险人一直未察觉这种虚假陈述。

弃权与禁止反言的限定,不仅可约束保险人的行为,要求保险人为其行为及其代理人的行为负责,同时也维护了被保险人的权益,有利于保险双方权利和义务关系的平衡。

我们再看 Boggio V.California Western States Life Insurance Co.一案中法院的判决。在这起保险诉讼案件中,法院认为:由于保险人的展业代理人对投保人进行不当陈述,称某些事实(该事实已向代理人完全披露)无须包含于投保单中,投保人相信代理人具有更优越的保险业务知识因而在投保单上善意签字,从而被保险人的投保单中含有对事实的不实告知,那么,在此情况下是否产生了一份具有约束力的保险合同,这就是问题的所在。在此情况下,允许保险人将责任加诸被保险人,不仅属于明显的不公平,而且还使其从自身的过错中受益。在本案中,法院一致认为:对于保险公司就重大不实告知进行抗辩的主张应当适用不容否认原则。

3.诚信原则对保险人的其他要求

除了说明义务和弃权与禁止反言外,诚信原则对保险人还有如下要求:发生保险事故后按合同履行赔偿给付保险金的义务;提供合理的承保条件;正确、及时行使合同解除权;对投保人、被保险人的有关情况予以保密等。

(三)诚信原则对保险中介人的要求

保险经纪人、保险代理人和保险公估人也会参与保险活动的各个环节,如果这些保险中介人违背诚信原则,不按法律或合同规定来正确履行其义务,将会给保险双方当事人造成损害。因此,最大诚信原则也要求保险中介人遵守。

保险中介人员应当遵守各项法律法规以及保险监督管理部门的有关规定;保险中介人应依法取得执业资格,在核定范围内根据当事人授权或接受当事人委托开展保险代理、保险经纪和保险公估活动;不得有截留保险赔款、挪用保险费、提供虚假证明、泄露客户信息等行为。

三、违反最大诚信原则的后果

违背最大诚信原则，将导致合同无效或赋予另一方当事人合同解除权。

（一）违反告知义务的法律后果

1.投保人违反告知义务的法律后果

在保险经营实务中，投保人违反告知义务情况主要有以下几种形式：误告，指告知的情况与实际情况不符，包括不知道、了解不全面或不准确而导致的误告；漏报，指由于疏忽或对重要事实误认为不重要而未告知；隐瞒，指投保人了解实际情况也明了自身的告知义务但故意不予告知；欺骗，指故意作错误申报。

在我国《保险法》第16条、第21条、第49条和第52条，对投保人违反告知的法律后果做出了如下规定：

（1）故意不履行如实告知义务

对于合同订立时保险人就保险标的或者被保险人的有关情况提出询问的，如果投保人故意隐瞒事实，不履行告知义务，保险人有权解除保险合同；若在保险人解约之前发生保险事故造成保险标的损失，保险人不承担赔偿或给付责任，同时也不退还保险费。

（2）过失不履行如实告知义务

投保人因重大过失未履行如实告知义务，保险人有权解除保险合同；未告知的事实对保险事故的发生有严重影响的，保险人对于合同解除前发生的保险事故，不承担赔偿或者给付保险金的责任，但应当退还保险费。

（3）事故发生后未及时通知保险人

投保人、被保险人或者受益人知道保险事故发生后，应当及时通知保险人。故意或者因重大过失未及时通知，致使保险事故的性质、原因、损失程度等难以确定的，保险人对无法确定的部分，不承担赔偿或者给付保险金的责任，但保险人通过其他途径已经及时知道或者应当及时知道保险事故发生的除外。

（4）未就保险标的转让等导致其危险程度增加的情况通知保险人

在财产保险中，投保人未按保险合同约定，将保险标的危险增加的情况及时通知保险人，对因保险标的危险程度显著增加而发生的保险事故，保险人不承担赔偿责任。

2.保险人未尽说明义务的法律后果

在保险活动中，要让投保人充分了解其所购买的保险服务能否提供给他需要的保险保障，最有效的办法之一是限制保险人不适当免除责任的行为，即要求保险人遵循最大诚信原则，明确履行说明义务。如果订立保险合同时保险人未向投保人明确地说明保险人在何种情况下免责，保险合同中关于保险人免责的条款将不产生法律效力。保险人未尽说明义务的法律后果包括下列两种情况：

（1）《保险法》第17条规定："对保险合同中免除保险人责任的条款，保险人在订立合同时应当在投保单、保险单或者其他保险凭证上做出足以引起投保人注意的提示，并对该条款的内容以书面或者口头形式向投保人做出明确说明；未做提示或者明确说明的，该条款不产生效力。"

（2）保险公司及其工作人员在保险业务中隐瞒与保险合同有关的重要情况，欺骗投保人、被保险人或受益人，或者拒不履行保险合同约定的赔偿或给付保险金义务，构成犯罪的，依法追究刑事责任；对有违法行为的工作人员，处以 2 万元以上 10 万元以下的罚款；情节严重的，限制保险公司业务范围或责令停止接受新业务。

我国对于保险人未履行对一般保险条款说明义务的法律后果未作直接规定。一般可能产生以下后果：一是投保人可以变更或撤销合同；二是对格式合同进行解释时，作不利于保险人的解释。

（二）违反保证义务的法律后果

投保人遵守保证实质上是限制了保险标的的风险，使得保险期内保险人承担的风险相对固定，保险人收取的保费能够跟其承担的风险大小相对应。假如投保人违反了保证，则会使标的的风险发生改变，其后果一般有两种情况：一是保险人不承担赔偿或给付保险金的责任；二是保险人解除保险合同。

保证与告知不同，保证是对某个特定事项的作为与不作为的保证，不是对整个保险合同的保证，因此，在某种情况下，违反保证条件只是部分地损害了保险人的利益，保险人只应就违反保证的那部分解除保险责任，拒绝承担履行赔偿义务。另外，如果投保人由于一时疏忽违反了保证但未造成事故，并且恢复保证，则保险人不必苛求务必解除合同，可以让合同继续有效。被保险人破坏保证而使合同无效时，保险人无须退还保费。

具体来说，违反保证的后果有以下几种情况：

1.投保人虽然违反了保证，但尚未发生保险事故

（1）投保人恢复保证，合同可以继续有效。比如某仓库在投保企财险时，保证不在仓库堆放易燃易爆品。如果有一天由于疏忽在仓库里堆放了易燃易爆品，在保险人的提醒下移除了该易燃易爆品，则保险人可以不解除合同，让合同继续有效。

（2）投保人无法恢复保证，保险人可以解除合同，或者修改保证条款，增加保险费。比如上例，假如某天该仓库被政府临时征用堆放烟花爆竹，投保人无法恢复保证，由于保险标的的风险增加，那么保险人可以选择解除合同；也可以修改保证条款，不要求投保人作此保证，但要增加保险费。

2.投保人违反了保证，发生了保险事故

（1）保险人不予赔偿，同时解除合同并不退保费。如上例，如果投保人在保险期限内某一天在仓库里堆放了易燃易爆品，导致火灾发生造成财产损失，那么保险人可以解除合同，并不退保费。

（2）保险人不予赔偿，同时可以解除合同；或修改保证条款，增加保险费。如上例，假如保险期限内该仓库被政府临时征用堆放烟花爆竹，并且发生了火灾，那么保险人不赔偿财产损失，可以选择解除合同，也可以修改保证条款，不要求投保人作此保证，但要增加保险费。

（3）保险人就此次损失不予赔偿，但合同继续有效。当违反保证对风险只是造成一时的影响而不是持续性的影响时，保险人可以就此次违反保证而发生的事故不赔偿，但并不因此解除合同。如保险合同中订有要求被保险人外出时必须将门窗关闭和锁闭的保证条款，某被保险人违反了该项保证条款致使保险事故发生。对此，保险人仅就此次投保人违反的保证事项而拒绝赔偿被保险人的损失，但不就此解除保险合同。

还需注意的是，如果投保人违反承诺性保证，对违反保证前发生的保险事故可予赔偿，之后发生的保险事故不负责赔偿；如果因为投保人违反保证条款，保险人要解除合同的，保险人应向投保人发出书面通知，方可解除。

（三）保险法中对保险人弃权的规定

我国《保险法》第16条对保险人弃权的后果作了如下规定："……投保人故意或者因重大过失未履行前款规定的如实告知义务，足以影响保险人决定是否同意承保或者提高保险费率的，保险人有权解除合同。前款规定的合同解除权，自保险人知道有解除事由之日起，超过三十日不行使而消灭。自合同成立之日起超过两年的，保险人不得解除合同；发生保险事故的，保险人应当承担赔偿或者给付保险金的责任。……保险人在合同订立时已经知道投保人未如实告知的情况的，保险人不得解除合同；发生保险事故的，保险人应当承担赔偿或者给付保险金的责任。"从中可以看出，保险人弃权的情况有三种：保险人在合同订立时已经知道投保人未如实告知的情况的；自保险人知道其有解除权但30日内没有行使的；合同成立已经满两年的。出现这三种情况，保险人都不得以对方未履行如实告知义务为由解除合同，在发生事故后也不得以对方未如实告知为由拒赔。

课堂讨论 

投保单"健康栏"未作填写，保险公司要不要赔偿？

2012年3月，某市电车公司职工甲因患胃癌住院治疗，手术后出院在家休养。其亲属一直未将真实病情告诉甲本人。8月，甲见其邻居丙去A保险公司办理投保手续，即委托丙代其向A保险公司提出参加"简易人身保险（甲种）"的申请。丙代甲填写时，"健康状况"栏未填写。A保险公司的承办人也未按规定对此进行核实便准予投保。甲拿到保险单后，每月如约按期交纳保险费。2013年6月，甲胃癌复发，经多次治疗无效而于7月10日死亡。甲之子乙以指定受益人身份到A保险公司请求给付保险赔偿金。A保险公司在审查乙提交的有关证明时发现，甲死亡病史上载明，甲在投保时已患胃癌，并休养在家，即以甲投保时已患胃癌，不符合"简易人身保险（甲种）"的规定为由，拒绝给付保险金。乙以甲不知自己身患何病，并未违反如实告知为由，数次到A保险公司请求给付保险赔偿金未果，遂于2013年9月诉至人民法院。

请结合最大诚信原则对该案例进行讨论。

第二节　保险利益原则

案例导读 

李四与张三在学校附近合伙开了一家书店，各占一半股份。因为位置恰当，店里的图书也符合学生们的需求，再加上他们服务热情，书店的生意非常兴旺。然而，李四很是重视对风险的防范，经过调查分析，认为书店存在较大的火灾及水灾隐患。于是，他便说服张三同意向保险公司投保了财产保险。保险公司承保后不久，由于连日大雨，附近江河水位不断上涨，导致江水淹没了地势较低的书店，造成店里的所有书籍损坏，损失额达8 000元。保险公司调查后，认为这次的损失的原因属于保险责任里的洪水事故，决定进行全额赔偿。

思考：

1.李四对书店有多大的利益？李四在这次事故中遭受了多少损失？

2.李四应该获得多少赔偿？

3.假设这家书店全部属于张三所有，而李四作为投保人和被保险人以这家书店为保险标的向保险公司投保，在这种情况下，你认为对书店的风险会有怎样的影响？

通过本节内容的学习，我们就能解答上述问题。

一、保险利益及其构成条件

保险利益指投保人或被保险人对保险标的所具有的合法的经济利益，又称可保利益。保险利益产生于投保人或被保险人与保险标的之间的经济联系，它体现了投保人或被保险人对保险标的所具有的法律上承认的利害关系：投保人或被保险人因保险标的未发生风险事故而受益，因保险标的遭受风险事故而受到损失。

一般来说，保险利益的构成条件有以下三个：

（一）保险利益必须是合法的利益

保险利益必须是符合法律规定、被法律认可并受到法律保护的利益。因此，人们对其依法或依有法律效力的合同而合法取得的标的拥有合法的所有权、占有权、使用权、收益权，这些都是合法的利益。凡是违法或损害社会公共利益而产生的利益都是非法利益。如人们对其购买的赃物、抢夺来的商品、违法建筑等就不具有合法的利益，不能作为保险利益。

（二）保险利益必须是经济利益

所谓经济利益是指可以用货币来计算、衡量和估价的利益。这主要用于财产保险，因为如果该利益无法用货币衡量，那么标的发生事故造成的损失就无法衡量，保险人的赔付责任也就无法兑现。有形标的的价值一般都可以用货币衡量，无形标的比如债权、经济赔偿责任等也可以用货币来衡量。但诸如名誉损失、精神损失等缺乏相对统一的标准来衡量其利益的大小，不能作为保险利益。在人身保险中，人的生命或身体是无价的，难以用货币来衡量，但可按投保人的需要和可能负担保险费的能力约定一个金额来确定其保险利益的经济价值。而在某些情况下，人身保险的保险利益也可以直接用货币来计算，如债权人对债务人生命的保险利益大小等于其债权的额度。

（三）保险利益必须是确定的利益

保险利益必须是已经确定或者可以确定的利益，包括现有利益和期待利益。现有利益指已经确定的利益或者利害关系，如被保险人对已经拥有财产的所有权、占有权、使用权等而享有的利益即为现有利益。期待利益指虽然现在尚未取得但可以确定的利益或者利害关系。这种利益的取得必须以现存的利益为依托，要具有客观的法律依据，而不是主观臆断、凭空想象的利益。例如，合理预期的营业利润、租金等属于合理的期待利益，可以作为保险利益。

二、保险利益原则及其意义

保险利益原则就是指在订立保险合同或发生保险事故时，投保人或被保险人对保险标的应该具有保险利益；被保险人获得的赔偿不得超过其保险利益。如果要更准确的表述，保险利益原则是指财产保险的被保险人在保险事故发生时，对保险标的应当具有保险利益；人身保险的投保人在保险合同订立时，对被保险人应当具有保险利益；被保险人或受益人获得的赔偿不得超过保险利益。

分析本节开篇的案例：

1.因为书店是张三和李四合伙开的，所以张三和李四对书店各有一半的经济利益。同理，损失额由张三和李四平摊，各自承担 4 000 元。

2.既然李四的损失是 4 000 元，那么其获得的赔偿也是 4 000 元，另外 4 000 元归张三。

3.如果书店是张三所有，而李四为书店投保。那么如果书店发生了事故，李四不仅没有任何经济损失，反而可以从保险公司那里获得一笔赔偿金，这无疑是一场以书店安危为标的的一种赌博。李四为了赢得这场“赌博”，甚至有可能故意采取非法行为使得书店发生某项事故来为自己谋取利益，使得书店面临着道德危险带来的损失。

从这个案例可以看出，被保险人是否对投保标的具有合法的利益关系，对于标的风险大小具有重大影响；而这种合法利益的大小，也会影响被保险人获得赔偿数量的多少。可以看出保险利益原则的确立主要有以下几方面的意义：

（一）从根本上划清保险与赌博的界限

保险与赌博的相似之处均是基于偶然事件的发生而获益或受损。两者的不同之处在于：保险要求投保人或被保险人对保险标的具有保险利益，因而，如果保险标的发生事故造成损失，将可从保险人处获得最多等于其损失额的赔偿，其实质是转移了风险；而赌博参与者对标的并没有利益，标的安危本身并不会给赌博参与者带来收益和损失，恰恰是赌博本身把标的安危与赌博参与者的利益联系起来，其实质是创造了风险。如果保险关系不是建立在投保人或被保险人对保险标的具有保险利益的基础上，而是可以就任一无关标的投保，其实质就变成了保险合同的双方对标的的状态进行赌博。因此，保险利益的确立，要求投保人对保险标的必须具有保险利益，而且只有在经济利益受损的条件下才能得到保险赔付，从根本上划清了保险与赌博的界限，对维护社会公共利益，保证保险经营的科学性具有重要意义。

（二）防止道德风险的发生

这里所谓的道德风险，是指被保险人或受益人为获取保险赔付而违反道德规范，甚至故意促使保险事故发生或在保险事故发生时放任损失扩大。如果投保人或被保险人对保险标的没有保险利益，则投保人或被保险人有可能为牟取保险赔款而故意破坏保险标的，从而引发犯罪动机与犯罪行为。而保险利益原则的限定，要求投保人或被保险人对保险标的要有保险利益，这样即使标的发生事故获得保险赔款，也最多弥补其全部损失而不会让其从中获利，从而有效地控制了道德风险，保护了被保险人生命与被保险财产的安全。

（三）限定保险人承担赔偿或给付责任的最高限额

保险的本质是赔偿，就是使被保险人的损失得到填补，因此，保险合同保障的是被保险人的保险利益，补偿的是被保险人的经济利益损失，这种补偿不能超过其保险利益损失。在人身保险中，人的生命和健康是无价的，保险金额是按投保人的需要和可能负担保险费的能力约定的，这个保险金额也可以看作是保险利益的大小，因此，人身保险的赔偿也不能超过保险利益。正因为按保险利益原则的规定，保险利益可以用货币衡量并且赔偿不能超过保险利益，这样既能保证被保险人能够获得足额充分的补偿，又不会使被保险人因保险而获得超过损失的额外利益。

课堂讨论

“中秋赏月险”，赌博还是创新？

中秋赏不到月亮也能有保险可以赔！2013 年 8 月 27 日，安联财险（中国）与阿里小微金融旗下淘宝保险在上海达成战略合作，前者将在后者平台上推出国内首个“中秋赏月险”。依据该保险设定，被保险人如中秋看不到月亮，则可获赔 50 元或 188 元。

据悉，赏月险在淘宝上的售卖时间为 8 月 26 日至 31 日。安联财险人士表示，此时距离中秋还有 19 天，气象预报无法预测那么长的时间。有网友戏言，买了赏月险，中秋是期待月亮出来还是不出来呢？

安联财险介绍，“赏月险”的全名是“赏月不便险”，是一款人身意外险的附加险，赔付的是消费者不能赏月造成的心情损失，类似民众熟悉的航班延误险。

据悉，“赏月险”是安联财险通过深入分析国内多个城市 20 多年的气象数据，建立风险模型后，推出的国内首款既与节日相关，又与天气相关的保险产品。

依据“赏月险”产品的设置，其分成两档。其中一档投保价格为 20 元，若被保险人在赏月城市（上海、广州或深圳）由于天气原因看不到月亮，可获保险理赔 50 元；第二档投保价格为 99 元，赏月城市从 3 个增加到 41 个。如果被保险人所在赏月城市由于天气原因看不到月亮，即可获保险理赔 188 元。相应赔付金额会汇至被保险人的支付宝账户内。

此外，无论哪个档次被保险人能否看到月亮，在赏月险中都能获得 10 万元的人身意外保障，第二档的被保险人还能获得一盒华美常温冰皮月饼。

对此，各路网友和专家议论纷纷，有人认为这就是赌博，有人认为这是创新。你对此怎么看呢？

三、保险利益的认定

（一）财产保险中保险利益的认定

财产保险中，要求被保险人对保险标的应当具有保险利益。这种利益要求是合法的、经济的、可确定的。在实践中，具体有以下几种情况：

1.财产所有人、经营管理人对其所有的或经营管理的财产具有保险利益

例如，公司法定代表对公司的财产具有保险利益；货物所有人对其货物具有保险利益；房主对其所有的房屋和家具具有保险利益等。这种情况下，保险利益的大小一般等于这些财产的价值。

2.财产的保管人、货物的承运人、各种承包人、承租人等对其保管、占用、使用的财产，在负有经济责任的条件下具有保险利益

财产的保管人、货物的承运人、各种承包人、承租人对其保管、占用、使用的财产负有安全保管责任，在这些财产发生事故时，要对物主进行赔偿。这种情况下保险利益的大小与财产的保管人、货物的承运人、各种承包人、承租人与其承担的经济责任大小直接相关。

3.作为抵(质)押物、留置物、典当物的财产的权利人对抵(质)押物、留置物、典当物具有保险利益

抵押，就是债务人或第三人不转移法律规定的可做抵押的财产的占有，将该财产作为债权的担保，当债务人不履行债务时，债权人有权依法就抵押物卖得价优先受偿。质押，就是债务人或第三人将其动产移交债权人占有，将该动产作为债权的担保，当债务人不履行债务时，债权人有权依法就该动产卖得价优先受偿。留置，债权人按照合同的约定占有债务人的财产并在其债权未受清偿时将该项财产留置，当债务人不履行债务超过一定期限时可依法变卖留置的财产，从价款中优先得到偿还。典当，是指当户将其动产、财产权利作为当物质押或者抵押给典当行，交付一定比例费用，取得当金，并在约定期限内支付当金利息、偿还当金、赎回当物的行为。很明显，抵(质)押物、留置物、典当物如果发生了事故，将会给这些财产的权利人造成经济上的损失，因此，权利人对这些财产拥有保险利益。这种情况下，保险利益的大小并不直接等于这些财产的价值，而是与权利人的权利有关。例如银行贷款给某企业100万元，以价值200万元的厂房作抵押，那么保险利益的大小不是厂房的价值200万元，而是债务额100万元。

4.经营者对其合法的预期利益具有保险利益

如因营业中断导致预期的利润损失、租金收入减少、票房收入减少等，经营者对这些预期利益都具有保险利益。这些利益虽然不是确定的，但可以依据相关因素对其加以合理的预测和估计。如预期的利润损失，可以以去年同期的利润额为基础，再考虑市场的变化和公司的发展情况加以估计。其最大损失额就是保险利益的大小。

5.对民事损害负有经济赔偿责任的法人或自然人具有保险利益

在责任保险中，按照法律、行政法规或合同规定，应对他人的财产损失或人身伤亡负有经济赔偿责任者，对自身的这种经济赔偿责任具有保险利益，主要包括以下几种：各种固定场所如饭店、旅馆、影剧院、体育场馆等的所有人、管理人，对因固定场所的缺陷或管理上的过失及其他意外事件导致消费者等人身伤害或财产损失依法应承担的经济赔偿责任具有保险利益；产品的制造商、销售商、修理商对因其制造、销售、修理的产品有缺陷，而使用户或消费者造成财产损失或人身伤害依法应承担的经济赔偿责任具有保险利益；各类专业技术人员如医师、药剂师、美容师、会计师、律师、建筑师等对因其工作上的疏忽或过失造成他人财产损失或人身伤害的依法应承担的经济赔偿责任具有保险利益；雇主对其雇员在受雇期间因从事与职业行为有关的工作而患职业病或伤、残、亡等依法应承担医

疗费、工伤补贴、家属抚恤等责任具有保险利益。这些人都可以投保相应的责任保险。责任保险的被保险人,因其造成的财产损失和人身伤亡是不特定和难以预测的,因此,其承担的经济赔偿责任从理论上说没有上限,其保险利益可以是无穷大。在实务中,往往是根据被保险人实际情况来估计可能的风险大小,从而确定保险金额。

6.因合同对方当事人不履行其应尽义务而可能遭受经济损失者;因自己的作为或不作为使他人受到损害者;因雇员的不法行为而遭受经济损失的雇主等。

在信用保险中,保险标的是各种信用行为。在经济交往中,权利人与义务人之间基于各类经济合同而存在经济上的利益关系,当义务人因种种原因不能履约时,会使权利人遭受经济损失。因而,权利人对义务人的信用具有保险利益,而义务人对自身的信用具有当然的保险利益。如在债权债务关系中,债权人对债务人的信用具有保险利益,可以投保信用保险;而债务人对自身的信用也具有保险利益,可以投保保证保险。再比如,制造商(卖方)对批发商(买方)的信用具有保险利益;雇主对雇员的信用具有保险利益;业主对承包商的信用具有保险利益。这些信用的大小即为保险利益的大小。

(二)人身保险中保险利益的认定

人身保险中,要求投保人对被保险人具有保险利益。人身保险的保险标的是人的寿命或身体。只有当投保人对被保险人的寿命或身体具有某种利害关系时,他才对被保险人具有保险利益。这种利害关系不一定可以用货币直接衡量,但一般要求当被保险人的寿命和身体受到伤害时,投保人将会受到经济损失或感情伤害,这样才能保证投保人不至于主动伤害被保险人来获取保险金。人身保险中,一般认为,人身保险的保险利益包括以下几种:

1.本人对自己的生命、身体、健康具有保险利益

当投保人为自己投保时,投保人对自己的寿命或身体当然具有保险利益,因其自身的安全健康与否与其自己的利益密切相关。

2.对其他有利益关系的人具有保险利益

包括下面三种情况:

(1)亲密的血缘关系。投保人对与其具有亲密血缘关系的人具有保险利益。这里的亲密血缘关系主要是指父母与子女之间、亲兄弟姐妹之间、祖父母与孙子女之间。但不能随意扩展为较疏远的家族关系,如叔侄之间、堂(表)兄弟姐妹之间等。在英、美等国,对于保险利益的认定实行的是利益主义原则,因此,成年子女与父母之间、兄弟姐妹之间,是否存在保险利益是以是否存在金钱利害关系为基准的。这类的保险利益通常无法直接用货币来衡量大小。

(2)法律上的利害关系。投保人对与其具有法律利害关系的人具有保险利益。如婚姻关系中的配偶双方,互有保险利益;或不具有血缘关系,但具有法定扶养、抚养、赡养关系的权利义务方,如养父母与子女之间。与血缘关系形成的保险利益一样,这里保险利益无法直接用货币衡量大小。

(3)经济上的利益关系。投保人对与其具有经济利益关系的人具有保险利益。如债权人与债务人之间、保证人与被保证人之间、雇主与其重要的雇员之间、合伙人之间、委托人与受托人之间等。这类保险利益是纯粹的经济利益,一般能够衡量其大小。如在债权

债务关系中，债务人的死亡对债权人的切身利益有直接影响，因此，债权人对债务人具有保险利益，但以其具有的债权为限。

知识链接

我国《保险法》中对人身保险保险利益的规定

什么样的利益可以作为保险利益，不同国家的立法原则不一样：(1)利益主义原则。以投保人与被保险人之间是否具有经济利益作为依据，主要是英美法系国家。(2)同意主义原则。以被保险人是否同意作为依据，主要为大陆法系采用。(3)结合主义原则。既以投保人与被保险人之间是否具有经济利益为依据，又以被保险人是否同意作为依据。我国大陆《保险法》采用英美立法体例，又不完全等同于英美法，基本采用利益和同意相兼顾的原则：投保人和被保险人间存在金钱上的利害关系或者其他利害关系的，投保人对被保险人具有保险利益；没有上述关系的，如果被保险人同意投保人为其订立保险合同的，视为具有保险利益。《中华人民共和国保险法》第 31 条："投保人对下列人员具有保险利益：(一)本人；(二)配偶、子女、父母；(三)前项以外与投保人有抚养、赡养或者扶养关系的家庭其他成员、近亲属；(四)与投保人有劳动关系的劳动者。除前款规定外，被保险人同意投保人为其订立合同的，视为投保人对被保险人具有保险利益。"

这里面的配偶指与投保人具有合法婚姻关系的另一方，夫妻互为配偶；子女，包括婚生子女、非婚生子女、养子女和有抚养关系的继子女；父母，包括生父母、养父母和有赡养关系的继父母。按前面两项的规定，祖父母对孙子孙女是没有保险利益的。但如果祖父母与孙子孙女间具有抚养或赡养关系的，因其符合第三项的规定，则具有保险利益。

该条规定里面的第二、三条认可的是血缘关系和法律上的利害关系。对于经济上的利益关系，只是明确规定了雇主和雇员这种情况，对于国际上保险实践中通常认可的债务人与债权人、合伙人之间没有明确规定。不过因为该条同时规定了只要被保险人同意投保人为其订立合同的，视为投保人对被保险人具有保险利益，因此，其他确有经济利益关系但在《保险法》中没有明确规定的，可以灵活运用该条款来订立保险合同。

同时，为了保证被保险人的人身安全，我国《保险法》还对以死亡为给付条件的保险合同做出了特别规定。《保险法》第 34 条第 1 款规定："以死亡为给付保险金条件的合同，未经被保险人书面同意并认可保险金额的，合同无效。"

四、保险利益的时效

保险利益在保险期间内可能会发生变动，对此，财产保险和人身保险对保险利益时效的规定是不一样的。

(一)财产保险的保险利益时效

一般情况下，在整个保险期间内，财产保险的保险利益必须始终存在。特别是损失发生时，被保险人的保险利益已经终止或转移出去，此时被保险人将不能得到保险人的赔偿。保险利益规定的目的之一在于防止被保险人在事故发生时从中受益，因此，苛求合同生效时被保险人对保险标的要有保险利益并无太大必要。如在货物运输保险中,因为货物的所有权不断发生变化,如果要求相关利益方只有在获得货物所有权时进行投保,这在实践中很难操作。因此,货物运输保险的保险利益不必在保险合同订立时存在,但当损失发生时被保险人必须具有保险利益已经成为一个惯例。

(二)人身保险的保险利益时效

与财产保险不同,人身保险的保险利益必须在保险合同订立时存在,而保险事故发生时是否具有保险利益并不重要。也就是说,在发生索赔时,即使投保人对被保险人失去保险利益,也不影响保险合同的效力。这是因为人身保险合同生效后,保险合同是为被保险人或受益人的利益而存在,而非投保人。所以,人身保险合同生效后强调投保人对被保险人的保险利益毫无意义。而且法律规定受益人由被保险人指定,受益人故意伤害被保险人将丧失受益权。这样的规定能够有效防止受益人通过伤害被保险人来非法谋取保险金。此外,由于人身保险具有长期性、储蓄性的特点,如果一旦投保人对被保险人失去保险利益,保险合同就失效的话,就会使被保险人失去保障。而且领取保险金的受益人是由被保险人指定的,如果合同订立之后,因保险利益的消失,而使受益人丧失了在保险事故发生时求偿保险金的权益,无疑会使该权益处于不稳定的状态之中。《保险法》第 31 条对人身保险合同明确规定,订立合同时,投保人对被保险人不具有保险利益的,合同无效。故此,人身保险的保险利益是订立合同的必要前提条件,而不是给付的前提条件。保险事故发生时,无论投保人存在与否,也无论投保人对被保险人是否具有保险利益,保险人均按合同中约定的条件给付保险金。

五、保险利益的变动

(一)财产保险的保险利益变动

保险利益的存在并非一成不变,由于各种原因常使保险利益发生转移和消灭。保险利益的转移是指在保险合同有效期间,投保人将保险利益转移给受让人,经保险人同意并履行合同变更的相关手续后,原保险合同继续有效。保险利益转移的原因包括继承、转让和破产。保险利益消灭是指投保人或被保险人对保险标的的保险利益随保险标的的灭失而消灭。

在财产保险中,财产所有权人以其合法财产投保后,在保险合同有效期内,如果将财产所有权转移给他人,作为原所有权人,由于其丧失了对保险标的的所有权,其保险利益也就随之失去了;对于新的财产所有人,因其与保险人并没有合同关系,所以原保险合同终止。对此,新的财产所有人对保险标的具有保险利益,可以要求对原有的保险合同进行更改被保险人。在保险实务中,一般是经原所有权人与受让人在保险标的所有权转让前提出申请,可以对原保险合同进行批改变更被保险人,即批改后由新的财产所有人取代原被保险人的地位,并经保险人同意后,原保险合同继续有效。这种情况即为保险利益的转移。保险利益发生转移往往发生在保险事故发生以前。此外,当被保险人死亡时,保险利益可依法转移给继承人;当被保险人破产时,其财产便转移给破产债权人和破产管理人,破产债权人和破产管理人对该财产具有保险利益。

(二)人身保险的保险利益变动

在人身保险中,保险利益的转移和破产与财产保险有所不同。

1.人身保险利益的转移。投保人与被保险人不是同一人时,投保人死亡后,保险利益能否转移分为两种情况。第一种情况是该保险利益具有专属性。如果人身保险合同为特定的人身关系而订立,如血缘关系、抚养关系等,这时被保险人的保险利益专属投保人,保险利益一般不得转移。第二种情况是该保险利益非专属性。如人身保险合同为债权债务关系而订立,这时被保险人的保险利益非专属于投保人(债权人),当投保人死亡时,保险利益可由投保人的合法继承人继承。

2.人身保险利益的消失。在人身保险中,投保人与被保险人之间丧失构成保险利益的各种利害关系时,保险利益也随之消失。保险利益消失后,保险合同并不当然失效。保险利益消失后合同是否继续有效,有失效说和继续有效说两种理论,目前我国采取的是后一种理论,即继续有效说。

课堂讨论

股东兼经营管理人的保险利益如何判断?

被保险人李正,投保从事专业运输的木质机动船一艘,保险金额 7 万元,按重置价格投保。保险期限自 2012 年 3 月 15 日起至 2013 年 3 月 14 日止。2013 年 1 月 15 日,李正驾驶保险船舶运输时发生触礁事故,出险后,李正用在施救、维修方面的费用共计 15 400 元,他按照保险合同规定,要求全部给予经济补偿。接到出险通知,保险公司立即组织调查,确定赔偿依据。通过调查发现,船舶投保时属李正一人,他在经营中感到风险太大,便邀堂兄李军、李华合伙。船分四股,李正一人两股,占所有股份的 50%,李军、李华各一股,各为 25%,他们于 2012 年 7 月办清了船、款股份结算,签订了合伙经营合同但没有办理保险批改手续。如何向李正进行赔付在保险公司内部产生了分歧。

试问:

(1)李正对保险标的具有全部保险利益吗?

(2)保险公司赔偿时该如何处理?

因保险利益判断产生的赔偿分歧

某棉织厂于某年 11 月投保了财产保险综合险,保险期限一年。同年 12 月,该厂与一家制衣厂签订了 10 000 米涤纶棉布的购销合同,按照合同规定,制衣厂于次年 1 月 10 日派人送来购货款,并进行货物验收,准备装车运走。当制衣厂的负责人将涤纶棉布验收并装车 6100 米时,天色已晚,为保证质量,该负责人决定第二天上午再验收并将余下的货物装车,已验收并装上车的货物暂交棉织厂代为看管。不料,在这天夜里,该棉织厂发生了火灾,涤纶棉布属易燃物,库内存放的 35 000 米涤纶棉布尽皆烧毁。由于已验收的 6 100 米涤纶棉布随车停放在仓库内,这些布匹也未能幸免于难。事故发生后,保险公司立即赶往现场进行查勘,确认了事故是由于线路短路造成的,决定对损失予以赔偿。但当了解到被保险人与制衣厂的购销合同时,对于库内车上存放的及库内的涤纶棉布的损失是否赔偿、如何赔偿，保险公司内部产生了不同的意见。

第一种意见认为，库内车上的6 100米涤纶棉布不应赔偿，库内35 000米涤纶棉布中有3 900米不应赔偿，因这两部分总计10 000米涤纶棉布已经售出，被保险人对其已丧失保险利益。

第二种意见认为，库内车上的6 100米涤纶棉布因已出库不再属于保险财产，而库内的受损涤纶棉布均为保险财产，所以库内车上的涤纶棉布不应赔偿，其他都应赔偿。

第三种意见认为，所有涤纶棉布都未运出厂，虽然车上的涤纶棉布已经验收出库，但仍由被保险人看管，因此所有涤纶棉布的损失都应赔偿。

你赞同哪一种意见？

第三节　近因原则

案例导读

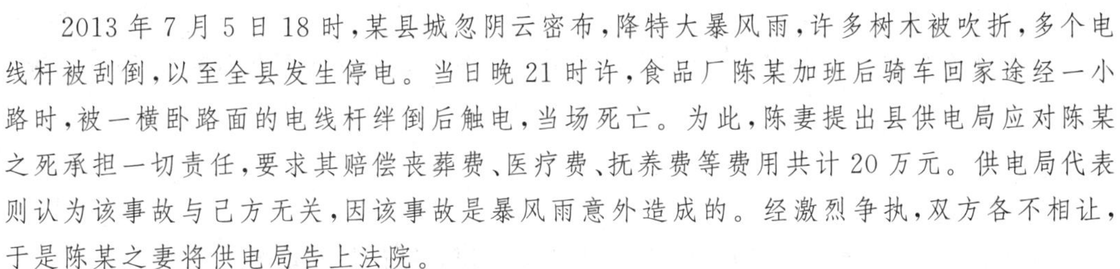

2013年7月5日18时，某县城忽阴云密布，降特大暴风雨，许多树木被吹折，多个电线杆被刮倒，以至全县发生停电。当日晚21时许，食品厂陈某加班后骑车回家途经一小路时，被一横卧路面的电线杆绊倒后触电，当场死亡。为此，陈妻提出县供电局应对陈某之死承担一切责任，要求其赔偿丧葬费、医疗费、抚养费等费用共计20万元。供电局代表则认为该事故与己方无关，因该事故是暴风雨意外造成的。经激烈争执，双方各不相让，于是陈某之妻将供电局告上法院。

思考：

1.造成陈某死亡的真正原因是什么？

2.假定陈某身前向某保险公司购买了人身意外伤害保险，保额20万。保险公司是否给予赔偿？

一、近因与近因原则

所谓近因，非最初的原因，也不是在时间上或空间上与损失发生最接近的原因，而是指造成损失的最直接、最有效、起主导性作用的原因。近因在损失发生中起的作用十分有力，以致在一连串事件中起着支配作用，使人们在各个阶段上能逻辑地预见下一个事件，直到意料中的结果发生的原因。比如某学生平时不认真学习，考试前太晚睡觉，导致次日考试时犯困，最终考试不及格，那么对其考试不及格起决定性作用的应该是平时没有好好学习，而不是考试前太晚睡觉引致的犯困。在这里，平时不认真学习是其考试不及格的近因。

近因原则，是保险活动中确定保险责任的一项基本原则。当事故发生时，保险人必须先找出导致事故发生的近因是什么，再根据近因是否属于承保风险来决定保险人是否应该承担赔偿责任。因此，近因原则基本含义包括两方面：一是规定近因的认定方法；二是在风险与保险标的损失的关系中，如果近因属于被保风险，保险人就应负赔偿责任。近因属于除外风险或未保风险，则保险人不负赔偿责任。

二、近因确定的基本方法

在保险中要准确确定损失原因与损失结果之间的关系，尤其是在先后或同时存在几种原因时，要对造成承保损失最具有现实性、支配性和有效性的原因加以确定，并不是一件容易的事。

确定近因的最基本的方法有两个：

1.顺推法

顺推法就是从最初事件出发，按逻辑推理，判断下一个事件可能是什么；再从可能发生的第二个事件，按照逻辑推理判断最终事件即损失是什么。如果推理判断与实际发生的事实相符，那么，最初事件就是损失的近因。

2.逆推法

逆推法就是从损失开始，按顺序自后向前追溯，在每一个阶段上按照“为什么这一事件会发生”的思考来找出前一个事件。如果追溯到最初的事件且没有中断，那么，最初事件即为近因。

绘制事故链时必须注意，前一个事件和后一个事件必须有强烈的因果关系，才能说前一个事件是后一个事件的后因，这样才能构成前后相连的事故链。

课堂讨论

请通过绘制下面案例的事故链来判断损失的近因

1.某地一晚忽然电闪雷鸣，一棵大树被雷击倒，倾倒的大树压跨了树底下一座房屋的屋顶，屋顶垮下的时候又把屋里的一个彩电给压坏了。

2.某工厂产成品仓库晚上发生火灾，员工对仓库进行抢救，由于时间紧迫，抢救出的仓库产成品露天堆放在仓库外面。火灾扑灭后，发现堆放在外面的产成品被盗窃了一部分。

3.某工厂产成品仓库晚上发生火灾，员工对仓库进行抢救，由于时间紧迫，抢救出的仓库产成品露天堆放在仓库外面。火灾扑灭后，工厂安排了两名员工看守这些产成品。这两名员工因为参与救火，筋疲力尽，都不知不觉睡着了。第二天起来才发现产成品被盗窃了一部分。

分析：

案例1事故链如下：雷击→树到→屋垮→彩电损失，这些事件能构成前后相连的事故链，因此，最初的事件雷击就是彩电损失的近因。

案例2事故链如下：火灾→物品堆放在外→盗窃，因此，火灾是盗窃损失的近因。

案例3在绘制事故链时要注意与案例2相比较，不能绘制成火灾→产品堆放在外→盗窃，因为这里火灾或者产品堆放在外与盗窃间并没有强烈的因果关系，或者说不是盗窃发生的主要原因，在案例中，盗窃并不是救火过程中发生，而是救火过程已经结束，员工已经在看守产品，这时的火灾或者产品堆放在外与盗窃间的联系已经很微弱了。盗窃之所以会发生，是因为有“员工失职”这个新插入的原因导致。所以，绘制的事故链应该是：员工失职→盗窃。

在这里员工失职才是近因。也许有人认为员工之所以会失职，是因为火灾导致员工扑火劳累，从而事故链应该是：火灾→员工救火劳累→员工失职→盗窃。这样的说法虽有一定道理，但正常情况下，员工救火劳累并不必然导致员工失职，由此，上述的员工救火劳累与员工失职构不成因果关系，最初的前因应该还是员工失职。

为了更好的理解什么叫起决定性作用，我们再来思考这么一种情况：某地需要修建能够防止 50 年一遇洪水的防洪大堤，结果施工队伍施工过程中偷工减料，修建的防洪大堤只能阻挡 20 年一遇的洪水，某天发生了 30 年一遇的洪水，就把防洪大堤冲垮了，造成了人民财产的损失。这种情况下对损失起决定性作用的就是施工队偷工减料，施工队偷工减料是损失的近因。但如果案例稍微换一下，假设发生的是百年一遇的特大洪水，这个时候对损失起决定性作用的就是洪水了，洪水是损失的近因。因为这个时候就算施工队严格按标准修建防洪大堤，也无法阻挡百年一遇的洪水。

三、近因与赔偿责任的认定

之所以要找出近因，是因为保险人需要通过判断近因是否属于承保风险来决定是否需要承担赔偿或给付责任。近因保险责任的认定有以下几种情况：

（一）单一原因所致损失

即损失由单一原因造成。这种情况认定赔偿责任较为简单。如果事故发生所致损失的原因只有一个，显然该原因为损失的近因。如果这个近因属于保险风险，保险人应对损失负赔付责任；如果这个近因是除外风险，保险人则不予赔付。

（二）多种原因所致损失

多种原因所致损失，必须找出近因，通过判断近因是否是保险风险来决定保险人的赔偿责任。

1.多种原因先后连续发生

如果损失是由若干个连续发生的原因造成，且各原因之间的因果关系没有中断，则这些原因构成了事故链。在认定保险人的赔偿责任时只需判断最初的前因（即近因）是否属于保险风险即可，而与其他原因是否属于保险风险无关。

例如，皮革和烟草两样货物，被承运人合理地装载于船舶的同一货舱，船舶在航行途中遭遇恶劣气候，海水浸湿了置放在货舱一侧的皮革，湿损的皮革腐烂发生浓重气味，将置放在货舱另一侧的烟草熏坏。造成烟草损失的近因是什么呢？显然，烟草是被腐烂皮革散发出的气味熏坏的，而皮革发生腐烂是被进入货舱的海水浸湿所致，因此烟草损失的近因应该是海难，海难属于保险责任，保险人应负赔偿责任。

2.多种原因间断发生

在一连串连续发生的原因中，有一种新的独立的原因介入，使原有的因果关系链断裂，并导致损失，则新介入的独立原因是近因。如果近因属于保险责任范围的事故，则保险人应负赔偿责任;反之,则保险人不负赔偿责任。

例如,某人投保了意外伤害保险,在过马路时被一辆汽车撞倒,撞成骨折,在治疗过程中,因心脏病突发死亡。这里的心脏病就是新介入的独立原因,与车祸没有必然关系,因此,由于其致死的近因是疾病,疾病属于意外伤害保险的除外责任,所以保险人对被保险人的死亡不承担给付保险金责任。

3.多种原因同时并存发生

即损失由多种原因造成。多种原因同时存在,共同作用造成损失。这些原因都对损失起决定性作用,则它们都是近因。保险人是否承担赔付责任,分以下两种情况:

(1)如果这些原因都属于保险风险,则保险人承担赔付责任;相反,如果这些原因都属于除外风险,保险人则不承担赔付责任。

(2)如果这些原因中既有保险风险,也有除外风险,保险人是否承担赔付责任,则要看各原因造成的损失能否区分。对于损失结果可以分别计算的,保险人只负责保险风险所致损失的赔付;对于损失结果难以划分的,保险人一般不予赔付。

例如,某海运公司运输的两批货物,第一批投保了水渍险,第二批投保了水渍险附加淡水雨淋险,两批货物在运输中同时遭海水浸泡和雨淋而受损。显然,两批货物损失的近因都是海水浸泡和雨淋,但对第一批货物而言,由于两种原因导致的损失结果难以分别计算,而其只投保了水渍险,因而得不到保险人的赔偿;而对第二批货物而言,虽然损失的结果也难以分别确认,但由于导致损失的两种原因都属于保险风险,所以保险人应予以赔偿。

四、近因原则的发展

传统因果关系理论主张对因果关系的判定只有两种可能,要么有因果关系,要么没有,不同意有第三种结论。而在实践中,很多损失发生的情况复杂,其原因之间彼此相关,不存在绝对的因果关系,而是分别对最终的损失各起一定的作用。因此,后来有了“比例因果关系”理论,承认某原因对最终损失的发生起一定但不是决定性作用,其对结果的影响可以用百分比来表示。简单说,如果承保风险对损失起40%的作用,那么保险人承担最终损失的40%。这方面运用较为广泛的是日本渡边富雄提出的事故寄予度原则。所谓事故寄予度,是指伤害在伤害结构中的程度。后来若杉长英将“事故寄予度”原则引入到医疗事故的损害赔偿之中,提出了更为实用的“五等级外围的相关判定标准”,即将医疗事故在损害结果中的参与程度划分为以下5个等级:(1)外因直接导致;(2)主要由外因导致;(3)外因和既往疾病共同作用;(4)外因为诱发因素;(5)与外因无关。这个判断标准在实践中有很好的使用价值。

知识链接

近因原则在我国保险中的应用情况

近因原则历史悠久,在各个国家均得到一定的认可。我国保险实践中也都采用近因原则来处理赔案。但我国法律未对近因原则做出明文规定。对于保险公司赔偿责任的认定,我国《保险法》第23条规定,事故发生后:“……对属于保险责任的,在与被保险人或者受益人达成赔偿或者给付保险金的协议后十日内，履行赔偿或者给付保险金义务。”从该条规定中可以看出，我国是以事故发生是否属于保险责任来确定其是否承担赔偿责任的。凡是事故发生属于保险责任的，保险人都要承担赔偿责任。这在一果一因的损失判定中较为容易运用。但对于多种原因造成损失的情况，由于没有明确的法律规定，造成实践中保险赔案判决不统一，容易引起保险理赔案件纠纷，不利于保险业的发展。为此，为了让我国的保险赔案有法可依、有章可循，可从以下几方面进行明确：

一是在立法中补充近因原则的相关规定。在《保险法》等相关法律中明确提出近因原则的概念，并对近因原则如何在保险赔案中运用做出明确规定。

二是在司法解释中做详细阐述。由于近因原则应用的广泛性和复杂性，不宜在相关法律中做出具体规范，而是在司法解释中详细阐明近因原则的具体使用情况。

三是在保单中做出适当的说明。保险人可在格式化的保险合同中明确标明仅在承保风险为近因的条件下才承担保险责任，并对承担风险与除外责任之间的关系也要写明。

课堂讨论

妻子乘坐丈夫驾驶的丰田轿车去百货商场购物，中途不幸被一辆违章行驶的卡车撞伤。妻子头部受到重创，颈椎也受到伤害，神经受损导致长期头痛、失眠健忘、左眼失明、四肢麻木。交警现场勘察认定卡车司机在事故中负完全责任。其后，卡车司机投保的“第三者责任保险”的保险公司向妻子支付了所有的医疗费用以及精神抚慰费。

交通事故发生一年后，因再也无法忍受伤痛后遗症的折磨，妻子留下遗书后服毒自杀。丈夫请求卡车司机和保险公司对妻子的死亡进行损害赔偿，而保险公司以妻子的自杀同交通事故没有直接因果关系为由拒绝赔付。丈夫遂向法院提起诉讼。你认为法院应如何判决？

第四节　损失补偿原则

案例导读

请思考以下三种情况，赵某分别可以获得保险公司多少的赔偿？

1.赵某为自己价值 50 000 元的新车投保了机动车辆损失险，保险金额为 50 000 元。某日发生保险责任范围内的事故造成车辆损坏，支付了修理费用 10 000 元。

2.假设保险金额为 30 000 元，保险事故发生时该车的实际价值为 50 000 元，事故造成车辆完全损毁。

3.假设该车是赵某与钱某共有的车辆，价值 50 000 元，保险金额为 50 000 元。保险事故造成车辆完全损毁。

一、损失补偿原则的含义及意义

（一）损失补偿原则的含义

所谓损失补偿原则，是指事故发生所致被保险人的损失，必须是在保险责任范围内的损失，保险人才承担损失赔偿责任，并且保险公司的赔偿责任以实际损失为限、以保险金额为限、以保险利益为限。具体而言，损失补偿原则的定义包括以下两重含义：

1.补偿以损失为前提

有损失才有补偿，且该损失是保险标的由于保险责任范围内的事故所导致的损失。财产保险具有补偿性质，也就是说保险人只是负责填补损失；如果没有损失，保险人自然不需要赔偿；如果损失是由于除外风险所导致的，保险人也就不需要赔偿。

2.补偿有限额

保险人的赔偿责任有最高限额，不能超过实际损失、保险金额以及保险利益。不能超过实际损失，是指保险人的补偿恰好能使保险标的在经济上恢复到保险事故发生之前的状态，而不能使被保险人获得多于损失的补偿，尤其是不能让被保险人通过保险获得额外的利益。不能超过保险金额，是因为保险金额是保险人承担的最大责任额，保险人所承担的责任（权利）与其从投保人处收取的保费相对应，投保人购买的保险金额越高，保险人承担的责任越大，但不能超过保险金额。不能超过保险利益，是因为按照保险利益原则，被保险人从保险人处获得的赔偿不能超过其保险利益，以防止被保险人因保险而获利。

（二）损失补偿原则的意义

1.坚持损失补偿原则，有利于实现保险的基本职能

损失补偿是保险的基本职能之一，损失补偿原则质的规定和量的限定是保险基本职能的具体反映。也就是说，如果被保险人由于保险事故遭受的经济损失不能得到补偿，就违背了保险的宗旨。对保险人而言，损失补偿原则要求其必须在合同约定条件下承担保险保障的义务，履行保险赔偿责任；对被保险人而言，该原则保证了其正当权益的实现。

2.坚持损失补偿原则，有利于防止被保险人通过保险获取额外利益，从而减少道德风险

损失补偿原则质的规定性在于有损失则赔偿，无损失则不赔偿；其量的规定性使得被保险人因损失所获得的补偿，不能超过其所受到的实际损失，使被保险人只能获得与损失发生前相同经济利益水平的赔偿。因此，该原则可以防止被保险人利用保险而额外获利，有效抑制了道德风险的发生。

二、损失补偿的范围

（一）保险事故发生时，保险标的的实际损失

财产保险中，保险赔偿应以被保险人所遭受的实际损失和保险金额为限，如有分项确定保险金额的，以该分项保险标的的保险金额为限。在实际赔付中，由于财产的价值经常发生变动，所以，在处理赔案时，应以财产损失当时的实际价值或市价为准，按照被保险人的实际损失进行赔付。保险实务中，实际损失的确定有如下方法：

1.依保险标的的市场价格确定实际损失

如果保险标的在事故发生时已经淘汰，则可以比照类似产品的市场价确定。

2.按恢复保险标的原状所需费用确定实际损失

保险标的发生部分损失时，以基本恢复保险标的的原有形态和效用所需费用来确定实际损失。如果保险标的经恢复后与事故发生前的标的相比，性能有提高或降低，则保险赔偿金额应该在实际修复费用的基础上予以相应扣除或追加。

3.以重置成本减折旧确定实际损失

这种方法主要适用于房屋保险、机器保险等，因为此类标的的实际损失难以按市场上同类物品的价格来确定。

4.依被保险人的实际支出费用确定实际损失

主要用于责任保险、信用保证保险，是指扣除下列费用的支出：刑事罚金、行政罚款、被保险人因为法律规定或与他人约定而支付的费用(除非保险合同有约定)、被保险人没有法律或合同义务而自愿支付的费用。

知识链接

实际价值、市价和重置价值的区别

实际价值和市价，前者说明其自身价值含量，后者是实际价值的价格体现，但考虑到市场化程度越高，市价对实际价格的体现越真实这一因素，大多数情况下实际价值和市价二者等同。而实际价值和重置价值的区别就在于“崭新”二字。这里举一个简单的例子来说明重置价值和实际价值或市价的区别。某设备购买时花费了 80 万元，三年后，这套已经陈旧的设备实际市场价值只有 40 万元，而新购置一台同类型设备需要 100 万元，这里 100 万元是重置价值，40 万元是实际价值或市价，80 万元是原值。

(二)必要的合理费用

必要的合理费用是指保险事故发生后，被保险人为防止或减少保险标的的损失所支付的必要的、合理的费用和有关诉讼支出。被保险人通过采取措施来减少损失，实质减少了保险人的赔偿额，维护的是保险人的利益，因此，合理的施救费用由保险人来承担。应该注意的是，保险标的本身的损失应与费用的支出分别计算，费用支出的最高赔偿额同样不能超过保险金额。

三、保险赔偿方式

保险人的赔偿责任以实际损失、保险金额、保险利益为限，但不能简单理解为保险人的赔偿额就是三者中最小的一个。保险赔偿额的计算，有比例赔偿方式、第一危险责任赔偿方式、限额赔偿方式和免责限度赔偿方式四种。

(一)比例赔偿方式

1.不考虑施救费用下比例赔偿方式

计算公式如下：

$$赔偿金额=损失金额\times\frac{保险金额}{保险价值}$$

$$或者赔偿金额=保险金额\times\frac{损失金额}{保险价值}$$

其中,“损失金额”指保险标的的实际损失额;“保险价值”可以是事故发生时保险标的的实际价值(不定值保险),也可以是保险合同双方签订合同时约定好的价值(定值保险);“保险金额/保险价值”称为承保比例;“损失金额/保险价值”称为损失比例。

第一个公式中的承保比例应该小于等于1。根据承保比例的不同,可以把相应的保险称为不足额保险,足额保险和超额保险。其中,不足额保险、足额保险和超额保险是指承保比例分别是小于1、等于1和大于1的保险。

2.考虑施救费用下的比例赔偿方式

施救费用与保险标的的损失赔偿要分开计算,所以考虑施救费用赔偿情况下的比例赔偿方式为:

$$赔偿金额=损失金额\times\frac{保险金额}{保险价值}+施救费用\times\frac{保险金额}{保险价值}$$

例如,某企业将价值1 000万元的机器设备投保了企业财产保险,保险金额为400万元。保险期限内,保险事故发生导致标的遭受了100万元的损失,同时因为抢救保险标的发生了4万元的施救费用,发生事故时标的的实际价值为800万元,则保险公司的赔偿额为:

$$赔偿额=100\times\frac{400}{800}+4\times\frac{400}{800}=52\ 万元$$

(二)第一危险赔偿方式

也称第一损失补偿方式,指在发生保险责任范围内的损失时,不论是否足额保险,保险人按实际损失赔偿,而不是按责任比例分摊损失,但最高赔偿金额不得超过保险金额。这种赔偿方式实际上是把保险标的的损失分为两部分:保险金额内的损失为第一部分,这部分全部由保险人负责赔偿;超出保险金额的损失为第二部分,这部分由被保险人自行承担。如投保家电,保额5 000元。出险后,实际损失2 000元,保险人赔偿2 000元;若实际损失为8 000元,则保险人的最高赔偿额为保额5 000元。

第一危险赔偿方式在实践中很少采用,在我国,主要在家庭财产保险中对室内财产的损失采取第一危险赔偿方式。

课堂讨论

为什么家庭财产保险对室内财产的损失采取第一危险赔偿方式?

(三)限额赔偿方式

又称固定责任赔偿,指保险人只承担事先约定的损失额以内的赔偿,超过损失额部分,保险人不负赔偿责任。这种赔偿方法多应用于农业保险中的种植业与养殖业保险。如农作物收获保险,保险人与投保人事先按照正常年景的平均收获量约定为保险人保障的限额,当实际收获量低于约定的保险产量时,保险人赔偿其差额;当实际产量已达到保险产量时，即使发生保险责任事故，保险人也不负赔偿责任。用公式表示为：

赔偿金额＝限额－实际收获价值

（四）免责限度赔偿方式

免责限度赔偿，也叫免赔额（率）赔偿，指保险人对免赔额（率）以内的损失不予负责，而仅在损失超过免赔额（率）时才承担责任。免赔额（率）赔偿方法又分为相对免赔和绝对免赔两种赔偿方式。两种方式比较见表 4-1。

表 4-1　相对免赔与绝对免赔之比较

	相对免赔	绝对免赔
损失额≤免赔额 损失率≤免赔率	不赔偿	不赔偿
损失额＞免赔额 损失率＞免赔率	以全部损失额来计算赔偿	以超出免赔额（率）的部分来计算赔偿

其中损失率就是损失比例，等于损失金额/保险价值。从上表中可以看出，如果损失额（损失率）小于等于免赔额（率），保险公司不负赔偿责任。之所以这样规定，是因为小额的损失被保险人完全可以自己承担，同时也避免了保险公司花费大量的成本去处理小额的理赔，这对双方都是有利的。另外要注意的是，当损失额大于免赔额，不能简单地理解为赔偿额等于损失额（相对免赔方式）或赔偿额等于损失额减去免赔额（绝对免赔方式下），而是以其损失额（相对免赔方式）或损失额减去免赔额（绝对免赔方式下）来作为计算的基础，必须同时考虑到是比例赔偿方式还是第一危险赔偿方式，是足额保险还是不足额保险。在比例赔偿方式的前提下，相对免赔和绝对免赔的计算公式如表 4-2 所示。

表 4-2　相对免赔计算公式和绝对免赔计算公式

	相对免赔	绝对免赔
损失额≤免赔额	不赔偿	不赔偿
损失率≤免赔率	不赔偿	不赔偿
损失额＞免赔额	$损失金额\times\frac{保险金额}{保险价值}$	$(损失金额-免赔额)\times\frac{保险金额}{保险价值}$
损失率＞免赔率	$损失率\times保险金额$ $=损失金额\times\frac{保险金额}{保险价值}$	$(损失率-免赔率)\times保险金额$

四、损失补偿的例外

（一）定值保险

定值保险中保险价值由投保人和保险人约定并在合同中载明。保险实务中双方根据约定的保险价值确定保险金额。当保险事故发生时，不论保险标的的实际价值如何，均按照损失程度足额赔偿。其计算公式为：

赔偿额＝保险金额×损失比例

在定值保险的赔偿中，有可能出现赔偿额大于保险价值的情况，因此定值保险被认为是保险补偿原则的例外。

（二）重置价值保险

重置价值保险，又称重置成本保险、复旧保险或恢复保险，是按照重置成本确定损失额的保险。由于这种保险在确定损失后的赔付时不扣除折旧，而按重置成本确定损失额，所以，对于损失补偿原则而言，也是一种例外。

（三）人身保险

人身保险是由投保人与保险人互相约定保险金额，并按照约定的保险金额给付的保险。人的生命是难以用货币衡量的，人身保险中的保险金额是由投保人或被保险人自行确定的，而且当发生保险事故时，倘若其持有多份保单，被保险人或受益人可获得多重给付。因此，损失补偿原则对于人身保险也是一种例外，但人身保险中的医疗费用保险仍然适用损失补偿原则。

第五节 重复保险分摊原则

案例导读

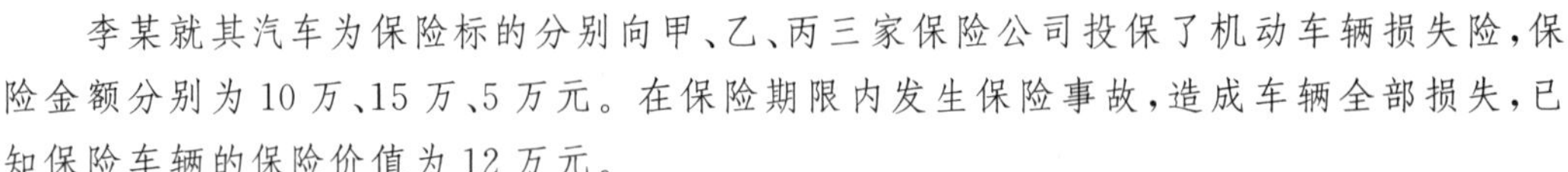

李某就其汽车为保险标的分别向甲、乙、丙三家保险公司投保了机动车辆损失险，保险金额分别为 10 万、15 万、5 万元。在保险期限内发生保险事故，造成车辆全部损失，已知保险车辆的保险价值为 12 万元。

问：三家保险公司都要赔偿吗？如果要，各赔偿多少？是否违反损失补偿原则？

一、重复保险赔偿分摊原则的内容

重复保险指投保人就同一保险标的、同一保险利益、同一保险事故分别向两个或两个以上的保险人订立保险合同，且保险金额总和超过保险价值的保险。重复保险分摊原则是指在重复保险情况下，被保险人获得的赔偿金由各保险人采用适当的方法进行分摊，从而所得的总赔偿金额不得超过实际损失额。重复保险分摊原则是损失补偿原则的派生原则。重复保险分摊原则之所以要求各家保险公司在实际损失范围内分摊，意义在于：

1.有利于确保保险补偿原则的顺利实现。在重复保险的情况下，保险事故发生后，若被保险人就同一损失向不同的保险人索赔，就有可能获得超额赔款，这显然是违背损失补偿原则的。因此，确立重复保险的分摊原则可以防止被保险人利用重复保险在保险人之间进行多次索赔，获得多于实际损失额的赔偿金，从而确保了损失补偿原则的顺利实现。

2.有利于维护社会公开、公正和公平原则。在重复保险的情况下，坚持被保险人的损失在保险人之间进行分摊，必须公开多个保险人就同一危险所承保的份额及其所收取的保费，合理负担相应的保险赔偿责任，从而维护社会公开、公正和公平原则。

二、重复保险的产生原因

按照重复保险分摊原则，既然重复保险不会给被保险人带来额外的赔偿，那为什么投保人还要向多家保险公司投保，构成重复保险呢？原因有三：

1.投保人的疏忽。比如某企业给每位员工购买了家庭财产保险。企业的员工自己又以相同的家庭财产向保险公司购买了家庭财产保险，这就有可能构成重复保险。

2.追求更大安全感。投保人出于对保险的不熟悉，认为保的越多，赔偿额也就越高，获得的保障越足。

3.企图谋取超额赔款。投保人主观上出于恶意，故意从多家保险公司分别购买保险，同时对保险公司隐瞒已经在其他保险公司购买保险的事实，企图谋取超出其实际损失的赔款。

知识链接 

重复保险与共同保险的区别

重复保险分摊的前提是重复保险，如果是共同保险，就不能采取重复保险的分摊方式。那么，重复保险与共同保险有什么不同呢？

1.前者存在多份保险合同，后者只有一份。重复保险是分别向两个或两个以上的保险人订立保险合同，保险合同有多份。但共同保险是多家保险公司同时作为一份保险合同中的保险人来进行承保，保险合同只有一份。

2.前者所有保险合同的保险金额相加超过了保险标的的价值，而后者一般不会。按照重复保险的定义，各家保险公司的保险金额总和会超过保险价值。而共同保险一般不会出现这种情况，否则就构成了超额保险。

3.前者是恶意或无心造成，后者是有意为之。重复保险的出现一般是由于投保人的疏忽大意或者恶意为之，而共同保险的出现是投保人和各家保险公司协商一致的结果。

三、重复保险的分摊方式

在重复保险情况下，保险人如何分摊损失后的赔款，各国做法有所不同。其主要分摊方法有：

（一）比例责任制

比例责任制又称保险金额比例分摊制，该分摊方法是将各保险人所承保的保险金额进行加总，然后按各保险人的保险金额分别占保险金额总和的比例来分摊损失金额。公式为：

$$\text{某保险人承担的赔偿额}=\text{损失额}\times\frac{\text{该保险人的保险金额}}{\text{所有保险人的保险金额总和}}$$

我们以这节开始的案例为例，甲乙丙三家保险人的承保保险金额之和＝10＋15＋5＝

30 万元，所以，各家保险公司的赔偿额分别为：

$$甲=12\times\frac{10}{30}=4\ 万元$$

$$乙=12\times\frac{15}{30}=6\ 万元$$

$$丙=12\times\frac{5}{30}=2\ 万元$$

（二）限额责任制

限额责任制又称赔款额比例责任制，即保险人分摊赔款额不以保额为基础，而是按照在无他保的情况下各自单独应负的赔偿责任进行比例分摊赔款。该分摊方式的计算分为两步，第一步，先计算出各家保险公司在没有他保情况下的赔偿额。第二步，把上述第一步计算出的各家保险公司的赔偿额进行加总，按照各家保险公司单独应负的赔偿额占赔偿金额总和的比例来进行分摊。公式为：

$$某保险人承担的赔偿额=损失额\times\frac{该保险人单独承保下的赔偿额}{所有保险人单独承保下的赔偿额总和}$$

仍以上题为例，

第一步，先计算出甲乙丙三家保险公司单独承保的情况下的赔偿金额：

甲＝10 万元　乙＝12 万元　丙＝5 万元　甲＋乙＋丙＝27 万元

第二步，按比例进行分摊，各家保险公司的分摊额为：

$$甲=12\times\frac{10}{27}=4.44\ 万元$$

$$乙=12\times\frac{12}{27}=5.33\ 万元$$

$$丙=12\times\frac{5}{27}=2.22\ 万元$$

（三）顺序责任制

顺序责任制中，各保险人所负责任依签订保单顺序而定，由其中先订立保单的保险人首先负责赔偿，当不足赔偿时再由其他保险人依次承担不足的部分。

以上题为例，假使出单顺序是甲、乙、丙。则：首先，甲在其限度内赔偿 10 万，由于还有 12－10＝2 万未赔偿，由乙赔偿，乙的赔偿限度为 12 万，因此，乙赔 2 万。至此，所有损失已经得到赔偿，丙不需要赔偿。

顺序责任制对有的保险人有失公平，因而各国实务中已不采用该法，多采用前两种分摊方法。根据我国《保险法》第 56 条规定："除合同另有约定外，各保险人按照其保险金额与保险金额总和的比例承担赔偿责任。"可见，我国一般采用比例责任制的分摊方法。

知识链接

人身保险适用重复保险分摊原则吗?

按照保险学原理,损失补偿原则主要适用于财产保险等补偿性保险合同,对于人身保险等给付性保险合同是不适用的,原因是人身保险的保险标的是无法估价的人的生命或身体机能,其保险利益无法估价。作为损失补偿原则派生出来的重复保险分摊原则,自然也不能适用于人身保险,按照我国《保险法》的规定,重复保险条款只出现在"财产保险合同"部分,也说明了人身保险不适用重复保险分摊原则。但是,不是所有的人身保险都是给付性质的,部分健康保险和意外伤害保险对住院费、手术费、医药费等医疗费用进行赔偿,其具有补偿性质,因此,有人认为这部分具有补偿性质的健康险或意外险适用重复保险分摊原则。在实务中,保险公司对多家保险公司共同承保同一被保险人的健康险或意外险赔偿采取的做法是,首先接到被保险人索赔的保险公司根据被保险人实际发生的医疗费用支出,按照保险合同约定的给付标准计算给付数额,给付金额不能超过实际发生的医疗费用金额;如果第一家保险公司赔偿后,医疗费用没有全部得到赔偿,则剩下的由第二家保险公司进行赔偿。

第六节　保险代位原则

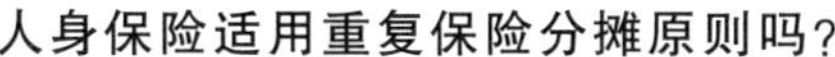

案例导读

甲企业以其财产向乙保险公司足额投保了企业财产险。保险期间内的某日,与甲相邻的丙企业由于生产过程中操作不当,引发爆炸事故,波及了甲企业,造成甲企业9万元的损失。最后事故认定为丙企业的责任,甲企业的损失由丙负责。

请思考:保险公司该向甲赔偿吗?丙该对甲的损失负责吗?甲能同时从乙和丙得到赔偿吗?如果不能,那该谁负责赔偿?

一、保险代位原则的含义与意义

代位即取代他人的某种地位,保险代位指的是保险人取代投保人获得对第三者的求偿权(又称"追偿权")或取得标的的所有权。

保险代位原则是指保险人依照法律或保险合同约定,对被保险人所遭受的损失进行赔偿后,依法取得向对财产损失负有责任的第三者进行求偿(或追偿)的权利或取得对保险标的的所有权。这里的代位权包括两类:代位追偿权(权利代位)和物上代位权。保险代位原则也是损失补偿原则的派生原则。保险代位原则的意义在于:

（一）防止被保险人因同一损失获取不当利益

当保险标的发生的损害是由第三者的疏忽、过失或故意行为所造成，且该种损害的原因又属保险责任时，被保险人既可以依据民法向造成损害的第三者要求赔偿，也可以依据保险合同向保险人请求赔偿。这样，被保险人就会因同一损失而获得超过标的实际损失额的赔款，从而获得额外利益。同理，当保险标的发生保险事故而致实际全损或推定全损时，在保险人全额赔付情况下，被保险人将标的的损余物资价值进行回收处理后，最终所得款额亦将超过其所遭受的实际损失额。这既违背了损失补偿原则，又违背了保险的宗旨，不利于保险及社会的健康发展。代位原则的规定，目的就在于严格遵守损失补偿原则，防止被保险人获得额外利益。

（二）维护社会公共安全，保障公民、法人的合法权益不受侵害

社会公共安全在法律上要求肇事者对其因疏忽、过失所造成的损失承担经济赔偿责任。如果被保险人因从保险人处获得赔偿而不追究责任者的经济赔偿责任，就会使肇事责任者逍遥法外，有违社会公平，而且也容易助长他人肇事行为的发生，干扰社会秩序。

（三）有利于被保险人及时获得经济补偿，尽快恢复生产，安定生活

保险事故发生后，如果肇事责任者限于经济条件而无力承担被保险人的经济赔偿责任时，将会直接影响被保险人正常的生产和生活。而按照保险代位原则，保险人先向被保险人支付赔款，有利于被保险人及时获得经济补偿，尽快恢复生产，安定生活。从另一方面说，被保险人向保险人请求赔偿也是保险合同赋予其的最基本权利。

二、代位求偿权

代位求偿权（又称“代位追偿权”）是指当保险标的因遭受保险事故而造成损失，依法应当由第三者承担赔偿责任时，保险人自支付保险赔偿金之日起，在赔偿金额的限度内，相应取得向对此损失负有责任的第三者请求赔偿的权利。以本节案例导读为例，保险人、被保险人与第三者的关系如图 4-1 所示。

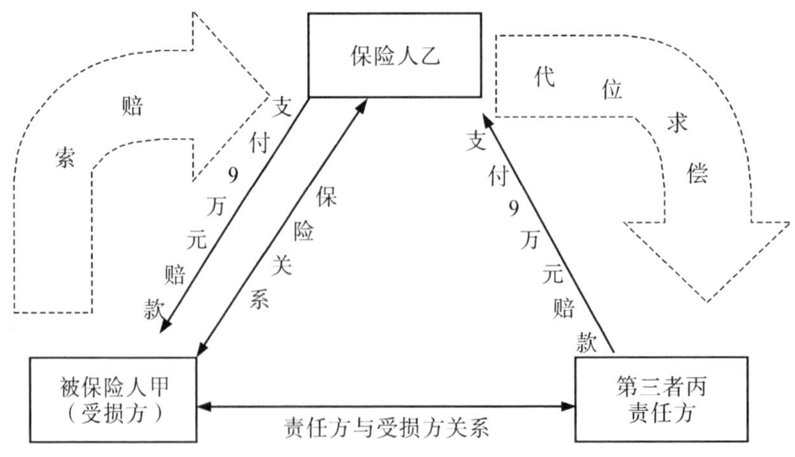

图 4-1　代位求偿权中各方关系图

（一）行使代位求偿权的前提条件

代位求偿权是债权的代位，即保险人拥有代替被保险人向责任方请求赔偿的权利。保险人行使代位求偿权，需要同时具备以下三个前提条件：

1.保险标的损失的原因是保险事故，同时又是由于第三者的行为所致

这样被保险人对保险人和第三者同时存在赔偿请求权，他既可以依据保险合同向保险人要求赔偿，也可以依据法律向第三者要求赔偿。

2.被保险人未放弃向第三者的赔偿请求权

如果被保险人放弃了对第三者请求赔偿的权利，则保险人在赔偿被保险人的损失之后就无权行使代位求偿权。

3.保险人取得代位求偿权是按照保险合同履行了赔偿责任之后

代位求偿权是债权的转移，在此项债权转移之前，被保险人与第三者之间特定的债的关系与保险人无关。保险人只有按照保险合同的规定向被保险人赔付保险金之后，才依法取得对第三者请求赔偿的权利。

这里要注意的是，保险人取得代位求偿权不需要征得被保险人的同意，只要其按照保险合同履行了赔偿责任，就自动获得了代位求偿权。代位求偿权的取得是基于《保险法》的规定，而不是基于保险合同的约定或双方的协商。《保险法》第 60 条第一款规定："因第三者对保险标的的损害而造成保险事故的，保险人自向被保险人赔偿保险金之日起，在赔偿金额范围内代位行使被保险人对第三者请求赔偿的权利。"在实践中，保险人为了更好地向第三者进行追偿，往往要求被保险人签署权益转移证书，该权益转移证书仅是取得代位求偿权的证明，而非要件。

（二）代位求偿权的实施对保险双方的要求

1.对保险人的要求

(1)保险人行使代位求偿权的权限只能限制在赔偿金额范围以内。即如果保险人向第三者追偿到的款额小于或等于赔付给被保险人的款额，那么追偿到的款额归保险人所有；如果追偿所得的款额大于赔付给被保险人的款额，其超过部分应归还给被保险人所有。

(2)保险人不得干预被保险人就未取得保险赔偿的部分向第三者请求赔偿。《保险法》第 60 条第三款规定："保险人依照本条第一款行使代位请求赔偿的权利，不影响被保险人就未取得赔偿的部分向第三者请求赔偿的权利。"

(3)保险人为满足被保险人的特殊需要或者在法律的费用超过可能获得的赔偿额时，也会放弃代位求偿权。

(4)保险人既可以以自身的名义向第三者求偿，也可以以被保险人的名义。习惯上，为了更好地向第三者追偿，通常保险人以被保险人的名义行使代位求偿权。

2.对被保险人的要求

对被保险人的主要要求是不能损害保险人的代位求偿权并要协助保险人行使代位求偿权。具体如下：

(1)如果被保险人在获得保险人赔偿之前放弃了向第三者请求赔偿的权利，那么，就意味着他放弃了向保险人索赔的权利。或者说其损害了保险人的代位求偿权，将不能得到保险人的赔偿。

(2)如果被保险人在获得保险人赔偿之后未经保险人同意而放弃对第三者请求赔偿的权利,该行为无效。因为自被保险人获得保险人赔偿的那一刻,求偿权已经转移到保险人处,被保险人无法放弃不属于自己的求偿权。

(3)如果发生事故后,被保险人已经从第三者取得赔偿或者由于过错致使保险人不能行使代位求偿权,保险人可以相应扣减保险赔偿金。

(4)在保险人向第三者行使代位求偿权时,被保险人应当积极配合,向保险人提供必要的文件和其所知道的有关情况。

3.代位求偿原则的行使对象

根据代位求偿权的一般原理,任何对保险标的的损失负有赔偿责任的第三者都可以成为代位求偿权的行使对象。但是,在实践中,各国立法都规定保险人不得对被保险人及其一定范围的亲属或雇员行使代位求偿权,除非保险事故是由上述人员故意造成的。因为,如果允许对上述对象行使代位求偿权,被保险人就得不到实际补偿,保险也就失去了意义。《保险法》第 62 条规定,除被保险人的家庭成员或者其组成人员故意造成本法第 60 条第一款规定的保险事故外,保险人不得对被保险人的家庭成员或者其组成人员行使代位请求赔偿的权利。显然,我国保险法规定的代位求偿权的限制对象为“被保险人的家庭成员及其组成人员”。

4.代位求偿权的行使范围

代位求偿权一般不适用于人身保险。人身保险的标的是人的寿命或身体,与财产的性质不同,其价值难以估量,因而不会发生多重获益的问题。所以,如果被保险人在保险事故中致残或身亡,既可获得保险金,也可获得肇事的第三者的赔偿。《保险法》第 46 条规定(人身保险合同部分):“被保险人因第三者的行为而发生死亡、伤残或者疾病等保险事故的,保险人向被保险人或者受益人给付保险金后,不享有向第三者追偿的权利,但被保险人或者受益人仍有权向第三者请求赔偿。”

知识链接

健康险和意外伤害保险中的医疗费用部分是否适用代位求偿权?

根据我国《保险法》规定,代位求偿权不适用于人身保险。但是健康险和意外伤害保险中的医疗费用部分,因其本身具有的独特性质——兼具人身保险和财产保险的双重特性,使其能否适用代位求偿权在理论界和实务界都引起了很大的争议。有观点认为其可以适用代位求偿原则。因为在医疗保险中,保险人赔付的医疗费用保险金应属于对被保险人支出医疗费用的补偿,不仅有价值,而且还是可以确定的,因而,保险人对于因第三者责任而支付的保险金可以进行追偿。但是,从管理层到法律界,目前都没有对此做出详细明确而具有法律依据的划分。对于医疗费用保险是否适用代位追偿原则也没有明确的界定,在归类中仍处于真空地带,导致各方没有明确的依据。在实际操作中,各方意见经常出现明显的分歧,经常产生纠纷和诉讼,而司法部门也因为缺乏统一的依据而时常做出众多不一致的判决。

在实务中,保险人往往在保险合同中规定类似“被保险人、受益人自侵权人处获得赔偿后不再享有保险金给付请求权"的条款，这类条款事实上排除了被保险人或受益人同时从保险人和第三者处获得双份赔偿的可能，有观点认为该条款免除了保险人的法定责任，应为无效。也有观点认为，法律未明确规定被保险人自第三人处获赔后仍有权请求保险金，因此，此类条款并未违反法律规定，如果保险人对于该条款已尽到说明义务，且投保人未表示反对的，应认可该类约定的效力。

三、物上代位权

物上代位权是指保险标的因遭受保险事故而发生全损时，保险人在全额支付保险赔偿金之后，依法拥有对该保险标的物的所有权，即代位取得受损保险标的物上的一切权利。我国《保险法》第 59 条规定："保险事故发生后，保险人已支付了全部保险金额，并且保险金额等于保险价值的，受损保险标的的全部权利归于保险人；保险金额低于保险价值的，保险人按照保险金额与保险价值的比例取得受损保险标的的部分权利。"在实务中，物上代位权的取得一般是通过委付实现的。

（一）委付的概念和条件

委付指保险标的处于推定全损状态时，被保险人将其所有权及派生的一切权利和义务转移给保险人，而请求支付全部保险金额。主要适用于船舶保险和货物运输保险等业务。

被保险人向保险人提出委付必须具备以下四个条件：

1.委付必须以保险标的推定全损为条件

被保险人把保险标的委付给保险人，当保险人接受委付后，被保险人就能得到全部保险金额的赔偿。推定全损是指标的发生保险事故后，实际全损已经不可避免，或者为避免发生实际全损所需支付的费用超过保险价值的，可以认定为推定全损。

2.委付具有不可分性

委付应就保险标的物的全部提出请求，而不能仅就标的物的一部分请求委付，另一部分标的物不委付。因为委付是以推定全损为前提。

3.委付不得附带任何条件

委付一经保险人接受，不得撤回。如船触礁倾斜后，被保险人在提出委付的同时又附上条件：日后船若能修复，愿返还受领的保险金而要求返还船舶，这是不允许的。一般说来，保险人在接受委付前，都要事先加以慎重调查了解，查明损失是否在保险责任以内，是否有扩大或超过赔偿的可能，以及是否存在对第三者的责任，如清除航道的责任等。

4.委付须经保险人同意

保险人对被保险人提出的委付请求，可以接受，也可以拒绝。保险人接受委付请求，可先取得标的物的物权，然后赔付全部保险金额。如果保险人拒绝委付不影响被保险人的索赔权利。

（二）委付的效力

委付一经依法成立，就不能撤回，对保险人和被保险人都产生法律约束：首先，被保险人在委付成立时，有权要求保险人按照保险合同约定的保险金额向其进行全额赔偿；其次，保险标的物自发生委付的原因出现之日起即转移，而非自保险人接受委付或进行委付之日起转移；最后，保险委付成立以后，保险人对保险标的物的全部权利和义务同时接受。

（三）委付与代位求偿的区别

1.代位求偿只是一种纯粹的追偿权，取得这种权利的保险人无须承担其他义务；而保险人接收委付时，既取得了保险标的的所有权，也要承担该标的产生的义务。

2.保险人得到的权利不同。在代位求偿中，保险人最多只能享有保险赔偿金额范围内的权利；而在委付中，保险人则可享有该项标的的一切权利，保险人可以接收大于其赔偿金额的利益。

3.代位求偿存在三方当事人，并且其保险事故是由第三者引起；而委付仅存在两方当事人，其损失原因属于保险事故即可。

4.代位求偿适用保险标的的全部损失和部分损失；而委付只适用保险标的的推定全损。

课堂讨论

代位求偿权的损害怎么处理？

某居民张某楼上住户李某忘了关自来水，水流外溢，殃及张某家，并造成地板、电器等损失近万元，经双方协商，李某赔偿张某 5 000 元了事，并立下书面协议。事后，张某的妻子了解到张某的单位为每位职工投保了家庭财产险。于是，张某向保险公司索赔。保险公司接到报案后，由于现场已被破坏，给定损造成了很大的困难。最后根据实际损失情况，决定赔付 8 000 元结案。并要求张某签署权益转让书。张某签字后，保险公司找到李某，李某认为已经赔付张某 5 000 元，并已立下协议，不再承担赔偿义务。而张某认为自己的损失超过一万元，保险公司和李某的赔款自己均应该得到。于是，三方闹到了法院。请问，假如你是法官，将如何判决并说明理由。

本章小结

1.最大诚信原则

最大诚信原则是保险合同当事人在订立合同以及在合同有效期内，应依法向对方提供影响对方决定是否缔约及缔约条件的全部实质性重要事实，同时，绝对信守合同订立的约定与承诺。否则，受到损害的一方可以以此为理由宣布合同无效或不履行合同的约定义务或责任，还可以对因此而受到的损失要求对方予以赔偿。

最大诚信原则的内容主要包括告知与说明、保证、弃权与禁止反言。

2.保险利益原则

保险利益原则是指在订立和履行保险合同的过程中，投保人或被保险人对保险标的必须具有保险利益，如果投保人对保险标的不具有保险利益，签订的保险合同无效；或者保险合同生效后，如果投保人或被保险人失去了对保险标的的保险利益，保险合同随之失效(人身保险合同除外)。

保险利益由三方面构成:保险利益必须是合法的利益、必须是经济利益、必须是确定的利益。

保险利益在保险期间内可能会发生变动,对此,财产保险和人身保险对保险利益时效的规定是不一样的。

3.近因原则

近因是造成保险标的损失的最直接、最有效、起决定性作用的原因,而不是指在时间上最接近损失的原因。

确定近因的最基本的方法有两个:一是顺推法,从最初事件出发,按逻辑推理,判断下一事件;二是逆推法,从损失开始,向前追溯。

4.损失补偿原则

损失补偿原则是指保险事故发生使被保险人遭受损失时,保险人必须在保险责任范围内对被保险人所受损失进行补偿。通过补偿,使被保险人的保险标的在经济上恢复到受损前的状态,不允许被保险人因损失而获得额外的利益。

保险人履行损失补偿原则时通常以实际损失、保险金额和保险利益额度作为限制。

损失补偿原则的实现方式通常有现金赔付、修理、更换、重置几种方式。

损失赔偿方法通常有比例赔偿法、第一危险责任赔偿法、限额责任赔偿方法、免赔额(率)赔偿方法。

损失补偿原则对定值保险、重置价值保险和人身保险例外。

5.重复保险分摊原则和代位追偿原则

代位追偿及重复保险分摊原则是损失补偿原则的派生原则。代位追偿原则是指保险人依照法律或保险合同约定,对被保险人所遭受的损失进行赔偿后,依法取得向对财产损失负有责任的第三者进行求偿(或追偿)的权利或取得对保险标的的所有权,包括权利代位和物上代位权。

重复保险分摊原则是指在重复保险情况下,当发生保险事故时,各保险人采用适当的方法分配赔偿责任,使被保险人既能得到充分的补偿,又不会超过实际损失而获得额外的利益。

复习思考题

一、名词解释

保险利益原则;最大诚信原则;近因;代位求偿;物上代位;重复保险。

二、单选题

1.以下关于保险活动中最大诚信原则的陈述中,正确的是(　　)。

A.最大诚信原则是对投保方的要求

B.保险人的说明义务不属于最大诚信原则的体现

C.投保人最大诚信的体现主要是如实告知

D.我国保险法没有关于弃权规则的任何规定

2.保险利益应为确定的利益，其含义是指此种经济利益是(　　)。

A.现有利益　　B.期待利益

C.现有利益和期待利益　　D.任何经济利益

3.人身保险的投保人在(　　)时，必须对保险标的具有保险利益。

A.确定保险金额　　B.投保　　C.保险事故发生　　D.请求保险金给付

4.我国的保险立法采用(　　)的形式要求保险人履行告知义务。

A.无限告知　　B.询问回答告知　　C.明确列明　　D.明确说明

5.我国《保险法》规定，在重复保险中，各保险人之间采用(　　)作为分摊赔款的计算基础。

A.比例责任制　　B.限额责任制　　C.顺序责任制　　D.均摊损失责任制

三、多项题

1.下列原则中，不适用于人身保险合同的是(　　)。

A.保险利益原则　　B.损失补偿原则

C.最大诚信原则　　D.近因原则

E.保险代位原则　　F.重复保险分摊原则

2.(　　)是投保方履行告知义务时应告知的内容。

A.合同订立时告知重要事实　　B.合同订立后通知危险增加的情况

C.事故发生后及时通知　　D.通知有关重复保险的情况

E.通知有关保险标的转让的情况

3.在我国，法律上承认投保人对人身保险合同的被保险人有保险利益的人员有(　　)。

A.本人

B.配偶、父母、子女

C.家庭其他成员

D.被保险人同意的为其订立人身保险合同的

4.下列有关代位求偿权的说法错误的是(　　)。

A.被保险人有权就未取得保险人赔偿的部分向第三者请求赔偿

B.适用于财产保险和人身保险

C.保险人依代位求偿权取得第三人的赔偿金额超过保险人的赔偿金额，超过部分应归保险人所有

D.如果因被保险人的过错影响了保险人代位求偿权的行使，保险人可扣减相应的保险赔偿金

E.在任何情况下，保险人不得对被保险人的家庭成员或者其组成人员行使代位求偿仅

5.下列有关损失补偿原则的说法正确的是(　　)。

A.补偿是对保险责任范围内的损失进行补偿

B.补偿以实际损失为限

C.补偿以保险金额为限

D.补偿以保险利益为限

E.被保险人不能从保险补偿中额外获利

四、案例分析

1.何某(男)与林某(女)自小青梅竹马,成年后情深意笃,但由于两家有矛盾,双方家长均坚决反对这门亲事。2009 年 4 月,何、林二人双双南下广东某市打工,为相互照应及生活方便,两人租用民房并以夫妻名义同居生活,一年后生育一女孩。2012 年 4 月,一保险营销员到何某工作单位推销人寿保险,何某以自己为投保人给自己和林某各买了一份人寿保险,死亡保额均为十万元,受益人为双方所生女孩。其时,林某因出差在外并不知情。不久后,林某因车祸意外死亡。何某向保险公司提出索赔,保险公司调查后拒赔。何某不服,遂向法院提起诉讼。

问:(1)本案中何某对林某是否具有保险利益,保险合同是否有效?

(2)保险公司是否应该承担给付保险金的责任?

2.A 银行向 B 企业发放抵押贷款 50 万元,抵押品为价值 100 万元的机器设备,然后银行以机器设备为标的投保火险一年,保单有效期为 2012 年 1 月 1 日至该年 12 月 31 日。银行于 2012 年 3 月 1 日收回抵押贷款 20 万元。此机器于 2012 年 10 月 1 日全部毁于一场大火。

问:(1)银行在投保时向保险公司应该投保多少金额?

(2)若银行足额投保,则保险事故发生时可向保险公司索赔多少保险赔款?

3.某公司通过铁路向黑龙江运输了一车皮红橘共计 1 500 篓。到达目的地后发现车皮左侧有一破口,有明显撬痕。后调查表明:红橘被盗 85 篓,另外有 250 篓被冻坏。

问:(1)红橘被盗 85 篓,被冻坏 250 篓的近因分别是什么?

(2)如果该公司承保了货物运输综合险,保险公司对上述两项损失该不该赔?(货物运输险的保险责任包括盗窃,不包括天气寒冷)

4.郑先生的儿子郑笑笑正在上小学。学校为学生集体投保了学生平安保险附加意外伤害医疗保险。2012 年 5 月 12 日下午,郑笑笑在学校操场上活动,被另一个学生抛来的石子击中右眼,马上送医院抢救。医院多方救治,无奈眼球已经被打坏,最后只能将眼球摘除。保险公司根据合同,支付了保险金和医疗费。有人说,还应该找肇事的孩子家长,要求其赔偿损失。有人说,保险公司已经赔偿了,不能也没有权利再要求事故责任方进行赔偿。于是郑先生于 2013 年 6 月 1 日,请教律师,计划起诉。如果你是法官,如何判案?

第5章 人身保险

学习目标

通过本章的学习，学生应了解并掌握人身保险的基本内容；掌握人寿保险、健康保险、人身意外伤害保险的特点与保险责任，熟悉人身保险的常用条款；能熟练运用本章知识分析实际问题；树立正确的人身保险意识和保险理念，提高人身保险的知识素养。

学习要点

人身保险的概念、特征及主要险种；人寿保险的种类与主要内容；意外伤害保险的主要内容；健康保险的主要内容。

案例导读

2005年11月，投保人张先生为其儿子投保中国人寿康宁终身保险5万元、国寿康恒重大疾病保险10万，投保年龄60天。2007年7月，被保险人因感冒被送往宝安区妇幼保健院治疗，血生化检查显示淋巴细胞不规则异型，后转入深圳市儿童医院住院治疗，出院诊断为急性淋巴细胞性白血病。经调查，情况属实。根据条款规定，保险公司向被保险人的监护人给付重大疾病保险金合计20万元，康宁终身寿险免交以后各期保费，保险合同继续有效，国寿康恒重大疾病保险合同终止。

通过这个案例，分析人在一生中会遇到哪些风险？应如何规避风险？

第一节 人身保险概述

一、人身保险的概念及特征

（一）人身保险的概念

人身保险是以人的生命或身体为保险标的的一种保险。人身风险的客观存在是人身保险产生、发展的前提。人身风险包括生、老、病、死、伤、残等，因此人身保险的保险责任包括死亡、伤残、疾病、年老等，当被保险人在合同期限内遭受不幸事故或因疾病、年老以致丧失工作能力、伤残、死亡或达到合约年龄时，根据合同条款的规定，由保险人承担赔偿或给付保险金或年金的责任。

从其发展历史看，人身保险的业务范围经历了从窄到宽、险种由少到多的过程。在一些国家里，人身保险已深入千家万户，成为家庭的必需品。多年来，世界寿险业务在保险业务中占据重要地位。特别是 20 世纪 80 年代以来，人寿保险已经超过总保险业务的一半。第二次世界大战后，西方国家陆续建立政府社会保障制度，私人寿险业务增长速度放慢。但 2008 年以来，一些国家因物价上涨，政府财政预算赤字增多，劳保福利开支紧缩，职工感到劳保福利保障不足，对寿险的需要有新的上升趋势。我国从 1982 年恢复保险业务以来，随着改革开放的深化，人民生活水平的不断提高，人身保险业务发展迅速。至 2018 年年底，保险业原保险保费收入 38 016.62 亿元，产险公司原保险保费收入 11 755.69 亿元，人身险公司原保险保费收入 26 260.87 亿元，人身险公司原保险保费收入占保险业原保险保费收入的 69.08%。

（二）人身保险的特征

人身保险是保险业的两大业务之一，同样具有保险的一般特征。但是，由于人身保险的保险标的是人的身体和生命，不同于财产保险的保险标的，因而，人身保险具有与财产保险不一样的一些特征。

1.保险标的的价值无法衡量

人身保险的保险标的是人的生命和身体，其价值是无法用货币来衡量的。因此，一般情况下，人身保险的保险金额由保险合同双方当事人协商后确定。它的确定取决于投保人的实际需要和缴费能力，主要有“生命价值确定”方法和“人身保险设计”方法。

2.保险金额的定额给付性

由于人身保险保险标的的特殊性，人身保险（不包括健康保险中的医疗费用保险）只能按照保险合同规定的保险金额支付保险金，不能随意增减。当发生保险事故时，保险人不能像财产保险那样根据事故发生时财产损失的实际程度支付保险赔款，并以保险金额为最高限。因此，人身保险不适用损失补偿原则，也不存在财产保险中比例分摊和代位求偿原则的问题（人身保险中的医疗费用保险既可以采用定额给付方式，也可以采用补偿方式。在采用补偿方式给付的情况下，适用补偿原则，保险人对被保险人给付的医疗保险金最高不超过被保险人实际支出的医疗费用）。同时，在人身保险中，一般没有足额投保、超额投保和不足额投保的问题。

3.保险期限的长期性

人身保险合同，特别是人寿保险合同，往往是长期合同，保险期限短则数年，长则数十年，甚至一个人的一生。保险期限的长期性使人身保险的经营极易受到外界因素的影响，如利率、通货膨胀及保险公司对未来预测的偏差等。

4.人身保险的储蓄性

人身保险，尤其是人寿保险，具有明显的储蓄性。一般而言，人寿保险期限较长，自然保险费随年龄增加，为缓解保户后期缴费的压力，采取了不同于自然保费的均衡保费，这样，投保人早期交纳的保费高于其当年的死亡成本（即投保人交付的保费大于自然纯保费），对于多余的部分，保险人可以充分利用，并且取得投资收益。被保险人或投保人在保单生效后的一定时间后，就可以对保单享有一定的储蓄利益，如保单贷款、领取退保金或其他选择等。而普通财产保险具有单纯营业性，限于补充损失，目的是保障财产的安全，由于保险期限短，大部分保单因期满而失效，既不赔偿，也不退还保险费。所有普通财产保险都不具有储蓄性。

5.保险费率确定方式的特殊性

人身保险，特别是人寿保险的风险是以死亡率为基础测定的。根据生命统计资料，人的死亡率是随着年龄的增长而逐步增高的，特别是到晚年时，死亡率更是加速上升。于是本着“高风险，高保费”的保险经营原则，被保险人年龄越大，所要缴纳的保费也越高。随着年龄的增加，特别是在晚年最需要保险保障的时候，大多数被保险人会因为无力缴纳高额保费而退出保险，使得人寿保险失去保障的意义。更有甚者，还可能会出现身体健康的被保险人认为自己没有投保的必要性，且考虑到费率上升而退出保险，体弱多病者因风险程度增大而继续投保的“逆选择”现象，这对保险公司的经营十分不利。因此，在人身保险经营中一般采用“均衡保费法”，以均衡的费率代替每年更新的自然保险费率。这种方法一方面可以减轻被保险人随年龄增加而增加的缴费压力，另一方面保险人可以用起初多收的保费来弥补以后年份中少收的保费。此外，这种方法也使得费率稳定，让被保险人养成一个定期定额支付保费的储蓄习惯。而财产保险的保险费率是根据损失概率再加上业务附加费进行计算得到的，在社会环境、管理条件等不变时，财产保险的费率也不会频繁调整。

6.保险利益的特殊性

在人身保险中，作为保险标的的人的身体或生命是无价的，保险利益也不能用货币估算和衡量，因此，人身保险没有保险金额上的限制。同时，保险利益只是订立合同的前提条件，并不是维持合同的效力、保险人给付保险金的条件，即人身保险的保险利益只需在订立合同时存在即可。

财产保险标的的实际价值可以用货币来衡量，保险利益有量的规定，投保人对保险标的的保险利益不得超过保险标的的实际价值，其保险金额也不应超过财产的实际价值。保险利益是维持合同效力、保险人支付赔款的必要条件。

二、人身保险的种类

依据不同的标准，人身保险可以划分为不同的种类。

(一)按保险责任范围分类

按照保险责任范围的不同,人身保险可以分为人寿保险、人身意外伤害保险和健康保险。

1.人寿保险

人寿保险亦称生命保险,简称寿险,是以被保险人的生命为保险标的,投保人向保险人缴纳约定的保险费后,以被保险人的生存或死亡为保险事故的人身保险。在实务中,人们习惯把人寿保险分为死亡保险、生存保险和两全保险。人寿保险是人身保险中最重要的部分。

2.人身意外伤害保险。人身意外伤害保险简称意外伤害保险,是指在保险合同有效期内,被保险人因遭受意外伤害事故造成死亡或残疾时,保险人按合同约定向被保险人或受益人给付身故保险金或残疾保险金的一种人身保险。

3.健康保险。健康保险是以被保险人的身体为保险标的,保险人对被保险人因疾病或意外事故或生育等所致的医疗费用支出,或因疾病、伤害而丧失工作能力导致收入减少,承担保险赔偿或给付责任的一种人身保险业务。健康保险通常包括医疗保险、疾病保险、失能保险和护理保险等。

(二)按保险期限分类

按照保险期限分类,人身保险可分为长期业务和短期业务。

长期业务一般是指保险期限超过1年的人身保险业务。人寿保险和部分健康保险属于长期保险。短期业务是指保险期限在1年以下(含1年)的人身保险业务。意外伤害保险属于短期业务。

(三)按承保方式分类

按照承保方式分类,人身保险可分为个人保险、团体保险和联合保险。

1.个人保险

个人保险是以单一个体为投保人,一张保单只承保一个被保险人的人身保险。

2.团体保险

团体保险是指一张保单为某一团体(通常是法人)的所有员工或其中的大多数员工(保监会规定至少75%以上的员工,且绝对人数不少于8人)提供保险保障的保险。团体保险又可分为团体人寿保险、团体年金保险、团体健康保险等。

3.联合保险

联合保险是以具有一定利害关系的2个以上(含2个)的人为被保险人,如以夫妻或者合伙人等多人作为联合被保险人同时投保的人身保险。它既不同于个人保险,也不同于团体保险。联合人寿保险又可以分为联合终身寿险和最后生存者保险。

(四)按需求效用分类

按需求效用分类,人身保险可以分为保障型人身保险、储蓄型人身保险和投资型人身保险。

保障型人身保险是指体现保险保障功能的人身保险业务,如定期死亡保险、终身死亡保险、医疗保险、人身意外伤害保险等。

储蓄型人身保险是指体现保险储蓄功能的人身保险业务,如年金保险、养老金保险、子女教育保险等。

投资型人身保险是指在基本保障功能的基础上凸显投资功能的人身保险业务，如变额寿险、万能寿险、变额万能寿险等。

(五)按照被保险人的风险程度划分

按照被保险人的风险程度划分，人身保险可以分为健体保险、次健体保险和完美体保险。

健体保险是指被保险人的风险程度属于正常标准范围。

次健体保险是指被保险人的风险程度超过了标准体的风险程度，不能按标准或者正常费率来承保，但可以附加特别条件来承保的人身保险。

完美体保险是指由于被保险人风险程度较低，不需要按照标准费率承保，可以按照更为优惠的费率承保的人身保险。

第二节　人寿保险

一、人寿保险的概念

人寿保险是指以被保险人的寿命为保险标的，以被保险人在保险期限内死亡或生存到保险期满为保险事故的人身保险。人寿保险所承保的风险可以是生存，也可以是死亡，或二者兼有。人寿保险是人身保险中最主要、最基本的险种，在全部人身保险业务中，人寿保险的业务量占绝大部分。

在人身保险中，最早产生的种类是人寿保险。人们曾认为，死亡是最大的人身风险，因而早期的人寿保险主要是为死亡提供保障，最初的人寿保险专指死亡保险。然而，人们都希望生存、希望长寿，由于生存和长寿需要生活费用，所以实际上生存也是一种风险，为此后来又出现了生存保险，以及把死亡保险与生存保险相结合的两全保险。由于一个人不能预知自己寿命的长短，满期时一次性给付保险金的生存保险就不能为养老的需要提供充分保障，所以后来又出现了年金保险。

二、人寿保险的种类

(一)普通人寿保险

1.死亡保险

死亡保险是以被保险人的死亡为给付保险金条件的保险。死亡保险按保险期限不同可分为定期死亡保险和终身死亡保险。

(1)定期死亡保险

定期死亡保险习惯上也被称为定期寿险。定期死亡保险是以在合同约定期限内被保险人发生死亡事故，由保险人一次性给付保险金的一种人寿保险。如果被保险人在保险期间内发生死亡事故，保险人给付约定的保险金；如果被保险人在保险期限届满时仍然生存，契约即行终止，保险人无给付义务，亦不退还已收的保险费。

定期寿险大多期限较短，保费不退还，不具备储蓄因素，没有现金价值，保费比较低廉，容易发生逆选择。因此，它适合低收入阶层、家庭经济负担较重且又有保险需求的人投保。除此之外，偏重死亡保障的人也适合投保定期寿险。

知识链接

A人寿保险股份有限公司定期寿险条款(节选)

1.我们保什么、保多久

这部分讲的是我们提供的保障以及我们提供保障的期间。

1.1 基本保险金额

本合同基本保险金额由您和本公司在投保时约定，但须符合本公司当时的投保规定，约定的基本保险金额将在保险单上载明。若您后续申请减少基本保险金额的，则我们将按减少后的基本保险金额承担相应的保险责任。

1.2 保险责任 在本合同保险期间内，我们承担下列保险责任：

1.2.1 身故保险金

被保险人于本合同生效(或合同效力恢复)之日起90日内(含)非因意外伤害导致身故，本公司按本合同实际交纳的保险费给付身故保险金，本合同终止。

1.2.2

被保险人因意外伤害导致身故或于本合同生效(或合同效力恢复)之日起90日后(不含)非因意外伤害导致身故，本公司按身故当时的基本保险金额给付身故保险金，本合同终止。

1.2.3 身体全残保险金

被保险人于本合同生效(或合同效力恢复)之日起90日内(含)非因意外伤害导致身体全残本公司按本合同实际交纳的保险费给付身体全残保险金，本合同终止。

被保险人因意外伤害导致身体全残或于本合同生效(或合同效力恢复)之日起90日后(不含)非因意外伤害导致身体全残，本公司按身体全残当时的基本保险金额给付身体全残保险金，本合同终止。

1.3 保险期间 本合同的保险期间由您和本公司约定，但须符合本公司当时的投保规定，约定的保险期间将在保险单上载明。保险期间自本合同生效日的零时开始，至期满日的二十四时终止。

2.我们不保什么

这部分讲的是我们不承担给付保险金责任的情况。

2.1 责任免除 因下列1—3项情形之一导致被保险身故或身体全残的，本公司不承担给付保险金的责任：

1.投保人对被保险人的故意杀害、故意伤害；

2.被保险人故意犯罪或抗拒依法采取的刑事强制措施；

3.被保险人自本合同成立或者合同效力恢复之日起二年内自杀，但自杀时为无民事行为能力人的除外。

发生上述第 1 项情形导致被保险人身故的，本合同终止，本公司向被保险人继承人退还本合同的现金价值因上述第 2—3 项情形导致被保险人身故的，本合同终止，本公司向您退还本合同的现金价值。

2.2 其他免责条款

除“2.1 责任免除”外，本合同中还有一些免除本公司责任的条款，详见“3.3 合同效力中止”“4.2 保险事故通知”“5.11 犹豫期”“7.4 明确说明与如实告知”“7.5 年龄确定与错误处理”中加粗的内容。

3.如何交纳保险费

这部分讲的是您如何交纳保险费，如果不及时交费可能会导致合同效力中止。

3.1 保险费的交纳

本合同的交费方式和交费期间由您和本公司约定，但须符合本公司当时的投保规定，约定的交费方式和交费期间将在保险单上载明。

3.2 续期保险费的交纳、宽限期

本合同续期保险费应按保险单所载明的交费方式和交费日期交纳，您应该在所选择的交费期间内每年交纳保险费，交纳保险费的具体日期为当年的保单生效对应日，并在保险单上载明。如到期未交纳，自保险单所载明的交费日期的次日零时起 60 日为宽限期。宽限期内发生保险事故的，本公司承担保险责任，但在给付保险金时将扣减您欠交的保险费。

除另有约定外，您逾宽限期仍未交纳续期保险费的，本合同自宽限期满的次日零时起效力中止。

3.3 合同效力中止

本合同效力中止期间发生保险事故的，本公司不承担保险责任。

3.4 合同效力恢复

本合同效力中止后二年内，您可以申请恢复本合同效力。经本公司与您协商并达成协议，自您补交保险费之日起，本合同效力恢复。

自本合同效力中止之日起满二年双方未达成复效协议的，本公司有权解除本合同，并退还本合同效力中止时本合同的现金价值。

4.如何申请领取保险金

这部分讲的是发生保险事故后谁来领取保险金、怎么领取保险金。

4.1 保险金受益人的指定和变更

除本合同另有指定外，身体全残保险金的受益人为被保险人本人。

您或被保险人可指定一人或数人为身故保险金受益人。受益人为数人时，应确定受益顺序和受益份额；未确定受益份额的，各受益人按相等份额享有受益权。

您或被保险人可以变更身故保险金受益人，但须书面通知本公司，由本公司在保险单上批注或附贴批单。

被保险人为无民事行为能力人或限制民事行为能力人的，可以由其监护人指定或变更受益人。

您在指定和变更身故保险金受益人时，须经被保险人书面同意。为与您有劳动关系的劳动者投保，不得指定被保险人及其近亲属以外的人为受益人。

被保险人身故后，有下列情形之一的，身故保险金作为被保险人的遗产，由本公司依照《中华人民共和国继承法》的规定履行给付保险金的义务：

1.没有指定受益人或受益人指定不明无法确定的；

2.受益人先于被保险人身故，没有其他受益人的；

3.受益人依法丧失受益权或放弃受益权，没有其他受益人的。

被保险人和受益人在同一事件中身故，无法确定两者身故先后顺序的，推定受益人先于被保险人身故。

受益人故意造成被保险人身故、伤残、疾病的，或故意杀害被保险人未遂的，该受益人丧失受益权。

4.2 保险事故通知

您、被保险人或受益人应在知道保险事故发生之日起10日内通知本公司。

如您、被保险人或受益人故意或因重大过失未及时通知本公司，致使保险事故的性质、原因、损失程度等难以确定的，本公司对无法确定的部分，不承担给付保险金的责任，但本公司通过其他途径已经及时知道或应当及时知道保险事故发生，或虽未及时通知但不影响本公司确定保险事故的性质、原因、损失程度的除外。

4.3 保险金的申请

1.申请身故保险金时，由身故保险金受益人或其他有权领取身故保险金的人作为申请人填写保险金给付申请书，并提供下列证明和资料：

(1)保险合同；

(2)申请人的有效身份证件；

(3)国家卫生行政部门认定的医疗机构、公安部门或其他相关机构出具的被保险人的死亡证明；

(4)所能提供的与确认保险事故的性质、原因、伤害程度等有关的其他证明和资料。

保险金作为被保险人遗产时，应提供可证明合法继承权的相关权利文件。

2.申请身体全残保险金时，由身体全残保险金受益人作为申请人填写保险金给付申请书，并提供下列证明和资料：

(1)保险合同；

(2)申请人及被保险人的有效身份证件；

(3)二级以上(含二级)医院、本公司认可的医疗机构或鉴定机构出具的被保险人残疾程度鉴定书；

(4)所能提供的与确认保险事故的性质、原因、伤害程度等有关的其他证明和资料。

3.如申请人为无民事行为能力人或限制民事行为能力人，由其法定代理人代为办理保险金申请。

4.如委托他人代为申请，应提供授权委托书及受托人的有效身份证件。

5.本公司认为有关证明和资料不完整的，将及时一次性通知申请人补充提供。

4.4 司法鉴定　若被保险人发生保险事故，本公司有权要求司法鉴定机构对保险事故进行鉴定。

4.5 保险金的给付

本公司在收到保险金给付申请书及上述有关证明和资料后，将在5日内作出核定；情形复杂的，在30日内作出核定。对属于保险责任的，本公司在与被保险人或受益人达成有关给付保险金数额的协议后10日内，履行给付保险金义务。

本公司未及时履行前款规定义务的，将赔偿被保险人或受益人因此受到的损失。

对不属于保险责任的，本公司自作出核定之日起3日内向申请人发出拒绝给付保险金通知书，并说明理由。

本公司在收到保险金给付申请书及有关证明和资料之日起60日内，对给付保险金的数额不能确定的，根据已有证明和资料可以确定的数额先予支付；本公司最终确定给付保险金的数额后，将支付相应的差额。

4.6 诉讼时效　受益人及其他有权领取保险金的人向本公司申请给付保险金的诉讼时效期间为5年，自其知道或者应当知道保险事故发生之日起计算。

(2)终身死亡保险

终身死亡保险简称为终身寿险，是一种不定期的死亡保险。只要投保人按规定缴纳保险费，则自保单生效之日起，被保险人无论何时死亡，保险人都给付保险金。终身寿险的保险单都具有现金价值，带有储蓄性，如果投保人中途退保，可以得到一定数额的现金(即退保金)。

终身寿险按照缴纳保费的方式不同有以下几种：

①连续缴费的终身寿险，又称普通终身寿险。它是指投保人一直缴费至被保险人死亡为止的终身寿险。

②限期缴费终身寿险。该保险与普通终身寿险类似，只是其保费应在规定期限内分期缴付，期满后不再缴付，但被保险人仍享有终身保险保障。缴费期的限制一般规定为一定年数或被保险人达到某一年龄。如果缴费期规定为20年，则称这种保单为20年缴费终身寿险；如果规定被保险人达65岁之前为缴费期，则称这种保单为缴费至65岁的终身寿险。缴费期越长，这种保单的年缴费就越近于普通终身寿险。它适合收入期间有限但又需要长期死亡保障的人投保。

③趸缴保费的终身寿险。它是一种投保人在投保时一次全部缴清保费的终身寿险。趸缴保费的终身寿险是限期交费终身寿险的一种特殊形态，具有较高的储蓄性，因此，对于偏重储蓄的人较有吸引力。在国外，它常常被用来抵消遗产税的税负问题。

知识链接

A人寿保险股份有限公司守护e家终身寿险(节选)

1.我们保什么、保多久

这部分讲的是我们提供的保障以及我们提供保障的期间。

1.1 基本保险金额

本合同基本保险金额由您和本公司在投保时约定，但须符合本公司当时的投保规定，约定的基本保险金额将在保险单上载明。若您后续申请减少基本保险金额的,则我们将按减少后的基本保险金额承担相应的保险责任。

1.2 保险责任在本合同保险期间内,我们承担下列保险责任:

1.2.1 身故保险金

被保险人于本合同生效(或合同效力恢复)之日起 90 日内(含)因疾病导致身故,本公司按本合同实际交纳的保险费给付身故保险金,本合同终止。

被保险人因意外伤害导致身故或于本合同生效(或合同效力恢复)之日起 90 日后(不含)因疾病导致身故,本公司按身故当时的基本保险金额给付身故保险金,本合同终止。

1.2.2 身体全残保险金

被保险人于本合同生效(或合同效力恢复)之日起 90 日内(含)因疾病导致身体全残,本公司按本合同实际交纳的保险费给付身体全残保险金,本合同终止。

被保险人因意外伤害导致身体全残或于本合同生效(或合同效力恢复)之日起 90 日后(不含)因疾病导致身体全残,本公司按身体全残当时的基本保险金额给付身体全残保险金,本合同终止。

1.3 保险期间　本合同的保险期间为被保险人终身,并在保险单上载明。保险期间自本合同生效日的零时开始。

2.我们不保什么

这部分讲的是我们不承担保险责任的情况。

2.1 责任免除　被保险人因下列 1—4 项情形之一身故或身体全残的,或在第 5 项期间遭受意外伤害身故或身体全残的,本公司不承担保险责任:

1.投保人对被保险人的故意杀害、故意伤害;

2.被保险人故意犯罪或抗拒依法采取的刑事强制措施;

3.被保险人自本合同成立或者合同效力恢复之日起二年内自杀,但自杀时为无民事行为能力人的除外;

4.被保险人主动吸食或注射毒品

5.被保险人酒后驾驶、无合法有效驾驶证驾驶或驾驶无有效行驶证的机动期间。

发生上述第 1 项情形导致被保险人身故的,本合同终止,本公司向被保险人继承人退还本合同的现金价值因上述第 2—4 项情形或在第 5 项期间被保险人身故的,本合同终止,本公司向您退还本合同的现金价值。

2.2 其他免责条款

除“2.1 责任免除”外,本合同中还有一些免除本公司责任的条款,详见“4.2 保险事故通知”、“7.4 明确说明与如实告知”、“ 7.5 职业变更 ”、“7.6 年龄确定与错误处理”

2.生存保险

生存保险是以被保险人于保险期满或达到某年龄时仍生存为给付条件的一种人寿保险。生存保险的保障目的与死亡保险的保障目的不同,它主要是为年老的人提供养老保障,或者为子女提供教育基金。在寿险实务中,生存保险一般不作为独立的险种。

3.两全保险

两全保险是被保险人在保险期限内死亡或生存至保险期满，由保险人给付保险金的一种人寿保险。两全保险也称为生死合险，是死亡保险与生存保险的结合，既提供死亡保障，又提供生存保障。在保险有效期内，被保险人死亡，保险人给付受益人约定数额的死亡保险金；若被保险人生存至保险期满，被保险人得到约定数额的生存保险金。由此可见两全保险有如下特征：

(1)承保责任较大、适应性较广。两全保险既可以保障被保险人在保单期满后生活的需要，又可以解决由于被保险人死亡而给其家庭经济生活带来困难的后顾之忧。它是生存保险和死亡保险结合的产物，从而使被保险人获得更充分的保障。

(2)保险费率较高。由于保险责任大，而且每份保单必然发生给付，所以两全保险的费率较高。

(3)最能体现人寿保险中保险与储蓄的两重性。两全保险纯保费中的危险保费，随投保时间的延长逐年递减，至保险期满时为零；而储蓄保费则逐年增加，到保险期满时为保单的保险金额。因此，两全保险在形式上与银行储蓄具有相同之处，人们有时也称它为储蓄保险。

两全保险的储蓄性特点使其保单具有一些特殊用途。它不仅具有与终身寿险保单相同的现金价值，从而使被保险人能够在保单期满前享受各种储蓄利益，还可以在商业往来中作为财产保证，在个人借贷中作为债务的抵押品，最重要的是成为一种投资工具。此外，如果被保险人存活至保单期满，他还可以领到一笔相当于储蓄存款的保险金。被保险人可以用这笔保险金来投保养老年金保险，以保障其晚年生活，或派作其他用场。这一优越性是终身寿险所不具有的。因为在一般情况下，终身寿险的被保险人本人是无法领到保险金的。

两全保险主要有以下几种类型：

(1)普通两全保险。这是一种单一保额的两全保险，即不论被保险人在保险期限内死亡还是期满生存，保险人给付的保险金相同。例如，某人投保保额为 5 万元、保险期限为 10 年的普通两全保险，即无论被保险人在 10 年内死亡还是生存至第 10 年，本人或其受益人均可领到 5 万元的保险金。一旦保险人履行了给付义务，保险合同即告终止。

(2)期满双倍两全保险。这种保险的被保险人如果生存至期满，保险人给付的生存保险金额是死亡保险金额的两倍。

(3)两全保险附加定期寿险。这种保险的被保险人如果生存到保险期限届满，保险人按生存保险金额给付保险金；如果被保险人在期内死亡，保险人则按生存保险金额的多倍进行给付。因此，这种保险侧重于被保险人家属经济生活的保障，较适合家庭生计的主要负担者投保。

(4)联合两全保险。这种保险承保两人或两人以上的生命，在约定的期限内，任何一人先死亡，保险人向剩余被保险人给付死亡保险金，保险合同终止。若期满时联合被保人全部健在，保险人给付全部生存保险金。这种保险适合家庭投保。

知识链接

B 人寿保险股份有限公司"祯爱"两全保险

1.我们保什么、保多久

这部分讲的是我们提供的保障以及我们提供保障的期间。

1.1 基本保险金额

本主险合同(指您购买的《人寿保险股份有限公司"祯爱"两全保险》产品合同)的基本保险金额由您与我们约定并在保险合同上载明。如果该金额有所变更,以变更后的基本保险金额为准。

1.2 保险责任

在本主险合同有效期内,我们将承担以下保险责任:

(1)身故或全残保险金

自本主险合同生效日或最后复效日(以较迟者为准)起 90 天为等待期。

被保险人因遭遇意外伤害事故(见 8 名词释义)或在等待期届满后因意外伤害事故以外的原因导致身故或全残(见 8 名词释义),我们将按本主险合同的基本保险金额给付身故保险金或全残保险金,给付后本主险合同效力终止。

被保险人在等待期届满前因遭遇意外伤害事故以外的原因导致身故或全残,我们将按本主险合同已缴保险费给付身故保险金或全残保险金,给付后本主险合同效力终止。

(2)满期保险金

若被保险人在本主险合同满期日生存,我们将按本主险合同的已缴保险费给付满期保险金,给付后本主险合同效力终止。

本主险合同的已缴保险费按下列公式计算:

已缴保险费=本主险合同当时的基本保险金额对应的年缴保险费(见 8 名词释义)×已缴费年期数(见 8 名词释义)

1.3 保险期间

本主险合同的保险期间由您与我们约定并在保险合同上载明。

2.我们不保什么

这部分讲的是我们不承担保险责任的情况。

2.1 除外责任

被保险人因以下情形之一造成保险事故的,我们不承担身故或全残保险金的责任:

(1)投保人对被保险人的故意杀害、故意伤害;

(2)故意自伤、故意犯罪或者抗拒依法采取的刑事强制措施;

(3)在本主险合同成立之日或最后复效日(以较迟者为准)起 2 年内自杀,但被保险人自杀时为无民事行为能力人的除外。

如果本主险合同有现金价值,发生上述第(1)种情形致被保险人身故时,我们向被保险人的继承人退还现金价值,本主险合同效力终止;发生上述第(2)、(3)种情形之一致被

保险人身故时,我们将向您退还现金价值,本主险合同效力终止。

2.2 如实告知与保险合同的解除

我们就您和被保险人的有关情况提出询问,您应当如实告知。如果您故意或者因重大过失未履行如实告知义务,足以影响我们决定是否承保或者提高保险费率的,我们有权依照法律的规定解除本主险合同。

您故意不履行如实告知义务的,对于本主险合同解除前发生的保险事故,我们不承担给付保险金的责任,且不退还已缴保险费。

您因重大过失未履行如实告知义务,对保险事故的发生有严重影响的,对于本主险合同解除前发生的保险事故,我们不承担给付保险金的责任,但会无息退还已缴保险费。

2.3 其他免责条款

除第2.1条“除外责任”部分外,本主险合同中还有一些我们不承担或部分承担保险责任的内容,详见背景突出显示部分。

(二)年金保险

年金是指每隔一定的时间(如1年、1个季度、1个月等)支付一定的金额。年金保险是按年金的方法支付保险金的一种生存保险。年金保险是生存保险的特殊形态,其特殊性表现在保险金的给付采取年金方式,而非一次性给付。年金保险有积累期(或缴费期)和清偿期(或给付期)的规定,有的年金保险还有等待期的规定。积累期是指年金保险资金积累时期或投保人分期缴纳保险费的期间。清偿期是指保险人向年金受领人给付年金的期间。等待期是指缴费结束后至开始给付保险金的期间。

按照不同的标准,年金保险可划分为不同的种类。

1.按照缴费方式不同,可分为趸缴年金保险和期缴年金保险

(1)趸缴年金保险是指一次缴清保费的年金保险,即年金保险费由投保人一次全部缴清后,于约定时间开始,按期由年金受领人领取年金。

(2)期缴年金保险是指保险费由投保人采取分期交付的方式,然后于约定的年金给付开始日期按期由年金受领人领取年金。

2.按照被保险人的人数,可分为个人年金保险、联合年金保险、最后生存者年金保险和联合及生存者年金保险

(1)个人年金保险是指以一个被保险人的生存作为年金给付条件的年金保险。

(2)联合年金保险是指以两个及两个以上被保险人的生存作为年金给付条件的年金保险。这种年金的给付持续到最先发生的被保险人死亡时为止。

(3)最后生存者年金保险是指以两个及两个以上的被保险人中至少尚有一人生存作为年金给付条件,且给付金额不发生变化的年金保险。这种年金的给付持续到最后一个生存者死亡为止。

(4)联合及生存者年金保险是指以两个及两个以上被保险人中至少尚有一人生存作为年金给付条件,但给付金额随着被保险人生存人数的减少而进行调整的年金保险。这种年金的给付持续到最后一个生存者死亡为止。

3.按照给付额是否变动,可分为定额年金保险和变额年金保险

(1)定额年金保险是指在年金给付周期中,年金领受人领取的年金额都相等的年金保险。

(2)变额年金保险是指在年金给付周期中,年金领受人领取的年金额随投资收益而变动的年金保险。这种年金保险是为了克服通货膨胀对长期年金保险的影响而设计的产品。

4.按照给付开始日期不同,可分为即期年金保险和延期年金保险

(1)即期年金保险是指被保险人在投保后立即开始领取年金,其年金现价采取趸缴的形式。一次缴清年金现价需要的数额较大,一般投保人难以负担,因而即期年金通常较少被采用。

(2)延期年金保险是指保险合同订立后,经过一定时期或被保险人达到一定年龄后才进入年金的领取期。

5.按照给付期限的不同,可分为终生年金保险、定期年金保险

(1)终生年金保险。终生年金的给付没有期限的规定,年金受领人在一生中可以一直领取约定的年金,直到被保险人死亡时为止。

(2)定期年金保险。定期年金保险的被保险人如果在合同规定的期限内生存,保险人按期给付约定的年金额;若期限届满或被保险人在约定的期限内死亡,则保险人停止给付(以两者先发生的日期为准)。

6.按照年金给付是否有保证,可分为有保证年金保险和无保证年金保险

(1)有保证年金保险是为防止被保险人在领取年金的早期死亡所带来的损失而设计的年金品种。具体分为两种:一种是期间保证年金,无论被保险人寿命长短,年金的给付都有一个保证期,若被保险人在保证期内死亡,保险人继续给付年金予其受领人,直到保证期届满为止;另一种是金额保证年金,如果被保险人死亡时,其所领的年金数额不足所缴的年金现价,余下的由其受领人领取。

(2)无保证年金保险的年金给付以被保险人生存为条件,死亡则停止支付。

(三)其他普通人寿保险

1.简易人寿保险

简易人寿保险是一种低保险费、低保险金额、免体检的人寿保险。因其承保手续简单,人们称之为简易人寿保险。

简易人寿保险的保险金额比较低,按份计算,投保人至少投保 1 份,可投保多份。每一份的保险金额依被保险人的性别、年龄而有所不同。如女性的死亡率低于男性,故同龄女性每份的保险金额高于男性。由于保险金额低,所以在承保时不要求被保险人体检,只要被保险人自我感觉良好,能正常工作、正常劳动的,就视为健康,从而简化了投保手续。简易人寿保险的保险费低且缴费次数频繁,一般每月缴费一次。合同中对保险期限有明确的规定,如我国的简易人寿保险的保险期限有 5 年、10 年、15 年、20 年、30 年五种。投保人根据被保险人的年龄,在不超过合同期限届满最高年龄(70 岁)的前提下,进行选择,如 50 岁的被保险人只能选择 5 年、10 年、15 年、20 年期,不能投保 30 年期的简易人身保险。

为了防止逆选择,简易人寿保险大多采用等待期或削减给付制度,即被保险人加入保险后经过一定时期,保险单才能生效;若被保险人在此期间死亡,保险人不负给付保险金

责任或减少给付金额。

简易人寿保险的保险费率高于普通寿险的保险费率，其主要原因在于：被保险人未经体检，又是工作、生活条件较差的低收入者，死亡率相对较高；上门收费、次数频繁，且金额较小，各项业务费用支出大于一般寿险；保单续保率较低。

2.少儿保险

少儿保险，就是专门为少年儿童设计的，用于解决其成长过程中所需要的教育、创业、婚嫁费用，以及应付孩子可能面临的疾病、伤残、死亡等风险的保险产品。少儿保险的被保险人是未成年人，因此，与成人保险相比有自身的特点。

(1)保险责任以生存为主

少儿保险的基本目的是使少儿未来获得一定的经济收入，以部分或全部满足他们对教育费用、创业基金或结婚费用的需求。因此，以生存作为给付保险金条件与此险种的设计宗旨是一致的。此外，未成年儿童几乎没有自卫能力，如果以死亡作为主要保险责任，就可能导致某些道德问题的出现，如为骗取保险金而陷害被保险人。

不过，现在的少儿保险不再完全排除死亡责任，有的还承担意外伤害责任。在这种情况下，防范道德风险的措施体现在保险金的给付比例上。例如，有的少儿保险条款规定，被保险人在 21 岁前死亡，保险人给付保险金额的 50%，被保险人在 22 岁至 25 岁之间死亡，被保险人给付保险金额的 100%；有的少儿保险条款规定，被保险人在保险期间死亡，保险人不给付保险金，只退还已交付保险费等等。

(2)保险金额受到限制

几乎所有国家对少儿保险的保险金额都有适当的限制。有的国家是直接规定投保的最高限额；有的国家则是采取递增式，即在保险期间内保险金额逐年上升，而保险费保持不变。在我国保险实务中，少儿保险的保险金额限制分为保险金额总量限制和死亡给付保险金额限制两个方面。

(3)通常附有投保人死亡保费豁免条款

此条款规定，在投保人是少儿父母(或监护人)的情况下，如果其在缴费期间死亡或全残，未缴保费部分或全部豁免，保险单继续有效。这一规定很好地保障了少儿的保险利益。

(4)保险期限以定期为主

典型的少儿保险的保险期限是从投保开始到被保险人成年(21 岁或 22 岁)终止。但是国内有些保险公司为了迎合潜在客户对保险保障的过渡要求，已经将少儿保险的保险期限扩展到被保险人死亡(不受年龄限制)为止。前者是两全保险性质的，后者是终身寿险性质的。事实上，终身寿险型的少儿保险不符合该险种的设计初衷，因为它的保险责任过于全面，被保险人无法获得足够的教育金、创业金和婚嫁金等。

3.老年人寿保险

通常成人人寿保险适用于年龄在 16 岁至 64 岁之间的被保险人投保，这样就使得超过这个年龄段的老人失去了参加寿险的资格。但实际上，他们中的许多人是需要人寿保险的。于是，不少人寿保险公司就设计了专供老年人购买的人寿保险。这里重点介绍一种在我国香港特别行政区比较流行的老年人寿保险。

老年人寿保险的投保年龄要求在 56 岁至 75 岁之间，投保时不需要体检，有最高投保金额限制，属于分红型终身寿险性质。保险金额的70%(这部分保险金额叫分红保额)参与分红，另外30%的保险金额属于减额定期保额。老年人寿保险的红利有两种形式，即累积红利和特别红利。累积红利是根据分红保额、已累积红利及红利率计算；特别红利是根据分红保额、已累积红利及特别红利率计算。两种红利一般都是从保单第三个周年日开始派发。需要注意的是，特别红利不是每年累积的，不能提前支取，只能于发生保险金给付时或投保人退保时一并提取。

老年人寿保险的主要保险责任包括：(1)保单生效后3年内，被保险人死亡(意外死亡除外)，保险人退还已缴保费并支付按年利率12%计算的保费利息；(2)保单生效3年后至保单生效10年内，被保险人身故，保险人将按下列两项中较大的一项给付：保险金额加特别红利之和或分红保额加累积红利加特别红利之和；(3)保单生效10年后，被保险人身故，保险人的给付金额是分红保额加累积红利加特别红利之和；(4)对于意外死亡，如发生在保单生效3年内，则按照保险金额给付，如发生在保单生效3年后，则按照规定的给付办法给付；(5)对于自杀，如发生在保单生效的第1年内，只退还已缴保费，如发生在第2年或第3年内，保险人退还保费及利息，如发生在第3年后，则按照正常的给付办法给付。

我国目前的人寿保险基本上是针对65岁以下人群设计的。截至2012年末，我国65岁以上老年人口数量达到1.94亿，老龄化水平达到14.3%。因此，积极开展老年人寿保险和老年年金保险研究，并适时地推出这方面的产品，将是非常有意义的。可喜的是，我国寿险公司已经作了一些大胆的尝试，并陆续推出了类似的寿险产品。

(四)新型人寿保险

新型人寿保险，又称为投资型保险、投资理财类保险等，是保险人为适应新的保险需求、增加产品竞争力而开发的一系列新型的保险产品。

新型寿险产品与传统寿险产品的不同之处在于，新型寿险产品通常具有投资功能，在保费缴纳方式、保单的现金价值或保险金额等方面可以单独或共同变动。其主要种类有分红保险、投资连结保险、万能寿险等。

1.分红保险

分红保险是指保险公司将其实际经营成果优于定价假设的盈余，按一定比例向保单持有人进行分配的人寿保险产品。

分红保险产品的特征主要体现在以下几个方面：

(1)保单持有人享受经营成果。我国保监会规定保险公司应至少将分红保险业务当年度可分配盈余的70%分配给客户，这样投保人就可以与保险公司共享经营成果。与不分红保险相比，分红保险增加了投保人的获利机会。

(2)客户承担一定的投资风险。由于每年保险公司的经营状况不一样，客户所能得到的红利也会不一样。在保险公司经营状况良好的年份，客户会分到较多的红利；如果保险公司的经营状况不佳，客户能分到的红利就会比较少，甚至没有。因此，分红保险使保险公司和客户在一定程度上共同承担了投资风险。

(3)定价的精算假设比较保守。在传统人寿保险中，其保险价格确定在先，且一旦确定再无调整的可能，所以保险人对预定死亡率、预定利率和预定费用率三大定价基础的估计应当尽可能公平、准确和可靠，要力求做到既不保守，也不激进。分红保险的价格也是预先确定的，但它同时有一个事后的调整机制，即保险人可以通过红利形式把由此产生的盈余分配给投保人。所以，分红保险的保险人定价时对精算假设估计一般可以采取较为保守的策略，其结果表现为保单价格偏高。

(4)保险给付、退保金中含有红利。

当分红保险的被保险人死亡时，受益人除了可按合同约定的保险金额获得保险金，还可以获得未领取的累积红利和利息；在满期给付时，被保险人除了可按合同约定获得保险金，也可以获得未领取的累积红利和利息。分红保险的投保人在退保时除了可以得到保单现金价值，还可以领取保单红利及其利息。

在分红保险产品中，保险人分配给投保人的盈余称为保单红利。红利的来源主要有：

第一，利差益(损)。

利差益(损)是指寿险资金运用的实际利率比预定利率高时产生的收益。反之，则为利差损。其计算公式为：

利差益＝(实际收益率－预定利率)×保单责任准备金

　　　＝实际利息收入－预定利息收入

第二，死差益(损)。

死差益(损)是指实际死亡率小于预定死亡率所产生的盈余。反之，则为死差损。死差益是一个营业年度内收入的风险保费总额与死亡合同所给付的保险金的差额。对团体定期寿险而言，其死差益是某团体在一个保险期限内的纯保险费与保险金给付额的差额。其计算公式为：

死差益＝(预定死亡率－实际死亡率)×风险保额

　　　＝风险保费总额－实际支付的保险金

风险保额＝保险金额—保单责任准备金

第三，费差益(损)。

费差益(损)是指实际营业费用率比预定费用率低时所产生的收益。反之，则为费差损。其计算公式为：

费差益＝(预定费用率－实际费用率)×保险费总额

　　　＝附加保费总额－实际营业费用总额

除了上述三个主要的红利来源外，还有解约益、资产增值、残疾给付等实际给付额的差额以及预期利润等。

分红保险是一种既有保险保障，又有投资收益功能的保险，所以分红保险的保险费率高于单一以转移人身风险为目的的人身险费率。

2.变额寿险

变额寿险是美国称法，在英国它被称为单位基金连结保险，在加拿大它被称为权益连结保单，在新加坡、中国大陆它又被称为投资连结保险。这种产品被认为可以有效抵消通货膨胀对寿险的不利影响。

变额寿险是一种保额随其分立账户投资收益变化而变化的终身寿险。寿险公司将客户交付的保险费分成保障和投资两个部分,且多数为投资部分。投资部分设立单独的账户,作为投资资金,通过专业人士运作,获取较高的投资回报,使客户受益。但是,投资部分的回报率是不固定的,保险金额随投资收益的变化而变化。

变额寿险的保险金额由基本保险金额和额外保险金额两部分组成,基本保险金额是被保险人无论何时都能得到的最低保证金额;额外保险金额部分则另设账户,由投保人选择投资方向委托保险人进行投资,其具体数额根据资金运用的实际情况变动。

在变额寿险保单的管理上,保费扣除费用及死亡给付分摊额后,存入一个单独的分立账户(也叫投资账户或独立账户)。大多数保险公司可提供的投资方式有货币基金、股票基金、债券基金以及其他形式的基金。通常保险金额与投资收益直接相连,但不管投资收益如何,保额不能低于某限额。保单现金价值也与投资收益相关,在任何时点的保单现金价值取决于所选择的投资账户的市场价值,保险人没有最低现金价值保证。变额寿险几乎将所有投资风险都转移给保单持有人。

变额寿险可以是分红型的,也可以是非分红型的。对于分红型的变额寿险,分红额只取决于该险种的死差益和费差益。利差益扣除投资管理费用后,将用于增加保单的现金价值。

知识链接

投资连结保险

投资连结保险是一种融保险与投资于一身的险种,早于 20 世纪 70 年代的英国就已产生,现已成为欧美国家寿险的主流险种之一。传统寿险都有一个固定的预定利率,保险合同一旦生效,无论保险公司经营状况如何,都将按预定利率赔付给客户。而“投资连结保险”则不存在固定利率,保险公司将客户交付的保险费分成“保障”和“投资”两个部分。其中,“投资”部分的回报率是不固定的。如果保险公司投资收益比较好,客户的资金将获得较高回报。反之,如果保险公司投资不理想,客户也将承担一定的风险。

投资连结保险产品的重要意义体现在以下几个方面:①促进寿险业融资功能创新,寿险业不仅具有一般保障和定期给付功能,更已趋向寿险产品金融证券化,将来寿险业的重点,已不再是保障而是趋向为客户投资理财;②促进我国投资市场的繁荣和稳定,由于保险公司聚集带劲规模大、投资队伍专业化,在市场投资规范性和专业性方面都较为科学,对于投资市场的稳定和健康发展必将起着积极作用,客户和保险公司都能“双赢”,保险公司在很大程度上化解了客户个人投资所存在的风险,促进了社会的稳定和繁荣。

3.万能寿险

万能寿险是一种缴费灵活、保额可调整、非约束性的寿险。它最早于 1979 年在美国寿险市场上出现,当时是为了满足那些要求保费支出较低且方式灵活的寿险消费者的需求而设计的。万能寿险确实为保单持有人选择灵活的缴费方式提供了便利,但保费支出的高低与其他寿险险种一样,取决于保险人是如何定价的。

从万能寿险经营的流程上看,保单持有人首先缴纳一笔首期保费,该保费有一个最低限额,首期的各种费用支出先要从其中扣除。其次,根据被保险人的年龄、保险金额计算的相应的死亡给付分摊额以及一些附加优惠条件(如可变保费)等费用,要从保费中扣除。在进行了这些扣除后,剩余部分就是保单最初的现金价值。这部分价值通常是按新投资利率计息累积到期末,成为期末现金价值。许多万能寿险收取较高的首年退保费用以避免保单过早终止。在保单的第二个周期(通常 1 个月为 1 个周期),期初的保单现金价值为上一周期期末的现金价值额。在这一周期,保单持有人可以根据自己的情况缴纳保费,如果首期现金价值足以支付第二个周期的费用及死亡给付分摊额,则保单持有人可以不缴纳该期保费;如果前期的现金价值不足,保单就会由于保费缴纳不足而失效。本期的死亡给付分摊及费用分摊也要从上期期末现金价值余额及本期保费中扣除,剩下的部分就是第二期期末的现金价值余额。这一过程不断重复,一旦现金价值不足以支付死亡给付分摊额及费用,又没有新的保费缴纳,该保单就失效了。

万能寿险既有投资功能又提供保险保障。在投资方面,保险公司通过售出大量万能寿险保单来积聚保费,并凭借资金规模效应及专业理财队伍的投资活动来确保获得较为理想的投资回报,让投保人分享;在保险保障方面,万能寿险提供保障直到保险合同期满。同时投保人拥有高度的自主权,可以根据自身财务状况不定期、不定额的交付保险费,也可在一定限度内自由调增或调减保障水平等。具体来看,万能寿险具有 5 个重要特征。

(1)万能寿险经营的透明性。万能寿险经营具有较高的透明性,投保人可以了解该保单的内部经营情况,如保费、死亡给付、利息率、死亡率、费用率和现金价值以及它们之间相互作用的各种预期结果等。万能寿险的透明性不是指投保人能够评估保单的预期价值是否合适,而是指投保人可以明确知道保单的运作信息。比如,在准客户投保前,保险公司会为其提供一份描述保单内部运作的说明书。另外,在投保后,保险公司每年会为投保人寄送年度报告,对上述各要素的变化情况进行告知。万能寿险之所以具有这种透明性,是因为该产品被分解成了保障、投资和费用三个部分。投保人在投保前后都可以清楚地知道保费的分配情况,如保险公司收取的用于提供死亡保障的保费金额、进入现金价值账户进行投资增值的保费金额以及保险公司收取的费用金额。

(2)万能寿险缴费的灵活性。万能寿险的投保人可以用灵活的方法来交纳保费。保险公司一般会对每次缴费的最高限额和最低限额作出规定,只要符合保单规定,投保人就可以在任何时间不定额地缴纳保费。万能寿险的灵活性还体现在保险保障可以灵活调整等方面。但该特点也导致了万能寿险容易失效的缺点。为了解决这一问题,保险公司需要根据保单计划所选择的目标保费,及时向投保人寄送保费缴费通知书,以提醒其缴费,或要求投保人同意签发其银行账户自动划拨保费授权。

(3)万能寿险死亡给付模式的特殊性。万能寿险主要提供两种死亡给付方式,投保人可以任选其一。这两种方式习惯上称为 A 方式和 B 方式。A 方式是一种均衡给付的方式;B 方式是直接随保单现金价值的变化而改变给付金额的方式。在 A 方式中,死亡给付额固定,净风险保额每期都进行调整,使得净风险保额与现金价值之和成为均衡的死亡给付额。这样,如果现金价值增加了,则净风险保额就会等额减少;反之,若现金价值减少了,则净风险保额会等额增加。这种方式与其他传统的具有现金价值给付的保单较为类似。在方式 B 中,规定了死亡给付额为均衡的净风险保额与现金价值之和。这样,如果现金价值增加了,则死亡给付额会等额增加。

在A方式中,为避免由于现金价值太高而超过规定的保额,一些保险公司规定了最低净风险保额,从而使总的死亡给付额增加。中国保监会《万能保险精算规定》中规定,在万能寿险合同有效期内,若被保险人身故,保险公司可按照被保险人身故时该保险年度的保险金额给予保险金,也可以以保险金额与当时个人账户价值之和作为身故给付。在保险合同有效期内,其风险保额应大于零。

(4)万能寿险结算利率的特殊性。万能寿险应当设立单独账户。在单独账户中,不得出现资产小于负债的情况,一旦资产小于负债,保险公司应当立即补足资金。同时,因结算利率低于实际投资收益率而产生的公司收益也应被转出单独账户。万能寿险保单可以提供一个最低保证利率。其结算利率不得高于单独账户的实际投资收益率,且二者之差不得高于2%。单独账户的实际收益率低于保证利率时,万能保险的结算利率应当是最低保证利率。

(5)万能寿险费用收取的特殊性。与传统人寿保险相比,万能寿险收取的费用具有项目上的特殊性,包括初始费用、风险保费、保单管理费、手续费、退保费用等。

4.变额万能寿险

变额万能寿险是针对将寿险保单的现金价值视为投资的保单所有人而设计的,是融合了变额寿险的投资灵活性与万能寿险的保费缴纳灵活性而形成的新险种。变额万能寿险有如下特点:

(1)变额万能寿险遵循万能寿险保费缴纳灵活的原则,而且保单持有人在合同约定范围内可以根据自己的意愿决定保险费交付的时间、金额;在符合保险合同最低保险金额和可保性的条件下,保单持有人可自行决定降低保险金额或者调高保险金额。

(2)变额万能寿险与变额寿险相同,其资产保存在一个或几个分立账户中,其现金价值的变化与变额寿险现金价值的变化相同,而且变额万能寿险也没有最低投资收益率和现金价值承诺保证,即保单的现金价值可能降低至零。

(3)变额万能寿险的投资是多种投资基金的组合,保单持有人可以在一定时期将其现金价值从一个账户转至另一个账户。

(4)变额万能寿险的死亡给付与万能寿险的方法相同。变额万能寿险的死亡给付随资产份额价值的变化而变化,除非保单持有人改变死亡给付额。因此,投资收益的变化反映在保单的现金价值中,而不改变保单的净风险保额。

三、人寿保险合同的常用条款

(一)不可争条款(又称不可抗辩条款)

不可争条款是指长期人身保险合同生效一定时期后(一般为两年),保险人不得以投保人在投保时违反最大诚信原则、没有履行如实告知义务等为理由而主张保险合同自始无效,但投保人欠缴保费除外。

该条款说明,如果保险人发现投保人投保时违反如实告知义务、误告、漏告、隐瞒某些重大事实,足以影响其决定是否承保或以什么费率条件承保,主张保险合同自始无效的,必须在合同生效两年内提出。保险合同生效两年后,成为不可争议的文件,即使保险人发现投保人有违反最大诚信原则也不能主张合同自始无效。不可争条款也同样适用于保单效力中止后的复效。复效后的保险自复效之日起在两年后也是不可抗辩的。人寿保险合同和长期健康险保险合同大都列入此条款。

我国《保险法》第16条规定:“订立保险合同,保险人就保险标的或者被保险人的有关情况提出询问的,投保人应当如实告知。投保人故意或者因重大过失未履行前款规定的如实告知义务,足以影响保险人决定是否同意承保或者提高保险费率的,保险人有权解除合同。”

前款规定的合同解除权,自保险人知道有解除事由之日起,超过30日不行使而消灭;自合同成立之日起超过2年的,保险人不得解除合同,发生保险事故的,保险人应当承担赔偿或者给付保险金的责任。投保人故意不履行如实告知义务的,保险人对于合同解除前发生的保险事故,不承担赔偿或者给付保险金的责任,并不退还保险费。投保人因重大过失未履行如实告知义务,对保险事故的发生有严重影响的,保险人对于合同解除前发生的保险事故,不承担赔偿或者给付保险金的责任,但应当退还保险费。保险人在合同订立时已经知道投保人未如实告知的情况的,保险人不得解除合同,发生保险事故的,保险人应当承担赔偿或者给付保险金的责任。保险事故是指保险合同约定的保险责任范围内的事故。

可见,我国《保险法》已经开始注重于保护保险合同各方当事人和关系人的利益。这和许多发达国家做法基本一致。

案例阅读 

投保人未如实告知 保险公司能否拒赔

案情:2008年9月25日,王某作为投保人在被告保险公司处投保了嘉禾财智赢家终身寿险及嘉禾附加幸福相伴终身重大疾病险,保险金额分别为12万元和4万元,保险合同生效日为2008年9月29日。保险合同签订后,王某依约缴纳了保费。在保险期间内,王某罹患脑梗死后遗症,瘫痪在床。事后,王某多次找被告协商理赔未果,遂诉至法院。保险公司辩称,王某在投保前曾因冠心病并高血压三级高危、二型糖尿病住院治疗,而在投保前王某未履行如实告知义务,因此保险公司有权解除保险合同。2011年3月3日,王某向保险公司申请理赔,保险公司于同年11日做出拒赔决定:解除保险合同;退还所交保费12 000元。

审判:人民法院经审理认为,原、被告签订的保险合同合法、有效,对双方当事人均有约束力。保险合同生效日为2008年9月29日,被告保险公司于2011年3月11日才提出与原告王某解除保险合同,已超出法律规定的两年期限,被告辩称有权解除保险合同不符合法律规定。现原告王某所患疾病属于保险合同约定的重大疾病范围,原告王某作为投保人依法享有取得理赔款的权利,判决保险公司赔偿投保人王某4万元。

资料来源:110法律咨询网。

(二)年龄误告条款

此条款规定:如果投保人在投保时错误地申报了被保险人的年龄,保险金额或保险费将根据真实年龄予以调整。

在人身保险合同中，被保险人的年龄对于保险人是否同意承保以及确定保险费率具有重要意义。一般来说，保险公司根据人身保险的特点，按照概率计算，确定承保年龄的最低和最高限，对不符合年龄范围的，不予承保。同时，保险公司要以被保险人的年龄为参考值，根据生命表等计算出死亡概率，确定被保险人在不同年龄段投保时应缴纳保险费的费率。因此，对未如实申报被保险人年龄的适用此条款。该条款也属于不可抗辩条款的适用范围。

年龄误告条款针对投保人申报的被保险人年龄不真实的情况，主要有三种：

1.投保人申报的被保险人的年龄不真实，且其真实年龄不符合合同约定的年龄限制者，保险人解除保险合同，并在扣除手续费后，向投保人退还保险费，但自合同成立之日起逾两年的除外。

2.投保人申报的被保险人年龄不真实，但其真实年龄符合合同约定的年龄限制，致使投保人支付的保险费少于应付保险费的，保险人有权要求投保人补缴保险费，或者按照实付保险费与应付保险费的比例支付保险金。调整公式为：

$$\text{实际给付的保险金}=\text{约定的保险金额}\times\frac{\text{实付保险费}}{\text{应缴保险费}}$$

3.投保人申报的被保险人年龄不真实，但其真实年龄符合合同约定的年龄限制，致使投保人支付的保险费多于应付保险费的，保险人应当将多收的保险费退还投保人。

我国《保险法》第32条："投保人申报的被保险人年龄不真实，并且其真实年龄不符合合同约定的年龄限制的，保险人可以解除合同，并按照合同约定退还保险单的现金价值。保险人行使合同解除权，适用本法第16条第3款、第6款的规定。"

投保人申报的被保险人年龄不真实，致使投保人支付的保险费少于应付保险费的，保险人有权更正并要求投保人补交保险费，或者在给付保险金时按照实付保险费与应付保险费的比例支付。

投保人申报的被保险人年龄不真实，致使投保人支付的保险费多于应付保险费的，保险人应当将多收的保险费退还投保人。

（三）宽限期条款

该条款规定：合同约定分期支付保险费，投保人支付首期保险费后，未按时缴付续期保险费的，法律规定或合同约定给予投保人一定的宽限时间（通常为1个月或2个月）。在宽限期内，保险合同效力正常。

人寿保险合同一般是长期性合同，缴费期限有的长达几十年。在这个漫长的过程中，投保人可能因经济条件的变化而发生临时缴费困难的情形，或出于疏忽等种种原因而未能及时缴费，若保险人不给予其一定的缴费宽限期，可能最终导致许多合同并非出于当事人的意愿而失效。对保险人而言，也会影响保险单的继续率，不利稳定经营。因此，宽限期条款对合同双方都是有利的。

我国《保险法》第36条规定："合同约定分期支付保险费，投保人支付首期保险费后，除合同另有约定外，投保人自保险人催告之日起超过30日未支付当期保险费，或者超过约定的期限60日未支付当期保险费的，合同效力中止，或者由保险人按照合同约定的条件减少保险金额。"

被保险人在前款规定期限内发生保险事故的，保险人应当按照合同约定给付保险金，但可以扣减欠交的保险费。

（四）复效条款

复效条款是指投保人在人寿保险合同因逾期交费而效力中止后，两年内向保险人申请复效，经保险人审查同意，投保人补交失效期间的保险费及利息，保险合同即恢复效力。保险合同复效后，对失效期间发生的保险事故，保险人不予负责。但是，自合同效力中止之日起两年内双方未达成复效协议的，保险人有权解除合同。解除合同时，投保人已交足两年以上的保险费，保险人应当退还保单的现金价值；投保人未交足两年保险费的，保险人应当在扣除手续费后，退还保险费。

我国《保险法》第 37 条规定："合同效力依照本法第 36 条规定中止的，经保险人与投保人协商并达成协议，在投保人补交保险费后，合同效力恢复。但是，自合同效力中止之日起满两年双方未达成协议的，保险人有权解除合同。保险人依照前款规定解除合同的，应当按照合同约定退还保险单的现金价值。"

对投保人来讲，复效要比重新订立保险合同更为有利。这是因为：第一，在程序上更简便、快捷；第二，保险人往往根据风险的大小收取首期保险费，复效可以避免一次性交付更多的首期保险费；第三，复效可以让投保人享受最初订立合同时的特殊保障，而这种特殊保障在重新订立合同的情况下可能不复存在；第四，保险人可能对已生效的保单提供一些优惠，而对新签发的保单不提供这些优惠；第五，保险合同复效后，原来的保单准备金立刻恢复，继续积累；第六，保险合同效力中止或失效后，如果被保险人已经超过投保年龄限制，也只能要求恢复原合同的效力，才有可能继续享有参加保险的权利。当然，投保人提出复效时，必须履行一定的程序，这个的程序包括：提出复效申请；提供可保证明，例如体检报告、健康证明等；付清欠交保费及利息；付清保单借款。

对于保险人而言，复效条款使得其利益也得到保护。如果只要投保人逾期不履行缴付保险费义务保险人就解除合同或终止合同的话，并不利于保险人维持既有的保险业务。

案例阅读 

人身保险合同效力中止、恢复与解除

案情：2003 年 7 月 5 日，田某向某保险公司投保了主险（分红型），附加重疾、意外伤害、意外医疗险。田某自合同生效后一直依照约定缴纳保费至 2010 年 7 月 5 日，已交保费合计 102 504 元。2010 年 7 月 5 日田某未及时缴纳当期保费。至 9 月 5 日，在保单宽限期内，田某经催交通知后仍未及时缴纳保费，导致保单失效。2010 年 10 月 24 日，田某向保险公司申请复效，保险公司要求其进行体检，但田某称其身体健康，无须体检，并提供其曾于 2010 年 10 月 6 日和 9 日在某医院的体检《健康报告书》。2010 年 11 月，保险公司到某医院对田某的身体状况进行调查，发现田某未如实告知。保险公司遂拒绝田某的复效申请。2011 年 8 月 2 日，田某不服保险公司拒绝复效决定，诉至法院，请求判令保险公司全额退还保费及分红共计 103 704 元。法院经审理认为：本案争议焦点是原告在申请复效时是否履行了如实告知义务；被告解除保险合同是否符合法律及合同的规定和约定；

原告是否有权要求被告全额返还保费及分红。保险合同为诚信合同，投保人负有在复效时是否履行了如实告知义务。田某已缴纳保费 7 年，按约定其保单现金价值为 45 180 元，根据保险合同，合同效力中止之日起两年内，双方未达成复效协议的，保险公司有权解除合同；投保人缴费已交足两年以上保费的，保险公司退还保单现金价值。

判决：一、被告应在本判决发生法律效力之日起十日内，退还保单现金价值 43 180 元给原告。二、被告应在本判决发生法律效力之日起十日内，向原告支付保单红利1 184.38 元。三、驳回原告其他诉讼请求。

资料来源：110 法律咨询网。

（五）自杀条款

自杀条款是指以死亡作为给付保险金条件的人身保险合同，在合同生效后的一定时期内（通常为 2 年）被保险人自杀死亡的，属于除外责任，保险人不给付保险金，但对投保人已支付的保险费，保险人应按照保险合同退还其现金价值；保险合同生效一定时期（通常为 2 年）后被保险人自杀死亡的，属于保险责任，保险人按保险合同的约定给付保险金。

自杀是指法律意义上的自杀，即故意用某种手段终结自己生命的各种行为。自杀须有两个条件：一是主观上有终结自己生命的意图；二是客观上实施了足以使自己当即死亡的行为。二者缺一不可。认定自杀的行为人必须具有民事行为能力，无民事行为能力人结束自己生命的行为不属于自杀而属于意外事件。

我国《保险法》第 44 条规定："以被保险人死亡为给付保险金条件的合同，自合同成立或者合同效力恢复之日起两年内，被保险人自杀的，保险人不承担给付保险金的责任，但被保险人自杀时为无民事行为能力人的除外。保险人依照前款规定不承担给付保险金责任的，应当按照合同约定退还保险单的现金价值。"在理解这一条法规时，要特别注意的被保险人在自杀时无民事行为能力的，无论自杀行为是否发生了保险合同成立或者效力恢复之日起的两年之内，保险人均应当承担给付保险金的责任。

我国《保险法》第 45 条又规定："因被保险人故意犯罪或者抗拒依法采取的刑事强制措施导致其伤残或者死亡的，保险人不承担给付保险金的责任。投保人已交足 2 年以上保险费的，保险人应当按照合同约定退还保险单的现金价值。"

案例阅读

案情：甲参加某旅行社组织的旅游活动，旅行社作为投保人为甲投保了游客意外伤害保险。保险合同约定，游客的旅行期间发生意外伤害事件造成死亡的，保险公司向游客赔偿保险金 20 万元。甲在旅游期间住宿于某酒店四楼的客房，某夜晚自其住宿的客房内坠楼身故。

甲的继承人向保险公司提出给付保险金的请求。保险公司认为，甲所住宿的客房窗户与地面距离近一米且比较狭小，人欲从该窗户内钻出比较困难，甲失足坠落的可能性完全可以排除，应当认定甲死于自杀，因此拒绝承担保险责任。甲的继承人则认为，保险公司认定甲死与自杀没有事实依据，随即向法院起诉保险公司，要求保险公司给付保险金 20 万元。在诉讼过程中，甲向法院提交了旅行社导游、旅行团其他游客的证言，证明甲在旅游活动中情绪正常无异样，不具备自杀的可能性。

审判：审理案件的法院认为，保险人以被保险人的死亡为自杀为由拒绝承担保险责任，即应当承担证明被保险人死于自杀的证明义务。保险人有关甲住宿客户窗户狭小、钻出困难，故被保险人自该窗户失足坠落的可能性较小的分析虽然具有一定的合理性，但依据上述分析得出的甲死于自杀的结论，仅是一种可能性，而不具有必然性。自杀是行为人故意剥夺自己的生命，明显背离人类通常行为方式的反常行为，除非有确切证据证明（如遗书），或者以具有强大的说服力的逻辑推理来认定这一事实的存在（如行为人服用了其明知为剧毒的药物），否则被保险人自杀的事实不能被轻易认定。据此，法院认定保险公司拒绝承担保险责任的理由不充分，判决保险公司向甲的继承人给付保险金。

资料来源：《中华人民共和国保险法条文理解与适用》中国法制出版社。

（六）不丧失现金价值条款

不丧失现金价值条款又称不没收条款，是指寿险合同的投保人享有保险单现金价值的权利不因合同效力的变化而丧失。即当投保人无力或不愿继续支付保费维持合同效力时，由其选择如何处理保单项下积存的责任准备金，可以作为退保金以现金返还，也可以作为趸缴保险费将原保单改为缴清保单或展期保单。

投保人可以任选一种形式取得保单的现金价值：

1.现金返还。

2.将原保单改为缴清保单。缴清保单是原保单的保险责任、保险期限不变，只依据保单的现金价值数额相应降低保险金额，投保人不必再缴纳保险费的保单。

3.将原保单改为展期保单。展期保单是将保单改为与原保单的保险金额相同的死亡保险，保险期限相应缩短，投保人不必再缴纳保险费的保单。即以保单的现金价值作为趸缴保险费，投保死亡保险，保险金额与原保单相同，保险期限依据保险费数额而定，但不能超过原保单的保险期限。

第 2、3 种获取保单现金价值的办法尤其适合于收入突然锐减、失去按原合同规定继续缴纳较高数额保费，但又不愿意中断保险保障的客户所采用。

我国《保险法》对此作了相应规定。

（七）自动垫缴保险费条款

自动垫缴保险费条款是指分期支付保费的长期人身保险合同，合同生效两年后，如果投保人逾期未支付当期保险费，而保单当时的现金价值足以垫缴应缴保费及利息时，除投保人事先另以书面说明作反对声明外，保险人将自动以保单的现金价值垫缴保险费及利息。在垫缴保险费期间，如果发生保险事故，保险人仍承担责任，但要从支付的保险金中扣除垫缴的保险费及利息。如果垫缴后，投保人续期保费仍未支付，垫缴应继续进行，直到垫缴的保险费及利息达到保单的现金价值数额时，保险合同的效力自行终止，投保人不能再要求保险人退还保单的现金价值。

规定该条款的目的是为了减少保单失效，维持较高的续保率。为了防止过度使用这种条款，有些保险公司会对使用次数加以限制。我国《保险法》中无此条款相关规定，但许多寿险公司在寿险投保单中给了客户选择此条款的权利。

（八）保单贷款条款

保单贷款条款是指人寿保险合同生效满一定时期（通常为 2 年）后，投保人可以以保单为质押向保险人申请贷款，贷款期限一般不超过 1 年，贷款金额不得高于保险单项下积累的现金价值。投保人应按期归还贷款并支付利息。如果在归还贷款本息之前发生了保险事故或退保，保险人则从赔款或现金价值中扣除贷款本息。当贷款本息达到责任准备金或退保金数额时，保险合同即行终止，保险公司必须提前 31 天通知保单所有人。由于保险单质押贷款并不是通常意义上的贷款，而是预付保险单的现金价值，因此在法律上保险人并不能要求借款人到期一定偿还。

实行保单贷款方便了投保人，降低了保单解约率，增加了保险人的资金运用渠道。但由于贷款金额较小，笔数较多，利率略高或等于金融机构的类似贷款利率，使得保单贷款的净收益率远小于保险人将此笔资金运用于其他投资所能得到的净收益率。所以，此条款可以看成是保险人给予投保人的优惠条款。

（九）红利任选条款

寿险保单包括分红保险和不分红保险。如果投保人投保的是分红保险，便享有红利分配的权利，红利任选条款规定了领取红利的方式。

1.领取现金。即保单持有人直接领取现金红利。

2.抵缴续期保费。即用红利支付到期的续期保险费。通常保险人会通知投保人红利金额及扣除红利后的应缴保费金额。

3.积累生息。即将红利留在保险公司，并由保险公司支付相应的利息。

4.增加保额。即以红利作为趸交保费，购买定期寿险（通常为附加的 1 年期寿险）或到期日与原保单相同的保险。

5.提前满期。即把红利并入寿险责任准备金中，使被保险人提前若干年领取保险金。就生存保险和两全保险来说，如果在寿险责任准备金中加入一笔资金，就可以提前使寿险责任准备金数额达到保险金额，从而使保单提前满期。

第三节 健康保险

一、健康保险的概念及特征

（一）健康保险的概念

人的一生，除了死亡风险和年老风险外，还会面临疾病和残废等人身风险。这两种风险的发生，一方面需要治疗支出医疗费用，另一方面因疾病或意外伤害暂时或永久丧失工作能力会导致收入损失。健康保险正是以这两种风险作为保险责任，补偿医疗费用支出和收入损失。因此，健康保险可以定义为：以被保险人的身体为保险标的，在保险期限内被保险人因疾病、生育或意外事故导致医疗费用支出或收入损失时，由保险人予以补偿或给付保险金的人身保险。

2006 年 8 月，中国保监会颁布并于当年次月开始实施的《健康保险管理办法》第 3 条规定："本法所指健康保险，是商业保险公司通过疾病保险、医疗保险、失能收入损失保险和护理保险等方式对健康因素导致损失给付保险金的保险。"新的《健康保险管理办法》已经中国银保监会 2018 年第 6 次主席会议通过。现予公布，自 2019 年 12 月 1 日起施行。新的《健康保险管理办法》的第二条规定"健康保险，是指由保险公司对被保险人因健康原因或者医疗行为的发生给付保险金的保险，主要包括医疗保险、疾病保险、失能收入损失保险、护理保险以及医疗意外保险等。"不管是旧办法和新办法，健康保险保障的内容包括疾病保险、医疗保险、失能收入损失保险和护理保险。

（二）健康保险的特征

健康保险与人寿保险、意外伤害保险均属于人身保险业务的范畴，因而在保险合同主体、客体、内容规定，以及保险业务经营管理等方面存在一定的相似性，但健康保险与其他人身保险业务相比，也存在诸多不同的特征。

1.保险期限多为短期性

健康保险的保险期限与意外伤害保险具有相似性，保险期限均较短。除重大疾病保险外，绝大多数为一年期的短期人身保险合同。

2.承保风险的变动性和不易预测性，精算技术要求高

健康保险承保的风险——疾病，具有出现频率高、损失机会大、损失频率变化极不规则等特点，且健康保险费率厘定所考虑的因素复杂，除考虑疾病的发生率、疾病的持续时间、残疾发生率、死亡率、续保率、附加费用、利率等因素外，保险公司的展业方式、承保理赔管理以及主要经营目标，也会对健康保险的风险测定、费率厘定产生一定的影响。经济的发展伴随环境变化所导致的疾病种类增多和变异，科学进步与推广下医疗器械、药品的更新换代，医疗技术的不断进步，市场价格的上升，这些因素都造成健康保险的保险金给付呈上升趋势。加之健康保险经营管理环节复杂，易发生道德风险、逆选择等问题，致使健康保险风险测定比较困难，保险费率计算误差较大。为保证保险人经营的稳定性，便于保险人根据实际情况适时合理调整费率，健康保险对精算技术要求高。

3.承保管理的严格性

健康保险在核保中有非常严格、独特的制度，表现在：按照风险程度被保险人被分为标准体保险和非标准体保险两类；保险人针对被保险人所患特殊疾病制定特种条款；设立非保体规定，具体包括拒保体和延期保险；核保时需要考虑被保险人的年龄、既往病史、现病症、家族病史、职业、居住环境及生活方式等多种因素。

4.合同条款的特殊性

健康保险除带有死亡给付责任的终身医疗保险之外，都是为被保险人提供医疗费用和残疾收入损失补偿，以被保险人的存在为条件，受益人与被保险人为同一人，所以无须指定受益人。健康保险条款中，除适用一般寿险的不可抗辩条款、宽限期条款、不丧失价值条款等外，还采用一些特有条款，如体检条款、免赔额条款、等待期条款、既存状况条款、转换条款、协调给付条款等。此外，健康保险合同中有较多的医学方面的术语和名词定义，有关保险责任部分的条款也显得比较复杂。

5.保险金给付的多样性

人寿保险和意外伤害保险合同都属于定额给付性合同，而健康保险合同既有定额给

付性合同,也有补偿性合同。补偿性健康险合同强调对被保险人因伤病所致的医疗花费或收入损失提供补偿,类似于财产保险合同。因此,一些国家把健康保险中的补偿性合同和意外伤害保险列为第三领域,允许非寿险公司承保。我国也遵从国际惯例,允许财产保险公司经营短期健康保险和意外伤害保险。

二、健康保险的若干特别规定

(一)观察期

观察期也称试保期,是指健康保险合同成立后到正式开始生效之前的一段时间。为防止带病投保,保险人通常在首次投保的健康保险单中规定一个观察期(30 天到 180 天不等)。被保险人在观察期内检查出的疾病都推定为投保之前已经患有,保险人不负责任。但在观察期内因意外伤害所致的医疗费用和收入的损失,保险人要承担给付保险金的责任。

(二)责任期

责任期是指自被保险人患病或遭受意外伤害之日起的一定时期(90 天或 180 天)。在此期间内,被保险人的治疗费用或收入损失由保险人承担,过期的费用不再承担。责任期与保险期间可能相同,也可能不相同。

(三)共保比例条款

共保比例条款也称共同分摊条款,类似于保险人与被保险人的共同保险,是指按照医疗保险合同约定的一定比例由保险人与被保险人共同分摊被保险人医疗费用的保险赔偿方式。许多保单中包含一个 20%的共保要求,按照这个要求,被保险人在医疗费用中承担 20%的比例。

(四)免赔额条款

免赔额条款是指在健康保险中规定免赔额,在免赔额以内的医疗费用支出由被保险人自己负担,保险人不予赔付;超过的部分由保险人予以补偿。免赔方式有两种,一种是相对免赔额,一种是绝对免赔额。健康保险业务中通常采用绝对免赔方式。

(五)给付限额条款

在补偿性质的健康保险合同中,保险人给付的医疗保险金有最高限额规定,如单项疾病给付限额、住院费用给付限额、手术费用给付限额、门诊费用给付限额等。健康保险的被保险人的个体差异很大,其医疗费用支出的高低差异也很大,因此为保障保险人和大多数被保险人的利益,规定医疗保险金的最高给付限额可以控制总的支出水平。比如规定一年的给付额最高为 1 万元或 2 万元的额度等。

而对于具有定额保险性质的健康保险,如大病保险等,通常没有赔偿限额,依约定保险金额实行定额赔偿。

(六)续保条款

续保条款是指投保人与保险人在保险合同中约定,在前一保险期间届满后,投保人提出续保申请,保险公司必须按照约定费率和原条款继续承保。

保证续保有两种规定:一种是只要被保险人符合合同规定的条件就可以续保,直到某一特定的时间或年数,此谓条件性续保;另一种是只要被保险人继续缴纳保费,合同可继续有效，直到一个规定的年龄，在此期间保险人不能单方面改变合同中任何条件，此谓保证性续保或无条件续保。

我国《健康保险管理办法》第 20 条规定："含有保证续保条款的健康保险产品，应当明确约定保证续保条款的生效时间。含有保证续保条款的健康保险产品不得约定在续保时保险公司有调整保险责任和责任免除范围的权利。保险公司将含有保证续保条款的健康保险产品报送审批或者备案的，应当在产品精算报告中说明保证续保的定价处理方法和责任准备金计算办法。"

案例阅读

案情：2006 年 7 月 22 日，董某投保个人医疗保险，其在投保单中授权保险公司："对于 1 年期险种，在保险单终止前，如你公司未收到本人不再继续投保的书面通知，你公司可视作本人同意下一保险年度继续投保；本投保单中所填银行及账号是投保人本人的开户银行及账号，投保人同意并授权该银行从此账户转账支付续期/续保保险费。"2006 年 8 月 5 日，保险公司签发了保险单。保险单载明：保险单生效日为 2006 年 7 月 25 日 0 时，保险单终止日为 2007 年 7 月 24 日 24 时，保险期间为一年。本合同保险期满后，投保人可在保险单载明的时间范围内向本公司提出续保申请，经本公司审核同意后方可续保。本公司经审核不接受续保的，则本合同在保险单载明的保险期间期满日终止。如投保人连续投保本合同满三年，投保人可向本公司书面申请保证续保。投保人依前述约定享有的仅是向本公司表达保证续保意愿的申请权，并不表示本公司必须接受投保人保证续保的申请。本公司接到投保人保证续保申请后，应对该申请进行审核。本公司审核保证续保申请时可要求被保险人体检或提供所需材料。本公司对投保人的保证续保申请审核后，可做出无条件接受保证续保申请或有条件接受保证续保申请的决定，亦可做出不接受保证续保申请的决定。本合同进入保证续保后，本公司不得因为被保险人的健康状况或职业状况而终止被保险人续保，也不能对保证续保后新发生的疾病做加费和除外处理，被保险人最高可保证续保至 64 周岁。本合同由保险单及所附条款、投保单、与本合同有关的投保文件、合法有效的声明、批注、附贴批单及其他书面协议构成。

保险合同于 2006 年 7 月 25 日零时生效，后董某在 2007 年、2008 年两次续保并交纳了保险费。至 2009 年 7 月 24 日 24 时，董某连续投保个人医疗保险满三年。2009 年 7 月 27 日，保险公司通过银行从董某账户上划走保费 1 101 元。董某按照保险公司的要求，于 2009 年 8 月 7 日到医院体检，又于 8 月 10 日向保险公司提交了《保证续保申请书》。后保险公司根据董某的体检结果向其发出了《健康险保证续保核保通知书》，告知因其血糖高、腹部 B 超异常，不接受其保证续保申请。董某认为，保险公司在未收到投保人的保证续保申请前就已经划走了保险费，因此应当履行保证续保的责任，故起诉要求保险公司无条件履行保证续保责任。

审判：法院认为：双方当事人争议的焦点问题是，保险公司从董某银行账户中划款的行为是否构成承诺保证续保。首先，董某在投保单中有明确声明及授权，因此，保险公司可以在一年期的保险合同到期而又没有接到投保人不同意继续投保的书面通知时，自行从投保人的账户中划付续期保费；其次，根据保险单的内容可知，续保与保证续保不属于同一概念，保证续保加大了保险人的责任，鉴于此，保险条款中所规定的保证续保的程序要更为严格。从双方关于保证续保程序的约定可以看出，划付下一年度保费与承诺保证续保之间并无必然联系。综合以上两点可知，在保险合同中对保证续保保费与续保保费并无特殊约定的情况下，单纯划付保费的行为不能被认定为是保险公司同意保证续保。法院最终驳回了董某的诉讼请求。

资料来源：泰康人寿官方网站。

三、健康保险的种类

(一)医疗保险

医疗保险是医疗费用保险的简称，按照我国《健康保险管理办法》第 2 条的规定："医疗保险是指按照保险合同约定为被保险人的医疗、康复等提供保障的保险。"

医疗保险是健康保险最重要的组成部分，目的在于补偿被保险人因疾病、生育或意外伤害进行治疗时所支出的医疗费用。医疗保险所承保的医疗费用一般包括医生的医疗费和手术费、药费、诊疗费、护理费、各种检查费和住院费用以及医院杂费等。各种不同的医疗保险保单所保障的费用一般是其中的一项或若干项医疗费用的组合。

医疗保险主要有以下几种：

1.按照医疗保险的保险保障范围划分，可分为普通(常见)医疗保险、住院医疗保险、手术医疗保险和综合医疗保险

(1)普通医疗保险。普通医疗保险主要用以保障被保险人治疗疾病时所发生的一般性医疗费用支出，即对门诊医疗费用、住院医疗费用和手术医疗费用提供补偿(主要包括门诊、医药、检查等项费用)的医疗保险。这种保险的保费成本较低，比较适用于一般社会公众。由于医药费用和检查费用的支出控制有一定的难度，这种保单一般也设有免赔额和比例给付规定，保险人支付医疗费用扣除免赔额后的一定百分比(比如 80%)，保险费用则每年更新一次。多次疾病所发生的费用累计超过保险金额时，保险人不再负保险责任。

(2)住院医疗保险。住院医疗保险是以保险人对被保险人因疾病或意外伤害住院而支出的各种医疗费用提供保障的医疗保险，目的在于解决被保险人因住院而产生的高额费用支出问题。由于住院所发生的费用是相当可观的，故将住院的费用作为一项单独的保险责任。住院保险的费用项目主要是每天住院房间的费用、住院期间医生治疗费用、利用医院设备的费用、手术费用、医药费等。住院时间长短将直接影响其费用的高低，因此，这种保险的保险金额应根据病人平均住院费用情况而定。为了控制不必要的长时间住院，这种保单一般规定保险人只负责所有费用的一定百分比(例如 90%)。

(3)手术医疗保险。手术医疗费用保险是以保险人对被保险人在患病治疗过程中所必须进行的各种大小外科手术而产生的医疗费用提供补偿的医疗保险。补偿的范围包括手术费、麻醉师费、各种手术材料费、器械费和手术室费等。这种保险提供因病人需作必要的手术而发生的费用补偿，保单一般是负担所有手术费用。

(4)综合医疗保险。综合医疗保险是保险人为被保险人提供的一种保障范围较全面

的医疗保险，能够对疾病或意外伤害导致的大多数医疗费用进行补偿，其保障内容主要包括住院床位费、检查检验费、手术费、诊疗费和门诊费等，此外，还包括门诊费和对某些康复治疗费用的补偿。与前述几项医疗保险比，综合医疗保险保障范围广泛、补偿程度高、给付限额相对较高、除外责任较少，实际上是前几个医疗保险险种的组合。这种保单的保险费较高，一般确定一个较低的免赔额和适当的分担比例（如 90%）。

此外，还有高额医疗保险、特种疾病医疗保险等。

2.按照保险金的给付性质划分，可分为费用补偿型医疗保险和定额给付型医疗保险

(1)费用补偿型医疗保险

费用补偿型医疗保险，是指根据被保险人实际发生的医疗、康复费用支出，按照约定的标准确定保险金数额的医疗保险。费用补偿型医疗保险的给付金额不得超过被保险人实际发生的医疗、康复费用金额。

(2)定额给付型医疗保险

定额给付型医疗保险，是指按照约定的数额给付保险金的医疗保险。

(二)疾病保险

按照我国新《健康保险管理办法》第 2 条规定："疾病保险是指是指发生保险合同约定的疾病时，为被保险人提供保障的保险。"

疾病保险是指以保险合同约定的疾病的发生为给付保险金条件的保险。疾病保险并不考虑被保险人的实际医疗费用支出，而是依照保险合同约定给付保险金。疾病保险是健康保险业务的重要组成部分，它是以特定人群或特种疾病发生的医疗费、护理费等为保险金给付条件向被保险人提供的经济保障。

疾病保险所承保的"疾病"首先应符合健康保险"疾病"的基本条件：疾病是指由于人体内在的原因，造成精神上或肉体上的痛苦或不健全。构成健康保险所指的"疾病"必须具备以下三个条件：第一，必须是由于明显非外来原因所造成的，由于外来的、剧烈的原因造成的病态视为意外伤害，而疾病是由身体内在的生理的原因所致，但若因饮食不慎、感染细菌引起疾病，则不能简单视为外来因素，因为外来的细菌还是经过体内抗体以后，最后再形成疾病；第二，必须是非先天性的原因所造成的，健康保险仅对被保险人的身体由健康状态转入病态承担责任，由于先天原因，使身体发生缺陷（如视力、听力的缺陷或身体形态的不正常），这种缺陷或不正常则不能作为疾病由保险人负责；第三，必须是由于非长存的原因所造成的（人到一定年龄以后出现的衰老现象，不能称之为疾病，也不是健康保险的保障范围；但在衰老的同时诱发出其他疾病却是偶然的，需要健康保险来提供保障）。

疾病保险主要包括以下两种类型：

1.重大疾病保险。重大疾病保险是指当被保险人在保险合同有效期间内罹患合同所指定的重大疾病（如心脏病、癌症等）时由保险人按合同约定给付保险金。

2.特种疾病保险。特种疾病保险是保险人以被保险人罹患某些特殊疾病为保险金给付条件，按合同约定金额给付保险金或者对被保险人治疗该种疾病的医疗费用进行补偿的保险。如生育保险、牙科费用保险、眼科保健保险、艾滋病保险、团体传染性非典型肺炎疾病保险、禽流感保险等。

知识链接

购买重大疾病保险能否保障艾滋病?

艾滋病都是免责的,新华人寿保险公司于2005年推出了一款健康保险产品,该险种保障范围不仅包含了32种重大疾病及手术,还特别将医护人员因工作而感染艾滋病或艾滋病病毒纳入重疾保障范围内。这款产品目前已经停售,新产品升级后把艾滋病重新列入“免责条款”。而且,在咨询过中国人寿、太平洋人寿、平安人寿和泰康人寿等多家保险公司后,风险艾滋病几乎都被明确标注“免责”。但是,艾滋病中的血液传染不免责,虽然几乎所有保险都“谈艾色变”,但还是有特例。太平洋人寿保险专家介绍,该公司有一款重大疾病保险包含了恶性肿瘤等30种重大疾病,其中对因血液传染所患的艾滋病是在承保范围内,但必须同时具备4个条件:造成感染的输血事件发生在保单生效日后;必须提供输血治疗的输血中心出具的该项输血感染属医疗责任事故的报告;受感染的被保险人不是血友病患者;艾滋病病情须对生命造成威胁并在索赔时医疗技术尚无已知治愈方法。

(三)失能收入损失保险

按照我国新《健康保险管理办法》第2条规定:“失能收入损失保险,是指以保险合同约定的疾病或者意外伤害导致工作能力丧失为给付保险金条件,为被保险人在一定时期内收入减少或者中断提供保障的保险。”其主要目的是为被保险人因丧失工作能力导致收入的丧失或减少提供经济上的保障,但不承担被保险人因疾病或意外伤害所发生的医疗费用。

失能收入损失保险具有独特的业务规定:

1.保险金给付条件。以被保险人发生残疾为给付保险金的条件:一种是补偿因伤害而致残疾的收入损失;另一种是补偿因疾病造成残疾而致的收入损失。在实践中,因疾病而致残疾比因伤害而致残疾更为多见。

2.保险金额的确定及给付方式。失能收入损失保险保险金给付金额的确定有固定给付和比例给付两种。给付方式有一次给付和分次给付,主要根据被保险人的选择而定。失能收入损失保险所提供的保险金不一定能完全补偿被保险人因伤残而遭致的收入损失,给付额一般都有最高限额,该限额低于被保险人在伤残以前的正常收入水平。因为当被保险人所得现金给付额较高时,他可能不愿返回工作岗位或者拖延丧失工作能力的期间,这种道德风险对保险人是非常不利的。

3.失能收入损失保险还有免责期、给付期的相关规定。免责期是指在残疾失能开始后无保险金可领取的一段时间,即残疾后的前一段时间。免责期间类似于医疗费用保险中的免责期或自负额,在此期间保险人不作任何补偿。给付期是指收入损失保险保单支付保险金的最长时间。给付期限可以是短期,也可以是长期。短期补偿是为了补偿被保险人在身体恢复前不能工作的收入损失;长期补偿是为了补偿被保险人全部残疾而不能恢复工作的收入损失。

4.失能收入损失保险中"残疾"有特定的含义和标准。"残疾"和"全残"是失能收入损失保险中两个非常重要的概念。"残疾"指由于伤病等原因在人体上遗留的固定症状,并影响正常生活和工作能力。导致残疾的原因通常有先天性的残障、后天疾病遗留、意外伤害遗留等。失能收入损失保险对先天性的残疾不给付保险金,并规定只有满足保单载明的全残定义时,才可以给付保险金。

(四)护理保险

按照我国新《健康保险管理办法》第2条规定:"护理保险,是指按照保险合同约定为被保险人日常生活能力障碍引发护理需要提供保障的保险。"

护理保险主要是为被保险人在老年护理中心和其他一些康复机构,甚至被保险人家中因各种护理需要或接受各类护理服务所产生的费用提供补偿的保险。该险种在国外比较流行,国外习惯称之为长期护理健康保险,又名老年看护健康保险。一般的医疗保险或其他老年医疗保险不提供长期护理的保障。其保险范围分为医护人员看护、中级看护、照顾式看护、家中看护四个等级。

确定长期护理保单的保险责任一般要求被保险人不能完成下述五项活动的两项即可:①吃饭;②沐浴;③穿衣;④如厕;⑤移动。除此之外,患有老年痴呆症等认知能力障碍的人通常需要长期护理,但他们确能执行某些日常活动,为解决这一矛盾,目前所有长期护理保险已将老年痴呆和阿基米德病及其他精神疾患包括在保险责任范围内。

第四节　人身意外伤害保险

一、人身意外伤害保险的含义及条件

人身意外伤害保险是指以被保险人因遭受意外伤害造成死亡、残疾为给付保险金条件的人身保险业务。"人身意外伤害"是指在被保险人没有预见到或违背被保险人意愿的情况下,突然发生的外来致害物对被保险人身体明显、剧烈的侵害的客观事实。其包括三层意思:(1)必须有客观的意外事故发生,且事故原因是意外的、偶然的、不可预见的;(2)被保险人必须有因客观事故造成死亡或残疾的结果;(3)意外事故的发生和被保险人遭受人身伤亡的结果之间存在着内在的、必然的联系,即意外事故的发生是被保险人遭受伤害的原因,而被保险人遭受伤害是意外事故的后果。

意外伤害包含"意外"和"伤害"两个必要条件。伤害指人的身体受到侵害的客观事实,由以下要素构成:

1.致害物,是指直接造成伤害的物体或物质。没有致害物,就不可能构成伤害。且致害物必须是外来的,如:器械的伤害、自然伤害、化学伤害、生物伤害、精神方面的伤害等。

2.侵害对象,是指致害物侵害的客体。在意外伤害保险中,只有致害物侵害的对象是被保险人的身体时,才能构成伤害。

3.侵害事实,是指致害物以一定的方式破坏性地接触、作用于被保险人身体的客观事实。如果致害物没有接触或作用于被保险人的身体,就不能构成伤害。

阅读思考

这些情况属于意外伤害吗？

1.因冻伤、中暑所致伤害或死亡；

2.因目睹飞机失事而精神失常；

3.因药物过敏致伤残或死亡；

4.因喝酒过量或晕车或妊娠反应引起呕吐，呕吐物进入肺部感染致死；

5.某出租车发现有歹徒抢劫路人时见义勇为，在与歹徒搏斗中导致伤残或死亡；

6.执法人员或消防队员在执行公务过程中受伤或死亡；

7.被气死，猝死；

8.遭狗咬伤患狂犬病；

9.食物中毒。

二、人身意外伤害保险的特征

相对于其他人身险种，人身意外伤害保险有以下几个特征：

1.保险期限短。人身意外伤害保险的保险期限较短，一般不超过一年，有的甚至几天或几个小时，如航空人身意外伤害保险的承保期限仅为一个航程。

2.保险金给付条件的差异。人身意外伤害保险必须以意外伤害为近因，且给付金额需要依据伤残程度而定。在意外保险事故发生时，死亡保险金按约定的保险金额给付，残疾保险金按保险金额的一定百分比给付。

3.保险费率测定基础不同。人身意外伤害保险的纯保险费是根据保险金额损失率计算的，这种方法认为被保险人遭受意外伤害的概率取决于其职业、工种或从事的活动，在其他条件都相同时，被保险人的职业、工种、所从事活动的危险程度越高，应缴的保险费就越多。

4.保险金额的定额给付性。保险金采用定额给付方式，由保险人和投保人共同协商确定。

三、人身意外伤害保险的种类

（一）按保险承保的风险不同分类

根据保险承保的风险不同，可以分为普通意外伤害保险和特定意外伤害保险。

1.普通意外伤害保险

又称一般意外伤害保险。该保险所承保的是一般风险所造成的意外伤害。实务中，大多数意外伤害保险属于此类，比如个人人身意外伤害保险、团体人身意外伤害保险、学生团体平安保险等。其主要特点是保险费率低，承保一般可保的意外伤害伤害。这类险种是人身意外伤害保险的主要险种。

2.特定意外伤害保险

该保险是以特定时间、特定地点或特定原因而导致的意外伤害事件为承保条件的保险。它与普通意外伤害保险相比较为特殊,故人们称之为特定意外伤害保险。这类险种的主要特点包括承保危险较广泛,期限短,意外伤害概率较大等。在实际业务中,该险种大多由投保方和保险方协商一致后以临时签订协议的方式办理。其种类主要有旅行意外伤害保险、交通事故意外伤害保险、电梯乘客意外伤害保险及特种行业意外伤害保险等。

(二)按保险期限不同分类

根据保险期限的不同,可以分为一年期意外伤害保险、极短期意外伤害保险和长期意外伤害保险。

1.一年期意外伤害保险

该保险是指保险期限为 1 年的人身意外伤害保险业务。保险公司目前开办的个人人身意外伤害保险、附加意外伤害保险等均属 1 年期意外伤害保险。在人身意外伤害保险中,1 年期意外伤害保险占大部分。

2.极短期意外伤害保险

该保险是指保险期限不足 1 年,只有几天、几小时甚至更短时间的意外伤害保险。如公路旅客意外伤害保险、索道旅客意外伤害保险、游泳池人身意外伤害保险、航空意外伤害保险等。极短期意外伤害保险大多是特种意外伤害保险。

3.长期意外伤害保险

该保险是指保险期限超过 1 年的意外伤害保险。目前市场上一些保险公司开办了一种满期还本意外伤害保险,即一种多年期储蓄型的人身意外伤害保险。该险种的保险期限为 3 年、5 年、10 年、20 年等,被保险人可以自己选择。投保时投保人缴纳一笔保险本金或按约定的期限每年缴纳一笔保险本金,这笔保险本金金额取决于保险期限、保险金额、被保险人的职业以及相应年期的利率。当被保险人在保险期限内遭受意外伤害造成死亡或残疾,保险人给付死亡保险金或残疾保险金。当保险期满时,无论是否发生过保险金给付,保险本金都将返还。其实意外伤害满期还本保险中充当保险费的就是保险本金在保险期限内所产生的利息。

(三)按险种结构不同分类

根据险种结构分类,可分为单纯意外伤害保险和附加意外伤害保险。

1.单纯意外伤害保险

该保险是指一张保险单所承保的保险责任仅限于意外伤害的人身意外伤害保险。保险公司目前开办的个人人身意外伤害保险、驾驶员意外伤害保险等均属单纯意外伤害保险。

2.附加意外伤害保险

该保险包括两种情况:一种是其他保险附加意外伤害保险;另一种是意外伤害保险附加其他保险责任。

(四)按保险承保的责任不同分类

根据保险承保的责任不同,可分为意外伤害死亡残疾保险、意外伤害医疗保险、综合性意外伤害保险、意外伤害失能收入损失保险。

1.意外伤害死亡残疾保险

该保险是指保险人仅以被保险人遭受意外伤害而致死亡或残疾作为保险金给付条件的一种保险。

2.意外伤害医疗保险

该保险是指当被保险人由于遭受意外伤害需要治疗时，保险人给付医疗保险金的一种保险。

3.综合性意外伤害保险

该保险是指保险人除了承担被保险人因意外伤害的身故保障、残疾保障之外，还提供意外医疗保险金，即在普通意外伤害保险的基础上扩大了保障范围的一种保险，具有投保范围广、保障全面的特点。

4.意外伤害失能收入损失保险

该保险是指当被保险人由于遭受意外伤害暂时丧失劳动能力不能工作时，保险人给付误工损失保险金的一种保险。由于薪金标准不好掌握，故目前我国这类险种并不多见。

四、人身意外伤害保险的保险责任及给付方式

（一）人身意外伤害保险的保险责任

人身意外伤害保险的保险责任是被保险人因意外伤害所致死亡、残疾时，由保险人给付保险金的责任。构成人身意外伤害保险的保险责任必须具备三个条件，这三个条件缺一不可。

1.被保险人在保险期限内遭受了意外伤害

被保险人在保险期限内遭受意外伤害是构成意外伤害保险的保险责任的前提条件。这一前提条件包括：

（1）被保险人遭受意外伤害必须是客观发生的事实，而不是臆想的或推测的。

（2）被保险人遭受意外伤害的客观事实必须发生在保险期限内。如果被保险人在保险期限开始以前曾遭受意外伤害，而在保险期限内死亡或残疾，不构成保险人的保险责任。

2.被保险人在责任期限内死亡或残疾

被保险人在责任期限内死亡或残疾是构成意外伤害保险的保险责任的必要条件。

（1）被保险人死亡或残疾。死亡即机体生命活动和新陈代谢的终止。在法律上发生效力的死亡包括两种情况：一是生理死亡，即已被证实的死亡；二是宣告死亡，即按照法律程序推定的死亡。《中华人民共和国民法通则》第23条规定：“公民有下列情形之一的，利害关系人可以向人民法院申请宣告他死亡：①下落不明满四年的；②因意外事故下落不明，从事故发生之日起满两年的。”

残疾包括两种情况，一是人体组织的永久性残缺（或缺损），如肢体断离等；二是人体器官正常机能的永久丧失，如丧失视觉、听觉、嗅觉、语言机能、运动障碍等。

（2）被保险人的死亡或残疾发生在责任期限之内。责任期限是人身意外伤害保险和健康保险特有的概念。人身意外伤害保险中“责任期限条款”规定，只要被保险人遭受意外伤害是在保险期间，从遭受意外伤害事故发生之日起算的一定期限内（如90天、180

天、一年等)，被保险人因该意外伤害事故死亡或残疾，即使死亡或残疾的结果是发生在保险期限结束之后，保险人仍然承担保险责任。

责任期限实际上是确定意外伤害造成的残疾程度的期限。如果被保险人在保险期限内遭受意外伤害，治疗结束后被确定为残疾时，责任期限尚未结束，保险人应根据确定的残疾程度给付残疾保险金。但是，如果被保险人在保险期限内遭受意外伤害，责任期限结束时治疗仍未结束，尚不能确定最终是否造成残疾以及造成何种程度的残疾，那么，保险人应该按责任期限结束时这一时点的情况确定残疾程度，并按照这一残疾程度给付残疾保险金。以后，即使被保险人残疾治疗痊愈或残疾程度减轻，保险人也不追回全部或部分残疾保险金。反之，即使被保险人残疾程度加重或死亡，保险人也不追加给付保险金。

值得注意的是，如果被保险人在保险期限内因意外事故下落不明，自事故发生之日起满两年、法院宣告被保险人死亡后，责任期限已经超过，那么保险人是否承担保险责任呢？为了解决这一问题，可以在意外伤害保险条款中订立失踪条款或在保险单上签注关于失踪的特别约定，规定被保险人确因意外伤害事故下落不明超过一定期限(如三个月、六个月)时，视同被保险人死亡，保险人给付死亡保险金；但如果被保险人以后生还，受领保险金的人应把保险金返还给保险人。

3.意外伤害必须是造成被保险人死亡或残疾的直接原因或近因

在意外伤害保险中，被保险人在保险期限内遭受了意外伤害，并且在责任期限内死亡或残疾，并不意味着必然构成保险责任。只有当意外伤害与死亡、残疾之间存在因果关系，即意外伤害是死亡或残疾的直接原因或近因时，才构成保险责任。

(1)意外伤害是造成死亡、残疾的直接原因。当意外伤害事故是造成被保险人死亡、残疾的直接原因时，该事故属于保险责任，保险人应该按照合同约定给付死亡保险金或按照被保险人的残疾程度给付残疾保险金。

(2)意外伤害是造成被保险人死亡或残疾的近因。当意外伤害事故是造成被保险人死亡、残疾的近因时，该事故属于保险责任，保险人应该按照合同约定给付死亡保险金或按照被保险人的残疾程度给付残疾保险金。例如，被保险人被铁钉扎伤后患破伤风死亡，被铁钉扎伤是意外事故，但并未直接造成被保险人死亡，从“铁钉扎伤——破伤风——死亡”这一逻辑过程中可知，铁钉扎伤是引起被保险人患破伤风的近因，保险人必须承担给付保险金的责任。

(3)意外伤害是造成被保险人死亡或残疾的诱因。意外伤害使被保险人原有的疾病发作、恶化，造成被保险人死亡或残疾。在这种情况中，其实造成被保险人死亡或残疾的原因是原患疾病，意外伤害只是被保险人死亡或残疾的诱因。当意外伤害是被保险人死亡、残疾的诱因时，保险人不是按照保险金额和被保险人的最终后果给付保险金，而是比照身体健康的人遭受这种意外伤害会造成的后果给付保险金。

(二)意外伤害保险的给付方式

意外伤害保险属于定额给付型保险，当保险责任成立时，保险人按保险合同的约定给付死亡保险金或残疾保险金。

1.死亡保险金的给付方式

当被保险人因意外伤害导致死亡，只要意外伤害是发生在保险期限内，被保险人死亡是在责任期限内，保险人按合同约定的保险金额作定额给付。

2.残疾保险金的给付方式

当被保险人因意外伤害导致残疾，只要意外伤害是发生在保险期限内，被保险人残疾是在责任期限内，保险人按合同的规定给付残疾保险金。

残疾保险金的数额由保险金额和残疾程度两个因素确定。残疾程度一般以百分率表示，残疾保险金数额的计算公式是：

残疾保险金＝保险金额×残疾程度对应的给付比例

人身意外伤害保险的残疾程度对应的给付比例是根据人体各部位残疾对一般劳动能力的影响判定的，除一些从事特定职业的人之外，对大多数人都是适用的。如果某个被保险人要求按人体某个部位的残疾程度对其从事的特定职业的劳动能力的影响给付残疾保险金，必须在投保时与保险人特别约定。

当由于意外伤害造成被保险人身体若干部位残疾时，保险人按保险金额与被保险人身体各部位残疾程度给付比例乘积之和计算残疾保险金，但如果各部位残疾程度给付比例之和超过100%，则按保险金额给付残疾保险金。被保险人在保险期限内多次遭受意外伤害时，保险人对每次意外伤害造成的残疾均按保险合同中规定给付保险金，但给付的保险金累计不超过保险金额。

知识链接 

《人身保险伤残评定标准》正式发布

2013年6月8日，中国保险行业协会联合中国法医学会共同发布了《人身保险伤残评定标准》（以下简称《标准》），成为商业保险意外险领域残疾给付新的行业标准。2014年1月1日起，各保险公司将按要求开始使用。

中保协有关负责人表示，新标准对意外伤害保险的保障范围较原残疾表有了大幅扩展，将提高保险业意外伤害险的保障范围，进一步提升保险消费者保障权益。同时，新标准在伤残分类、残情条目以及保障覆盖范围上处于世界同业标准的先进水平。

根据中国保监会《关于人身保险伤残程度与保险金给付比例有关事项的通知》相关精神，《标准》将以保险行业自律方式在全行业推广使用。保险责任涉及意外伤残给付的个人保险应使用新标准，保险责任涉及意外伤残给付的团体保险参考使用。

据了解，《标准》对人身保险残疾覆盖门类、条目和等级进行了充分“扩容”。覆盖范围方面，新标准改变了原标准以肢体残疾、关节功能丧失为主的情况，增加了神经精神和烧伤残疾，扩大了胸腹脏器损伤、智力障碍等残疾范围，覆盖了包括神经系统、眼耳、发声和言语、呼吸系统、消化系统、泌尿和生殖系统、运动、皮肤等结构和功能等8大门类。新增了对心脏、肺、肝、脾、胃、胰等胸腹脏器和肠结构损伤的20余种残疾状态条目；由于意外事故而造成的烧伤等皮肤残疾也纳入了新标准的保障范围。

在条目描述方面，新标准删除了原标准中“中枢神经系统机能或胸、腹部脏器机能极度障碍”等无明确医学界定的模糊描述,明确增加了智力功能障碍、植物状态等残疾状态。此外,在残疾等级设置方面,原标准为 7 个伤残等级 34 项,而新标准则扩展增加至 10 个伤残等级共 281 项伤残条目。特别是新增加的原标准未包括的 8 至 10 级的轻度伤残保障有 100 余项,将大幅增加对保险消费者的残疾保障程度。

中保协有关负责人表示,作为商业保险领域人身保险伤残评定标准的行业标准规范,其发布和推广是国内意外伤害保险产品发展进程中的一次重要改革和创新,对国内意外险市场的持续、健康发展具有重要现实意义。

资料来源:中国保险报 2013 年 6 月。

案例分析

药物过敏能否给付意外伤害保险金

案情:某被保险人投保了人身意外伤害保险,同时附加了意外伤害医疗保险。一天,被保险人因支气管发炎,去医院求治。医院按照医疗规程操作,先为被保险人进行青霉素皮试,结果呈阴性。然后按医生规定的药物剂量为其注射青霉素。治疗两天后,被保险人发生过敏反应,虽经医院全力抢救,但医治无效死亡。医院出具的死亡证明是:迟发性青霉素过敏。

被保险人的受益人持医院证明及保险合同向保险人提出索赔申请。遭拒后向诉至法院。

分析:保险人内部产生两种不同意见。一种意见是被保险人是在接受疾病治疗过程中死亡的,不属于“意外伤害”的范畴。由于被保险人投保的是人身意外伤害险,并非是疾病死亡与医疗保险,因此,保险人不应承担给付保险金的责任。另一种意见是,尽管被保险人是在治疗疾病过程中死亡的,但由于迟发性的青霉素过敏对于医院和被保险人来说均属突然的意外事件,尤其对于具有过敏体质的人来说,不能认为身体仅对某种物质过敏就认定是次健康体。因此,由于青霉素过敏导致死亡,可以比照中毒死亡处理,而不能认为是因疾病导致死亡。既然如此,排除了被保险人因疾病死亡的可能性,只能视为意外死亡。所以应按照人身意外伤害险的保险合同规定,履行给付保险金的义务。

最终法院按照后一种意见,即按照意外伤害来进行理赔。因为从上述案情知道,被保险人的死亡肯定不是自杀,也不是他杀,也不属于疾病死亡,也不是医院方的医疗责任事故,更不是自然死亡,只有意外死亡。

本章小结

1.人身保险概述

人身保险是以人的生命或身体为保险标的的一种保险。

人身保险具有保险标的不可估价性、保险金额的定额给付性、保险期限的长期性、储蓄性、生命风险的相对稳定性、保险费率确定方式的特殊性以及保险利益的特殊性等特征。

2.人寿保险

人寿保险是以人的寿命为保险标的，以人的生死为保险事件，当发生保险事件时，保险人履行给付保险金责任的一种保险。

人寿保险具有保险标的不可估价性、承保风险的特殊性、风险变动的规律性、保险经营的稳定性、保费计算的特殊性、保险期限的长期性及储蓄性等特征。

人寿保险是人身保险最主要和最基本的险种。主要种类包括普通人寿保险(死亡寿险、生存保险、两全保险)和新型人寿保险(分红保险、变额保险、万能寿险、变额万能保险)。

人寿保险合同的常用条款有不可抗辩条款、年龄误告条款、宽限期条款、复效条款、自动垫缴保费条款、自杀条款、不丧失价值选择条款、红利任选条款以及保单贷款条款等。

3.健康保险

健康保险是指由保险公司对被保险人因健康原因或者医疗行为的发生给付保险金的保险，主要包括医疗保险、疾病保险、失能收入损失保险、护理保险以及医疗意外保险等。

健康保险具有保险期限的短期性、承保风险的变动性和不易预测性、精算技术的高要求性、承保管理的严格性、合同条款的特殊性以及保险金给付的多样性等特征。

健康保险主要有医疗保险、疾病保险、收入损失保险、护理保险等。

4.意外伤害保险

意外伤害保险是人身意外伤害保险的简称。人身意外伤害是指在被保险人没有预见到或违背被保险人意愿的情况下，突然发生的外来致害物对被保险人身体明显、剧烈的侵害的客观事实。

意外伤害保险具有保险期限的短期性、保险金给付条件的差异性、保险费率测定基础的不同性、保险金额的定额给付性等特征。

人身意外伤害保险的保险责任是被保险人因意外伤害所致的死亡和残疾。意外伤害保险属于定额给付性保险，当保险责任成立时，保险人按保险合同的约定给付死亡保险金或残疾保险金。

复习思考题

一、单项选择题

1.人身保险是以(　　)为保险标的，以被保险人在保险期限内发生保险事故或生存至保险期满时给付保险金的保险业务。

A.生存或身体　　B.生存或死亡　　C.生命或身体　　D.健康或疾病

2.人寿保险是以(　　)为保险标的的保险。

A.身体　　B.死亡　　C.生命　　D.生命或身体

3.(　　)是指按照保险合同约定为被保险人的医疗、康复等提供保障的保险。自然保费是指(　　)。

A.医疗保险　　　　　　　　　　B.疾病保险
C.失能收入损失保险　　　　　　D.护理保险

4.定期寿险是指(　　)。
A.以被保险人生存满一定时期为条件给付保险金的保险
B.被保险人在规定时期内发生死亡事故而由保险人支付保险金的保险
C.在规定期限内分期缴付保险费的人寿保险
D.在规定的期限一次交清保险费的人寿保险

5.联合及生存者年金保险是指(　　)。
A.以两个或两个以上的被保险人均生存为给付条件的年金保险
B.以两个或两个以上的被保险人中至少有一个生存为给付条件且给付金额不发生变化的年金保险
C.是指以两个或两个以上被保险人中至少尚有一个人生存作为年金给付条件,但给付金额随着被保险人人数的减少而进行调整的年金保险
D.以两个或两个以上的被保险人均死亡为给付条件的年金保险

6.简易人寿保险的保险费率(　　)普通人寿保险的保险费率。
A.低于　　　　B.等于　　　　C.高于　　　　D.不确定

7.夏晨于2005年4月1日为自己投保了以死亡为给付条件的保险合同,受益人为夏晨的父母。2007年4月5日夏晨因失恋服毒自杀,经医院抢救无效死亡,4月8日夏晨父母向保险公司请求赔偿,则(　　)。
A.因投保人自杀,保险人不承担给付保险金的责任,且不退还保费
B.保险人虽不承担给付保险金责任,但应返还已交保费及利息
C.保险人是否承担赔偿给付责任取决于法院判决
D.保险人应承担赔偿给付责任

8.在保险合同复效以后,下列说法不符合保险实务的是(　　)。
A.复效后,保险人应对效力中止期间发生的事故承担保险责任
B.不可争议期自复效时开始计算,但仅适用于复效申请时投保人所做的陈述和告知
C.自杀条款从复效时重新计算
D.上述说法都不符合保险实务

9.在分期支付保费的保险合同中,若投保人未按期交费,则下列处理方式不正确的是(　　)。
A.投保人超过规定的期限60日未支付当期保费的,合同效力中止
B.投保人超过规定的期限60日未支付当期保费的,保险人可按照合同约定条件减少保险金额
C.投保人因逾期未付保费,致使合同效力中止的,在投保人补交保费后,合同效力可恢复
D.自合同效力中止之日起一年内双方未达成协议的,保险人有权解除合同

10.万能寿险的死亡给付方式是指死亡给付额等于(　　)。
A.净风险保额加上个人账户现金价值,且死亡给付额固定不变

B.净风险保额加上个人账户现金价值,且死亡给付额与现金价值成正比

C.均衡净风险保额加上现金价值,且死亡给付额固定不变

D.均衡净风险保额加上现金价值,且死亡给付额与现金价值成正比

11.不可争条款是指人寿保险合同生效满(　　)后成为无可争议文件。

A.1 年　B.2 年　C.3 年　D.5 年

12.宽限期条款适用于(　　)。

A.趸交保险费的人寿保险　B.健康保险

C.意外伤害保险　D.分期缴费的人寿保险

13.健康保险中为防止已经患病的被保险人投保而规定了(　　)。

A.观察期　B.宽限期　C.保证期　D.追溯期

14.在医疗费用类健康保险中,对于超出免赔额以上部分的医疗费用,通常规定由保险人和被保险人共同分摊。规定具体分摊比例的健康保险条款被称为(　　)

A.免赔额条款　B.比例给付条款　C.给付限额条款　D.赔偿限额条款

15.下列选择项中一定不属于意外伤害保险中的伤害的是(　　)。

A.车祸　B.冻伤　C.被狗咬伤　D.手术失误

16.我国《保险法》自杀条款规定在保险合同生效后(　　)内,自杀死亡属于除外责任。

A.1 年　B.2 年　C.3 年　D.5 年

17.某人投保了意外伤害保险,在保险期内此人因车祸致残,保险人应承担下列给付责任(　　)。

A 治疗费用　B.残疾保险金

C.因伤残而丧失的正常收入　D.死亡保险金

18.意外伤害保险的保险费率主要是根据被保险人的(　　)确定的。

A.年龄　B.职业　C.性别　D.收入

19.纯保障性,无储蓄性的险种是(　　)。

A.定期寿险　B.终身寿险　C.生存保险　D.两全保险

20.(　　)是指根据被保险人实际发生的医疗、康复费用支出,按照约定的标准确定保险金数额的医疗保险。

A.定额给付型医疗保险　B.费用补偿型医疗保险

C.重大疾病保险　D.特种疾病保险

二、多项选择题

1.人身保险的特点有(　　)。

A.保险标的的价值无法衡量　B.保险金额的定额给付性

C.保险利益的特殊性　D.人身保险大多具有储蓄性

2.按照保险责任不同可以将健康保险分为(　　)。

A.疾病保险　B.医疗保险　C.长期护理保险　D.失能收入损失保险

3.分红保险的红利主要来源于(　　)。

A.死差益　B.利差益　C.费差益　D.保险金额

4.意外伤害保险的含义包括(　　)。

A.必须有客观的意外伤害事故发生

B.意外伤害事故的原因是意外的、偶然的、不可预见的

C.被保险人必须有因客观事故造成的人身死亡或残疾的结果

D.意外事故的发生和被保险人人身伤亡的结果有内在的、必然的联系

5.下列保险事故中保险人不予以赔偿的是(　　)。

A.投保一年内被保险人自杀死亡

B.宽限期后发生的保险事故

C.中止期内发生的保险事故,但后经投保人申请合同复效

D.投保两年后,发现真实年龄不符合合同约定的年龄限制的被保险人死亡

6.关于人身保险的受益人,以下说法正确的是(　　)。

A.人身保险的受益人由被保险人或者投保人指定,投保人指定受益人时须经被保险人同意。

B.被保险人为无民事行为能力人或者限制民事行为能力人的,可以由其监护人指定受益人。

C.受益人为数人的,被保险人或者投保人可以确定受益顺序和受益份额;未确定受益份额的,受益人按照相等份额享有受益权。

D.被保险人或者投保人可以变更受益人并书面通知保险人,投保人变更受益人时须经被保险人同意。

7.按给付金额是否变动,年金保险可以划分为(　　)。

A.最低保证年金　　B.定额年金　　C.变额年金　　D.最后生存者年金

8.按给付期限划分,年金保险可分为(　　)。

A.终生年金保险　　B.最低保证年金保险

C.最后生存者年金保险　　D.定期年金保险

9.构成意外伤害险中伤害的要素有(　　)。

A.致害人　　B.致害物　　C.侵害对象　　D.侵害事实

10.被保险人死亡后,在(　　)的情况下,保险金作为被保险人的遗产,由保险人向被保险人的法定继承人履行给付保险金的义务。

A.没有指定受益人

B.受益人依法丧失受益权或放弃受益权,没有其他受益人

C.受益人丧失了民事行为能力

D.受益人先于被保险人死亡,没有其他受益人

三、简述题

1.人身保险的特征。

2.人寿保险的常见条款及其含义。

3.健康保险的含义和特征。

4.意外伤害保险的特征及保险责任和给付方式。

5.如何界定意外伤害事故?

6.健康保险的基本类型并进行对比。

 课外阅读资料

1.《人身保险业务基本服务规定》。
2.《人身保险公司保险条款和保险费率管理办法》。
3.《健康保险管理办法》。

第6章 财产损失保险

学习目标

通过本章的学习，了解财产保险、企业财产保险、家庭财产保险、机动车辆保险、海洋货物运输保险、工程保险的含义及险种。掌握企业财产保险、家庭财产保险、机动车辆保险、海洋货物运输保险、工程保险的保险责任、除外责任、保险金额(赔偿限额)及赔偿计算。

学习要点

财产保险的含义、种类；企业财产保险和家庭财产保险含义、保险标的、险种及保险责任和除外责任；机动车辆保险中车损险、第三者责任险、交强险的保险责任、除外责任、赔偿限额及赔款计算。

案例导读

2019年3月21日14时48分许，位于江苏省盐城市响水县生态化工园区的天嘉宜化工有限公司发生特别重大爆炸事故，造成78人死亡、76人重伤，640人住院治疗，直接经济损失19.86亿元。截至2019年4月7日，财险业共收到响水"3·21"特大爆炸事故理赔报案件数1 259件，可确认损失部分预计赔付金额1.14亿元。其中企财险报案件数101件，预计赔付金额7 142.09万元；车险报案件数1 014件，预计赔付金额1 278.75万元；家财险报案件数60件，预计赔付金额30.48万元。

针对该案件，保险公司是否应该履行赔偿责任呢？这也是本章所要探讨的内容。

第一节 财产保险概述

一、财产保险的概念

财产保险的概念有广义和狭义之分。广义的财产保险是以各种财产及其相关利益、责任、信用为保险标的的一种保险。我国《保险法》规定:“财产保险业务,包括财产损失保险、责任保险、信用保险、保证保险等保险业务。”如果仅以各种财产及相关利益为保险标的的保险,则为狭义的财产保险。狭义的财产保险也是财产损失保险。本章介绍的主要是狭义财产保险。

二、财产保险的特征

财产保险与人身保险比较,有以下几个主要特征:

第一,保险标的具有可估价性。广义的财产保险以财产或相关利益为保险标的,所保障的保险标的,其具体存在的形态通常被划分为有形财产与无形财产或有关利益。有形财产是指厂房、设备、汽车、船舶、货物、家电等;无形财产或有关利益是指各种费用、产权、预期利润、信用、责任等。狭义的财产保险以有形财产为保险标的。财产保险的保险标的的价值是可以确定的。就有形财产而言,其本身就有客观的市场价;就无形财产而言,投保人对其具有的经济利益也必须是确定的、可以用货币来估算的,否则不能作为保险标的。因此,财产保险合同中有一项特殊的内容——保险价值。

第二,保险金额的确定方法。由于财产保险的保险标的本身具有保险价值,因此保险金额是在对保险标的估价的基础上确定的。保险金额可以以按标的的市场价确定,也可以按账面价值或重置价确定。

第三,保险金的赔偿方式。财产保险是补偿性保险,保险标的的损失可以用货币衡量,保险事故发生后,保险人对被保险人的赔偿要遵循损失补偿原则。即在保险金额限度内,按保险单约定的赔偿方式,损失多少,赔偿对少,被保险人不能获得超过实际损失的额外利益。

第四,财产保险经营技术复杂。与人身风险不同,财产风险种类繁多、千差万别。受人们认知能力和科技水平的限制,人们对一些灾害事故还无法有效预测和防范,对财产风险的重视程度不够,统计资料不健全,而且财产风险较集中。基于这些原因,保险人要准确掌握财产风险的规律性有一定难度,财产保险的经营技术十分复杂。

第五,财产保险一般是短期保险。财产保险的保险期限一般为一年或一年以内。由于期限短,保险实务中要求投保人投保时一次性缴清保险费,保险费不计利息;其形成的保险基金一般不作为保险人中长期投资的资金来源;财产保险只具有保障性,不具有储蓄性,保险单没有现金价值。

三、财产保险标的的损失状态

在保险实务中，财产保险标的的损失可以从不同的角度分类：按遭受损失的程度，可分为全部损失和部分损失；按损失的形态，可分为物质损失和费用损失；按损失发生的客体是否是保险标的本身，可分为直接损失和间接损失。

（一）全部损失和部分损失

1.全部损失

全部损失简称全损，指保险标的因保险事故的发生而遭受全部损失的一种损失状态。全部损失可分为实际全损和推定全损。

实际全损是指保险标的因遭受保险承保范围内的风险而全部灭失，或受损程度已使其失去原有形态和特征，以及无残余价值的一种实质性的物质性损失。

推定全损是指保险标的在遭受保险事故后，虽然尚未达到全部灭失、毁损状态，但是全部灭失是不可避免的，或估计恢复、修复该标的物所耗费用已达到或超过其实际价值或保险价值。

2.部分损失

部分损失是指保险标的的损失未达到全部损失程度的一种损失状态。

（二）物质损失和费用损失

物质损失是指由于保险事故发生造成的保险标的本身的损失；费用损失是保险标的发生保险事故时，被保险人采取施救、保护、整理措施所产生的必要合理费用，以及保险单上约定的保险人承担的其他费用。以上两种损失保险人一般要承担赔偿责任。

（三）直接损失和间接损失

保险事故发生造成的保险标的本身的损失是直接损失；由于保险标的发生保险事故所导致的保险标的以外的损失是间接损失，如汽车受损后所导致的在修理期间营运收入的丧失，企业财产受损后在停业期间利润的丧失和费用的增加等。保险人对直接损失要承担赔偿责任，对间接损失是否承担赔偿责任，以保险单上的约定为准。

四、财产保险的保险价值和保险金额

（一）保险价值与保险金额的概念

保险价值是保险标的在某一特定时期内可以用货币估算的经济价值。财产保险的保险标的具有可估价性，保险价值是财产保险合同的特有概念，它是确定保险金额与计算赔偿的依据。

以什么标准来确定保险价值？财产保险标的价值有客观的判断标准，这个标准就是市场价（实际价值）。在保险实务中，经保险合同当事人双方约定，保险价值也可以按照保险标的的原始账面价值、重置价值等方式确定。由于市场价在保险合同有效期内会发生涨跌，这样会使投保时依据保险价值确定的保险金额与保险事故发生时的市场价不一致。对于有些特殊的保险标的，其价值不易确定或确无市场价可循时，为了明确保险合同当事人的权利与义务，避免保险事故发生后双方因赔款而发生争执，可以按双方约定的价值确定，在保险事故发生时，以事先约定的价值作为赔偿的依据，不再另行估价。另外，在海上保险中,有法定的计算确定保险价值的标准。保险价值的存在,使财产保险合同在保险金额的确定、承保方式和赔偿计算方式都比人身保险合同复杂。

保险金额是指保险人在保险合同中承担赔偿或者给付保险金责任的最高限额。财产保险的保险金额是根据保险标的的保险价值来确定的,一般作为保险人承担对受损标的赔偿的最高赔偿额度,以及施救费用的最高赔偿额度,也是保险人计算保险费的依据。除合同另有约定外,保险金额不是保险人认定的财产价值,也不是保险事故发生时赔偿的等额,而仅是保险人承担赔偿责任的最高限额。

(二)足额保险、不足额保险和超额保险

足额保险是指财产保险合同的保险金额与保险标的出险时的保险价值相等。在足额保险中,一般当保险标的发生保险事故造成损失时,保险人对被保险人按实际损失进行赔偿,损失多少,赔偿多少。

不足额保险是指财产保险合同的保险金额小于保险标的出险时的保险价值。不足额保险的产生一般有两种情况:一是投保时投保人仅以保险价值的一部分投保,使保险金额小于保险价值;二是投保时保险金额等于保险价值,但在保险合同有效期内,保险标的的市场价上涨,造成出险时保险单上约定的保险金额小于保险价值。在不足额保险中,由于投保人只是以保险标的价值的部分投保,因此,保险事故发生时,除合同另有约定外,保险人按照保险金额与保险价值的比例承担赔偿责任,被保险人要自己承担一部分损失。

超额保险是指财产保险合同的保险金额大于保险标的出险时的保险价值。超额保险的产生一般有两种情况:一是投保时投保人以高于保险价值的金额投保,使保险金额大于保险价值;二是投保时保险金额等于保险价值,但在保险合同有效期内,保险标的的市场价下跌,造成出险时保险单上的保险金额大于保险价值。根据损失补偿原则,保险金额超过保险价值的,其超过部分无效。

(三)定值保险、不定值保险、重置价值保险和第一危险责任保险

保险价值是确定保险金额的基础和依据,保险金额应当反映保险标的的实际价值。根据保险价值确定的时间及保险价值确定的方式,财产保险的承保方式可分为以下几种:

1.定值保险

定值保险是投保时确定保险价值的承保方式。投保人和保险人签订保险合同时,除根据保险价值确定保险金额外,还要约定保险价值并载于合同中。保险标的发生保险事故时,不论损失当时该保险标的的市场价多少,保险人均按照保险单上约定的保险金额计算赔偿。如果是全部损失,按保险金额赔偿;如果是部分损失,按损失程度计算赔偿。

财产保险合同中,以定值保险方式承保的主要有两类标的:一类是不易确定价值或无客观市场价的特殊标的,如艺术品,一般由双方约定保险价值,以免事后发生纠纷;另一类是运输中的货物等流动性比较大的标的,由于各地货物价格差别较大,保险事故发生后再来估算实际价值既困难又麻烦,而且易引起赔偿纠纷。此种保险方式实际上以投保时双方约定的保险价值代替了损失发生时的保险价值。

2.不定值保险

不定值保险是与定值保险相对的一种承保方式,投保人与保险人签订保险合同时不在合同中载明保险价值,只是订明保险金额作为赔偿的最高限额。当保险标的发生保险

事故出现损失时，再来估计其保险价值作为赔偿计算的依据。当保险金额等于或高于保险价值时，按实际损失金额赔偿；当保险金额小于保险价值时，其不足的部分视为被保险人自保，保险人按受损标的的保险金额与保险价值的比例计算赔款。

不定值保险方式在财产保险合同中运用得较多，财产保险的绝大部分都以不定值保险方式承保。

3.重置价值保险

重置价值保险是投保人与保险人双方约定按保险标的重置重建价值确定保险金额的一种特殊承保方式。在财产保险合同中，保险人一般要求投保人按保险标的的实际价值投保，当保险标的因保险事故发生而受损失时，保险人按实际损失进行赔偿(或将受损标的恢复到损失前状态)。但是，某些保险标的(如房屋建筑物、机器设备等)，由于使用期限较长，如果按扣除折旧后的实际价值投保，在保险标的受损后，被保险人从保险人那里获得的赔偿就不充分，不能使被保险人重置重建保险标的以恢复生产经营。因此，为使被保险人获得保险保障，保险人对某些标的可以按超过其实际价值的重置重建价承保。

重置价值保险的实质是一种超额保险，只不过这种超额保险是经过保险合同双方当事人约定的，保险人认可的超额保险。所以，以这种方式承保的标的受损后，保险人按约定的重置重建价计算赔偿。

4.第一危险责任保险

该承保方式是指经过保险人同意，投保人可以保险标的实际价值的部分(即一次保险事故可能造成的最大损失范围)投保，以此确定保险金额。保险金额一经确定，只要损失金额在保险金额范围内，就视为足额投保，保险人按保险标的的实际损失赔偿。这种方式实质上是一种不足额保险，只不过是保险人认可的不足额保险，保险人对保险金额范围内的损失全额赔偿，而不按保险金额与保险价值的比例进行分摊。之所以叫第一危险责任保险，是因为它把保险价值分为两个部分，保险金额范围内的部分是第一危险责任部分，该范围内的损失由保险人负责赔偿；超出保险金额范围的保险价值部分称为“第二危险”，视为未投保部分，保险人不负责赔偿。

第一危险责任承保方式是针对某些在一次事故发生时不可能发生全损的保险标的所采取的一种特殊的承保方式，对被保险人较为有利，因此，费率相对于其他承保方式要高一些。同时，保险人为了控制风险，在有些财产保险合同中要求保险单中所确定的保险金额必须达到保险价值的一定比例，未达到此比例的仍作为不足额保险，损失金额要按照保险单上的保险金额与应达到的保险金额的比例进行分摊。

五、财产保险的种类

我国《保险法》第92条规定：“财产保险业务，包括财产损失保险、责任保险、信用保险等保险业务。”

(一)财产损失保险(狭义财产保险)

财产损失保险是以物质财产为保险标的的保险业务，其种类很多，主要险种包括以下几类：

1.火灾保险

火灾保险是以存放在固定场所并处于相对静止状态的财产及其有关利益为保险标的,保险人承保因火灾、爆炸、雷击及其他灾害事故的发生所造成的损失。火灾保险的主要险种有企业财产保险、家庭财产保险等。

2.货物运输保险

保险人承保货物在运输过程中因遭受自然灾害和意外事故所造成的损失。常见险种有国内水路、陆路货物运输保险,国内航空运输保险,海洋运输货物保险及各种附加险和特约保险。

3.运输工具保险

保险人承保因遭受自然灾害和意外事故所造成运输工具本身的损失及第三者损害赔偿责任,也可承包各种附加险。常见险种有机动车辆保险、船舶保险、飞机保险等。

4.工程保险

保险人主要承保建筑工程项目、安装工程项目在建设和施工过程中,因各灾害事故的发生造成的损失,及由此造成的费用和责任。工程保险是一种包括财产损失保险和责任保险在内的综合性保险。常见险种有建筑工程保险、安装工程保险等。

5.农业保险

保险人承保种植业、养殖业、饲养业、捕捞业标的在生产过程中因自然灾害和意外事故所造成的经济损失。常见险种有种植业保险和养殖业保险。

(二)责任保险

责任保险是以被保险人依法应承担的民事损害赔偿责任或经过特别约定的责任为保险标的,保险人承保经济单位和个人在进行各种生产经营活动、业务活动或在日常生活中,因疏忽、过失等行为造成他人的财产损失或人身伤亡,依法应承担的经济赔偿责任。

责任保险可以作为财产损失保险的附加险承保,也可以单独承保,如公众责任保险、产品责任保险、雇主责任保险和职业责任保险等。

(三)信用保证保险

信用保证保险是由保险人作为保证人为被保证人向权利人提供担保的一类保险业务。当被保证人的作为或不作为致使权利人遭受经济损失时,保险人负经济赔偿责任。

凡权利人要求担保对方信用的保险属于信用保险,如出口信用保险,主要承保出口商因买方不履行贸易合同的义务而遭受的经济损失。

凡投保人根据权利人要求投保自己信用的保险属于保证保险。常见的险种有合同保证保险、产品保证保险、诚实保证保险等。

第二节 企业财产保险

企业财产保险是承保企业、事业单位、机关、团体的固定资产、流动资产及其企业经济利益相关的财产,因火灾及其他自然灾害、意外事故而遭受直接损失的财产损失保险。企业财产保险是在传统火灾保险的基础上演变和发展而来的。

我国现行的企业财产保险是在保监会监管下颁布的统一条款,合同条款一般包括基本条款和综合条款，习惯上称为企业财产基本险和企业财产综合险。这两种条款只在保险责任和责任免除上有区别，其他内容基本相同。

一、企业财产保险的保险标的

企业财产保险的保险标的可分为可保财产和特约可保财产两类。

1.可保财产

可保财产是指为保险人所接受的财产。包括：属于投保人所有或与他人共有而由投保人负责的财产；由投保人经营管理或替他人保管的财产；具有其他法律上承认的与投保人有利害关系的财产。

按照财产项目的种类，可保财产具体包括：房屋、建筑物及其附属设施；机器设备；工具、仪器和生产用具；管理用具和低值易耗品；原材料、半成品、在制品、产成品或库存商品、特种储备商品等。

2.特约可保财产

这些财产指的是必须由投保人向保险人提出要求，在保险人同意的基础上，在保险单上特别注明的财产。这类财产主要包括两大类：

一是市场价格变化较大，价值难以确定，从而使保险金额必须由保险双方商定的财产。如金银、首饰、珠宝、古玩、古画、古书、邮票、艺术品、贵重金属等珍贵财产。

二是为了满足某些行业的特殊要求而特约承保的财产，如铁路、堤堰、水闸、道路、涵洞、桥梁、码头、矿井及矿坑内的设备和物资等。

3.不保财产

即保险人不予承保的财产。下列财产，保险人不予承保：

(1)不属于一般性的生产资料和商品。如土地、矿藏、森林等。

(2)不是实际的物质。如货币、票证、有价证券等。

(3)无价值或无法确定价值的财产。如文件、账册、图表、技术资料、计算机资料等。

(4)不利于贯彻执行政府有关法令或法规的财产。如违章建筑、危险建筑、非法占用的财产等。

(5)明知即将发生危险的财产。如有关部门已发出洪水警报，投保人此时来投保。

(6)可以由其他险种来承保的财产(不属于企业财产保险业务范畴的财产)。如运输过程中的物资应投保货物运输保险，未收割和收割后尚未入库的农作物应投保生长期农作物保险或者收获期农作物保险。

二、企业财产保险的保险责任与除外责任

(一)企业财产保险的保险责任

1.企业财产保险基本险的保险责任

我国企业财产保险基本险采用风险列明方式承保，即保险标的只有遭受保险单中列明的自然灾害、意外事故造成损失时，保险人才负责赔偿。在企业财产基本险中，保险单上列明的风险有以下几项：

(1)火灾。它是指在时间上或空间上失去控制的燃烧所造成的灾害。构成火灾责任

必须满足以下三个条件：其一，有燃烧现象，即有热、有光、有火焰；其二，偶然、意外发生的燃烧；其三，燃烧失去控制并有蔓延扩大的趋势。

(2)雷击。是指由雷电造成的灾害。雷击的破坏形式有两种：①直接雷击，即因雷电直接击中保险标的造成的损失；②感应雷击，指的是因雷击产生的静电感应或电磁感应使室内绝缘金属物体产生高电位放出火花引起的火灾，导致电器本身损坏；或因雷电的高压感应，致使电器部件损毁。

(3)爆炸。爆炸有两种形式：①物理性爆炸，是指由于液体变为蒸汽或气体膨胀，压力剧增并大大超过容器所能承受的极限压力而发生的爆炸，如锅液化气罐爆炸等；此类爆炸事故的鉴别，以劳动部门出具的鉴定为准；②化学性爆炸，是指物体在瞬间分解或燃烧时放出大量的热和气体，并以很大的压力向四周扩散的现象，如火药爆炸、可燃性粉尘纤维爆炸及各种化学物品的爆炸等。

(4)飞行物体及其他空中运行物体坠落。凡空中飞行或运行的物体，如空中飞行器、人造卫星、陨石坠落、吊车、行车、起重机等在运行过程中发生物体坠落，造成保险财产损失的，均属于本项保险责任范围。

(5)被保险人拥有财产所有权的自用的供电、供水、供气设备(“三供”)因保险事故遭受损坏，引起停电、停水、停气(“三停”)以致造成保险标的的损失。

(6)施救、抢救造成的保险标的的损失

(7)必要的、合理的施救费用支出。当发生保险责任范围内的灾害事故时，投保企业为了防止灾害事故蔓延和扩大，以避免或减少保险财产的损失，采取施救、保护和整理措施而支付的必要的、合理的费用，由保险人负责赔偿。

2.企业财产保险综合险的保险责任

综合险的保险责任是在基本险的责任范围基础上，再增加各种自然灾害责任。具体如下：

①火灾、爆炸；②雷击；③暴雨、洪水、台风、暴风、龙卷风、雪灾、雹灾、冰凌、泥石流、崖崩、突发性滑坡、火山爆发、海啸、地面突然塌陷；④飞行物体及其他空中运行物体坠落；⑤被保险人拥有财产所有权的自用的供电、供水、供气设备因保险事故遭受损坏，引起停水、停电、停气以致造成保险标的的直接损失；⑥保险事故发生后，被保险人为防止或减少保险标的损失所支付的必要的、合理的费用，由保险人承担。

(二)企业财产保险的除外责任

企业财产基本险和综合险的除外责任有一定区别。

1.企业财产保险基本险的除外责任

(1)战争、罢工风险，包括战争、敌对行为、武装冲突、革命、内战、叛乱、篡权、罢工、工潮、暴动等行为。

(2)被保险人及其代表的故意行为或纵容行为。

(3)核辐射、核爆炸、核污染等核子风险。

(4)地震、暴雨、洪水、台风、暴风、龙卷风、雪灾、雹灾、冰凌、泥石流、崖崩、滑坡、海啸、火山爆发、地陷、水暖管爆裂、抢劫、盗窃等风险。

(5)保险标的遭受保险事故引起的各种间接损失。

(6)保险标的本身缺陷、保管不善导致的损毁。

(7)行政行为、执法行为所致的财产损失。

(8)其他不属于保险责任范围内的损失和费用。此项属总除外责任,对应前面的风险列明式,即凡是不在保单列明的保险责任范围内的风险,均属除外责任。

2.企业财产保险综合险的除外责任

上述基本险列明的除外责任中第(1)(2)(3)(5)(6)(7)(8)项,也是综合险的除外责任。此外,综合险对地震造成的一切损失,对堆放在露天或罩棚下的保险标的以及罩棚由于暴风、暴雨造成的损失也不负责。

(三)企业财产保险的附加险

为了满足企业不同的保险需求,对于基本险和综合险的一般除外责任,通常可以通过附加险或者加贴特约责任条款予以扩展责任。

1.基本险的附加险

基本险的附加险有:暴风、暴雨、洪水保险;雪灾、冰凌保险;泥石流、崖崩、突发性滑坡保险;雹灾保险;破坏性地震保险;水暖管爆裂保险;盗抢保险等。

2.综合险的附加险

综合险的附加险有:破坏性地震保险;水暖管爆裂保险;盗抢保险等。也有加贴特约条款承保的,如橱窗玻璃意外保险、矿下财产险和露堆财产保险等。

三、企业财产保险的保险金额和保险价值

(一)固定资产的保险金额与保险价值的确定

固定资产保险金额的确定有以下三种方法:

1.按账面原值确定保险金额

账面原值是会计簿上记载的建造或购置固定资产的原始价值或更新重置的完全价值。如果是在固定资产登记入账时间较短、固定资产的市场价值变化不大的情况下,用这种方式能比较准确反映固定资产的实际价值。

2.按账面原值加成数确定保险金额

账面原值加成数,是指企业在固定资产账面原值的基础上再增加一定成数(百分比),使固定资产的保险金额接近于固定资产的重置价值。一般加一成是加10%,最多加十成。这种方式主要用于固定资产市场价值变化较大的企业,以抵消通货膨胀对于固定资产的实际价值可能造成的贬值影响。

3.按重置价值确定保险金额

重置价值是指企业重新购置或重新建造某项固定资产所需支付的全部费用。按重置价值确定保险金额,可以使保险金额事实上超过固定资产的实际价值,使投保人在出险后能够尽快恢复固定资产。

不管以何种方式确定保险金额,固定资产的保险价值是以出险时的重置价值来确定的。

(二)流动资产的保险金额与保险价值的确定

流动资产保险金额的确定有三种方式:

(1)按最近12个月任意月份的账面余额确定。最近12个月任意月份的账面余额,是

指从投保月份往前倒退12个月的其中任意一个月的流动资产账面余额。这种方式也是目前保险公司普遍采用的。

(2)按最近12个月最高月份的账面余额确定。

(3)按最近12个月的平均账面余额确定。

不管以何种方式确定保险金额,流动资产的保险价值是以出险当月的账面余额来确定的。

(三)账外财产和代保管财产的保险金额与保险价值

所谓账外财产,是指不正式列入账面的财产,如按照财产折旧的有关规定已将财产账面原值摊销完的财产、已报损的回收物资、清仓出来而未入账的财产等;代保管财产是指企业为他人保管并负有经济责任的财产。

这类财产的保险金额确定有两种方法:一类是由被保险企业自行估价确定,二是按重置价值来确定的。

四、企业财产保险的费率

企业财产保险是在20世纪50年代火灾保险的基础上发展而来的,因此其费率也是在原火灾保险费率的基础上,结合赔付率加以调整而形成的。在费率设计时,所考虑的是投保单位将全部财产均投保,因此每一独立核算的投保单位原则上适用一个费率;若投保单位只投保部分财产,则其费率应根据占用性质与风险程度制定;部分财产与其他保险财产在同一处所的,则不低于其适用的行业费率;部分财产在单独一个处所的,按最高风险程度制定费率。

企业财产保险基本险和综合险把年费率分为三大类13个号次。

(一)工业险费率(1至6号次)

主要根据原材料性质、工艺流程的危险程度来确定档次,共分六档,危险程度依次提高,费率也依次提高。

(二)仓储险费率(7至10号次)

主要根据仓储商品和物资的性质和危险程度,把仓储险费率划分为"金属材料、粮食专储"、"一般物资"、"危险品"、"特别危险品"四个档次,费率依次提高。

(三)普通险费率(11至13号次)

主要适用于工业险费率和仓储险费率中不包括的各类企事业单位,如社会团体、机关、事业单位、商业企业、交通运输业、邮政、电信、体育场所、文化娱乐场所。按照用途的危险性质来确定档次,共分三档,费率依次提高。其中,社会团体、机关、事业单位费率最低,石油化工商店、文化娱乐场所、加油站费率最高。

财产保险年费率表分为基本险和综合险两种,综合险的年费率高于基本险,费率按保险金额每千元计算。此外,综合险年费率又分为两种:一种适用于华东、中南、西南地区,这些地区主要是洪水、暴雨等巨灾风险,出险率高、损失大,其费率上浮;一种适用于华北、东北、西北地区,这些地区遭受洪水、暴雨、台风等巨灾风险的频率低,损失小,其费率比第一种低(见表6-1)。另有财产保险短期基本险、综合险费率表,对保险期不足一年的分别按年费率的一定百分比计收保险费,如保险期为半年,则按年费率的60%计收保险费。

表 6-1 财产保险综合险年费率表(按保险金额每千元计算)

类别	号次	占用性质	费率1	费率2
工业类	1	第一工业	1.60	1.00
	2	第二工业	2.00	1.50
	3	第三工业	2.40	2.00
	4	第四工业	4.00	3.50
	5	第五工业	6.40	5.00
	6	第六工业	8.00	7.00
仓储类	7	一般物资	1.50	1.00
	8	危险品	3.00	2.00
	9	特别危险品	5.00	4.00
	10	金属材料、粮食专储	1.00	0.50
普通类	11	社会团体、机关、事业单位	1.60	2.00
	12	综合商业、饮食服务业、商贸、写字楼、展览馆、体育场所、交通运输业、牧场、农场、林场、科研院所、住宅、邮政、电信、供电高压线路、输电设备	2.40	2.00
	13	石油化工商店、液化石油气供应站、日用杂品商店、废旧物资收购站、修理行、文化娱乐场所、加油站	3.00	3.00

五、企业财产保险的赔偿处理

(一)固定资产的赔款计算

1.全部损失

当固定资产发生全部损失时,首先必须确定固定资产出险时的重置价值,然后分两种情况确定赔款:

(1)当保险金额≥出险时重置价值,赔款金额以不超过出险时重置价值为限;

(2)当保险金额<出险时重置价值,赔款金额以不超过保险金额为限。

2.部分损失

在部分损失情况下,也分两种情况确定赔款:

(1)当保险金额≥出险时重置价值,按实际损失确定赔款(扣除残值);

(2)当保险金额<出险时重置价值,则按比例计算赔款,公式为:

$$赔款=(实际损失或财产恢复原状的修复费用-应扣残值)\times\frac{保险金额}{出险时重置价值}$$

(二)流动资产的赔款计算

1.全部损失

当流动资产发生全部损失时,首先查账确定出险时流动资产当月的账面余额,并按两种情况分别确定赔款:

(1)当保险金额≥出险时账面余额,赔款以出险时账面余额为限;

(2)当保险金额<出险时账面余额,赔款以保险金额为限。

2.部分损失

当流动资产发生部分损失时,也分两种情况分别确定赔款:

(1)当保险金额≥出险时账面余额,赔款按实际损失计算;

(2)当保险金额<出险时的账面余额,按比例计算赔偿,公式为:

$$赔款=(实际损失或财产恢复原状的修复费用-应扣残值)\times\frac{保险金额}{出险时账面余额}$$

(三)账外财产和代保管财产的赔款计算

账外财产和代保管财产赔款计算与流动资产的赔款计算相同。

另外,施救费用的赔偿与财产损失的赔偿,分别按两个保险金额计算,各以不超过一个保额为限。保险财产在遭受部分损失后,保险人在赔款后应出具赔款批单,冲减有效保额;财产在恢复后,被保险人要求恢复原保额,应办理加保手续,加交保险费。

$$施救费用赔款=实际支付的合理施救费用\times\frac{保险金额}{保险价值}$$

例如,某企业就其原材料、半成品等存货投保企业财产保险,保险金额 50 万元,在保险期内发生火灾,财产损失 20 万元,发生合理的施救费用 4 万元。出险当月存货账面余额 80 万元,保险人的赔款应该是多少?

$$保险人对财产损失的赔款额=20\times\frac{50}{80}=12.5(万元)$$

$$保险人对施救费用的赔款额=4\times\frac{50}{80}=2.5(万元)$$

第三节 家庭财产保险

家庭财产保险是以居民的家庭财产为保险对象的保险。其保险标的是坐落或存放在保单所载明地址的自有居住房屋,室内装修、装饰及附属设施和室内家庭财产。目前,国内家庭财产保险主要包括家庭财产基本险、家庭财产综合险和附加险等。

一、家庭财产综合险

(一)家庭财产保险的承保标的范围

1.家庭财产综合险的可保家庭财产包括以下几类:

(1)房屋及其附属设施。

(2)家庭生活资料,包括衣服、床上用品、家具、用具、家用电器、文化娱乐用品及其他生活用品。

(3)家庭手工业者的营业用器具、工具、原材料等。

2.家庭财产综合险的不保财产包括以下几类：

（1）价值高、物品小，出险后难于核实价值的财产，如金银、珠宝、玉器、首饰、钻石、艺术品、稀有金属等。

（2）无法鉴定价值的财产，如货币、票证、电脑资料、有价证券、邮票、文件、账册、图表、技术资料等。

（3）日用消费品、养殖及种植物，如家畜、花、鸟、虫、鱼、宠物、盆景等。

（4）处于紧急状态或违法的财产，如违章建筑、危险房屋以及其他正处于危急状态的财产等。

（二）家庭财产综合险的保险责任与责任免除

1.家庭财产综合险的保险责任

家庭财产综合险的保险责任与企业财产保险类似，主要包括火灾、雷击、爆炸、飞行物体及其他空中运行物体坠落；保单列明的自然灾害；外界建筑物倒塌；暴风、暴雨造成房屋主要结构（墙体、屋顶、屋架）倒塌以及因施救所致损失和费用。

知识链接

从燃气事故看家财险缺位

有了保险的赔付，或多或少受害者都能得到一定的补偿。但现实生活中，却极少有人懂得有专门的保险可以为煤气爆炸之类带来的财产损失提供保障。记者从部分保险公司了解到，关系百万用户用气安全的燃气保险竟然处于“喊破喉咙也无人买”的境地。

“燃气保险属于家庭财产险，我省居民整体上投保家庭财产险的比例都很低，因为家庭财险的出险率很低，居民在这方面的保险意识也不强。即使有人意识到要对家庭财产安全进行保护，也不一定会选择购买家财险的形式。”某大型财险河北分公司管理层人士说。

事实上，对于家庭来说，家庭财产安全至关重要，因为一旦不幸发生煤气爆炸这类事故，遭受的财产损失是不可估量，如果购买家庭财产险，则可以把损失降到最小。这类险种费率低保障程度高，一年一两百元的保费投入，就可获得几十万元甚至百万元的保障。而保障范围既可以包括房屋本身，也可以针对房屋内财产，比如可包括房屋装修、家用电器、床上用品、服装和家具等其它家庭财产。还可以附加选择盗抢险、门窗锁恶意破坏损失险、现金及金银珠宝险、水暖管爆裂险、家庭住户第三者责任一切险等。

2.家庭财产综合险的除外责任

（1）战争、军事行动或暴力行为。

（2）核反应、核辐射和核污染。

（3）被保险人及其家庭成员、寄居人、雇佣人员的违法、犯罪或故意行为。

（4）被保险人的家属或雇佣人员或同住人或寄宿人，盗窃或纵容他人盗窃保险财产而造成损失；保险财产存放处所无人居住或无人看管超过七天的情况下遭受的盗窃损失；因门窗未关致使保险财产遭受的盗窃损失。

(5)堆放在露天的保险财产以及用芦苇、稻草、麦秆、帆布等材料为墙体、屋顶、屋架的简陋屋棚，因暴风、暴雨造成的损失，保险人不予赔偿。

(6)地震所造成的一切损失。

(7)家用电器本身损毁。家用电器是指被保险人家中使用的电器、电机、电气设备，包括音响等文化娱乐用品。引起这些家电本身损毁的原因，包括使用过度、超电压、超负荷、短路、弧花、漏电、自身发热等，比如家庭使用的音响设备因线路熔断而损坏。

(8)保险财产本身缺陷、保管不善、变质、霉烂、受潮、自然磨损等造成的损失。

(9)间接损失，是指保险财产遭遇保险事故引起的各种间接损失。

(10)其他不属于保险责任范围内的损失。

(三)家庭财产综合险的保险金额、保险期限与保险费率

1.保险金额

家庭财产保险的保险金额由被保险人根据其财产的实际价值自行估价确定。一般来说，保险财产中的房屋、室内装修及附属设施的保险金额，由被保险人根据财产的购置价或市场价自行确定；室内财产的保险金额由被保险人根据当时的实际价值自行确定。

家庭财产保险之所以由被保险人自行确定保险金额，是因为家庭财产基本上无账目可查，而且财产的品种、质量、规格、新旧程度不一，价值确定相当困难。在实务操作中，被保险人通常被要求按保险单上规定的保险财产项目分别列明保险金额，然后再相加算出一个总的保险金额。保险财产通常分为房屋、室内装修及附属设施；室内家庭财产损失；代保管财产等几项。一般来说，分项越细，保险金额越接近财产的实际价值。

2.保险期限与保险费率

家庭财产综合险的保险期限一般为一年，从保险人与被保险人约定起保之日的 0 时起，到保险期满之日的 24 时止。期满后，投保人可以续保，但需另办手续。

家庭财产综合险的保险费率采用年费率。房屋的费率根据房屋的结构确定，钢筋混凝土结构的为 0.4‰，混合结构的为 0.6‰，砖木结构的为 1‰。允许费率进行上下浮动，上下浮动的范围为 30%。

(四)家庭财产综合险的赔偿处理

在家庭财产保险中，房屋建筑物的损失采用比例赔偿方式，其他财产的赔偿采用第一危险责任赔偿方式，即全部损失和部分损失，在分项目保险金额内，按实际损失赔付。在理赔中，特别要注意详细的现场查勘，进行责任认定、合理计算赔款等工作，以有效避免道德风险，保护保险合同双方的合法权益。

例如，王某于 2012 年 7 月将自家房屋及其附属设备、房屋装修、室内财产投保了家庭财产保险。其中房屋及附属设备保额 20 万元，室内装修 6 万元，室内财产 2 万元，未分项列明。缴保 840 元，保险期限 1 年。2013 年 4 月 5 日，王某因家电褥子使用不当发生火灾，经核定，损失如下：房屋修缮费用 2 万元，室内装修 1 万元，室内财产 4 000 元，残值 500 元。此时，经估价王某的房屋保险价值为 24 万元，装修为 8 万元，室内财产 7 万元。保险公司应该赔多少？

根据家庭财产保险条款的规定，房屋及其附属设备，室内装修采取不定值保险方式，王某的这两项财产没有足额保险，故赔款计算如下：

$$房屋及附属设备赔款=2\times\frac{20}{24}=1.67(万元)$$

$$室内装修赔款=1\times\frac{6}{8}=0.75(万元)$$

室内财产采取第一危险责任赔偿方式，赔款计算如下：

室内财产赔款=4 000－500=3 500(元)

二、家庭财产保险附加盗抢险

为满足投保人的各种需要，家庭财产保险开办了多种附加险，最普通的是附加盗窃保险。

保险责任是：房屋及其附属设施、存放于保单所载明的保险地址室内的保险财产，因遭受外来的、有明显盗窃痕迹的盗窃或持枪抢劫造成的损失，在向公安机关报案后，3 个月内未能破案的，保险人负责赔偿。对存放于保险地址室内、院内、楼道内的自行车遭到全车失窃或部分被盗损失，保险人均负赔偿责任。

盗抢险的除外责任包括：被保险人及其家庭成员、服务人员、寄居人员盗窃或纵容他人盗窃造成的损失；无明显盗窃痕迹，如窗外钩物、顺手牵羊等行为；冒名诈骗或冒领财物的。

此外，一般还规定盗窃案发生后必须向公安机关报案，以免道德风险，虚报案情。

第四节　机动车辆保险

一、机动车辆保险概述

(一)机动车辆保险的种类

机动车辆保险是以机动车辆本身和机动车辆的第三者责任为保险标的的一种运输工具保险，国外称为汽车保险。

机动车辆保险分为基本险和一系列附加险。基本险包括机动车辆损失保险、第三者责任保险、全车盗抢险和车上人员责任保险四大险种。附加险的种类比较多，可以分为机动车损失附加险和责任附加险两大类。前者包括自燃损失险、玻璃单独破碎险、新增设备损失险、车辆停驶损失险、车身划痕险、他人恶意行为损失险等，后者有车载货物掉落责任险、精神损害赔偿责任险等。

(二)机动车辆保险的特点

与其他财产保险相比较，机动车辆保险具有以下特点：

1.机动车辆保险属于不定值保险

由于机动车辆的价格变化较大，且折旧率随车龄不断增加，因此，对于车辆损失保险，一般采用不定值保险方式。保险人对机动车辆损失的赔偿金额不超过车辆损失时的实际价值，且以保险金额为限。

2.机动车辆保险的赔偿以修复为主

保险车辆发生部分损失时，保险公司多采用修复的赔偿方式，按损失部件的修复费用进行赔偿。

3.机动车辆保险赔偿采取绝对免赔的方式

根据被保险人在交通事故中的责任轻重，规定一次事故的绝对免赔额(率)，责任越重免赔额(率)越高。此项规定实际是要求被保险人与保险人共同承担损失，并增强被保险人的风险意识，减少事故的发生。

4.机动车辆保险实行无赔款优待方式

无赔款优待，是指在机动车辆保险中，对上年未发生保险事故的保险车辆，在续保时实行保险费折扣或优待方式，旨在鼓励被保险人注意安全驾驶，以减少机动车辆保险事故发生。

5.机动车辆保险损失赔偿的特殊规定

保险车辆发生保险事故，导致全部损失，或一次赔偿金额与免赔额之和等于保险金额，保险人赔偿之后，保险责任终止。但在保单有效期内，只要每次赔偿未达到保险金额，无论发生几次保险责任范围内的损失或费用支出，保险责任均持续有效至保险期限结束。而机动车辆第三者责任保险，无论每次事故赔偿款是否达到保险赔偿限额，保险责任持续有效，直到保险期满。

二、机动车辆损失保险

(一)保险标的

我国机动车辆保险所承保的机动车辆是指经公安交通管理部门检验合格、具有有效行驶证和交通牌照的各种机动车辆，包括汽车、电车、电瓶车、摩托车、拖拉机、各种专用机械车、特种车等，具体分为家庭自用汽车、非营业用汽车、营业用汽车、特种车、挂车、拖拉机、摩托车等类别。

(二)保险责任

车辆损失险的保险责任分为两类：

一是意外事故和自然灾害造成保险车辆的损失；二是合理的施救、保护费用。

意外事故通常包括碰撞、倾覆；火灾、爆炸；外界物体倒塌、空中运行物体坠落、保险车辆行驶中平行坠落；受到被保险机动车所载货物、车上人员意外撞击等。自然灾害一般包括雷击、暴风、龙卷风、暴雨、洪水、海啸、地陷、冰陷、崖崩、雪崩、雹灾、泥石流、滑坡；载运被保险机动车的渡船遭受自然灾害(只限于驾驶人随船的情形)等。

发生保险事故时，被保险人或其允许的驾驶人为防止或者减少被保险机动车的损失所支付的必要的、合理的施救费用，由保险人承担。施救费用数额在被保险机动车赔偿金额以外另行计算，最高不超过保险金额的数额。

(三)责任免除

1.在上述保险责任范围内，下列情况下，不论任何原因造成被保险机动车的任何损失和费用，保险人均不负责赔偿：

(1)事故发生后，被保险人或其允许的驾驶人故意破坏、伪造现场、毁灭证据；

(2)驾驶人有下列情形之一者：

①事故发生后，在未依法采取措施的情况下驾驶被保险机动车或者遗弃被保险机动车离开事故现场；

②饮酒、吸食或注射毒品、服用国家管制的精神药品或者麻醉药品；

③无驾驶证，驾驶证被依法扣留、暂扣、吊销、注销期间；

④驾驶与驾驶证载明的准驾车型不相符合的机动车；

⑤实习期内驾驶公共汽车、营运客车或者执行任务的警车、载有危险物品的机动车或牵引挂车的机动车；

⑥驾驶出租机动车或营业性机动车无交通运输管理部门核发的许可证书或其他必备证书；

⑦学习驾驶时无合法教练员随车指导；

⑧非被保险人允许的驾驶人；

(3)被保险机动车有下列情形之一者：

①发生保险事故时被保险机动车行驶证、号牌被注销的，或未按规定检验或检验不合格；

②被扣押、收缴、没收、政府征用期间；

③在竞赛、测试期间，在营业性场所维修、保养、改装期间；

④被保险人或其允许的驾驶人故意或重大过失，导致被保险机动车被利用从事犯罪行为。

2.下列原因导致的被保险机动车的损失和费用，保险人不负责赔偿：

(1)地震及其次生灾害；

(2)战争、军事冲突、恐怖活动、暴乱、污染(含放射性污染)、核反应、核辐射；

(3)人工直接供油、高温烘烤、自燃、不明原因火灾；

(4)违反安全装载规定；

(5)被保险机动车被转让、改装、加装或改变使用性质等，被保险人、受让人未及时通知保险人，且因转让、改装、加装或改变使用性质等导致被保险机动车危险程度显著增加；

(6)被保险人或其允许的驾驶人的故意行为。

3.下列损失和费用，保险人不负责赔偿：

(1)因市场价格变动造成的贬值、修理后因价值降低引起的减值损失；

(2)自然磨损、朽蚀、腐蚀、故障、本身质量缺陷；

(3)遭受保险责任范围内的损失后，未经必要修理并检验合格继续使用，致使损失扩大的部分；

(4)投保人、被保险人或其允许的驾驶人知道保险事故发生后，故意或者因重大过失未及时通知，致使保险事故的性质、原因、损失程度等难以确定的，保险人对无法确定的部分，不承担赔偿责任，但保险人通过其他途径已经及时知道或者应当及时知道保险事故发生的除外；

(5)被保险人对被保险机动车因保险事故损坏进行修理前，没有会同保险人检验，协商确定修理项目、方式和费用，导致保险人无法确定的损失；

(6)被保险机动车全车被盗窃、被抢劫、被抢夺、下落不明，以及在此期间受到的损坏，或被盗窃、被抢劫、被抢夺未遂受到的损坏，或车上零部件、附属设备丢失；

(7)车轮单独损坏，玻璃单独破碎，无明显碰撞痕迹的车身划痕，以及新增设备的损失；

(8)发动机进水后导致的发送机损坏。

(四)保险金额

被保险机动车的保险金额按投保时的实际价值确定。实际价值由投保人与保险人根据投保时的新车购置价减去折旧金额后的价格协商确定或其他市场公允价值协商确定。其中折旧金额可根据车损险保险合同列明的参考折旧系数表确定。

(五)保险费率与保险费

1.从车因素

主要包括车辆种类、厂牌型号、使用性质、车辆新旧、车辆安全配置、主要行驶区域、排气量、停放地点等。

2.从人因素

主要包括性别、年龄、驾龄、违章记录、索赔记录、婚姻状况、驾驶员数量、职业、健康状况、个人品行等。

3.其他因素

主要包括多辆车优惠、奖惩制度、免赔额、赔偿限额、再保险、通货膨胀、货币的时间价值、法律、法规及政策。

2015 年 6 月 1 日，我国商业车险费率市场化改革启动。并于 2017 年 6 月、2018 年 3 月又开启了第二次和第三次商业车险费率改革。根据改革方案，商业车险保费计算方法变革为：

$$\text{机动车辆损失保险保费} = \text{基准保费} \times \text{费率调整系数}$$

其中，

$$\text{基准保费} = \frac{\text{基准纯风险保费}}{1 - \text{附加费用率}}$$

$$\text{费率调整系数} = \frac{\text{无赔款优待及上年}}{\text{赔款记录系数}} \times \text{交通违法系数} \times \text{自主核保系数} \times \text{自主渠道系数}$$

无赔款优待及上年赔款记录系数是决定车险续期保费上浮或下滑幅度的关键因子。自主核保系数是保险公司在一定范围内自主设置的商业车险核保系数。自主渠道系数是指各家保险公司可以根据自身对网络、门店、中介等营销渠道的内控管理和成本核算情况设置渠道系数，在一定范围内自主制定渠道定价策略及系数。交通违法系数是指驾车人的驾驶习惯对车险续保时的保费产生影响。保险车辆在上一保险期限内没有交通违法行为发生的，在续保时可以享受保费优惠。

改革后的车险费率实现了与风险的直接挂钩，各保险公司可以根据自身风险识别能力、风险成本情况和风险定价能力，对不同风险水平的机动车和驾驶人厘定不同的商业车险费率。

(六)赔偿处理

被保险人索赔时，应当向保险人提供与确认保险事故的性质、原因、损失程度等有关的证明和资料。被保险人应当提供保险单、损失清单、有关费用单据、被保险机动车行驶证和发生事故时驾驶人的驾驶证。属于道路交通事故的，被保险人应当提供公安机关交通管理部门或法院等机构出具的事故证明、有关的法律文书（判决书、调解书、裁定书、裁决书等）及其他证明。被保险人或其允许的驾驶人根据有关法律法规规定选择自行协商方式处理交通事故的，被保险人应当提供依照《道路交通事故处理程序规定》签订记录交通事故情况的协议书。

机动车损失赔款按以下方法计算：

1.全部损失

赔款＝（保险金额－被保险人已从第三方获得的赔偿金额）×（1－事故责任免赔率）×（1－绝对免赔率之和）－绝对免赔额

2.部分损失

赔款＝（实际修复费用－被保险人已从第三方获得的赔偿金额）×（1－事故责任免赔率）×（1－绝对免赔率之和）－绝对免赔额

3.施救费用

施救的财产中，含有本保险合同未保险的财产，应按本保险合同保险财产的实际价值占总施救财产的实际价值比例分摊施救费用。

4.免赔额与免赔率

保险人在依据保险合同约定计算赔款的基础上，按照下列方式免赔：

（1）被保险机动车一方负次要事故责任的，实行5％的事故责任免赔率；负同等事故责任的，实行10％的事故责任免赔率；负主要事故责任的，实行15％的事故责任免赔率；负全部事故责任或单方肇事事故的，实行20％的事故责任免赔率；

（2）被保险机动车的损失应当由第三方负责赔偿，无法找到第三方的，实行30％的绝对免赔率；

（3）违反安全装载规定但不是事故发生的直接原因的，增加10％的绝对免赔率；

（4）对于投保人与保险人在投保时协商确定绝对免赔额的，本保险在实行免赔率的基础上增加每次事故绝对免赔额。

5.损余处理

被保险机动车遭受损失后的残余部分由保险人、被保险人协商处理。如折归被保险人的，由双方协商确定其价值并在赔款中扣除。

6.代位求偿

因第三方对被保险机动车的损害而造成保险事故，如果被保险人向第三方索赔的，保险人应积极协助；被保险人也可以直接向本保险人索赔，保险人的保险金额限度内先行赔付被保险人，并在赔偿金额限度内代位行使被保险人对第三方请求赔偿的权利。被保险人有义务向保险人提供必要的文件和所知道的有关情况，协助保险人向第三方行使代位求偿权利。

被保险人已经从第三方取得损害赔偿的，保险人进行赔偿时，相应扣减被保险人从第三方已取得的赔偿金额。保险人未赔偿之前，被保险人放弃对第三方请求赔偿的权利的，保险人不承担赔偿责任。被保险人故意或者因重大过失致使保险人不能行使代位请求赔的权利的，保险人可以扣减或者要求返还相应的赔款。

三、机动车第三者责任险

（一）概念

机动车辆第三者责任保险是指被保险人或其允许的合格驾驶人在使用被保险车辆过程中发生意外事故，致使第三者（本车人员、被保险人以外）遭受人身伤亡或财产直接损毁，依法应当由被保险人承担的损害赔偿责任，转由保险人依照保险合同的约定予以赔偿的保险。机动车辆第三者责任保险按照实施方式，可以划分为商业第三者责任保险或强制第三者责任保险两类。

（二）机动车交通事故责任强制保险

机动车交通事故责任强制保险，简称交强险，是指由保险公司对被保险机动车发生道路交通事故造成本车人员、被保险人以外的受害人的人身伤亡、财产损失，在责任限额内予以赔偿的强制性责任保险。

1.保险责任

在中华人民共和国境内（不含港、澳、台地区），被保险人在使用被保险机动车过程中发生交通事故，致使受害人遭受人身伤亡或者财产损失，依法应当由被保险人承担的损害赔偿责任，保险人按照交强险合同的约定对每次事故在下列赔偿限额内负责赔偿：

（1）死亡伤残赔偿限额为 110 000 元；

（2）医疗费用赔偿限额为 10 000 元；

（3）财产损失赔偿限额为 2 000 元；

（4）被保险人无责任时，无责任死亡伤残赔偿限额为 11 000 元；无责任医疗费用赔偿限额为 1 000 元；无责任财产损失赔偿限额为 100 元。

死亡伤残赔偿限额和无责任死亡伤残赔偿限额项下负责赔偿丧葬费、死亡补偿费、受害人亲属办理丧葬事宜支出的交通费用、残疾赔偿金、残疾辅助器具费、护理费、康复费、交通费、被扶养人生活费、住宿费、误工费，被保险人依照法院判决或者调解承担的精神损害抚慰金。

医疗费用赔偿限额和无责任医疗费用赔偿限额项下负责赔偿医药费、诊疗费、住院费、住院伙食补助费，必要的、合理的后续治疗费、整容费、营养费。

2.除外责任

下列损失和费用，交强险不负责赔偿和垫付：

（1）因受害人故意造成的交通事故的损失；

（2）被保险人所有的财产及被保险机动车上的财产遭受的损失；

（3）被保险机动车发生交通事故，致使受害人停业、停驶、停电、停水、停气、停产、通讯或者网络中断、数据丢失、电压变化等造成的损失以及受害人财产因市场价格变动造成的贬值、修理后因价值降低造成的损失等其他各种间接损失；

（4）因交通事故产生的仲裁或者诉讼费用以及其他相关费用。

3.垫付与追偿

被保险机动车在以下情形下发生交通事故，造成受害人受伤需要抢救的，保险人在接到公安机关交通管理部门的书面通知和医疗机构出具的抢救费用清单后，按照国务院卫生主管部门组织制定的交通事故人员创伤临床诊疗指南和国家基本医疗保险标准进行核实。对于符合规定的抢救费用，保险人在医疗费用赔偿限额内垫付。被保险人在交通事故中无责任的，保险人在无责任医疗费用赔偿限额内垫付。对于其他损失和费用，保险人不负责垫付和赔偿。

(1)驾驶人未取得驾驶资格的；

(2)驾驶人醉酒的；

(3)被保险机动车被盗抢期间肇事的；

(4)被保险人故意制造交通事故的。

对于垫付的抢救费用，保险人有权向致害人追偿。

4.保险费

交强险实行统一的基础保险费，并实行与被保险机动车道路交通违法行为、交通事故记录相关联的浮动机制。签订交强险合同时，投保人应该一次性支付全部保费。保费按照中国银保监会批准的交强险费计算。

交强险保费按照机动车种类和使用性质分为家庭自用车、非营业客车、营业客车、非营业货车、营业货车、特种车、摩托车、拖拉机八大类，每大类又可以按车型大小以及进一步的细分用途分类，相应的保费各不相同。交强险最终保费计算公式为：

交强险最终保费＝基础保费×(1＋与道路交通事故相联系的浮动比率)×(1＋与交通安全违法行为相联系的浮动比率)

5.赔偿处理

被保险机动车发生交通事故的，由被保险人向保险人申请赔偿保险金。被保险人索赔时，应当向保险人提供以下材料：

(1)交强险的保险单；

(2)被保险人出具的索赔申请书；

(3)被保险人和受害人的有效身份证明、被保险机动车行驶证和驾驶人的驾驶证；

(4)公安机关交通管理部门出具的事故证明，或者人民法院等机构出具的有关法律文书及其他证明；

(5)被保险人根据有关法律法规规定选择自行协商方式处理交通事故的，应当提供依照《交通事故处理程序规定》规定的记录交通事故情况的协议书；

(6)受害人财产损失程度证明、人身伤残程度证明、相关医疗证明以及有关损失清单和费用单据；

(7)其他与确认保险事故的性质、原因、损失程度等有关的证明和资料。

保险事故发生后，保险人按照国家有关法律法规规定的赔偿范围、项目和标准以及交强险合同的约定，并根据国务院卫生主管部门组织制定的交通事故人员创伤临床诊疗指南和国家基本医疗保险标准，在交强险的责任限额内核定人身伤亡的赔偿金额。

因保险事故造成受害人人身伤亡的，未经保险人书面同意，被保险人自行承诺或支付的赔偿金额，保险人在交强险责任限额内有权重新核定。

因保险事故损坏的受害人财产需要修理的，被保险人应当在修理前会同保险人检验，协商确定修理或者更换项目、方式和费用。否则，保险人在交强险责任限额内有权重新核定。

被保险机动车发生涉及受害人受伤的交通事故，因抢救受害人需要保险人支付抢救费用的，保险人在接到公安机关交通管理部门的书面通知和医疗机构出具的抢救费用清单后，按照国务院卫生主管部门组织制定的交通事故人员创伤临床诊疗指南和国家基本医疗保险标准进行核实。对于符合规定的抢救费用，保险人在医疗费用赔偿限额内支付。被保险人在交通事故中无责任的，保险人在无责任医疗费用赔偿限额内支付。

四、商业第三者责任险

（一）概念

商业第三者责任保险，是指被保险人或其允许的驾驶人在使用被保险机动车过程中发生意外事故，致使第三者遭受人身伤亡或财产直接损毁，依法应当由被保险人承担的损害赔偿责任，且不属于免除保险人责任的范围，保险人依照本保险合同的约定，对于超过机动车交通事故责任强制保险各分项赔偿限额以上的部分负责赔偿。

（二）保险责任

保险人依据被保险机动车一方在事故中所负的事故责任比例，承担相应的赔偿责任。被保险人或被保险机动车一方根据有关法律法规规定选择自行协商或由公安机关交通管理部门处理事故未确定事故责任比例的，按照下列规定确定事故责任比例：

被保险机动车一方负主要事故责任的，事故责任比例为70%；

被保险机动车一方负同等事故责任的，事故责任比例为50%；

被保险机动车一方负次要事故责任的，事故责任比例为30%。

涉及司法或仲裁程序的，以法院或仲裁机构最终生效的法律文书为准。

（三）责任免除

1.在上述保险责任范围内，下列情况下，不论任何原因造成的人身伤亡、财产损失和费用，保险人均不负责赔偿：

（1）事故发生后，被保险人或其允许的驾驶人故意破坏、伪造现场、毁灭证据；

（2）驾驶人有下列情形之一者：

①事故发生后，在未依法采取措施的情况下驾驶被保险机动车或者遗弃被保险机动车离开事故现场；

②饮酒、吸食或注射毒品、服用国家管制的精神药品或者麻醉药品；

③无驾驶证，驾驶证被依法扣留、暂扣、吊销、注销期间；

④驾驶与驾驶证载明的准驾车型不相符合的机动车；

⑤实习期内驾驶公共汽车、营运客车或者执行任务的警车、载有危险物品的机动车或牵引挂车的机动车；

⑥驾驶出租机动车或营业性机动车无交通运输管理部门核发的许可证书或其他必备证书；

⑦学习驾驶时无合法教练员随车指导；

⑧非被保险人允许的驾驶人；

(3)被保险机动车有下列情形之一者：

①发生保险事故时被保险机动车行驶证、号牌被注销的，或未按规定检验或检验不合格；

②被扣押、收缴、没收、政府征用期间；

③在竞赛、测试期间，在营业性场所维修、保养、改装期间；

④全车被盗窃、被抢劫、被抢夺、下落不明期间。

2.下列原因导致的人身伤亡、财产损失和费用，保险人不负责赔偿：

(1)地震及其次生灾害、战争、军事冲突、恐怖活动、暴乱、污染(放射性污染)、核反应、核辐射；

(2)第三者、被保险人或其允许的驾驶人的故意行为、犯罪行为，第三者与被保险人或其他致害人恶意串通的行为；

(3)被保险机动车被转让、改装、加装或改变使用性质等，被保险人、受让人未及时通知保险人，且因转让、改装、加装或改变使用性质等导致被保险机动车危险程度显著增加。

3.下列人身伤亡、财产损失和费用，保险人不负责赔偿：

(1)被保险机动车发生意外事故，致使任何单位或个人停业、停驶、停电、停气、停产、通讯或网络中断、电压变化、数据丢失造成的损失以及其他各种间接损失；

(2)第三者财产因市场价格变动造成的贬值，修理后因价值降低引起的减值损失；

(3)被保险人及其家庭成员、被保险人允许的驾驶人及其家庭成员所有、承租、使用、管理、运输或代管的财产的损失，以及本车上财产的损失；

(4)被保险人、被保险人允许的驾驶人、本车车上人员的人身伤亡；

(5)停车费、保管费、扣车费、罚款、罚金或惩罚性赔款；

(6)超出《道路交通事故受伤人员临床诊疗指南》和国家基本医疗保险同类医疗费用标准的费用部分；

(7)律师费，未经保险人事先书面同意的诉讼费、仲裁费；

(8)投保人、被保险人或其允许的驾驶人知道保险事故发生后，故意或者因重大过失未及时通知，致使保险事故的性质、原因、损失程度等难以确定，保险人对无法确定的部分，不承担赔偿责任，但保险人通过其他途径已经及时知道或者应当及时知道保险事故发生的除外；

(9)因被保险人违反本条款第三十四条约定，导致无法确定的损失；

(10)精神损害抚慰金；

(11)应当由机动车交通事故责任强制保险赔偿的损失和费用；

保险事故发生时，被保险机动车未投保机动车交通事故责任强制保险或机动车交通事故责任强制保险合同已经失效的，对于机动车交通事故责任强制保险责任限额以内的损失和费用，保险人不负责赔偿。

(四)赔偿限额

第三者责任保险保单规定赔偿限额为保险人承担赔偿责任的最高限度。第三者责任保险的赔偿限额采用每次事故最高责任限额制。每次事故的责任限额,由投保人和保险人在签订本保险合同时协商确定。

主车和挂车连接使用时视为一体,发生保险事故时,由主车保险人和挂车保险人按照保险单上载明的机动车第三者责任保险责任限额的比例,在各自的责任限额内承担赔偿责任,但赔偿金额总和以主车的责任限额为限。

(五)理赔

1.免赔规定

保险人在依据本保险合同约定计算赔款的基础上,在保险单载明的责任限额内,按照下列方式免:

(1)被保险机动车一方负次要事故责任的,实行5%的事故责任免赔率的事故责任免赔率;负同等事故责任的,实行10%的事故责任免赔率;负主要事故责任的,实行15%的事故责任免赔率;负全部事故责任的,实行20%的事故责任免赔率;

(2)违反安全装载规定的,实行10%的绝对免赔率。

2.赔偿处理

发生保险事故时,被保险人或其允许的驾驶人应当及时采取合理的、必要的施救和保护措施,防止或者减少损失,并在保险事故发生后48小时内通知保险人。被保险人或其允许的驾驶人根据有关法律法规规定选择自行协商方式处理交通事故的,应当立即通知保险人。

被保险人或其允许的驾驶人根据有关法律法规规定选择自行协商方式处理交通事故的,应当协助保险人勘验事故各方车辆、核实事故责任,并依照《道路交通事故处理程序规定》签订记录交通事故情况的协议书。

被保险人索赔时,应当向保险人提供与确认保险事故的性质、原因、损失程度等有关的证明和资料。被保险人应当提供保险单、损失清单、有关费用单据、被保险机动车行驶证和发生事故时驾驶人的驾驶证。属于道路交通事故的,被保险人应当提供公安机关交通管理部门或法院等机构出具的事故证明、有关的法律文书(判决书、调解书、裁定书、裁决书等)及其他证明。被保险人或其允许的驾驶人根据有关法律法规规定选择自行协商方式处理交通事故的,被保险人应当提供依照《道路交通事故处理程序规定》签订记录交通事故情况的协议书。

保险人对被保险人给第三者造成的损害,可以直接向该第三者赔偿。被保险人给第三者造成损害,被保险人对第三者应负的赔偿责任确定的,根据被保险人的请求,保险人应当直接向该第三者赔偿。被保险人怠于请求的,第三者有权就其应获赔偿部分直接向保险人请求赔偿。被保险人给第三者造成损害,被保险人未向该第三者赔偿的,保险人不得向被保险人赔偿。

因保险事故损坏的第三者财产,应当尽量修复。修理前被保险人应当会同保险人检验,协商确定修理项目、方式和费用。对未协商确定的,保险人可以重新核定。

3.赔款计算

(1)当(依合同约定核定的第三者损失金额－机动车交通事故责任强制保险的分项赔偿限额)×事故责任比例等于或高于每次事故赔偿限额时:

赔款＝每次事故赔偿限额×(1－事故责任免赔率)×(1－绝对免赔率之和)

(2)当(依合同约定核定的第三者损失金额－机动车交通事故责任强制保险的分项赔偿限额)×事故责任比例低于每次事故赔偿限额时：

赔款＝(依合同约定核定的第三者损失金额－机动车交通事故责任强制保险的分项赔偿限额)×事故责任比例×(1－事故责任免赔率)×(1－绝对免赔率之和)

五、车上人员责任险

(一)保险责任

保险期间内，被保险人或其允许的驾驶人在使用被保险机动车过程中发生意外事故，致使车上人员遭受人身伤亡，且不属于免除保险人责任的范围，依法应当对车上人员承担的损害赔偿责任，保险人依照本保险合同的约定负责赔偿。

保险人依据被保险机动车一方在事故中所负的事故责任比例，承担相应的赔偿责任。被保险人或被保险机动车一方根据有关法律法规规定选择自行协商或由公安机关交通管理部门处理事故未确定事故责任比例的，按照下列规定确定事故责任比例：

被保险机动车一方负主要事故责任的，事故责任比例为70％；

被保险机动车一方负同等事故责任的，事故责任比例为50％；被保险机动车一方负次要事故责任的，事故责任比例为30％。

涉及司法或仲裁程序的，以法院或仲裁机构最终生效的法律文书为准。

(二)责任免除

1.在上述保险责任范围内，下列情况下，不论任何原因造成的人身伤亡，保险人均不负责赔偿：

(1)事故发生后，被保险人或其允许的驾驶人故意破坏、伪造现场、毁灭证据；

(2)驾驶人有下列情形之一者：

①事故发生后，在未依法采取措施的情况下驾驶被保险机动车或者遗弃被保险机动车离开事故现场；

②饮酒、吸食或注射毒品、服用国家管制的精神药品或者麻醉药品；

③无驾驶证，驾驶证被依法扣留、暂扣、吊销、注销期间；

④驾驶与驾驶证载明的准驾车型不相符合的机动车；

⑤实习期内驾驶公共汽车、营运客车或者执行任务的警车、载有危险物品的机动车或牵引挂车的机动车；

⑥驾驶出租机动车或营业性机动车无交通运输管理部核发的许可证书或其他必备证书；

⑦学习驾驶时无合法教练员随车指导；

⑧非被保险人允许的驾驶人；

(3)被保险机动车有下列情形之一者：

①发生保险事故时被保险机动车行驶证、号牌被注销的，或未按规定检验或检验不合格；

②被扣押、收缴、没收、政府征用期间；

③在竞赛、测试期间，在营业性场所维修、保养、改装期间；

④全车被盗窃、被抢劫、被抢夺、下落不明期间。

2.下列原因导致的人身伤亡，保险人不负责赔偿：

(1)地震及其次生灾害、战争、军事冲突、恐怖活动、暴乱、污染(放射性污染)、核反应、核辐射；

(2)被保险机动车被转让、改装、加装或改变使用性质等，被保险人、受让人未及时通知保险人，且因转让、改装、加装或改变使用性质等导致被保险机动车危险程度显著增加危险程度显著增加；

(3)被保险人或驾驶人的故意行为。

3.下列人身伤亡、损失和费用，保险人不负责赔偿：

(1)被保险人及驾驶人以外的其他车上人员的故意行为造成的自身伤亡；

(2)车上人员因疾病、分娩、自残、斗殴、自杀、犯罪行为造成的自身伤亡；

(3)违法、违章搭乘人员的人身伤亡；

(4)罚款、罚金或惩罚性赔款；

(5)超出《道路交通事故受伤人员临床诊疗指南》和国家基本医疗保险同类医疗费用标准的费用部分；

(6)律师费，未经保险人事先书面同意的诉讼费、仲裁费；

(7)投保人、被保险人或其允许的驾驶人知道保险事故发生后，故意或者因重大过失未及时通知，致使保险事故的性质、原因、损失程度等难以确定的，保险人对无法确定的部分，不承担赔偿责任，但保险人通过其他途径已经及时知道或者应当及时知道保险事故发生的除外；

(8)精神损害抚慰金；

(9)应当由机动车交通事故责任强制保险赔付的损失和费用。

(三)免赔率

保险人在依据本保险合同约定计算赔款的基础上，在保险单载明的责任限额内，按照下列方式免赔：

被保险机动车一方负次要事故责任的，实行5%的事故责任免赔率；

负同等事故责任的，实行10%的事故责任免赔率；

负主要事故责任的，实行15%的事故责任免赔率；

负全部事故责任或单方肇事事故的，实行20%的事故责任免赔率。

(四)责任限额

驾驶人每次事故责任限额和乘客每次事故每人责任限额由投保人和保险人在投保时协商确定。投保乘客座位数按照被保险机动车的核定载客数(驾驶人座位除外)确定。

(五)赔偿处理

发生保险事故时，被保险人或其允许的驾驶人应当及时采取合理的、必要的施救和保护措施，防止或者减少损失，并在保险事故发生后48小时内通知保险人。被保险人或其允许的驾驶人根据有关法律法规规定选择自行协商方式处理交通事故的，应当立即通知保险人。

被保险人或其允许的驾驶人根据有关法律法规规定选择自行协商方式处理交通事故的，应当协助保险人勘验事故各方车辆、核实事故责任，并依照《道路交通事故处理程序规定》签订记录交通事故情况的协议书。

被保险人索赔时，应当向保险人提供与确认保险事故的性质、原因、损失程度等有关的证明和资料。被保险人应当提供保险单、损失清单、有关费用单据、被保险机动车行驶证和发生事故时驾驶人的驾驶证。属于道路交通事故的，被保险人应当提供公安机关交通管理部门或法院等机构出具的事故证明、有关的法律文书（判决书、调解书、裁定书、裁决书等）和通过机动车交通事故责任强制保险获得赔偿金额的证明材料。被保险人或其允许的驾驶人根据有关法律法规规定选择自行协商方式处理交通事故的，被保险人应当提供依照《道路交通事故处理程序规定》签订记录交通事故情况的协议书和通过机动车交通事故责任强制保险获得赔偿金额的证明材料。

（六）赔款计算

1.对每座的受害人，当（依合同约定核定的每座车上人员人身伤亡损失金额－应由机动车交通事故责任强制保险赔偿的金额）×事故责任比例高于或等于每次事故每座赔偿限额时：

赔款＝每次事故每座赔偿限额×（1－事故责任免赔率）

2.对每座的受害人，当（依合同约定核定的每座车上人员人身伤亡损失金额－应由机动车交通事故责任强制保险赔偿的金额）×事故责任比例低于每次事故每座赔偿限额时：

赔款＝（依合同约定核定的每座车上人员人身伤亡损失金额－应由机动车交通事故责任强制保险赔偿的金额）×事故责任比例×（1－事故责任免赔率）

六、全车盗抢险

（一）保险责任

保险期间内，被保险机动车的下列损失和费用，且不属于免除保险人责任的范围，保险人依照本保险合同的约定负责赔偿：

1.被保险机动车被盗窃、抢劫、抢夺，经出险当地县级以上公安刑侦部门立案证明，满60天未查明下落的全车损失；

2.被保险机动车全车被盗窃、抢劫、抢夺后，受到损坏或车上零部件、附属设备丢失需要修复的合理费用；

3.被保险机动车在被抢劫、抢夺过程中，受到损坏需要修复的合理费用。

（二）责任免除

1.在上述保险责任范围内，下列情况下，不论任何原因造成被保险机动车的任何损失和费用，保险人均不负责赔偿：

（1）被保险人索赔时未能提供出险当地县级以上公安刑侦部门出具的盗抢立案证明；

（2）驾驶人、被保险人、投保人故意破坏现场、伪造现场、毁灭证据；

（3）被保险机动车被扣押、罚没、查封、政府征用期间；

(4)被保险机动车在竞赛、测试期间,在营业性场所维修、保养、改装期间,被运输期间。

2.下列损失和费用,保险人不负责赔偿:

(1)地震及其次生灾害导致的损失和费用;

(2)战争、军事冲突、恐怖活动、暴乱导致的损失和费用;

(3)因诈骗引起的任何损失;因投保人、被保险人与他人的民事、经济纠纷导致的任何损失;

(4)被保险人或其允许的驾驶人的故意行为、犯罪行为导致的损失和费用;

(5)非全车遭盗窃,仅车上零部件或附属设备被盗窃或损坏;

(6)新增加设备的损失;

(7)遭受保险责任范围内的损失后,未经必要修理并检验合格继续使用,致使损失扩大的部分;

(8)被保险机动车被转让、改装、加装或改变使用性质等,被保险人、受让人未及时通知保险人,且因转让、改装、加装或改变使用性质等导致被保险机动车危险程度显著增加而发生保险事故;

(9)投保人、被保险人或其允许的驾驶人知道保险事故发生后,故意或者因重大过失未及时通知,致使保险事故的性质、原因、损失程度等难以确定的,保险人对无法确定的部分,不承担赔偿责任,但保险人通过其他途径已经及时知道或者应当及时知道保险事故发生的除外;

(10)因被保险人违反本条款第五十八条约定,导致无法确定的损失。

(三)免赔率

保险人在依据本保险合同约定计算赔款的基础上,按照下列方式免赔:

1.发生全车损失的,绝对免赔率为20%;

2.发生全车损失,被保险人未能提供《机动车登记证书》、机动车来历凭证的,每缺少一项,增加1%的绝对免赔率。

(四)保险金额

保险金额在投保时被保险机动车的实际价值内协商确定。投保时被保险机动车的实际价值由投保人与保险人根据投保时的新车购置价减去折旧金额后的价格协商确定或其他市场公允价值协商确定。

折旧金额可根据保险合同列明的参考折旧系数表确定。

(五)赔偿处理

被保险机动车全车被盗抢的,被保险人知道保险事故发生后,应在24小时内向出险当地公安刑侦部门报案,并通知保险人。

被保险人索赔时,须提供保险单、损失清单、有关费用单据、《机动车登记证书》、机动车来历凭证以及出险当地县级以上公安刑侦部门出具的盗抢立案证明。

因保险事故损坏的被保险机动车,应当尽量修复。修理前被保险人应当会同保险人检验,协商确定修理项目、方式和费用。对未协商确定的,保险人可以重新核定。

保险人按下列方式赔偿:

1.被保险机动车全车被盗抢的，按以下方法计算赔款：

赔款＝保险金额×(1－绝对免赔率之和)

2.被保险机动车发生本全车损失和合理的修复费用的损失，保险人按实际修复费用在保险金额内计算赔偿。

保险人确认索赔单证齐全、有效后，被保险人签具权益转让书，保险人赔付结案。

被保险机动车发生本保险事故，导致全部损失，或一次赔款金额与免赔金额之和达到保险金额，保险人按本保险合同约定支付赔款后，本保险责任终止，保险人不退还机动车全车盗抢保险及其附加险的保险费。

七、附加险

(一)玻璃单独破碎险

保险期间内，被保险机动车风挡玻璃或车窗玻璃的单独破碎，保险人按实际损失金额赔偿。投保人与保险人可协商选择按进口或国产玻璃投保。保险人根据协商选择的投保方式承担相应的赔偿责任。不承担安装、维修机动车过程中造成的玻璃单独破碎的赔偿责任。

本附加险不适用主险中的各项免赔率、免赔额约定。

(二)自燃损失险

保险责任包括：保险期间内，指在没有外界火源的情况下，由于本车电器、线路、供油系统、供气系统等被保险机动车自身原因或所载货物自身原因起火燃烧造成本车的损失；发生保险事故时，被保险人为防止或者减少被保险机动车的损失所支付的必要的、合理的施救费用，由保险人承担；施救费用数额在被保险机动车损失赔偿金额以外另行计算，最高不超过本附加险保险金额的数额。

除外责任包括：自燃仅造成电器、线路、油路、供油系统、供气系统的损失；由于擅自改装、加装电器及设备导致被保险机动车起火造成的损失；被保险人在使用被保险机动车过程中，因人工直接供油、高温烘烤等违反车辆安全操作规则造成的损失。

本附加险每次赔偿实行20％的绝对免赔率，不适用主险中的各项免赔率、免赔额约定。

保险金额由投保人和保险人在投保时被保险机动车的实际价值内协商确定。

全部损失，在保险金额内计算赔偿；部分损失，在保险金额内按实际修理费用计算赔偿。

(三)新增设备损失险

投保了机动车损失保险的机动车，可投保本附加险。

保险期间内，投保了本附加险的被保险机动车因发生机动车损失保险责任范围内的事故，造成车上新增加设备的直接损毁，保险人在保险单载明的本附加险的保险金额内，按照实际损失计算赔偿。

本附加险每次赔偿的免赔约定以机动车损失保险条款约定为准。

保险金额根据新增加设备投保时的实际价值确定。新增加设备的实际价值是指新增加设备的购置价减去折旧金额后的金额。

（四）车身划痕损失险

投保了机动车损失保险的机动车，可投保本附加险。

保险期间内，投保了本附加险的机动车在被保险人或其允许的驾驶人使用过程中，发生无明显碰撞痕迹的车身划痕损失，保险人按照保险合同约定负责赔偿。

责任免除包括被保险人及其家庭成员、驾驶人及其家庭成员的故意行为造成的损失；因投保人、被保险人与他人的民事经济纠纷导致的任何损失；车身表面自然老化、损坏，腐蚀造成的任何损失。

本附加险每次赔偿实行15％的绝对免赔率，不适用主险中的各项免赔率、免赔额约定。

保险金额为2 000元、5 000元、10 000元或20 000元，由投保人和保险人在投保时协商确定。在保险金额内按实际修理费用计算赔偿。在保险期间内，累计赔款金额达到保险金额，本附加险保险责任终止。

（五）发动机涉水损失险

本附加险仅适用于家庭自用汽车、党政机关、事业团体用车、企业非营业用车，且只有在投保了机动车损失保险后，方可投保本附加险。

保险期间内，投保了本附加险的被保险机动车在使用过程中，因发动机进水后导致的发动机的直接损毁，保险人负责赔偿；发生保险事故时，被保险人为防止或者减少被保险机动车的损失所支付的必要的、合理的施救费用，由保险人承担；施救费用数额在被保险机动车损失赔偿金额以外另行计算，最高不超过保险金额的数额。

本附加险每次赔偿均实行％的绝对免赔率，不适用主险中的各项免赔率、免赔额约定。

保险人在保险金额内计算赔偿。

（六）修理期间费用补偿险

只有在投保了机动车损失保险的基础上方可投保本附加险，机动车损失保险责任终止时，本保险责任同时终止。

保险期间内，投保了本条款的机动车在使用过程中，发生机动车损失保险责任范围内的事故，造成车身损毁，致使被保险机动车停驶，保险人按保险合同约定，在保险金额内向被保险人补偿修理期间费用，作为代步车费用或弥补停驶损失。

下列情况下，保险人不承担修理期间费用补偿：因机动车损失保险责任范围以外的事故而致被保险机动车的损毁或修理；非在保险人认可的修理厂修理时，因车辆修理质量不合要求造成返修；被保险人或驾驶人拖延车辆送修期间。

本附加险每次事故的绝对免赔额为本附加险每次事故的绝对免赔额为1天的赔偿金额，不适用主险中的各项免赔率、免赔额约定。

本附加险保险金额＝补偿天数×日补偿金额。补偿天数及日补偿金额由投保人与保险人协商确定并在保险合同中载明，保险期间内约定的补偿天数最高不超过90天。

全车损失，按保险单载明的保险金额计算赔偿；部分损失，在保险金额内按约定的日赔偿金额乘以从送修之日起至修复之日止的实际天数计算赔偿，实际天数超过双方约定修理天数的，以双方约定的修理天数为准。保险期间内，累计赔款金额达到保险单载明的保险金额，本附加险保险责任终止。

（七）车上货物责任险

投保了机动车第三者责任保险的机动车，可投保本附加险。

保险期间内，发生意外事故致使被保险机动车所载货物遭受直接损毁，依法应由被保险人承担的损害赔偿责任，保险人负责赔偿。

责任免除包括：偷盗、哄抢、自然损耗、本身缺陷、短少、死亡、腐烂、变质、串味、生锈，动物走失、飞失、货物自身起火燃烧或爆炸造成的货物损失；违法、违章载运造成的损失；因包装、紧固不善，装载、遮盖不当导致的任何损失；车上人员携带的私人物品的损失；保险事故导致的货物减值、运输延迟、营业损失及其他各种间接损失；法律、行政法规禁止运输的货物的损失。

本附加险每次赔偿实行20%的绝对免赔率，不适用主险中的各项免赔率、免赔额约定。

责任限额由投保人和保险人在投保时协商确定。

被保险人索赔时，应提供运单、起运地货物价格证明等相关单据。保险人在责任限额内按起运地价格计算赔偿。

（八）精神抚慰金责任险

只有在投保了机动车第三者责任保险或机动车车上人员责任保险的基础上方可投保本附加险。在投保人仅投保机动车第三者责任保险的基础上附加本附加险时，保险人只负责赔偿第三者的精神损害抚慰金；在投保人仅投保机动车车上人员责任保险的基础上附加本附加险时，保险人只负责赔偿车上人员的精神损害抚慰金。

保险期间内，被保险人或其允许的驾驶人在使用被保险机动车的过程中，发生投保的主险约定的保险责任内的事故，造成第三者或车上人员的人身伤亡，受害人据此提出精神损害赔偿请求，保险人依据法院判决及保险合同约定，对应由被保险人或被保险机动车驾驶人支付的精神损害抚慰金，在扣除机动车交通事故责任强制险应当支付的赔款后，在本保险赔偿限额内负责赔偿。

责任免除包括：根据被保险人与他人的合同协议，应由他人承担的精神损害抚慰金应由他人承担的精神损害抚慰金；未发生交通事故，仅因第三者或本车人员的惊恐而引起的损害；怀孕妇女的流产发生在交通事故发生之日起30天以外的。

本附加险每次赔偿实行20%的绝对免赔率，不适用主险中的各项免赔率、免赔额约定。

本保险每次事故赔偿限额由保险人和投保人在投保时协商确定。本附加险赔偿金额依据人民法院的判决在保险单所载明的赔偿限额内计算赔偿。

（九）不计免赔率险

投保了任一主险及其他设置了免赔率的附加险后，均可投保本附加险。

保险事故发生后，按照对应投保的险种约定的免赔率计算的、应当由被保险人自行承担的免赔金额部分，保险人负责赔偿。

下列情况下，应当由被保险人自行承担的免赔金额，保险人不负责赔偿：动车损失保险中应当由第三方负责赔偿而无法找到第三方的；因违反安全装载规定而增加的；发生机动车全车盗抢保险约定的全车损失保险事故时，被保险人未能提供《机动车登记证书》、机动车来历凭证的，每缺少一项而增加的；机动车损失保险中约定的每次事故绝对免赔额；可附加本条款但未选择附加本条款的险种约定的；不可附加本条款的险种约定的。

（十）机动车损失保险无法找到第三方特约险

投保了机动车损失保险后，可投保本附加险。投保了本附加险后，对于机动车损失保险第十一条第（二）款列明的，被保险机动车损失应当由第三方负责赔偿，但因无法找到第三方而增加的由被保险人自行承担的免赔金额，保险人负责赔偿。

（十一）指定修理厂险

投保了机动车损失保险的机动车，可投保本附加险。

投保了本附加险后，机动车损失保险事故发生后，被保险人可指定修理厂进行修理。

第五节 海洋运输货物保险

一、基本概述

海上保险是以海上财产，如船舶、货物以及与之有关的利益，如租金、运费等作为保险标的的保险。它是财产保险中最古老的一个品种。海上保险是以保险标的发生风险的地域来命名的。

随着现代国际贸易和海洋运输业的发展，海上保险的种类和范围也在不断扩大，它主要包括海洋货物运输保险、海洋船舶保险以及海上石油开发保险等。

海上保险与其他财产保险的最大不同之处在于：它所承保的标的处于运动状态中，即货物和运输工具从一个国家（或地区）到另一个国家（或地区）。这使得海上保险具有不同于其他保险的特征。

我国现行的海上运输货物保险条款是中国人民保险公司 1981 年 1 月 1 日修订的《海上货物运输保险条款》（*Ocean Marine Cargo Clauses* 1/1/81）。该条款共有五个部分内容：责任范围、除外责任、责任起讫、被保险人的义务和索赔期限。在责任范围部分，规定海上运输货物保险的基本险别分为平安险、水渍险和一切险三种。投保人可以根据需要选择其中任何一种险别投保。除了基本险，还有附加险和特殊附加险两种险别多个险种。一般附加险包括：偷窃提货不着险；淡水雨淋险；短量险；混杂、玷污险；渗漏险；碰损、破碎险；串味险；受热、受潮险；钩损险；包装破裂险；锈损险等共 11 种险。特别附加险包括：交货不到险；进口关税险；黄曲霉素险和出口货物到香港（包括九龙在内）或澳门存仓火险责任扩展条款 6 种。此外，还包括战争险和罢工险两种特殊附加险。当被保险货物遭受损失时，保险人按照保险单载明的投保险别所规定的责任范围负责赔偿。

平安险、水渍险和一切险的称谓，源自新中国成立之前我国海上保险市场的叫法，其内容参照伦敦保险人协会 1963 年货物条款制定，险别的英文名称也来自协会条款。

二、海洋货物运输保险的保险责任与除外责任

此处只介绍基本险的三个险别。我国海上货物运输保险承保的基本险别包括平安险、水渍险和一切险三种。

(一)海洋货物运输保险的保险责任

1.平安险(Free From Particular Average,简称 FPA)

平安险是我国保险行业中长期沿用的习惯称呼,它并非是指承保了这种险保险人就负责货物平安到达目的地,它的原意是"不负责单独海损",仅对全部损失和共同海损负赔偿责任。该险种原来的责任范围对全部损失予以赔偿,部分损失不赔。但长期以来在实践中经过不断修订补充,平安险的保险责任范围已经超出了全损范围,它包括保险标的因自然灾害造成的全损以及因部分意外事故造成的部分损失和费用。概括起来,平安险的责任范围主要包括:

(1)保险货物在运输途中由于恶劣气候、雷电、海啸、地震、洪水等自然灾害造成整批货物的全部损失或推定全损。

(2)由于运输工具遭受搁浅、触礁、沉没、互撞、与流冰或其他物体碰撞,以及失火、爆炸等意外事故造成货物的全损或部分损失。

(3)在运输工具已经发生搁浅、触礁、沉没、焚毁等意外事故的情况下,货物在此前后又在海上遭受恶劣气候、雷电、海啸等自然灾害所造成货物的部分损失。平安险不负责自然灾害造成的部分损失,只有符合本条的规定才赔偿。

(4)在装卸或转运时,由于一件或数件整件货物落海造成的全部或部分损失,又称"吊索损害",比如在吊运货物时,钓钩、钢索、钓竿折断造成货物损失。

(5)被保险人对遭受承保责任内危险的货物采取抢救、防止或减少货损措施而支付的合理费用,但以不超过该批获救货物的保险金额为限。

(6)运输工具遭遇海难后,在避难港由于卸货、存仓以及运送货物所产生的特别费用。

(7)共同海损的牺牲、分摊和救助的费用。

(8)运输合同订有"船舶互撞责任"条款,根据该条款规定应由货方偿还船方的损失。

知识链接

单独海损与共同海损的区别

单独海损是指保险标的物在海上遭受承保范围内的风险所造成的部分灭失或损害,即除共同海损以外的部分损失。共同海损是指在同一海上航程中,当船舶、货物和其他财产遭遇共同危险时,为了共同安全,有意地、合理地采取措施所直接造成的特殊牺牲、支付的特殊费用,由各受益方按比例分摊的法律制度。只有那些确实属于共同海损的损失才由获益各方分摊,因此共同海损的成立应具备一定的条件,即海上危险必须是共同的、真实的;共同海损的措施必须是有意的、合理的、有效的;共同海损对损失必须是特殊的、异常的,并由共损措施直接造成。共同海损与单独海损的区别表现在以下几个方面:

一是造成海损的原因不同。单独海损是由所承保的风险直接导致的船、货的损失;而

共同海损是为解除或减轻风险，人为地、有意识地采取合理措施造成的损失。

二是损失的承担者不同。单独海损的损失由受损者自己承担，共同海损的损失则由受益各方根据受益大小按比例分摊。

三是损失等内容不同。单独海损仅指损失本身，而共同海损则包括损失及由此产生的费用。

四是涉及的利益方不同。单独海损只涉及损失方个人利益，而共同海损是为了船货各方的共同利益所受的损失。

2.水渍险(With Particular Average，简称WA或WPA)

水渍险也是我国保险界长期使用的称呼。同样不能简单地从字面上去理解，认为凡是投保了该险种的保险标的在运输途中发生水渍损失，都由保险人负责赔偿。水渍的原意应当是“负责赔偿单独海损”，也就是平安险不负责的部分，水渍险予以负责。换言之，水渍险的责任范围除了包括上列平安险的各项责任外，还负责保险标的由于恶劣气候、雷电、海啸、地震、洪水等自然灾害所造成的部分损失。即：

水渍险＝平安险＋自然灾害造成的保险货物的部分损失

3.一切险(All Risks，简称AR)

一切险承保的责任范围除包括上列平安险和水渍险的各项责任外，还负责保险标的在运输途中由于一般外来风险所致的全部或部分损失。我国的一切险仍属于列明责任制，被保险人仍负责损失原因的举证责任。其中，各种外来风险主要是指11种一般附加险。即：

一切险＝水渍险＋11种一般附加险

知识链接

1.一般附加险

(1)偷窃、提货不着险。主要承保在保险有效期内，保险货物由于偷窃行为，以及货物运抵目的地后，收货人整件提货不着所造成的损失，由保险人负责按保险价值赔偿。

(2)淡水雨淋险。承保货物在运输途中直接遭受雨淋或淡水浸泡所造成的损失。雨淋所致损失包括雨水，还有冰雪融化给货物造成的损失。淡水所致损失则包括船上因船舱内水汽凝聚而成的舱汗、船上淡水舱或水管漏水给货物造成的损失。

(3)短量险。承保货物在运输过程中因外包装破裂或散装货物发生数量散失和实际重量短少的损失。

(4)混杂、沾污险。承保货物在运输过程中因混进杂质或被玷污所造成的损失。

(5)渗漏险。承保液体、流质类货物由于容器损坏而引起的渗漏损失，以及用液体储装的货物因储液渗漏而发生的腐烂、变质的损失。

(6)碰损、破碎险。承保货物在运输途中因震动、碰撞、受压造成的破碎、折裂、裂损和发生弯曲、凹瘪、变形等损失。

(7)串味险，又叫变味险。承保货物因受其他物品的影响而引起串味、变味的损失。

(8)受潮受热险。承保运输途中的货物因在货仓中受潮或高温所造成的损失。导致潮湿或高温的原因或是由于气温突然变化,或是由于船上通风设备失灵,使得船舱内水汽凝结,引起货物受潮、发热而最终发霉变质。

(9)钩损险。承保货物在运输、装卸过程中,因使用吊钩一类工具而本身直接被钩破的损失,或外包装被钩破造成货物外漏的损失。

(10)包装破裂险。承保货物因装运或装卸不慎、包装破裂造成短少、沾污、受潮等损失,以及旨在保证运输过程中续运的安全需要而对包装进行修补或调换所支付的费用。

(11)锈损险。承保货物在运输过程中因生锈而造成的损失。该类货物是指金属或金属制品。凡在装运时未存在、确实是在保险期限内发生的锈损,保险人予以负责。

2.特别附加险

承保一些涉及政治、国家政策法令和行政措施等特殊外来因素所造成的风险损失。一般有以下几种:

(1)交货不到险。承保不论由于什么原因,已装上船的货物不能在预定抵达目的地的日期起 6 个月内交货的损失。保险人对这一损失按全部损失赔偿,但该货物的全部权利应转移给保险人。

(2)进口关税险。承保已经遭受保险责任范围内的损失的货物,不论该损失是在进口前或进口后发生的,根据进口国的规定仍须按完好价值完税所造成的关税损失。

(3)舱面险。对装载在舱面的货物,除按基本险的条款负责以外,还承保因被抛弃或被风浪冲击所造成的损失。

(4)拒收险。承保货物在进口时,不论何种原因而被进口国政府或有关当局拒绝进口或没受所造成的损失。

(5)出口货物到中国香港(包括九龙在内)或澳门存仓火险责任扩展条款。该附加险承保我国出口到港澳地区并在我国驻港澳银行办理押汇的货物在存放仓库期间因火灾而遭受的损失。

(6)黄曲霉素险。承保某些含有黄曲霉素的食物因超过进口国对该毒素的限制标准而被拒绝进口、没收或强制改变用途而遭受的损失。

3.特殊附加险

特殊附加险与特别附加险一样,所承保的责任都超出一般外来原因所造成的事故损失,不属于一切险的承保范围之内。包括战争险和罢工险两种:

(1)战争险。承保货物由于战争、敌对行为、武装冲突或海盗行为,以及由此而引起的捕获、拘留、扣押和禁制等所造成的直接损失。

(2)承保货物因罢工者、被迫停工者,参加工潮、暴动和民众斗争的人员采取行动而造成的直接损失。

(二)海洋货物运输保险的除外责任

海洋货物运输保险的基本险(平安险、水渍险和一切险)一般责任免除事项有:

(1)被保险人的故意行为或过失行为所造成的货物损失;

(2)属于发货人责任所引起的损失；

(3)在保险责任开始前，保险货物已存在品质不良或数量短差；

(4)被保险货物的自然损耗、本质缺陷以及市价跌落、运输延迟所引起的损失和费用。

(5)属于战争险条款和罢工险条款所规定的责任范围和责任免除。这两种保险在我国属于特殊附加险，不在基本险范围之内，要投保需要特别约定附加。

三、海洋货物运输保险的保险金额的确定

海上货物运输保险的保险金额是保险人在保险合同上对被保险人承担赔偿责任的最高限额。海上货物运输保险一般为定值保险，保险价值事先约定。保险价值通常是以货物价值、运费、保险费或加上合理的预期利润等作为计算标准。

(一)出口货物保险金额的确定

被保险人一般把货值(成本)、运费、保险费以及转售该笔货物的预期利润和费用的总和，作为保险金额。习惯上按CIF总值的110%投保，超出的10%为投保加成。一般加成率为10%，当然，保险加成率10%并不是一成不变的。保险人同被保险人可以根据不同货物、不同地区进口价格与当地市价之间不同差价、不同的经营费用和预期利润水平，约定不同的加成率。

在我国的出口业务中，保险金额一般也按CIF加10%计算。如果国外商人要求将保险加成率提高到20%或30%，其保费差额部分应由国外买方负担。同时，如果外商要求的加成率如超过30%，应先征得保险公司的同意，在签订贸易合同时不能贸然接受，以防止由于加成过高，保险金额过大，造成下列不良情况发生：

1.当市场价格下跌时，作风不好的商人故意造成货物损失以骗取保险赔款。

2.由于保险金额高，赔偿金额高，当被保险货物遭遇风险时，一般商人也可能不积极采取措施防止或减少损失。

3.过高的加成率有时会造成保险人拒绝承保或者大幅度增加保险费。

保险金额的计算公式为：

保险金额＝CIF价×(1＋加成率)

例如，CIF货价为120万美元，加成率为10%时：

保险金额＝120×(1＋10%)＝132(万元)

(二)进口货物保险金额的确定

我国进口货物大多采用预约保险的办法，各专业进出口公司或其收货代理人同保险公司事先签有预约保险合同。签订合同后，保险公司负有自动承保的责任。

在进口业务中，保险金额按进口货物的CIF价计算，不另加减，保险费按“特约费率表”规定的平均费率计算；如果按FOB价或C&F价进口货物，则按平均运费率、平均保险费率换算为CIF价后再计算保险金额，其计算公式如下：

按C&F价格进口时：

保险金额＝C&F价×(1＋平均保险费率)

按FOB价格进口时：

$$保险金额=FOB价\times(1+平均保险费率+平均运费率)$$

上述平均保险费率和平均运费率可在保险公司提供的投保条件中直接查到，这样既简化了手续，也方便计算。

四、海洋运输货物保险的保险费率

海上运输货物保险的保险费主要取决于保险金额和保险费率。其保险费率是在货物的损失率和保险赔付率基础上，根据不同因素分别制定，如：不同运输工具以及船龄，不同航程目的地和航线；不同货物种类、性质及其包装；不同险别；保险期限；被保险人和船东的信誉以及过去3至5年的损失记录；国际上同类险种的保险费率、以往的赔付率；国内外政治经济状况等。

（一）我国海上运输货物保险保险费率的构成

我国海上运输货物保险的保险费率一般由基本险费率、附加险费率和逾龄运输工具的加费费率构成，其中，基本险费率根据一般货物和指明货物分别规定。目前大体分为四类：

（1）一般货物的基本险费率。一般货物是指未列入“指明货物”中的货物。一般货物费率适用于所有货物。其保险费率按不同的运输方式分为海运、陆运、空运和邮包四种。其费率按其基本险（平安险、水渍险、一切险）分别确定，附加险除费率表另有规定外，一般按基本险费率的最高一档计算；同一险别的不同洲、国家和地区的费率有不同的规定。

（2）指明货物的基本险费率。指明货物的基本险费率较一般货物费率高，它仅仅适用于指明的货物，一般来说，指明货物的损失率高于一般货物。我国对指明货物按不同外贸商品分类，目前分为八类货物：粮油食品及土畜产品类、轻工品类、纺织品类、五金矿产类、工艺品类、机械设备类、化工品类和危险品类。对指明的货物，保险公司需在一般货物费率基础上加上规定的加费费率加收保险费。该费率也可通过保险公司的费率表查得。保险公司一般在指明货物加费费率表中对某些易损货物规定了绝对免赔率。

（3）附加险的加费规定。海洋运输货物战争险、罢工险需要同时加保时，只按战争险费率计收保险费；若仅仅加保罢工险，也按战争险计收保险费。其他一般附加险的费率，除费率表另有规定外，均按一切险费率计收；其他特殊附加险费率根据具体加保的险别加费。

（4）逾龄运输工具的加费规定。一般来说，船龄在15年以上者，视为老船，即逾龄船舶，保险人对该类船舶需加费承保，加费标准按老船加费费率表的规定办理。

因此，确定进出口货物运输保险费率的具体方法程序是：第一，按货物的运输方式、运往目的地和承保险别，在“一般货物费率”表中查出应收的费率；第二，查明所保货物是否属于“指明货物”所列范围；第三，确定是否加保附加险；第四，确定其承保条件是否涉及逾龄运输工具的加费费率。然后，将这四项综合考虑，即可得出应计收的保险费率。

例如：出口一批服装投保水渍险，海运运往新加坡，该批服装共10万件，每件成本价30美元，运费4美元，保险费2美元，保险双方以CIF价加一成确定保额，则：

保险金额＝(30＋4＋2)×100 000×(1＋10％)＝3 960 000(美元)

查费率表得出 0.20％，则：

应交保险费＝3 960 000×0.20％＝7 920(美元)

(二)我国海上运输货物保险保险费的计算

海上运输货物保险的费率确定后，根据不同价格条件，计算保险费的方法有：

1.在 CIF 价格条件下，其保险费的计算公式：

保险费＝CIF×(1＋加成率)×费率

例如：出口一批服装投保水渍险，海运运往新加坡，该批服装共 10 万件，每件成本价 30 美元，运费 4 美元，保险费 2 美元，保险双方以 CIF 价加一成确定保额，则：

保险金额＝(30＋4＋2)×100 000×(1＋10％)＝3 960 000(美元)

查费率表得出 0.20％，则：

应交保险费＝3 960 000×0.20％＝7 920(美元)

2.在将 CFR 改为 CIF 价格条件下，其保险费计算公式为：

$$保险费=\frac{CFR\times(1+加成率)\times保险费率}{1-(1+加成率)\times保险费率}$$

例如：若某出口商品的 CFR 价格为每件 900 美元，加成 10％投保，保险费率为 1％，则该批货物的保险费为：

$$保险费=\frac{900(1+10\%)\times 1\%}{1-(1+10\%)\times 1\%}=10.01(美元)$$

3.在将 FOB 改为 CIF 价格条件下，如果买方要求卖方代为办理保险，其保险费计算方法为：

$$保险费=\frac{FOB\times(1+加成率)\times保险费率}{1-(1+加成率)\times保险费率}$$

例如：若某出口商品的 FOB 价格为每件 800 美元，加成 10％投保，保险费率为 1％，则该批货物的保险费为：

$$保险费=\frac{800\times(1+10\%)\times 1\%}{1-(1+10\%)\times 1\%}=8.70(美元)$$

五、海洋运输货物保险的保险期限

保险期限又称责任起讫。我国海上货物运输保险基本险的保险期限以“仓至仓”条款为基本依据，即保险期限从货物运离保险单所载明的起运港发货人的仓库开始，一直到货物运抵保险单所载明的目的港收货人的仓库为止。显然，保险期间规定了保险人对被保险货物所承担保险责任的空间范围。根据我国海洋运输货物保险的规定，将保险人的责任起讫区分为正常运输和非正常运输两种情况。

(一)正常运输

正常运输是指使用正常的运输工具,按照正常的航线、航程行驶并停靠港口,包括正常的延迟和正常的转船。因此,被保险货物自保险单载明起运地发货人仓库或其他储存处所首次运输时开始,无论是先装内河船舶或火车,继之以火车,然后再装海轮,只要是属于航程需要,都在正常运输范围之内。

在正常运输情况下,海上运输货物保险的责任起讫以"仓至仓"条款为依据。根据条款规定,保险责任自被保险货物运离保险单所载明的起运地仓库或储存处所开始运输时生效,包括正常运输过程中的海上、陆上、内河和驳船运输在内,直至该项货物到达保险单所载明目的地收货人的最后仓库或储存处所为止。货物一经进入收货人的仓库,保险人的责任即行终止。倘若货物在收货人的仓库中发生损失,保险人概不负责。上述"仓至仓"责任还要受到下列限制:货物自目的港卸离海轮时起算满 60 天,不论被保险货物是否进入收货人仓库,保险责任均告终止。在保险经营实务中,由于情况非常复杂,有的货物目的地就是卸货港,有的则在内陆,因而上述"仓至仓"条款的规定也应按不同的情况加以区别:

(1)保险单所载明的卸货港就是目的地,则被保险人提货后运到他自己的仓库,保险责任即行终止。倘若被保险人提货后并未运往自己的仓库,而是将货物分散、出售、转运、分配、分派,则保险责任从这个时候起即行终止。

(2)保险单所载明的目的地并非在卸货港,而是在内陆某地,则被保险人从船方提货后运到内陆,货物进入收货人的目的地仓库,保险责任即行终止。

(3)保险单所载明的目的地是在内陆某地,如果货物运往内陆目的地后,并未直接运往收货人仓库,而是在中途先行存放于某一仓库,然后又分成几分别陆续运往几个内陆目的地,其中包括保险单原载目的地,则保险责任在货物到达分配地时终止,即先行存入的某一仓库视为收货人的最后仓库,保险责任在货物到达该仓库时终止。这里所指的货物,也包括运往原目的地的那部分货物。

上述三种情况都受到保险责任自货物卸离海轮后满 60 天终止这一规的限制,也就是说,在上述三种情况下的保险责任终止前,若被保险货物卸离海轮后已满 60 天,则保险责任终止。

显然,海上货物运输保险的责任起讫实行"仓至仓"条款,它规定了保险人承担责任的空间范围,即规定了保险承担责任的起讫地点,从保险单载明的起运港(地)发货人的仓库或储存处所运输时开始,直到保险单载明的目的地收货人仓库或储存处所为止。货物进入仓库以后保险责任即行终止。

(二)非正常运输

非正常运输是指货物在运输途中,在被保险人无法控制的情况下,没有按照正常的航程、航线行驶并停靠港口,而是在途中被迫卸货、重装或转载以及由此而发生运输延迟、绕航或运输合同终止等非正常情况。按照国际运输惯例,提单中一般都订有自由条款,规定在迫不得已的情况下,承运人有自由变更航程、绕道及终止运输合同的权利,且由此发生的运输延迟、被迫卸货、重装等情况,致使货物遭受损失,承运人不负任何责任。因为这是"迫不得已"发生的,而非承运人的主观意愿所致。在此情况下,如果被保险人能及时将获知的情况通知保险人，并在必要时同意加缴保险费，则原保险继续有效。

我国对于非正常运输情况下的责任起讫规定：由于被保险人无法控制的运输延迟、绕道、被迫卸货、重新装载、转载或承运人运用运输契约赋予的权限所作的任何航海上的变更或终止运输契约，致使被保险货物运到非保险单载明的目的地时，在被保险人及时将获知的情况通知保险人，并在必要时加缴保险费的情况下，原保险继续有效。保险责任按下列规定终止：

(1)被保险货物如在非保险单载明的目的地出售，保险责任至交货时终止，但不论任何情况，均以被保险货物在最后卸载港全部卸离海轮后满60天为止。

(2)被保险货物如在上述60天期限内运往保险单所载原目的地或其他目的地，保险责任仍按正常运输下的有关责任终止的规定终止。

第六节 工程保险

一、工程保险的特点

工程保险主要以各类民用、工业用和公共事业用工程项目为承保对象，工程建设本身的特性决定了工程保险不同于其他保险。一般来说，工程保险主要有以下特点：

1.多个工程工程关系方组成共同被保险人

无论是建筑工程还是安装工程，因其涉及金额一般较大，绝大多数情况下都需要向银行等金融机构进行融资，还需要进行工程设计、材料采购、工程施工以及施工过程的监理，因此在一个工程项目的建设过程中会涉及基本工程而有着不同利益的关系方。工程保险将所有与工程有直接利益的关系方都列为工程保险的共同被保险人，他们在保险合同下的受益以及相互关系由与工程相关的各种合同(包括投资、租赁、建设、采购、设计等合同)决定。

2.风险金额的逐渐积累

随着工程进度的变化及物料和人工投入的增加，建筑工程保险、安装工程保险的风险金额在不断增加，尽管增加幅度会有区别，但是风险程度也随着工程进度增加，尤其是在试运行期间，风险更集中。所有工程在验收移交时风险金额达到最大。

3.工程保险保障全面

工程保险是一个综合保障保险，它既对施工期间工程本身、施工机具或工地设备、物料所遭受的损失予以赔偿；也对因施工而给第三者造成的物质损失或人身伤亡承担赔偿责任；有时还包括对后果损失风险的保障。

4.影响风险大小的因素复杂

影响工程保险的因素极为广泛，不同工程项目有不同的风险，同一个工程在不同的阶段也有不同的风险。因为工程建设本身的特点，工程保险的风险很大程度上还受到一些人为因素的影响，包括工程承包人的施工经验、技术及管理水平、施工方式、技术设计特性、道德水平等。另外，工程本身处于建设阶段，有关的防灾防损设施可能还没有完备，使得在建工程本身对风险的抵御能力较差，面临的损失概率也远比一般财产险大。

二、工程保险的主要产品

（一）建筑工程保险

建筑工程保险承保的是各类建筑工程，即适用于各种民用、工业用和公共事业用的建筑工程，如房屋、道路、桥梁、港口、机场、水坝、道路、娱乐场所、管道以及各种市政工程项目等，均可以投保建筑工程保险。

建筑工程保险的被保险人大致包括以下几个方面：

一是工程所有人，即建筑工程的最后所有者；

二是工程承包人，即负责建筑工程项目施工的单位，它又可以分为主承包人和分承包人；

三是技术顾问，即由工程所有人聘请的建筑师、设计师、工程师和其他专业技术顾问等。

当存在多个被保险人时，一般由一方出面投保，并负责支付保险费、申报保险期间的风险变化情况、提出原始索赔等。

建筑工程保险的保险标的范围广泛，既有物质财产部分，也有第三者责任部分。

为方便确定保险金额，在建筑工程保险单明细表中列出的保险项目通常包括：物质损失部分、第三者责任部分、特种风险赔偿部分。

建筑工程保险的保险责任可以分为物质部分的保险责任和第三者责任两大部分。其中物质部分的保险责任主要有保险单上列明的各种自然灾害和意外事故，如洪水、风暴、水灾、暴雨、地陷、冰雹、雷电、火灾、爆炸等多项，同时还承保盗窃、工人或技术人员过失等人为风险，并可以在基本保险责任项下附加特别保险条款，以利被保险人全面转嫁自己的风险。不过，对于错误设计引起的损失、费用或责任，换置、修理或矫正标的本身原材料缺陷或工艺不善所支付的费用，引起的机械或电器装置的损坏或建筑用机器、设备损坏，以及停工引起的损失等，保险人不负责任。被保险人所有或使用的车辆、船舶、飞机、摩托车等交通运输工具，亦需要另行投保相关运输工具保险。

与一般财产保险不同的是，建筑工程保险采用的是工期保险单，即保险责任的起讫通常以建筑工程的开工到竣工为期。

保险人承担的赔偿责任则根据受损项目分项处理，并适用于各项目的保险金额或赔偿限额。如保险损失为第三者引起，适用于权益转让原则，保险人可依法行使代位追偿权。

（二）安装工程保险

安装工程保险是指以各种大型机器、设备的安装工程项目为保险标的的工程保险，保险人承保安装期间因自然灾害或意外事故造成的物质损失及有关法律赔偿责任。

安装工程保险的适用范围亦包括安装工程项目的所有人、承包人、分承包人、供货人、制造商等，即上述各方均可成为安装工程保险的投保人。但实际情形往往是一方投保，其他各方可以通过交叉责任条款获得相应的保险保障。

安装工程保险有如下特点：

(1)以安装项目为主要承保对象，其中亦可包括附属建筑项目。

(2)安装工程的风险分布具有明显的阶段性。

(3)承保风险主要是人为风险,并具有技术色彩。

安装工程保险的可保标的通常也包括物质损失、特种危险赔偿和第三者责任三个部分,其中物质损失部分即分为安装项目、土木建筑工程项目、场地清理费、承包人的机器设备、所有人或承包人在安装工地上的其他财产等五项,各项标的均需明确保险金额;特种危险赔偿和第三者责任保险项目与建筑工程保险相似。

安装工程保险的费率主要有:①安装项目费率,实行一次性费率,即视土木建筑工程、所有人或承包人在工地上的其他财产及清理费为一个总的费率,整个工期实行一次性费率;②试车为一个单独费率,是一次性费率;③保证期费率,实行整个保证期一次性费率;④各种附加保障增收费率,实行整个工期一次性费率;⑤安装、建筑用机器、装置及设备为单独的年费率;⑥第三者责任保险,实行整个工期一次性费率。

(三)科技工程保险

1.海洋石油开发保险

海洋石油开发保险面向的是现代海洋石油工业,它承保从勘探到建成、生产整个开发过程中的风险,海洋石油开发工程的所有人或承包人均可投保该险种。

该险种一般被划分为四个阶段:普查勘探阶段、钻探阶段、建设阶段和生产阶段。每一阶段均有若干具体的险种供投保人选择投保。每一阶段均以工期为保险责任起讫期。当前一阶段完成,并证明有石油或有开采价值时,后一阶段才得以延续,被保险人亦需要投保后一阶段保险。因此,海洋石油开发保险作为一项工程保险业务,是分阶段进行的。

其主要的险种有勘探作业工具保险、钻探设备保险、费用保险、责任保险、建筑安装工程保险。在承保、防损和理赔方面,均与其他工程保险业务具有相通性。

2.卫星保险

卫星保险是以卫星为保险标的的科技工程保险,它属于航天工程保险范畴,包括发射前保险、发射保险和寿命保险,主要业务是卫星发射保险,即保险人承保卫星发射阶段的各种风险。卫星保险的投保与承保手续与其他工程保险并无区别。

3.核电站保险

核电站保险以核电站及其责任风险为保险对象,是核能民用工业发展的必要风险保障措施,也是对其他各种保险均将核风险除外不保的一种补充。

核电站保险的险种主要有财产损毁保险、核电站安装工程保险、核责任保险和核原料运输保险等,其中财产损毁保险与核责任保险是主要业务。

在保险经营方面,保险人一般按照核电站的选址勘测、建设、生产等不同阶段提供相应的保险,从而在总体上仍然具有工期性。当核电站正常运转后,则可以采用定期保险单承保。

本章小结

1.财产保险概述

以各种财产物资及相关利益、责任、信用为保险标的的,为广义的财产保险;如果仅以各种财产物资及相关利益为保险标的的,则为狭义的财产保险。

财产保险的特征有:保险标的具有可估价性、保险金额按保险价值的确定、财产保险是补偿性保险、财产保险经营技术复杂、财产保险一般是短期保险。

财产保险标的损失可以从不同的角度分类。按遭受损失的程度分为全部损失和部分损失;按损失的形态分为物质损失和费用损失;按损失发生的客体是否是保险标的本身分为直接损失和间接损失。

财产保险有三种基本的赔偿方式:比例责任赔偿方式、第一危险责任赔偿方式和免责限度赔偿方式。

广义的财产保险的种类有:财产损失保险、责任保险和信用保险。其中,财产损失保险为狭义的财产保险,包括:火灾保险(企业财产保险、家庭财产保险)、运输工具保险、货物运输保险和工程保险。

2.企业财产保险

企业财产保险是承保企业、事业单位、机关、团体的固定资产、流动资产及其企业经济利益相关的财产,因火灾及其他自然灾害、意外事故而遭受直接损失的财产损失保险。

企业财产保险的险别有基本险和综合险,两者的责任范围和除外责任有一定区别。

企业财产保险的保险金额按照固定资产、流动资产、账外资产和代管资产的保险价值等分别确定。

企业财产保险赔偿计算时要区分是足额保险、不足额保险还是超额保险。

3.家庭财产保险

家庭财产保险是以居民的家庭财产为保险对象的保险。其保险标的是坐落或存放在保单所载明地址的自有居住房屋,室内装修、装饰及附属设施,室内家庭财产。

目前,国内家庭财产保险主要包括家庭财产基本险、家庭财产综合险和附加险等。

4.机动车辆保险

机动车辆保险是以机动车辆本身和机动车辆的第三者责任为保险标的的一种运输工具保险,国外称为汽车保险。

机动车辆保险的基本险包括车辆损失险和第三者责任险,分别有不同的附加险。

5.海洋运输货物保险

海上保险是以海上财产如船舶、货物以及与之有关的利益,如租金、运费等作为保险标的的保险。

海上保险的种类主要包括海洋货物运输保险、海洋船舶保险以及海上石油开发保险等。

我国海上货物运输保险承保的基本险别包括平安险、水渍险和一切险三种。

6.工程保险

工程保险主要以各类民用、工业用和公共事业用工程项目为承保对象,工程建设本身的特性决定了工程保险不同于其他保险。

复习思考题

一、简答题

1.简述财产保险的含义与特征。

2.简述财产保险的三种基本的赔偿方式。

3.简述定值保险与不定值保险的区别;足额保险、不足额保险与超额保险的区别。

4.简述财产保险的损失状态。

5.如何界定企业财产保险基本险与综合险的责任范围?

6.简述机动车辆保险基本险的险种及其保险责任。

7.简述无赔款优待的条件。

8.简述海上货物运输保险基本险别的内容。

二、单选题

1.以各种财产物资及相关利益、责任、信用为保险标的的是(　　)。

A.广义的财产保险　　B.狭义的财产保险

C.意外伤害保险　　D.责任保险

2.在我国财产保险市场中保费收入占比最大的是(　　)。

A.企业财产保险　　B.机动车辆保险　　C.责任保险　　D.信用保证保险

3.以下不属于车上人员责任险中的"车上人员"的是(　　)。

A.事故发生时正在上车的黄某　　B.被车辆撞伤的行人丁某

C.本车司机老张　　D.本车上的乘客小兰

4.目前我国实行的强制保险的险种是(　　)。

A.远洋船舶保险　　B.家庭财产保险　　C.交强险　　D.建筑工程保险

5.全车盗抢险的被保险机动车被盗窃、抢劫、抢夺,经出险当地县级以上公安刑侦部门立案证明,满(　　)天未查明下落的全车损失。

A.30　　B.40　　C.50　　D.60

6.海洋货物运输保险出口货物保险金额的确定方法是(　　)。

A.保险金额=CIF 价×(1+加成率)　　B.保险金额=CIF 价+(1+加成率)

C.保险金额=CIF 价+(1×加成率)　　D.保险金额=CIF 价×1×加成率

7.海洋货物运输保险在确定保险期限时使用(　　)。

A.门至门条款　　B.港至港条款　　C.仓至仓条款　　D.罐至罐条款

8.仓至仓条款通常规定,被保险货物在最后卸载港全部卸离海轮后满(　　),责任终止。

A.30 天　　B.60 天　　C.120 天　　D.240 天

9.棉花 1 000 包,每包 400 千克,保险金额 20 万美元,到岸后货物短少 2 000 千克,则赔款应为(　　)。

A.2 000 美元　　B.4 000 美元　　C.500 美元　　D.1 000 美元

10.家庭财产两全保险兼具的性质是(　　)。

A.经济补偿和到期还本　　B.经济补偿和经济投资

C.经济保障和经济补偿　　D.经济保障和经济投资

三、多项选择题

1.属于企业财产保险中特约可保财产的是(　　)。

A.房屋建筑物　　B.钻石　　C.首饰　　D.桥梁

2.建筑工程保险的被保险人包括(　　)。

A.工程所有人　　B.工程承包人　　C.技术顾问　　D.贷款银行或债权人

3.根据条款规定,保险标的残余部分应当(　　)。

A.协议作价给被保险人,并在赔款中扣除

B.协议作价给保险人,并在赔款中扣除

C.协议作价给被保险人,并加载于保险赔款中

D.协议作价给保险人,并加载于保险赔款中

4.企业财产保险确定固定资产保险金额的方法有(　　)。

A.按账面原价确定　　B.按账面原价加成确定

C.按重置价值确定　　D.按其他方式确定

5.企业财产保险的费率分为(　　)。

A.工业险费率　　B.仓储险费率　　C.普通险费率　　D.特别险费率

6.下列属于家庭财产保险不予承保的有(　　)。

A.彩电　　B.钻石　　C.首饰　　D.冰箱

7.财产保险体系在第一层次的业务结构可划分为(　　)。

A.财产损失保险　　B.农业保险　　C.责任保险　　D.信用保证保险

8.机动车辆保险的基本险包括(　　)。

A.车辆损失险　　B.全车盗抢险　　C.第三者责任险　　D.车上人员责任险

9.在我国企业财产保险中,流动资产保险价值的确定方法是(　　)。

A.按照出险时的账面余额确定

B.按照出险时的账面原值确定

C.按照最近 12 个月的平均账面余额确定

D.按照最近 12 个月任意月份的账面余额确定

10.海洋运输货物保险基本险的险别有(　　)。

A.平安险　　B.水渍险　　C.一切险　　D.战争险

四、案例分析计算题

1.甲厂和乙厂的车在行驶中相撞,甲厂车辆损失 600 元,车上货物损失 1 500 元;乙厂车辆损失 400 元,车上货物损失 500 元。交管部门裁定甲厂车辆承担 70%责任,乙厂车辆承担 30%责任。两车均按新车购置价确定保险金额足额投保。问:

(1)如果两车只投保了第三者责任险,此案如何赔偿?

(2)两车均投保了车辆损失险和第三者责任险,此案又如何赔偿?

2.某用品厂在 2012 年 9 月 27 日投保企业财产综合险,其中固定资产中厂房、机器设备均按原值投保,保额分别为 400 万元、200 万元,流动资产保额为 150 万元。保险期限为 1 年。2013 年 7 月 25 日,由于雷击引发电线走火发生火灾,损失惨重。经保险人查勘

认定，该厂房屋被烧损失 80 万元，残值 1 万元，机器设备损失 50 万元，残值 5 000 元，此时被烧房屋重置价值 500 万元，机器设备的重置价值为 300 万元，流动资产损失 30 万元，用于流动资产的施救费用 1 万元，此时流动资产账面余额为 200 万元。请计算保险公司的赔款。

3.张某 2000 年 12 月 18 日向某保险公司投保了保险期间为 1 年的家庭财产保险，其保险金额为 40 万元，2001 年 2 月 28 日张某家因意外发生火灾，火灾发生时，张某的家庭财产实际价值为 50 万元。若按第一危险赔偿方式。则：

(1)财产损失 10 万元时，保险公司应赔偿多少？为什么？

(2)家庭财产损失 45 万元时，保险公司又应赔偿多少？为什么？

课外阅读资料

2019 年全球财险十大发展趋势(部分)

1.增值服务，提升客户互动能力

关键因素：客户，尤其是年轻一代，渴望便捷、个性化、多接触的服务；保险公司需要增加客户接触点以提高客户满意度；智能手机和移动应用的日益普及，使保险公司能够更好地与客户打交道；安全传感器和车载应用等互联设备，使风险预防和监控服务成为可能。

实例简述：

互联设备帮助保险公司增加客户触点，打造个性化的产品组合。

美国好事达保险 Allstate 与众包导航应用 Waze 合作，让 Waze 用户通过其 App 直接向 Allstate 请求路边救助。另外，Allstate 的手机应用 Drivewise 能提供道路安全提示，并对驾驶行为进行评估。

美国教会保险公司 GuideOne 着眼于主动降低风险。它于 2018 年初与智能家居服务商 Roost 合作，向客户免费提供 Roost 的智能漏水检测器和结冰探测器。

启示：移动 App 的形式极大地增加了客户访问便利性；互联设备有助于收集客户数据，实现个性化销售、追加销售、交叉销售；风险预防可以帮助降低索赔成本，而货币化的服务还能开辟新的收入来源。

2.互联设备，简化索赔并提高客户参与度

关键因素：保险公司面临客户对个性化和前瞻性服务不断上升的需求；全球市场增长，预计到 2030 年将有 1250 亿互联设备投入使用；移动 App 将智能手机"改造"成了功能性互联设备。

实例简述：

实时数据支持"第一时间损失通知"(FNOL)，缩短客户联系和索赔评估的时间。

——Certified Collateral Corporation，是一家集云、移动、车联网等技术的大型提供商。它为保险客户提供了一种车联网产品，自动检测车辆事故，并向客户发送短信，了解他们是否需要提出索赔。

个性化保险，保费基于对风险和用途的评估。

——美国财险公司 State Auto、数据分析商 Octo Telematics 和在线保险市场 EverQuote 达成合作，为客户提供个性化的车险折扣。用户只需在手机上安装驾驶 App，就能分享他们的驾驶数据，并根据驾驶行为获得保费折扣。

启示：提高实时数据处理和执行能力；实现更准确的承保和风险定价；s 提供警告，及时止损，降低索赔成本，创造更好的客户体验。

3.语音助手，提升价值链并增强客户体验

关键因素：保险公司需要更多的经验丰富的客户接触点；人工智能领域的进步，如自然语言处理(NLP)、语音识别等。

实例简述：

流程简化－提供保单报价、产品信息、条款细节以及代理预约等服务。

——安可保险(Safeco Insurance)推出了一款应用“Insurance Advisor”，用户足不出户，就可以通过该服务让亚马逊语音助手 Alexa 为自己普及保险知识，以及查询保险代理人的联系方式。

保险教育－提供与房屋、汽车保险相关的信息库。

——美国前进保险(Progressive Insurance)使用谷歌 Home 智能语音设备，为客户提供车辆和家居护理小贴士。话题从买车和保养，到智能家居技术，再到新家搬迁等，旨在提高客户黏度，提高保险转化率。

智能助理－可用于索赔管理。

——农夫保险公司(Farmers Insurance)增加了一项亚马逊 Alexa 技能，允许客户检查索赔状态，并获得索赔代表的联系方式。该功能还会回答有关保险术语和保单覆盖范围等问题。

启示：创造个性化索赔体验，从而提高客户满意度；快速、低成本地扩展支持业务；保险公司需克服语音助手带来的网络风险隐患和隐私问题。

第7章 责任保险和信用保证保险

学习目标

通过本章的学习，了解并掌握责任保险的概念、特征及其作用；了解责任保险赖以产生和发展的法律依据，了解我国目前法律法规中与责任保险有关的规定；掌握责任保险的种类，及责任保险的保险责任与责任免除；了解国内市场上已有的信用、保证保险业务，理解它们的区别与联系。

学习要点

责任保险的定义及特征；责任保险的承保基础；与责任保险有关的民事法律法规；责任保险各主要险种的保险责任及责任免除；信用保险与保证保险的概念与特征，准确区分信用和保证保险。

案例导读

某年 9 月，某中学初中学生张祥（化名）在放学后和同学到一免费公园内玩耍。游玩到该公园内的一处假山附近时，被一块松动的石条砸伤，孩子的右手被砸伤，血流满地。经医生检查，张祥右手一处骨折，多处擦伤，需要上石膏治疗。张祥父母在第二天，找到该公园的相关管理单位，要求经济赔偿。谁该承担张祥受伤的赔偿责任？公园是否应该赔偿？为什么？

关于责任和责任保险，正是本章即将讨论的问题。

第一节　责任保险

责任保险作为一类自成体系的保险业务，始于 19 世纪的欧美国家。最初以独立险种形式出现的责任保险险种是雇主责任保险，其他种类的责任保险起初都是以附加险的方式承保，随后才逐渐独立出来。法定保险始于19世纪末，并与工业保险一起成为近代保险与现代保险分界的重要标志。20世纪70年代，责任保险获得全面、迅速的发展，成为现代经济不可缺少的一部分。

随着我国社会主义市场经济的发展，责任保险作为一种具有较强社会管理功能的险种，在国民经济和社会发展中所发挥的作用日益显现。责任保险的开展为顺利地解决各类民事赔偿责任事故，进而维护法律的严肃性并保护责任事故受害者的利益，提供了有力的保障，对于促进国民经济发展、维护社会生产及生活的稳定都具有重要意义。

在我国，中国人民保险公司曾于20世纪50年代开办过汽车、飞机的附加第三者责任保险和船舶碰撞责任保险，但不久后停办了。1980年，中国人民保险公司开办了机动车附加第三者责任险保险。2007年7月1日，随着配套措施的完善，机动车交通事故责任强制保险(以下简称《交强险》)最终普遍实行。随着国内法制法规的健全和完善，随着人们法律意识和索赔意识的提高，环境污染责任保险和食品安全责任保险的试点工作已经全面展开。有关预测表明，我国经济发展将在21世纪上半叶达到中等发达国家水平。与之相适应，保险业的发展也必将由现在的人身保险繁荣阶段过渡到责任保险的大发展。因而，在此背景下，加快对责任保险市场的开拓与发展，加强对责任保险的研究和探讨已经刻不容缓，责任保险将日益受到政府部门和社会各界的关注和欢迎。

课堂讨论

责任保险的利与弊

在责任保险开办之初，曾在国际上引起过激烈的争论。一些人认为责任保险代替致害人承担赔偿责任，不符合社会公共道德准则，有害无利，甚至有人认为责任保险是在鼓励人们去犯罪。你是如何看待这一观点的？

一、责任保险的特点

(一)责任保险的概念

责任保险是一种以被保险人对第三者依法应承担的民事赔偿责任为保险标的的保险。我国《保险法》第65条规定：“责任保险是指以被保险人对第三者依法应负的赔偿责任为保险标的的保险。”责任保险承保的民事责任既包括侵权的民事责任(即侵权责任)，又包括违反合同的民事责任(即合同责任或违约责任)。

(二)责任保险的特征

1.责任保险的基础是健全的法律制度

责任保险的产生源自民事赔偿责任风险的客观存在和社会生产力的发达，但其发展更倚重人类社会法律制度的不断完善。责任保险的险种正是随着法律的完善而得以逐渐丰富的，因此，当今世界上责任保险最发达的地方也是各种民事责任法律最完备、最健全的国家。可见，责任保险的重要基础之一是健全的法律制度，尤其需要建立健全民法和各种专门民事责任法律和法规。

知识链接 

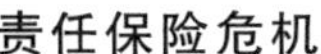

责任保险危机

“成也萧何，败也萧何。”责任保险因“无过失责任”制度而繁荣，却在鼎盛时期，又因该制度的认定与责任保险相分离，造成了发展危机。具体表现为：责任的巨大膨胀与赔偿金额的迅速增长使不堪重负的保险公司采取极端的措施以避免经营损失——或成倍提高责任保险费，或停止销售责任险种。这些措施都直接导致了责任保险市场的萎缩，并加剧了供需双方的矛盾。

以著名的“李贝克诉麦当劳餐厅案”为例。1992 年，美国人李贝克女士(79 岁)乘坐由其孙子驾驶的汽车经过一家麦当劳汽车餐厅。在车上，李贝克女士购买了一杯麦当劳的热咖啡，然后将咖啡放置在膝盖上。因为要加糖和奶，当她揭开杯盖时，咖啡倾倒，烫伤了李贝克女士的大腿，造成三度烧伤。为此，李贝克女士花去了一笔相当高昂的医药费。由于就赔偿问题与麦当劳公司协商不成，李贝克女士向法院起诉要求麦当劳公司承担产品责任。据查，当时这杯麦当劳餐厅出售的咖啡温度在 82～88 摄氏度之间，而人们日常饮用的咖啡在 60 摄氏度左右。该案原告花费的医疗费约为 2 万美元，一审陪审团确定的实际损失为 20 万美元，但陪审团裁定的惩罚性的赔偿金高达 270 万美元，原因是被告在诉讼前 10 年间就咖啡的温度问题收到过 700 多份消费者投诉却仍未对咖啡温度予以重视。该案双方最终通过私下和解的方式解决。

2.责任保险的保险标的是民事法律赔偿责任

责任保险承保的标的是由于致害人的侵权行为或违约行为引起对他人的损害赔偿责任，即民事法律赔偿责任，它所导致的财产损失与人身伤害往往是由于致害人的行为引起的。赔偿范围一般有两项：一是被保险人因对他人造成的财产损失与人身伤害依法承担的赔偿责任。前者是指受害人的直接损失，一般不含间接损失；后者一般包括受害人的死亡和丧葬费用、残疾与医疗费用等。二是因赔偿纠纷引起的诉讼、律师费用及其他事先经保险人同意支付的费用。

知识链接

法律责任

法律责任是指因违反了法定义务或契约义务，或不当行使法律权利、权力所产生的，由行为人承担的不利后果。根据违法行为所违反的法律的性质，可以把法律责任分为民事责任、行政责任、刑事责任、违宪责任和国家赔偿责任。责任保险承保的风险只能是民事法律风险。

一般民事责任的认定必须考虑四个条件：客观上有违法、违约行为，有损害结果，行为与结果之间有因果关系以及主观上必须有过错。其中，行为是由人的意志控制的任何事件。任何自然发生的事件和无意识的动作都不是行为，例如雷击、地震或梦游、打喷嚏等，但也有些情况是例外。以著名的“打喷嚏被判袭警案”为例。2002 年，35 岁的怀特洛在澳大利亚的比滕市驾车时被警察截停，怀下车后向警察沃尔什连打三个喷嚏，沃尔什的同事可作证。怀因此被检控。怀的辩护律师辩称，此纯属没有任何意图的非自愿行为。但地方法官裁定，有证据显示怀是有意图在打喷嚏时把嘴巴对准沃尔什，因此怀袭警罪名成立，罚款 195 英镑。这就提出了一个很有意思的问题：在有意识的行为和无意识身体动作之间是否存在中间状态？看来是有的，打喷嚏就是一例。喷嚏之发出是无法控制的，但是喷嚏的方向是可以部分得到控制的。打喷嚏作为整体的、连贯的动作因而是可以部分得到控制的。

3.责任保险的赔偿对象包括受害的第三者

责任保险的赔偿对象分为直接和间接两种。前者是指与保险人签订保险合同的被保险人，被保险人无损失则保险人亦无须补偿。后者是指不确定的第三者即受害人。我国《保险法》对责任保险的保险人可以直接向第三方受害人支付赔款有明文规定。《保险法》第 65 条规定，责任保险的被保险人给第三者造成损害，被保险人对第三者应负的赔偿责任确定的，根据被保险人的请求，保险人应当直接向第三者赔偿保险金。被保险人怠于请求的，第三者有权就其应获赔偿部分直接向保险人请求赔偿保险金。

4.责任保险的赔偿限额需事先确定

责任保险承保的标的是被保险人依法应对受害人承担的民事损害赔偿责任，是无形的财产标的，因此无法依据保险标的的实际价值确定保险金额，保险人只能在保险单中列明赔偿限额作为赔偿的最高标准，来控制自己承担的风险。

5.责任保险的适用范围非常广泛

作为一类独成体系的保险业务，责任保险适用于一切可能造成他人财产损失与人身伤亡的各种单位、家庭或个人。具体而言，其适用范围包括：一是各种公众活动场所的所有者、经营管理者；二是各种产品的生产者、销售者、维修者；三是各种运输工具的所有者、经营管理者或驾驶员；四是各种需要雇佣员工的单位；五是各种提供职业技术服务的单位；六是城乡居民家庭或个人。此外，在各种工程项目的建设过程中也存在着民事责任事故风险，建设工程的所有者、承包者等亦对相关责任事故风险具有保险利益，各单位场所（即非公众活动场所）也存在着公众责任风险，如企业等单位亦有着投保公众责任保险的必要性。

（三）责任保险发展的趋势

1.责任保险作为保险业务的发展趋势

随着全球工业化程度的进一步加深，工业事故、交通事故、环境污染、产品致人损害等事故必将如影相随，加之技术成果应用的大众化，使普通民众致他人人身或财产损失的可能性也大大提高。另外，随着公民维权意识的不断提高，经济生活中产生的纠纷也会因此而大量涌现，必将促使社会各界求助责任保险以转嫁其责任风险，从而促进责任保险的进一步发展。

由于责任保险具有突出的社会管理功能，使得许多国家政府开始从国民经济的发展和安定社会生活的战略高度来看待责任保险的发展问题，这无疑为责任保险的发展提供了强大的政治支持。

2.责任保险作为一种法律制度的发展趋势

责任保险之缘起，在于填补被保险人因过失侵害第三人利益而为损害赔偿所造成的损失。责任险的发展与一国法律的发展密切相关，责任保险中所谓的责任，是一种法律的创造。一个国家的法律制度越健全，则责任保险越发达，责任保险的发展也有利于加强国家的法制建设。纵观各国责任保险的发展历程，无不与责任保险制度的设计密切相关，且以“汽车驾驶人对第三人之侵权行为责任，及雇佣人对受雇人之侵权行为责任为主要领域”。责任保险的产生与发展壮大，被保险界称为整个保险业发展的第三阶段，它既是法律制度走向完善的结果，又是保险业直接介入社会发展进步的具体表现。随着工商业的进步与保护受害人法益思想的发展，责任保险作为一种法律制度，其制度的建构正朝着以下三方面发展：一是由“自愿责任保险”向“强制责任保险”方向发展；二是由承保被保险人“过失行为责任”逐渐走向承保其“无过失行为责任”；三是由“填补被保险人因赔偿第三人所受之损失”转向以“填补受害人的损失”为目的。

二、责任保险的承保与理赔

（一）责任保险的承保

1.责任保险的承保基础

通常使用两种方法来确定责任保险的有效期间：期内发生式和期内索赔式。

(1)期内发生式以责任事故发生的时间为承保基础，即保险人仅负责在保险期间内发生的责任事故所导致的、应由被保险人负责的民事损害赔偿责任，并且被保险人必须在规定的时效内提出索赔申请，而不考虑责任事故发现的时间和第三者提出索赔的时间。

这种保单虽然容易被投保人理解和接受，但由于对索赔时间不能控制，会使保险人面临“长尾责任”风险。所谓“长尾责任”，即保单有效期虽已届满，但保险公司还面临着“发生”在有效期内但还没有提出的索赔请求，即保险公司必须为很多年以前签发的保单支付赔偿。同时因为通货膨胀的原因，最终的索赔额可能远远超过责任事故发生当时的水平。

(2)期内索赔式以第三者提出索赔的时间为承保基础，即保险人负责赔偿在保险期间内受害人向被保险人提出的索赔，而不论责任事故是否发生在保险有效期内。以这种方式承保的保单，可以对在保单起保日以前发生的责任事故所引起的损失进行赔偿。

为了避免将保险人承担责任的时间无限前置，避免现有保单的承保人承受过重的负担，实务中保险人一般会规定一个追溯期，即追溯以往的期限。一般情况下，第一份以索赔提出为基础的保单不能给予追溯期，因此，被保险人即便在该保单有效期内索赔，如果事故发生在追溯期之前，保险人仍不予负责。

课堂讨论 

某公司销售的产品在我司续保了产品责任险，采用索赔发生制进行承保，保险起期为2010年1月1日，保单追溯期为2009年1月1日，则以下情况是否应该赔付？

序号	事故发生时间	提出索赔时间
A	2008年5月1日	2010年1月3日
B	2009年5月1日	2010年1月3日
C	2010年5月1日	2010年9月1日
D	2010年5月1日	2011年1月3日

2.责任保险的承保方式

责任保险的承保方式大致有两种：一种以作为各种损害赔偿保险（主要是各种财产保险）的组成部分或以附加责任的方式承保，不签发专门的责任保险单，如汽车保险的第三者责任，船舶保险的碰撞责任、保赔责任，飞机保险的第三者责任，建筑或安装工程的第三者责任等；另一种作为单独的责任保险以签发专门的保险单方式承保，如公众责任保险、产品责任保险、雇主责任保险、职业责任保险等。

（二）责任保险的索赔

与其他保险不同的是，责任保险的索赔中存在着两层民事关系：一是受害的第三者向被保险人提出索赔，二是被保险人向保险人提出索赔。因此，责任保险的索赔时效涉及两个索赔时效。

1.受害的第三者向被保险人提出索赔的时效

这种索赔时效一般按照《民法通则》的规定来办理。具体条文如下：

第135条：向人民法院请求民事权利的诉讼时效为两年，法律另有规定的除外。

第136条：下列的诉讼时效为一年：身体受到伤害要求赔偿的；出售质量不合格的商品未声明的；延付或拒付租金的；寄存财物被丢失或者损毁的。

第137条：诉讼时效从知道或者应当知道权利被侵害时计算。但是，从权利被侵害之日起超过二十年的，人民法院不予保护。有特殊情况的，人民法院可以适当延长诉讼时效期间。

2.被保险人向保险人提出索赔的时效

我国《保险法》规定："除人寿保险以外的其他保险的被保险人或者受益人，对保险人请求赔偿或者给付保险金的权利，自其知道保险事故发生之日起两年不行使而消灭。"

需要注意的是，保险法规定的诉讼时效的起始时间为被保险人"知道"事故发生之日起，被保险人"应当知道"事故发生之日不是诉讼时效的起始时间。对于责任保险而言，保险事故就是第三人请求被保险人承担法律责任。保险事故发生之日，应指第三人请求被保险人承担法律责任之日。

（三）责任保险的理赔

由于责任保险是保险人为被保险人承担对第三者的民事损害赔偿责任，被保险人对第三者的赔偿责任通过保险关系的建立已转移到保险人身上，因此赔偿的条件不仅看是否属于保险责任范围，而且取决于被保险人是否收到第三者的赔偿请求。

综上所述，构成责任保险赔偿的条件包括：

（1）被保险人发生属于责任保险范围内的保险事故；

(2)被保险人对受害者依法应负担损害赔偿责任;

(3)受害者向致害者(被保险人)提出损害赔偿请求;

(4)保险人在责任保险赔偿限额内对被保险人损失予以补偿;

(5)保险人直接向受害者支付赔偿金应符合法律规定。

(四)责任保险的责任限额与免赔额

(1)每次事故责任限额,即每次责任事故或同一原因引起的一系列责任事故的责任限额,又分为财产损失责任限额与人身伤亡责任限额。

(2)累积责任限额,即保险期限内累计的责任限额,又分为累计的财产损失责任限额和累计的人身伤亡责任限额。

(3)责任保险单上通常还有(绝对)免赔额的规定,以此促使被保险人防止发生事故和减少小额、零星赔款支付的目的。

三、责任保险的主要险种

(一)责任保险的分类

1.按承保的内容分

(1)公众责任保险。承保被保险人在固定场所或地点从事生产、经营或其他活动时,因意外事故而造成他人财产损失或意外伤害时依法应承担的赔偿责任。不同场所的责任保险,可以有不同的内容和条件。主要的险种有场所责任保险、电梯责任保险、承包人责任保险、承运人责任保险、个人责任保险等。

(2)产品责任保险。承保因产品缺陷引起的事故导致消费者、用户或其他人遭受财产损失或人身伤害,制造者、销售者、修理者依法应承担的赔偿责任。

(3)雇主责任保险。承保雇主对雇员在受雇期间从事业务时因遭受意外导致伤残、死亡或患有与职业有关的职业病而依法或根据雇佣合同应由被保险人承担的经济赔偿责任。

(4)职业责任保险。承保各种专业技术人员因职业(或工作)上的疏忽或过失造成他人损害所应承担的赔偿责任。主要险种有医疗责任保险、律师责任保险、会计师责任保险、建筑师责任保险、设计师责任保险、兽医责任保险。

(5)第三者责任保险。承保被保险人因运输工具、建筑安装工程等意外事故而造成第三者的财产损失或人身伤害而引起的赔偿责任。它也可归为公众责任保险范畴,但承保方式有差异,即第三者责任保险通常采用附加承保方式。主要的险种有机动车辆第三者责任保险、船舶碰撞保险、飞机保险、工程项目保险。

2.按实施方式分类

(1)法定责任保险。又称为强制责任保险,是按照国家有关法律、法规强制实施的责任保险,如机动车辆第三者责任保险、雇主责任保险等。

(2)自愿责任保险。大多数责任保险都是自愿责任保险,投保人可根据自己的实际需要与缴费能力而投保。

3.按保险人承担保险责任的基础分类

(1)索赔型责任保险。指保险人以受害第三者向被保险人提出索赔申请的事实发生在责任保险单的有效期间作为条件，对被保险人承担保险给付责任的保险，而不论被保险人的致害行为或责任事故是否发生在保险单的有效期间。

(2)事故型责任保险。指保险人以被保险人致害的行为或责任事故发生在责任保险单的有效期间作为条件，向被保险人承担保险给付责任的保险，而不论受害第三者向被保险人提出索赔是否发生在保险单的有效期间。

4.按保单的独立性分类

根据责任保险单是否独立，可以将责任保险分为独立的责任保险与附加的责任保险。前者是由保险人出立专门保单的保险，后者是从属于某种财产保险且共用一张保单的保险。附加的责任保险与财产保险密切结合，投保人必须投保财产基本险，才能使责任风险得到保险保障。

(二)公众责任保险

从术语来源来看，公众责任保险来自英语 Public Liability Insurance，在美国称为普通责任保险或综合责任保险，英文为 General Liability Insurance，台湾一般称为一般责任保险。

1.公众责任的概念

公众责任是指致害人在公共活动场所的过错行为致使他人的人身或财产遭受损害，依法应由致害人承担的对受害人的经济赔偿责任。其中，公共场所是指具有明确主管责任，提供给公众使用或者服务于公众的开放性空间以及半开放性空间。

2.公众责任保险的概念

广义的公众责任保险承保致害人在公众活动场所的疏忽或者过失等行为致使他人的人身或财产受到损害，依法应由致害人承担的赔偿责任。狭义的公众责任保险仅以被保险人的固定场所作为保险区域范围，主要承保事业单位、机关、团体、家庭、个人以及日常生活中由于意外而造成他人人身伤害或财产损失，依法应当由被保险人所承担的各种赔偿责任。

3.公众责任保险的特征

(1)公众责任保险是一个统括性概念，根据其自身内涵及社会责任风险的现实需要，衍生出大量的具体责任保险类别。

(2)公众责任保险中的受害人不具有一定的群体特征。

(3)公众责任保险投保人的广泛性。

(4)公众责任事故有时会涉及众多人伤亡，社会影响较大，因此该产品参与社会公共管理的职能比较强。

4.公众责任保险的种类

(1)场所责任险。场所责任保险是公众责任保险中业务量最大的一个险别，它是公众责任保险的主要业务来源。根据场所的不同，分为旅馆责任保险、电梯责任保险、停车场责任保险、展览会责任保险、娱乐场所责任保险、校园方责任保险、工厂责任保险、机场责任保险等若干具体险种。场所责任保险的承保方式通常是在普通公众责任保险单的基础上，加列场所责任保险条款独立承保，但也可以设计专门的场所责任保险合同予以承保。

(2)承包人责任保险。承包人责任保险承保的是各种建筑工程、安装工程、装卸作业和各类加工的承包人在进行承包合同项下的工程或其他作业时所造成的损害赔偿责任。

承包人是指承包各种建筑工程、安装工程、装卸作业以及承揽加工、订做、修缮、修理、印刷、设计、测绘、测试、广告等业务的法人或自然人。

(3)承运人责任保险。承运人责任保险是指专门承保各种客、货运输任务的部门或个人在运输过程中可能发生的损害赔偿责任,主要包括承运人旅客责任保险、道路危险货物运输责任保险等险种。与一般公众责任保险不同的是,承运人责任保险保障的责任风险实际上是处于流动状态中的责任风险,但因运行途径是固定的,从而也可以视为固定场所责任保险业务。

(4)环境污染责任保险。环境污染责任保险是指由于被保险人在生产经营活动过程中,由于非故意的原因,形成污染,进而造成第三者人身伤亡、财产损失或环境破坏时,由保险人根据保险合同的约定就被保险人由于此类损害所承担的赔偿责任进行损失补偿的一种责任保险。

(5)个人责任保险。个人责任保险主要承保私人住宅及个人在日常生活中所造成的损害赔偿责任。任何个人或家庭都可以将自己或自己的所有物(动物或静物)或能造成损害他人利益的责任风险通过投保个人责任险而转移给保险人。主要的个人责任保险有居家责任保险、个人综合责任保险、家庭雇佣责任保险、电动车第三者责任保险和动物饲养责任保险等。

知识链接

监护人保险

男童张某现年6岁,十分调皮,时有损害他人财物的行为发生。张某的父母购买了监护人责任保险,赔偿限额为1万元。某日,张某与其同桌童某发生争执,张某抢铅笔时将坐在旁边的施某左眼刺伤,视力下降到0.2。法院判决幼儿园承担40%的责任,张某和童某监护人各承担30%的责任。保险公司在监护人责任保险项下应对张某的父母进行赔偿。

(6)其他公众责任保险。其他公众责任保险是指承保被保险人由于意外事故造成第三者的人身伤害或财产损失而应承担的经济赔偿责任,如物业管理责任保险、供电责任保险、旅行社责任保险和特种设备第三者责任保险等。

(三)产品责任保险

1.产品责任的含义

产品责任是指由于产品存在的缺陷,在使用或消费过程中发生意外造成产品用户、消费者或其他第三者的人身伤害或财产损失,依法应由该产品制造商或销售商分别或共同承担的经济损害赔偿责任。我国《产品质量法》规定:"产品是指经过加工、制作、用于销售的产品。建设工程不适用本法规定;但是,建设工程适用的建筑材料、建筑构配件和设备,属于前款规定的产品范围的,适用本法规定。"同时,第四章第46条也规定:缺陷是指产品存在危及人身、他人财产安全的不合理的危险;产品有保障人体健康和人身、财产安全的国家标准、行业标准的,是指不符合该标准。

2.产品责任的归责原则的演变

从产品责任归责原则的演变路径来看,主要经历了四个阶段:第一阶段是合同责任原则时代,第二阶段是过错责任时代,第三阶段是严格责任时代,第四阶段是严格责任与过错责任并存的二元归责时代。

(1)合同责任原则。这一原则规定,当卖方与买方意思表示一致后,双方当事人之间就产生了契约效力;但这种契约效力仅存在于缔约的当事人之间,非合同当事人不能根据合同取得利益或负有义务。合同责任原则的建立适应了工业革命初期促进原始积累以及推动自由资本主义发展的国家政策,保护当时正起步发展的工厂手工业,因而对整个西方工业革命早期的经济产生了积极的促进作用。

(2)过错责任原则。过错责任又指疏忽责任,是以主观过错为归责要件,贯彻的是"谁主张谁举证"的原则,如不能举证时,则其主张不成立。在产品责任领域主要是指行为人在提供产品时没有尽到注意义务而导致产品缺陷,就应当承担因产品缺陷造成的人身、财产损害。

(3)严格责任原则。严格责任又称无过错责任,它不以行为人主观上有过错为侵权行为的构成要件,无论行为人主观上有无过错,都要了承担侵权责任;在严格责任中,因果关系是决定行为人责任的基本要件,只要行为人的行为与损害结果之间具有因果关系,行为人就要承担侵权责任;受害人不必举证证明行为人主观上有过错来支持自己的主张,行为人也不能以自己主观上没有过错来抗辩,由此减轻了消费者的证明负担。

(4)严格责任与过错责任并重的二元归责时代。严格责任也并非完美,它的确立和广泛应用不但让生产者、销售者背上了沉重的负担,还可能作为成本被转嫁给消费者。这样既一定程度上破坏了保护消费者的立法意图,也容易让企业陷入集体诉讼的危机中,美国在20世纪80年代就因此出现了责任保险危机。针对这场危机,美国学者开始质疑严格责任的神圣性,并进一步重新把产品缺陷确立为某类产品责任归则原则的基本条件,从而出现了严格责任与过错责任并重的二元归责时代。

3.产品责任保险的概念及特征

产品责任保险是指在保险有效期内,由于被保险人所生产、出售的产品或商品存在缺陷,在承保区域内发生事故,造成使用、消费或操作该产品或商品的人或其他任何人的人身伤害(疾病、死亡)或财产损失,依法应由被保险人负责时,保险人根据保险单的规定,在约定的赔偿限额内负责赔偿、提供保障的一种保险。产品责任保险的特点主要表现在以下几个方面:

(1)"长尾巴"责任。现在的产品责任保险保单多采用事故发生为基础的索赔期限,属于"长尾巴"责任。

(2)严格责任。大多数产品责任诉讼都以严格侵权责任为基础,加大了被保险人的责任。

(3)赔付以各国法律为依据,赔付差异比较大。从赔付的案件和数量上看,赔付额最大的是美国,其次是西欧和日本。

4.产品责任保险的保险责任

(1)被保险人生产、销售、分配或修理的产品发生事故,致使用户、消费者或其他任何人的人身伤害或财产损失,依法应由被保险人承担的损害赔偿责任。

(2)被保险人为产品事故所支付的诉讼、抗辩费用及其他经保险人事先同意支付的合理费用。

5.产品责任保险与产品质量保证保险

大部分情况下,人们将产品责任保险与产品质量保证保险相等同,其实双方有着本质的区别。由上可知,对于有缺陷产品本身的损失及引起的间接损失或费用,产品责任保险项是不予赔偿的。而产品质量保证保险承保的是被保险人因生产或销售的产品的质量缺陷而造成自身的损失或费用。

总之,产品责任保险保险公司履行的投保人对使用其产品的消费者(第三方)应承担的赔偿责任;而产品质量保证保险,保险公司承保的是产品本身是否符合要求,负责产品本身的价值,而非第三方的损失。具体来说:

(1)风险性质不同。产品责任保险承保的是被保险人的侵权行为,且不以被保险人是否与受害人之间订有合同为条件,以各国的民事法律制度为法律依据。而产品质量保证保险承保的是被保险人的违约行为,并以产品的供给方和产品的消费方签订合同为必要条件,以经济合同法规制度为法律依据。

(2)处理原则不同。产品责任事故处理多采用严格责任理原则,即只要不是受害人出于故意或自伤所致,便能够从产品的制造者、销售者、修理者等处获得经济赔偿,并受到法律的保护。而产品质量保险的违约责任只能采取过错责任的原则进行处理,即产品的制造者、销售者、修理者等存在过错是其承担责任的前提条件。

(3)责任承担者与受损方不同。从责任承担方的角度看,在产品责任保险中,责任承担者可能是产品的制造者、修理者、消费者,也可能是产品的销售者甚至是承运者,其中制造者与销售者负连带责任。受损方可以任择其一提出赔偿损失的要求,也可以同时向多方提出赔偿请求。在产品保证保险中,责任承担者仅限于提供不合格产品的一方,受损人只能向其提出请求。

从受损方的角度看,产品责任保险的受损方可以是产品的直接消费者或用户,也可以是与产品没有任何关系的其他法人或者自然人,即只要因产品造成了其财产或人身损害,他就有向责任承担者取得经济赔偿的法定权益。而在产品质量保险中,受损方只能是产品的消费者。

(4)承担责任的方式与标准不同。产品责任事故的责任承担方式通常只能采取赔偿损失的方式,即在产品责任险中,保险人承担的是经济赔偿责任,这种经济赔偿的标准不受产品本身的实际价值的制约。而在产品质量保险中,承担方式可以是置换、修理、费用补偿等多种,但保险公司承担的赔偿额一般不会超过产品本身的实际价值。

(5)诉讼的管辖权不同。因产品责任提起诉讼的案件应由被告所在地或侵权行为发生地法院管辖,产品质量保险违约责任的案件由合同签订地和履行地的法院管辖。

(6)保险的内容性质不同。产品责任保险提供的是代替责任方承担的经济赔偿责任,属于责任保险。产品质量保险提供的是带有担保性质的保险,属于保证保险的范畴。

由于这两者的本质差异,保险公司在经营这两类保险业务时必须严格区分,以避免因顾客的不了解而产生不必要的纠纷。不过,在欧美国家的产品保险市场上,保险人一般同时承担产品责任保险和质量保险,以此达到控制风险和避免纠纷的目的。

知识链接

产品召回保险

产品召回是指由于产品存在缺陷，即使正确使用仍然可能对消费者人身、财产安全造成危害而将产品进行回收。产品召回可以是只针对某一批产品进行的召回。

产品召回保险承担由于被保险产品存在缺陷而导致或可能导致消费者人身伤害或财产损失所引起的"召回费用"，包括：告知费用、运输费用、仓储费用、销毁费用、雇佣额外劳动力的费用、员工加班费用、重新配送费用、聘请专业顾问进行危机处理的费用，以及双方约定的其他费用。

工业产品召回保险旨在赔偿被保险人因产品缺陷使得产品的使用导致或将导致身体伤害或财产损失，而从流通领域召回产品而引起的相关费用。该保险主要针对工业产成品。

食用产品召回保险旨在赔偿被保险人由于产品的意外污染、恶意损坏、产品勒索所引起的损失。产品召回保险与产品责任保险与产品保证保险有着本质的区别。

（四）雇主责任保险

1.职业伤害风险的含义

职业伤害又称工伤，是指被用工者因工作过程中或者与工作有关的突发事故导致的伤害，或者因工作环境和条件长时间侵害职工健康造成的职业病。

知识链接

职业伤害风险的认定

《工伤保险条例》第14条：

(1)在工作时间和工作场所内，因工作原因受到事故伤害的；

(2)工作时间前后在工作场所内，从事与工作有关的预备性或者收尾性工作受到事故伤害的；

(3)在工作时间和工作场所内，因履行工作职责受到暴力等意外伤害的；

(4)患职业病的；

(5)因工外出期间，由于工作原因受到伤害或者发生事故下落不明的；

(6)在上下班途中，受到非本人主要责任的交通事故或者城市轨道交通、客运轮渡、火车事故伤害的；

(7)法律、行政法规规定应当认定为工伤的其他情形。

根据该条例第15条的规定，下列三项视同为工伤：

(1)在工作时间和工作岗位，突发疾病死亡或者在48小时之内经抢救无效死亡的；

(2)在抢险救灾等维护国家利益、公共利益活动中受到伤害的；

(3)职工原在军队服役，因战、因公负伤致残，已取得革命伤残军人证，到用人单位后旧伤复发的。

2.雇主责任保险的概念

雇主责任保险是以被保险人对雇员在从事职务工作时遭受意外导致伤亡或患有职业性疾病而依法应承担的经济赔偿责任为承保风险的一种责任保险。商业保险中，承保职业伤害与用工风险的险种还包括工伤责任保险、建筑施工企业雇主责任险、安全生产责任险、教职员工校(园)方责任险等。

3.雇主责任保险与工伤保险的比较

工伤保险是指劳动者在生产经营活动中或在规定的某些特殊情况下所遭受的意外伤害、职业病，以及因这两种情况造成的死亡、劳动者暂时或永久丧失劳动能力时，劳动者及其遗属能够从国家、社会得到的必要的物质补偿。2018 年 12 月 29 日新修正的《社会保险法》与 2011 年 1 月 1 日生效的新《工伤保险条例》一起，构成了规范和约束我国劳动者职业伤害保障的法律依据。

尽管工伤保险与雇主责任保险在保障的风险事故、投保人、社会意义等方面具有相同的地方，但是工伤保险属于社会保险，雇主责任保险属于商业性保险，而社会保险和商业性保险是现代保险的两大支柱，因而两者具有截然不同的性质。

(1)经营目的不同。工伤保险是政府的一项社会政策，其基本目的是让劳动者的生活获得基本的保障。这种“政策性”决定了工伤保险的经营不以赢利为目的，而以社会效益为主。政府是工伤保险的实施者，对其财务盈亏负有最后的责任，如果发生亏损，则由国家财政拨款弥补，使被保险人有永久获得保障的权利。雇主责任保险首先是一种商业性保险，是一种商业活动。商业性保险公司经营雇主责任保险的主要目的是盈利。保险公司是自负盈亏的经济实体，作为企业，其经营的首要目的就是经济效益。因此，商业性保险公司要精确地计算为险发生的概率，确立合理的保费率，积极运用保险基金。

(2)实施方式不同。一般来说，工伤保险都是强制性的。我国《工伤保险条例》规定：“中华人民共和国境内的各类企业、有雇工的个体工商户(以下称用人单位)应当依照本条例规定参加工伤保险，为本单位全部职工或者雇工(以下称职工)缴纳工伤保险费。”可见，我国工伤保险的相关法规规定雇主有义务投保工伤保险，带有一定的强制性。我国雇主责任保险则是自愿投保的。雇主和商业性保险公司订立保险合同，应当遵循公平互利、协商一致、自愿订立的原则。保险公司和其他单位不得强制他人订立保险合同。这与工伤保险的强制实施截然不同。

(3)经办主体和管理特征不同。工伤保险的经办主体是政府或由政府指定的专门的职能部门，我国工伤保险的征集机构是国家税务局，各地民政部门负责对工伤保险基金进行管理，还要管理与之相关的其他活动，如负责某些服务工作等。由于工伤保险的政策性和“人、财、物”的统一管理，决定了国家财政对其负有最后保证责任。而雇主责任保险的经营主体主要是以营利为目的的商业保险公司，雇主责任保险业务的开展，在法律规定的范围之内，可以由保险双方自行订立条款，保险公司自主经营、自负盈亏，国家财政不以任何形式负担其保险金给付的开支需求。

(4)被保险人不同。工伤保险的被保险人是雇员。工伤保险是对劳动者为企业付出的身体损失进行的补偿。我国《工伤保险条例》第 1 条说明：“为了保障因工作遭受事故伤害或者患职业病的职工获得医疗救治和经济补偿，促进工伤预防和职业康复，分散用人单位的工伤风险，制定本条例。”可见工伤保险把雇员的工伤保障放在第一位，其目的就是为雇员提供社会保障。尽管雇主也通过工伤保险分散了工伤风险，但这并不是工伤保险的主要目的。因而工伤保险的被保险人是雇员，而不是雇主。雇主责任保险的被保险人是雇主。雇主责任保险作为一种商业性保险，主要为被保险人(雇主)根据民法或雇主责任法或雇佣合同应承担的责任提供保障，负责雇员因职业性疾病引起的伤残或死亡及医药费用，并对雇主由此产生的法律费用等进行赔偿。可见，在雇主责任保险中，雇主既是投保人，也是被保险人。

(5)保险责任不同。工伤保险与雇主责任保险都对雇员因工作原因受伤、患病、致残乃至死亡，而导致暂时或永久丧失劳动能力的风险进行保障，但是它们的保险责任范围存在一定的不同。例如，雇主责任保险承保雇主应付索赔人的诉讼费用以及经保险公司书面同意负责的诉讼费用及其他费用，而工伤保险则不负责这些费用。又如，在抢险救灾等维护国家利益、公共利益活动中受到伤害的，职工原在军队服役，因战、因公负伤致残，已取得革命伤残军人证，到用人单位后旧伤复发的，都是工伤保险承保的范围，而雇主责任保险则不承保。

(6)保险关系建立依据不同。工伤保险中的保险人与被保险人之间的保险关系主要以有关的工伤保险法律法规和社保政策为依据，在我国主要是依据《工伤保险条例》，保险对象、保险资金来源、保费负担、受益人的资格、给付标准等均由法律法规和政策规定，双方当事人不能另有约定。我国没有专门的雇主责任保险的相关法规，雇主责任保险由1995年颁布实施的《保险法》进行规范。雇主责任保险的商业性保险公司和投保人(雇主)之间的保险关系的建立，在《保险法》容许的范围内完全依据保险合同的签订，通过保险合同确定双方的权利义务关系，如保险公司可因不履行缴纳保险费的义务而有权停止雇主或雇员在保险合同中享有的权利。

(7)保险的资金来源不同。工伤保险基金由用人单位缴纳的工伤保险费、工伤保险基金的利息和依法纳入工伤保险基金的其他资金构成，是集国家、企业等社会各方面力量来保障社会成员的基本生活要求。其资金来源较为广泛，出资人的类别也比较多。而雇主责任保险的资金只能来源于雇主所缴的保险费，虽然通过对保险资金的运用可以获得一定的投资收益，但是保险公司管理费用需要雇主承担。

(8)保险给付标准依据和保障水平不同。工伤保险的给付标准主要取决于能提供满足基本生活需要的保障水平，其保障水平一般在贫困线以上，而在一般水平之下。工伤保险与其他社会保险具有统一的基本保障水平，有利于发生工伤事故的员工的基本生活保障。我国目前的工伤保险的保障水平较低。雇主责任保险的给付标准与所缴保费之间有密切联系，奉行多投多保、少投少保的原则，保险水平高低悬殊。雇主可以根据自己的需要，投保时约定较高的保险金额，缴付较高的保费，在发生保险事故时，也可以从保险公司获得较高的保额保障。相反，如果雇主投保时约定的保额较低，就可以缴付较低的保险费，也只能获得较低的保额保障。

(9)与财税的关系不同。国家对工伤保险承担最后的保证责任，国家财政有对社会保险拨款的义务，这是国家财政的收入分配职能的重要表现。而国家对雇主责任保险的经营并不承担任何责任，而且商业保险公司同一般的工商企业一样要向国家缴纳税收，一般情况下，国家不会给商业保险公司财政拨款和财政补贴。

4.雇主责任保险责任

(1)受雇员工的因工致死、致残责任。一般根据《工伤保险条例》来计算雇主依法应承担的责任大小。

(2)因患有与工作或所从事职业有关的、为政府有关部门明文规定的法定职业病而致受雇员工的职业病致死、致残责任，一般根据《工伤保险条例》来计算雇主依法应承担的责任大小。

(3)被保险人应承担的雇员的医疗费用。该项责任以雇员遭受工伤或职业病为前提。

(4)应支付的法律费用和额外费用。

(五)职业责任保险

1.职业民事责任的定义

职业民事责任，又称为专家责任，即具备专业知识或者专门技能，依法取得国家认可的专业资格和执业证书，向公众提供专业服务的专业人士在执业过程中，因故意或过失造成委托人或第三人损害时，依法应当承担的责任。

专业人员是指从事必须经过专门教育或训练，具有较高深和独特的专门知识和技术，按照一定的专业标准进行活动的群体。包括但不限于：会计师、律师、医务人员、公证人员、董事和高级职员、建设工程勘察设计和监理人员、保险代理人、保险经纪人、资产评估师、房地产评估师、美容师等不同的职业。

2.职业民事责任的归责原则

职业民事责任为过失责任。当专业人员违反其所承担的合理的注意义务，而使得当事人受到损害的，且当事人受到损害与专业人员的失当行为之间存在因果关系，专业人员才承担损害赔偿责任。

3.职业责任保险的定义及特征

职业责任保险，是指承保各种专业技术人员因工作上的疏忽或过失，造成对第三者的人身伤亡或财产损失的经济赔偿责任的一种保险。除少数险种外(如医疗责任保险)，职业责任保险多是赔偿第三人的经济损失，而不是身体伤害或者财产损失；职业责任保险的风险较高，因此，实务上多采用期内索赔这种承保方式；大多数以提供专业技术服务的单位进行投保作为投保人，如多以医生、药剂师、会计师、律师、设计师等为被保险人；职业责任保险的赔偿限额一般为累计的赔偿限额，而不是每次事故的赔偿限额，诉讼费用在赔偿限额以外赔付。

4.常见职业责任保险险种介绍

(1)医疗责任保险，也叫医生失职保险，承保医务人员由于医疗事故而致病人死亡或伤残、病情加剧、痛苦增加等，受害者或其家属要求赔偿的责任风险。它是职业责任保险中占主导地位的险种。医疗责任的除外责任一般包括不可抗力、非法行医、道德风险等。

(2)建设工程设计责任保险，承保被保险人在保险单明细表中列明的追溯期或保险期限内，在中华人民共和国境内(港、澳、台地区除外)完成设计的建设工程，由于设计的疏忽或过失而引发的工程质量事故造成下列损失或费用，依法应由被保险人承担经济赔偿责任的，在保险期限内，由该委托人首次向被保险人提出赔偿要求并经被保险人向保险人提出索赔申请时，保险人负责赔偿建设工程本身的物质损失和第三者人身伤亡或财产损失。国外又称建筑工程师职业责任保险。《建筑法》第73条规定："建筑设计单位不按建筑工程质量、安全标准进行设计的，造成工程质量事故损失的，承担赔偿责任。"该法第80条规定："在建筑物的合理使用寿命内，因建筑工程质量不合格受到损害的，有权向责任要求赔偿。"

(3)律师责任保险，是律师机构在依法履行律师职履行律师职业时，因工作过错给律师当事人或利害关系人造成的直接经济损失时，依法应当承担律师赔偿责任的，属于律师责任保险合同规定的范围内，由保险人对律师机构应当承担民事赔偿金额及有关费用给予补偿的一种保险制度。

(4)会计师责任保险，承保在保险单列明的保险期间或追溯期内，因被保险人的注册会计师在中华人民共和国境内承办下列业务而出具的相关报告不实，造成委托人或其他利害关系人的经济损失，由委托人或其他利害关系人在保险期间内首次向被保险人提出赔偿请求，依法应由被保险人承担的民事赔偿责任。

(5)美容师职业责任保险，承保的是美容师在开展美容业务时，由于过失造成接受美容服务人员的人身损害，依法应由被保险人承担经济损害赔偿责任。我国内地最早的美容师职业责任保险是人保公司在2005年8月推出的，最高赔付额达100万元人民币。

(6)电脑职业责任保险，又称电脑顾问职业责任保险，承保的是当电脑顾问人员由于过错或疏忽给关系人造成损害依法应由被保险人承担经济损害赔偿责任。我国内地最早的电脑职业责任保险是美亚保险公司2005年在深圳推出的，最高赔付额达100万元人民币。

(7)公司董事和高级职员责任保险，是指公司董事及高级职员在行使职权过程中，因过错导致第三者遭受经济损失而依法应承担相应经济赔偿责任时，由保险公司按照与公司董事签订的保险合同约定来承担经济赔偿责任的一种保险。董事责任险通常由公司出资购买，被保险人则为公司董事以及高级人员。

(六)法定第三者责任保险

1.第三者责任保险中"第三者"的概念

(1)法律中的"第三者"含义

在责任保险中，保险人是第一者，被保险人(即致害人)是第二者，第三者是指除保险人与被保险人以外的其他人。在法律上，广义的第三者也称为第三人。《中华人民共和国民事诉讼法》第56条规定，对当事人双方的诉讼标的，第三人虽然没有独立请求权，但案件处理结果同他有法律上的利害关系的，可以申请参加诉讼，或者由人民法院通知他参加诉讼。

(2)保险业务中的"第三者"含义

保险业务中的第三者通常有两种:受益人和第三者。即除保险合同双方当事人之外的第三人。

2.法定第三者责任保险的概念

第三者责任保险实质上就是以被保险人在法律上对无辜受害的第三者人身伤亡或财产损毁应承担的民事赔偿责任为保险标的的保险，是责任保险的一种。法定第三者责任保险就是政府通过立法强制开展责任保险，是国家基于公共政策的考虑，为维护社会大众利益，以颁布法律、行政法规的形式来实施的保险，它具有强制性，是不依被保险人的意愿、必须参加的保险。

3.我国的强制责任保险

(1)机动车交通事故责任强制保险,简称“交强险”,是中国大陆官方因应《道路交通安全法》的实行推出的针对机动车的车辆险种,于 2006 年 7 月 1 日正式施行,根据配套措施的最终确立,于 2007 年 7 月 1 日正式普遍推行。按照《机动车交通事故责任强制保险条例》的规定,“交强险”是由保险公司对被保险机动车发生道路交通事故造成本车人员、被保险人以外的受害人的人身伤亡、财产损失,在责任限额内予以赔偿的强制性责任保险,属于责任保险的一种。

(2)航空法定责任保险,承保投保人因对飞机享有所有权、占有权,非修保养或使用过程中,由于疏忽、过失或意外事故依法应负的有关飞机对地面、空中或机外的人造成意外伤害或死亡事故或财物损毁的损失赔偿责任,其性质与机动车辆第三者责任保险相似。飞机第三者责任保险包括由飞机或从飞机上坠人、坠物所造成的第三者人身伤亡或财产损失依法应由被保险人负责的经济赔偿责任,以及涉及被保险人的赔偿责任所引起的诉讼费用,均可由保险人负责赔偿。

第二节 信用保证保险

信用是商品买卖中的延期付款或货币的借贷行为。这种借贷行为表现为以偿还为条件的商品和货币的让渡形式。即债权人用这种形式赊销商品或贷出货币,债务人则按规定日期支付欠款或偿还贷款,并支付利息。在这种借贷活动中,商品赊销方(卖方)赊销商品后不能得到相应的偿付,即赊购(买方)出现信誉危机。信用危机的出现,在客观上要求建立一种经济补偿机制以弥补债权人所遭受的损失,从而能够充分发挥信用制度对商品生产的促进作用。

信用保证保险是以信用风险为保险标的的保险,以在商品赊销和信用放款中的债务人的信用作为保险标的,在债务人未能如约履行债务清偿而使债权人遭受损失时,由保险人向被保险人,即债权人提供风险保障的一种保险。

例如,货物出口方担心进口方拖欠货款而要求保险人为其提供保险,保证其在遇到上述情况遭受经济损失时,由保险人赔偿。实践中,将义务人投保自己信用的保险业务叫作保证保险。

又如,某工程承包合同规定,承包人应在签订合同后一年半内交工,业主(权利人)为能按时接收工程,要求承包人购买履约保证保险,假如在约定条件下承包人不能按时交付工程项目,给权利人造成经济损失,由保险人负责赔偿。

一、信用保险

(一)信用保险的概念及其业务的发展

信用保险是指投保人以义务人的信用风险为保险标的向保险人投保的保险,如果义务人发生信用风险事故,那么保险人赔偿权利人,其主要功能是保障企业应收账款的安全。2001 年 12 月,我国组建了第一家专门经营信用保险的国有独资公司——中国出口信用保险公司。

（二）信用保证保险与一般财产保险的区别

信用保证保险承保的是信用风险，补偿因信用风险给权利人造成的经济损失，而不是承保物质风险，补偿由于自然灾害和意外事故造成保险标的的经济损失。因而无论权利人还是义务人要求投保，保险人事先都必须对被保证人的资信情况进行严格审查，认为确有把握才能承保，如同银行对贷款申请人的资信必须严格审查后才能贷款一样。

在信用保险与保证保险中，实际上涉及三方的利益关系，即保险人（保证人）、权利人和义务人（被保证人）。当保险合同约定的事故发生致使权利人遭受损失，只有在义务人（被保证人）不能补偿损失时，才由保险人代其向权利人赔偿。而在一般财产保险中，只涉及保险人和被保险人的利益关系，而且因约定保险事故发生所造成的损失，无论被保险人有无补偿能力，保险公司都得予以赔偿。

从理论上讲，信用保险与保证保险承保的风险具有特殊性。比如出口信用保险除了承保商业风险外，还承保政治风险。保险费精算基础也不相同，一般财产保险的费率主要涉及自然风险因素，相对容易一些；而信用保证保险的费率主要涉及的是政治、经济和个人品德因素，所以困难一些。

（三）信用保险与保证保险的区别

（1）保证保险通过出立保证书来承保；信用保险是通过保险单来承保。

（2）保证保险是指被保证人凭借保险人的信用，向权利人提供担保；信用保险是权利人直接向保险人投保，要求保险人担保被保证人的信用。这是保证保险和信用保险最根本的区别。

（3）在保证保险中，在由义务人缴纳保费的情况下，义务人只是为了获得向权利人保证履行义务的凭证，而并没有发生风险的转移，履约的全部义务仍然由义务人承担，保险人收取的保费相当于一种担保费；在信用风险中，被保险人缴纳保费是为了把可能因义务人不履行义务而使自己受到的损失风险转嫁给保险人。

（四）信用保险的分类

1.国内信用保险

国内信用保险，又称商业信用保险，是指在商业活动中，一方当事人为了避免另一方当事人的信用风险，而作为权利人要求保险人将另一方当事人作为被保证人并承担由于被保证人的信用风险而使权利人遭受商业利益损失的保险。

（1）赊销信用保险，是为国内商业贸易中延期付款或分期付款行为提供信用担保的一种信用保险业务。赊销保险适用于一些以分期付款方式销售的耐用商品，这类商品数额较多、金额较大，一旦买方无力偿还分期支付的货款，就会造成制造商或供应商的经济损失。

（2）贷款信用保险，是保险人对银行或者其他金融机构与企业之间的借贷合同进行担保并承担信用风险的保险。

（3）个人贷款信用保险，是指金融机构对自然人进行贷款时，由于债务人不履行贷款合同致使金融机构遭受经济损失为保险对象的信用保险。个人信用保险按其承保的形式，可分为：指名保险、职位保险、总括保险、伪造保险和三D保单。三D保单承保雇员不诚实（Dishonest）、损毁（Destruction）及失踪（Disappearance）对雇主造成的经济损失。

2.出口信用保险

(1)出口信用保险的定义

出口信用保险,也叫出口信贷保险,是承保出口商在经营出口业务的过程中因进口商的商业风险或进口国的政治风险而遭受的损失的一种信用保险,是各国政府为提高本国产品的国际竞争力,推动本国的出口贸易,保障出口商的收汇安全和银行的信贷安全,促进经济发展,以国家财政为后盾,为企业在出口贸易、对外投资和对外工程承包等经济活动中提供风险保障的一项政策性支持措施,属于非赢利性的保险业务,是政府对市场经济的一种间接调控手段和补充,是世界贸易组织(WTO)补贴和反补贴协议原则上允许的支持出口的政策手段。全球贸易额的12%~15%是在出口信用保险的支持下实现的,有的国家的出口信用保险机构提供的各种出口信用保险保额甚至超过其本国当年出口总额的三分之一。

我国于1988年创办信用保险制度,由中国人民保险公司设立出口信用保险部,专门负责出口信用保险的推广和管理。1994年,中国进出口银行成立,其业务中也包括了出口信用保险业务。2001年12月18日,中国出口信用保险公司正式揭牌运营,公司资本金约300亿,资本来源为出口信用保险风险基金,由国家财政预算安排。2011年5月14日,国务院批复了中信保改革实施总体方案和章程修订草案,进一步明确了中国出口信用保险公司的政策性定位,大幅补充了公司资本金。中央汇金投资有限责任公司200亿元人民币注资已于2011年6月底到位。2011年11月,经中央政治局常委会批准,中信保领导班子列入中央管理。2012年3月17日,中信保升级副部级央企。以此可见我国政府对出口信用保险的重视。

(2)出口信用保险的特征

①不以盈利作为经营的主要目标。出口信用保险的经营目标是保护本国出口商的利益,为出口商扩大出口提供安全保障,以实现国家整体经济利益。

②政府在财政上鼎力相助。政府通过拨付运营的资本金、贷款、设立赔款准备金、票据贴现和再保险等方式,注入大量资金;政府提供优惠政策,免征营业税,企业所得税先征后返、赋予资金运用权限。

③承保的风险特殊。该保险承保的主要是人为原因造成的商业信用风险和政治风险。商业信用风险主要包括:买方因破产而无力支付债务、买方拖欠货款、买方因自身原因而拒绝收货及付款等。

④国家立法干预经营。出口信用保险一般由国家通过专门立法规定其出口信用保险机构的性质、地位、经营方针和承保原则等;政府参与重大经营决策;机构人员设置及归属中央政府管辖。

⑤投保人有特定对象。投保者须为本国国民或企业。出口信用保险的投保人通常必须是本国国民或本国企业。投保的出口商品应是在本国生产或制造。

(3)出口信用保险类型

①根据信用合同的信用期分类。根据承保的出口合同规定的信用期的长短,即保险的期限不同,出口信用保险可分为短期出口信用保险和中长期出口信用保险。短期出口信用保险一般是指保险期限不超过180天的出口信用保险,通常适用于一般商品的出口,包括一般消费性制成品,初级产品和工业原材料的出口。短期出口信用保险是出口信用

保险中最为广泛使用的险种，此保单可根据被保险人要求延长保险期限，但最长只能延长至 365 天。短期险一般采取统保的承包方式。中长期出口信用保险是以两年以上、金额巨大、付款期长的出口货物的信用风险为保险风险的保险。它一般适用于电站、大型生产线等成套设备项目或船舶、飞机等资本性或半资本性货物的出口。中长期出口信用保险的保险合同无统一格式，但一般要采取逐个合同协商的办法承保，需要提供担保、需要一次性支付保险费等特点。

②根据保险责任起讫时间分类。根据保险责任起讫时间不同，出口信用保险业务可分为出运前的保险和出运后的保险。出运前的保险是保险人承保从合同订立日到货物起运日的信用风险。出运后的保险则承担从货物起运日到保险单的终止日的由买方的商业风险或买方所在国家的政治风险导致出口商的经济损失的赔偿。

③根据承保的风险分类。根据信用保险承保的风险，信用保险可分为商业风险的出口信用保险、政治风险的出口信用保险和综合出口信用保险。此外，有的国家还专门提供汇率风险的信用保险。商业风险包括进口商资信或信誉方面的风险：如：买方破产或实际已资不抵债而无力偿还货款；买方逾期不付款；买方违约拒收货物，致使货物被运回、降价转卖或放弃。买方拒收货物与拒付货款行为并非因被保险人的过错所致，而购买方丧失信用或有其他不道德意图而拒收，例如，货物运抵目的地后，买方国家市场情况变化，货已不再适销，买方担心货物滞销而违约拒收。如果是由于被保险人不及时交货或货物数量、技术规格不符合合同规定而引起买方拒收、拒付，则属于被保险人未履行合同行为，不属于出口信用保险的责任范围。政治风险则是指买方国家的法律、政策或政治局势变化的风险。包括：买方所在国实行外汇管制，限制汇兑；买方所在国实行进口管制，禁止该类商品进口；买方的进口许可证被撤销；买方所在国颁布延期付款令；买方所在国发生战争、动乱、骚乱、暴动等；买方所在国或任何有关第三国发生非常事件，如大范围自然灾害等致使买方无法履约。综合出口信用保险既包括商业风险又包括政治风险的出口信用保险。

(4)出口信用保险的保险责任和责任免除

保险责任：

①商业风险，又称买方风险。买方破产或无力偿付债务；买方拖欠货款；买方拒绝接收货物；开证行破产、停业或被接管；单证相符、单单相符时开证行拖欠或在远期信用项下拒绝承兑。

②政治风险，又称国家风险。买方或开证行所在国家、地区禁止或限制买方或开证行向被保险人支付货款或信用证款项；禁止买方购买的货物进口或撤销已颁布发给买方的进口许可证；发生战争、内战或者暴动，导致买方无法履行合同或开证行不能履行信用证项下的付款义务；买方支付货款须经过的第三国颁布延期付款令。

责任免除：

①被保险人违约或违法导致买方拒付货款所致的损失及汇率变动的损失；

②在货物交付时，已经或通常能够由货物运输保险或其他保险承保的损失；

③发货前，买方未能获得进口许可证或其他有关的许可而导致不能收货付款的损失；

④买方违约在先情况下被保险人坚持发货所致的损失；

⑤买卖合同规定的付款币制违反国家外汇规定的损失。

二、保证保险

(一)保证保险概述

保证保险是保险人根据被保证人(义务人)的要求向权利人提供其信用担保的保险。

(二)保证保险的类型

保证保险的类型通常分为确实保证保险和诚实保证保险两大类。

1.确实保证保险

确实保证保险是被保证人不履行义务而使权利人遭受损失时,由保险人负赔偿责任的保证保险。其保险标的是被保证人的违约责任,它是对业主和其他权利人的保证。

确实保证保险的种类繁多,大致可概括为如下四类:

(1)合同保证保险。是保险人为被保证人(合同义务人)向权利人提供信用担保,如果被保证人不履行各种合同义务而造成权利人的经济损失,保险人按照保险责任范围承担赔偿责任的一种保险。这类保险最普遍的业务是建筑工程承包合同的保证保险,主要是适应投资人对建设工程要求承包人如期履约而兴办起来的。

(2)司法保证保险。这类保证是保证被保证人将履行法律规定的某些义务。一般由律师替被保证人向保证公司办理申请手续。司法保证可分为受托保证和诉讼保证。

受托保证是保证由法院指定的管理他人财产的人将公正地履行其职责。需要这种保证的人有监护人、遗产管理人、破产案产业管理人等。诉讼保证是在诉讼当事人(原告或被告)要求法院为其利益采取某种行动或措施,如扣押、查封、冻结某些财产,而又可能伤害另一方的利益时,法院为了维护双方的合法权益,通常会要求诉讼保证申请人提供某种诉讼保证。诉讼保证又可分为保释保证、上诉保证、扣押保证、禁令保证等。

(3)特许保证保险。指担保从事经营活动领取执照的人遵守法规或履行义务的保证保险。一般情况下,各级地方政府要求申请执照的人提供这种保证,保证持照人将遵守与其营业活动有关的法律和法规。

(4)公务员保证保险。这种保证由地方法律规定,作为就职的一项条件,对政府工作人员的诚实信用提供保证。这类保险可以分为两类:一类是诚实总括保证,是对公务员不诚实或欺诈行为所造成的损失承担赔偿责任;另一类是忠实执行职务保证,是对公务员因工作中未能忠于职守而给政府造成的损失承担赔偿责任。

2.诚实保证保险

诚实保证保险,亦称雇员忠诚保险,是因被保证人(雇员)不诚实或不法行为而使权利人(雇主)遭受损失时,由保证人(保险人)承担赔偿责任的一种保证保险。在诚实保证保险中,雇主为权利人,雇员为被保证人,以雇员的诚实信用为标的。按其承保的形式,可分为指名保证保险、职位保证保险、总括保证保险、伪造保证保险及三D保单五种形式。

3.诚实保证保险与确实保证保险的比较

(1)诚实保证保险的保证合同涉及雇主与雇员的关系,而确实保证保险则不涉及。

(2)诚实保证保险承担的风险只限于雇员的不诚实行为,而确实保证保险承保的风险是被保证人履行一定义务的能力或意愿。

(3)诚实保证保险的投保人既可以是被保证人(雇员),也可以是权利人(雇主);而确实保证保险必须由被保证人自己投保。

4.产品质量保证保险

产品质量保证保险，也称产品信誉保险，是以被保险人因制造、销售或修理的产品丧失或不能达到合同规定的效能而应对买主承担赔偿责任为保险标的的保险。它与产品责任保险的业务性质有根本区别。不过在保险实务中，产品保证保险经常同产品责任保险一起承保。

开办产品质量保证保险能增强人们消费或使用产品的安全感，有利于维护用户或消费者的正当权益；有利于企业迅速赢得顾客，打开产品销路；能促进企业的质量管理，提高投保企业的竞争能力，最终使整个社会生产力水平得到提高。

案例分析

雇员不忠诚，忠诚保证保险不保险

案情：某年年初，某合资公司策划在S市某百货商场举办护肤用品专柜特卖活动月。为组织好这次特卖活动，该公司通过某人才市场的招聘，雇用了5名小姐担任此次活动的推销员。由于雇员是在人才市场临时聘用，雇主便对这些推销员在某保险公司投保了雇员忠诚保证保险。

有一天，该公司急需将20箱护肤用品，价值5万多人民币的货物从公司驻S市办事处运往商场。当时正值下午4点，公司专用送货车辆均已外出未归，活动现场又急等要货。为此，负责这次活动的业务员便安排推销员A叫一辆出租车送货，并再三吩咐其随车押货到指定的商场，同时联系商场专柜售货组派人在商场门口接货。

数小时后，在商场门口接货的人员却始终未见随车押货的推销员A的踪影。业务员根据公司提供的寻呼机号码与推销员A联系，可是一位回电话的男士声称是机主，却根本不认识业务员要找的推销员A。由于公司招聘资料只有推销员A的呼机号码及一般个人资料，该公司一时无法找到推销员A的下落。发现这批货物已遭不测后，该公司立即向当地派出所报了案。

公安刑警人员根据该公司提供的情况和资料，通过向有关寻呼台查询，结果发现推销员A提供的寻呼机号码与实际机主身份不符。对此案，公安部门虽然对所有的线索作了进一步的追查，但始终没有明确的结果。鉴于5万多元的损失是由于雇员不忠诚所带来的，因此，该公司在事故发生后，根据投保的雇员忠诚保证保险合同向保险公司提出了索赔申请。

保险公司接到受损公司的索赔申请后，立即向该公司的有关人员进行了调查取证，并根据保险单所列明的条款，要求被保险人提供雇佣推销员A对其受雇前情况进行查询所获得的证明资料。但事实表明，该公司在雇佣推销员A时，未对其受雇前情况作必要的查询。由于被保险人在使用其雇员前，未通过必要的查询来防范其雇员在忠诚信用方面所潜在的风险，因此，保险公司依据保单条款对此案做出了拒赔的决定。

不同的观点：

1.应该赔偿。持该观点的人认为，雇主忠诚保证保险承保的就是雇主因雇员的不忠诚行为，如盗窃、贪污、侵占、非法挪用、故意误用、伪造、欺骗等而受到的经济损失。现被保险人因其聘用的雇员不忠诚盗窃了护肤用品而遭受损失，这些损失属于保险责任范围，保险公司当然应该按保险合同约定的责任进行赔偿。

2.不应该赔偿。持该观点的人认为，投保人所投保的雇员是临时雇员，在没有正确验明雇员身份的情况下，为他们进行投保，是违反诚实信用原则的表现。因此，保险公司不应该赔偿。

分析：雇员忠诚保证保险是以被保险人的雇员在受雇期间，因欺骗或不忠诚行为（贪污、挪用款项、伪造账目、偷窃钱财等）而导致其直接经济损失为保障内容的一种保险。雇员的忠诚信用是保障的基础。被保险人转嫁给保险公司的是其雇员在被雇佣期间可能发生不忠诚行为的潜在风险。目前，此险种在我国外商投资企业中比较常用。其承保方式分为指名和不指名两种。不论是何种承保方式，参照国际上的习惯做法，我国保险公司现行使用的雇员忠诚保证保险条款都列明，被保险人必须对其雇员受雇前的情况进行查询，并保存查询资料，在索赔时，如有必要应提供给保险公司。通过对其雇员受雇前情况的必要查询来防范被雇佣者在忠诚信用方面潜在的风险，这是被保险人的义务之一，也是保险公司提供雇员忠诚保证保障的前提。这一条款的制定，对保险双方都是十分有益的，也体现了权利与义务对等的保险基本原理。

根据以上分析，该公司虽投保了雇员忠诚保证保险，也不应得到赔偿，保险公司的拒赔理由是充分的。

本章小结

1.责任保险

责任保险是一种以被保险人对第三者依法应承担的民事赔偿责任为保险标的的保险。责任保险的基础是健全的法律制度；责任保险的承保风险是法律责任；责任保险的赔偿对象包括受害的第三者；责任保险的赔偿限额需事先确定；责任保险的适用范围非常广泛。

责任保险的承保基础是期内发生式和期内索赔式。

按承保的内容分，责任保险可以分为公众责任险、产品责任险、职业责任险、雇主责任险和第三者责任险。

2.信用保证保险

信用保险是由债权人作为被保险人，以债务人的信用为保险标的，当债务人不能履行给付或拒绝偿付债务而使债权人受到经济损失时，由保险人负责赔偿的一种保险。信用保险的业务一般分为国内信用保险、出口信用保险和投资保险三类。各自又可以进一步分为若干具体险种。

保证保险是保险人为被保险人向权利人提供担保，如果由于被保证人的作为或不作为致使权利人遭受经济损失，保险人负赔偿责任。所以，保证保险的本质是一种担保。

复习思考题

一、单选题

1.以被保险人对第三者应承担的民事赔偿责任为保险标的的保险是(　　)。

A.责任保险　　B.信用保险　　C.人身保险　　D.财产保险

2.责任保险属于广义的(　　)范畴。

A.人身保险　　B.定额保险　　C.信用保险　　D.财产保险

3.期内发生式,以(　　)的时间为承保基础。

A.索赔提出　　B.风险存在　　C.损失发生　　D.合同终止

4.从责任保险来看,赔偿限额是保险人承担赔偿责任的(　　)。

A.平均限额　　B.最低限额　　C.最高限额　　D.基本限额

5.责任保险的保险标的是(　　)。

A.被保险人

B.第三者

C.第三者的人身伤亡或财产损失

D.被保险人对第三者依法应当承担的赔偿责任

6.法律责任有刑事责任、民事责任、行政责任、违宪责任等不同类型,作为责任保险的保险标的的法律责任属于(　　)。

A.刑事责任　　B.民事责任　　C.行政责任　　D.违宪责任

7.责任保险按承保方式划分,可分为承保独立责任的责任保险和承保作为财产保险附加险的责任保险。公众责任保险、产品责任保险、雇主责任保险和职业责任保险属于承保(　　)的责任保险,一般由保险公司的责任信用险部门负责管理。

A.独立责任的责任保险　　B.作为财产保险附加险

8.公众责任保险主要承保企业、机关、团体、家庭、个人以及各种组织在固定的场所从事生产、经营等活动,以及日常生活中由于疏忽或过失造成他人人身伤害或财产损失,依法应由被保险人承担的(　　)。

A.行政责任　　B.刑事责任　　C.民事责任　　D.经济赔偿责任

9.浙江省纺织进出口公司要出口一批纺织原料到美国的一家公司,浙江省纺织进出口公司作为债权人向保险人投保美国进口商的信用风险,假如美国进口商收到货以后不付款,保险人按照合同,负责赔偿。这种保险是(　　)。

A.保证保险　　B.责任保险　　C.信用保险　　D.信用保证保险

10.中国工商银行的一个支行,其一个柜台工作人员在工作中利用职权,截留挪用储户的存款,造成了几百万元的经济损失,这个损失投保(　　),能由保险公司按照赔偿标准来承担。

A.信用保险　　B.雇主责任保险

C.雇员忠诚保证保险　　D.保证保险

11.一个顾客在商场购物时,由于地上有积水而滑倒,经医生诊断为小腿骨折,商场承担责任，这属于(　　)的保险责任。

A.公众责任保险　　B.餐饮场所责任保险

C.物业管理责任保险　　D.职业责任保险

12.雇员忠诚担保保险中，保险人负责赔偿(　　)。

A.任何时候雇员因欺骗或不忠实行为导致被保险人的经济损失

B.雇员在从事与职业或职责有关的工作中，因欺骗或不忠实导致被保险人的经济损失

C.雇员在从事与职业或职责有关的工作中，因欺骗或不忠实导致被保险人的直接经济损失

13.生产热水器厂家，2010 年投保了产品责任险，在 2010 年 4 月 15 日发生保险事故，向保险公司报案，生产厂家在 2011 年 3 月向保险公司索赔，保险公司赔付，这个保险的承保基础是(　　)。

A.赔偿限额　　B.期内发生式　　C.期内索赔式

14.下面(　　)这一险种，承担与保险人业务有关的职业性疾病。

A.公众责任保险　　B.雇员忠诚保证保险

C.旅行社责任保险　　D.雇主责任保险

二、多项选择题

1.各类责任保险通常都负责赔偿(　　)。

A.被保险人对依法(或经特别约定)应承担的经济赔偿责任

B.被保险人应支付索赔人的诉讼、律师费用以及其他事先经保险人同意支付的费用

C.被保险人自身的人身伤害或财物损失

D.为减少对第三者人身伤亡或财产损失致富的必要的、合理的费用

E.精神损害赔偿

2.一般来说，责任保险是由于(　　)疏忽或过失导致(　　)的财产损失或人身伤亡，由此依据法律应由(　　)承担的经济赔偿责任，保险人负责赔偿。

A.投保人　　B.保险人　　C.被保险人

D.第三者　　E.受益人

3.雇主责任险与团体人身意外险的区别(　　)。

A.被保险人不同　　B.性质不同　　C.赔偿依据不同

D.保险金额不同　　E.保险范围不同

4.产品质量保证保险被保险人承担的是(　　)的责任。

A.修理　　B.更换　　C.退货　　D.返款

三、思考题

1.责任保险与一般财产保险有什么区别？

2.思考以下两个案例所涉及的事故属于工伤事故吗？为什么？

(1)阿龙是某电容器厂职工，某年 2 月 1 日，阿龙因身体不适到医院看病，被查出有冠心病，并配药治疗。次日上午阿龙继续到机电公司上班，大约 10 点开始感到难受口干，心里不舒服，便决定提早回家，几分钟后当阿龙离开厂的传达室走到邻居家门口时晕倒，后

由120救护车送到医院抢救,经抢救无效于当天下午死亡。

(2)某晚10时许,某百货商场防损员周峰在工作过程中发现,一伙二三十个身份不明的不法分子企图冲击该百货商场。周峰等人奋力阻止,维护了百货商场的权益。但是,周峰在这一过程中,被不明身份的不法分子用钢管、铁管等打伤,伤势严重,被送往医院抢救。此后,其父周辰要求认定周峰所受伤害属工伤。尽管维护了商场的利益,但商场认为,当天周峰已经在22时3分打卡下班,因此整个事件并非在其上班时间发生,因而不被视为工伤。

3.2012年8月27日,北京鸿力房屋卫生设备工程技术有限公司向某保险公司投保雇主责任险。2013年5月,该公司油漆工吕某患皮肌炎入院治疗,2个月后死亡,医院认定系油漆过敏诱发皮肌炎,皮肌炎属于风湿性疾病。此案是否属于保险责任?说明理由。

4.2000年6月25日,红星酒楼向某保险公司投保企业财产损失险、公众责任险等险种,保险期限自2000年6月26日起至2001年6月25日止,财产损失险的保险金额为500万元,公众责任险的保险金额为50万元。2001年1月22日晚,杨某与朋友一起来到红星酒楼用餐,用餐期间发生炸弹爆炸,造成1人死亡、4人重伤的重大事故。杨某被炸成重伤,共花去医药费约4.5万元。后经某法医鉴定中心鉴定,杨某属8级伤残。另查,放在杨某邻桌下的爆炸物是坐在邻桌的犯罪分子王某所为,王某与妻子因长期不和而采用炸弹杀人,结果其妻当场死亡,王某也被判处并执行了死刑。出院后,杨某将红星酒楼作为被告起诉到法院。

法院认为,杨某在红星酒楼用餐时被炸成重伤,是王某违法犯罪所造成的直接结果。理应由王某承担民事赔偿责任。酒楼作为经营者,因其事先根本不知道王某自带炸弹实施爆炸,其与王某之间主观上不存在共同故意,故不承担共同侵权的民事责任。该案中,消费者王某自带炸弹并安装在酒楼的餐桌下面。这种行为是酒楼难以用正常警觉予以识别的,也是难以预见的,因此,本案双方当事人均无过错。但是,杨某身体受到伤害是事实,而罪犯王某已被判处死刑,被害人杨某受到肉体上和精神上的创伤难以得到补偿,为平衡当事人的损失,依据民法的公平原则,酒楼应适当予以补偿。故一审法院判决,红星酒楼一次性补偿杨某7.4万元的损失,本案的受理费由红星酒楼承担。

一审法院判决后,红星酒楼没有提起上诉。随后,酒楼凭财产保险单据、法院判决书等单证向保险公司索赔。

请运用本章所学内容对此案进行分析。

5.蒋某因公出差到某市一家旅馆住宿,夜晚在房间休息时,天花板上的吊灯突然脱落,正好砸到蒋某身上,致使蒋某身上多处受伤,为此,蒋某花去医疗费2 093元。蒋某要求旅馆赔偿损失,但旅馆老板不同意,理由是吊灯属于某装修队安装的,旅馆本身没有过错。蒋某只得又去找某装修队,但该装修队认为,吊灯脱落是由于吊灯经多年使用螺丝磨损严重造成的,装修队不承担责任。两家相互推诿,蒋某于是诉至法院。

问题:(1)本案的归责原则是什么?有何法律依据?

(2)本案中旅馆、装修队的责任如何认定?

第8章 保险公司经营与管理(一)

学习目标

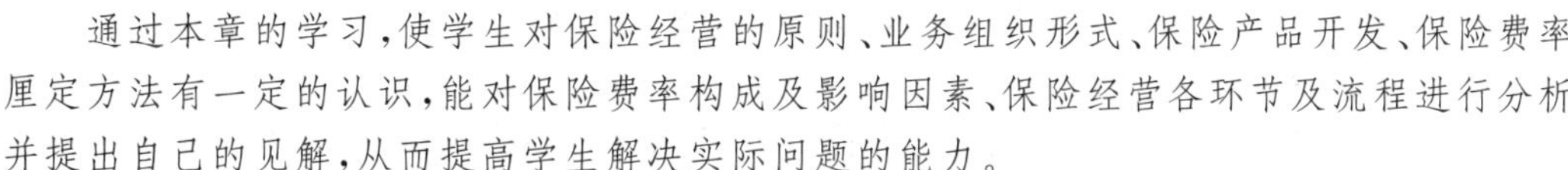

通过本章的学习，使学生对保险经营的原则、业务组织形式、保险产品开发、保险费率厘定方法有一定的认识，能对保险费率构成及影响因素、保险经营各环节及流程进行分析并提出自己的见解，从而提高学生解决实际问题的能力。

学习要点

保险经营原则；保险产品开发；保险费率厘定基本原则与原理；保险经营环节。

案例导读

理赔不及时的代价

201×年4月24日，A公司车库失火，两辆投保汽车受损。其中一辆损坏严重，B保险公司按全损赔付。另一辆北京8座面包车部分受损。经查勘，双方于4月29日达成协议：确认本车电器设备、方向盘、车头、内装饰和两排座位等合计损失10万元(该车投保的保险金额为25万元)，理赔中保险公司按常规做法操作，即部分损失的车辆要送到指定的修理厂大修。本车在修理中需换一电器配件，价格2万元。由于该车型属淘汰产品，经多方努力均未找到所需配件，致使修理工作停滞一月余。

次年6月，A公司提出：本车原按整车投保，现因缺配件，拖延至今不能恢复原状，故要求B保险公司按全损赔偿25万元。B保险公司则坚持按部分损失赔偿10万元。双方协商不成，A公司于当年8月向法院起诉，要求法院判令B保险公司按车辆全损赔偿25万元，并赔偿相应的滞纳金，承担诉讼费。

法院受理此案进行了调解，双方终于达成履行部分损失赔偿的协议，法院以《民事调解书》结案，调解内容如下：(1)B保险公司一次性赔偿某公司车辆修理费用16.5万元；(2)诉讼费由A公司负担。

本案例属于典型的保险公司对自身理赔工作不及时所付出的代价。保险公司如何做好理赔工作？如何加强公司的经营与管理？这是本章要探讨的内容。

第一节　保险业务经营概述

一、保险经营的原则

保险经营的对象是特殊商品，具有自身的价值和使用价值。为了保证保险经营的稳定，在保险经营过程中除了要遵守商品经营的一般原则外，还必须遵循保险经营的特殊原则。

（一）保险经营的基本原则

保险经营的原则是指保险企业从事保险经济活动的行为准则。保险经营的是服务形态商品，保险企业的经营应当遵循商品经营的基本原则，包括以下几点：

1.经济核算原则

经济核算是商品生产经营的基本原则。它利用价值和货币形式，对生产经营过程中的劳动耗费和劳动成果进行记载、计算和分析，保证以收抵支并获得利润。保险企业经济核算的主要内容有三点：

(1)保险成本核算。即要核算保险经营所耗费的物化劳动和活劳动。保险成本的物化劳动主要由保险设备耗费金额、保险赔偿或给付金额、各种准备金、各种利息及费用这五部分组成，其活劳动就是保险企业职工的工资总额。

(2)保险资金核算。保险企业的资金是指保险企业经营资金的总和，包括定活期银行存款、用于投资的资金、固定资产净值、结算过程的资金、现金等。保险企业资金的核算，主要通过核算各种资金的占用量、利用率、周转速度等指标来进行。

(3)保险利润核算。利润是保险企业经营活动所产生的经济成果的最终体现。保险利润核算通常是通过计算利润额和利润率两个指标来进行的。利润额是保险利润核算的绝对指标，主要用以衡量企业利润计划的完成程度。利润率是保险利润核算的相对指标，主要反映企业在不同时期的利润水平差异程度。

2.“随行就市”原则

“随行就市”就是根据市场行情及时调整保险商品的结构和价格，以适应市场的需要。“随行就市”不是被动地适应市场行情的变化，而是要有强烈的市场观念，对影响保险市场行情的各种因素进行全面、细致、深入的分析，并根据掌握的信息正确判断和预测其发展变化的趋势和规律，不断地把消费者的潜在需求转化为现实的保险商品，达到开拓市场、创造需要、实现保险商品价值的目的。

3.“薄利多销”原则

“薄利多销”原则具体体现在保险价格上，即保险费的确定上。合理的保险费应体现等价交换原则，这是保险经营的中心问题。合理的保险费包含两方面的内容：保险费率制定合理，不得过高或过低；费率适用合理，即不同风险适用不同的费率，相同的风险适用相同的费率，避免偏袒或歧视。

(二)保险经营的特殊原则

1.风险大量原则

风险大量原则是指保险人在可保风险的范畴内,应争取承保尽可能多的风险单位。风险大量原则是保险经营的基本原则。保险的经营过程实际上就是对风险的管理过程,而风险的发生是偶然的、不确定的,只有承保尽可能多的风险单位,才能建立起雄厚的保险基金,保证保险经济补偿职能的履行,更好地体现保险经营"取之于面、用之于点"的特点。同时,概率理论和大数法则是保险人计算保险费率的基础,只有承保大量的风险单位,大数法则才能显示其作用,使风险发生的实际情形更加接近预先计算的风险损失概率,确保保险经营的稳定。承保的风险单位越多,保险费收入就越多,而营业费用则随之相对减少,从而在增加收入的同时降低保险成本,提高经济效益。

2.风险同质原则

风险同质原则是指在保险人承保的同一类业务中,不同保险标的在风险性质上要基本相同。由于保险标的千差万别,风险的性质各异,其发生频率和损失程度也各不相同。为了保证保险经营的稳定,保险人在承保时对所承保的风险必须有所选择,尽量使同一类业务的风险性质基本相同。只有这样,才能符合大数法则的要求,使计算的损失概率趋于可靠和稳定。此外,各风险单位的保险金额也需保持一定的标准,不能过分悬殊。

3.风险选择原则

风险选择原则是指保险人在承保时,对投保人所投保的风险种类、风险程度和保险金额等要有充分和准确的认识,并做出承保或拒保或者有条件承保的选择,以有效地贯彻经济核算原则,保证保险经营的合理性。

4.风险分散原则

风险分散原则是指保险人对所承保的风险尽可能地加以分散,并使之平均化,避免风险的集中。现代社会生产活动的规模不断扩大,新材料、新技术的广泛采用,使风险因素相应增加,损失规模也相应扩大。因此,保险经营必须尽量扩大营业地区和保险种类,使每一种可能发生的风险都是相对独立的。对价值高、风险大的风险单位,要利用再保险或共同保险的方式分散风险。

二、经营保险业务的组织形式

经营保险业务的组织形式是指在一个国家或地区的保险市场上,保险人采取何种产权结构经营保险业务。在国际上,经营保险业务的组织形式多种多样,按所有制关系不同,一般可将经营保险业务的组织形式分为以下几种:国有保险公司、私营保险公司、合营保险公司、合作保险组织、个人保险组织、行业自保组织等。

(一)国际上经营保险业务的组织形式

1.国有保险公司

国有保险公司是国家授权投资机构或国家直接投资经营保险业务的保险经营组织。根据其经营目的,可分为两类:一是以增加财政收入为营利目的,即商业性国有保险公司,它可以是非垄断性的,与私营保险公司自由竞争,平等地成为市场主体的一部分,也可以是垄断性的具有经营独占权,从事一些特别险种的经营,如美国国有保险公司经营的银行存款保险；二是为实施宏观政策而无营利动机的，即强制性国有保险公司，通常各国实施的社会保险或政策保险大都采取这种形式。

2.私营保险公司

私营保险公司是由私人投资经营保险业务的保险经营组织，这是国际保险市场上主要的、普遍的组织形式。私营保险公司多以股份有限公司的形式出现，其主要特点是：(1)资本容易筹集，实行资本与经营分离的制度；(2)经营效率较高，追求利润最大化；(3)组织规模较大，方便吸引优秀人才；保险股份公司也是我国保险公司主要的组织形式，我国新成立的中资保险公司基本上采取这种组织形式。近年来由于世界股票市场不断壮大，使股份公司资本易于筹集的优势更加明显。

3.合营保险公司

合营保险公司包括两种形式：一种是政府与私人共同投资设立的保险经营组织，属于公私合营保险组织形式；另一种是本国政府或组织与外商共同投资设立的合营保险组织，我国称之为中外合资保险经营组织形式。

4.合作保险组织

合作保险组织是指由社会上具有共同风险的个人或经济单位，共同集资设立的保险组织形式。参加合作保险的经济单位或个人，既是保险人，又是被保险人，按其所保障内容交纳一定比例的保险费，以建立保险基金，盈亏共担。这类保险组织属于非营利性保险组织，这种组织形式充分反映了保险的互助性。合作保险组织分为相互保险社(保险合作社)和相互保险公司。相互保险社是由需要某种保险保障的人通过协议组成一个集团，其成员遭遇特定灾害事故受到损害时，由全体成员共同分担用于支付赔偿损失的保险金，各成员仅对合同约定的损失部分承担责任，该责任之最高限额可在合同中规定。相互保险公司，又称保险相互公司，是保险业特有的公司组织形态。保险合作社和保险相互公司的区别在于，后者是一个企业法人，而前者不是。

5.个人保险组织

个人保险组织是以个人名义承保保险业务的一种组织形式。迄今为止，这种组织形式只有英国的劳合社，它是世界上最大的也是唯一的一家个人保险组织。劳合社本身并不是承保风险的保险公司，它仅是个人承保商的集合体，是一个社团组织。“分则为保险商，合则为劳合社”是该组织在结构上的特点。劳合社的成员全部是个人，且各自独立，自负盈亏，进行单独承保，并以个人的全部财力对其承保的风险承担无限责任。他们是以自然人的身份进行承保的。

6.行业自保组织

行业自保组织也称专属保险公司，是指一些非保险业的大型工商企业投资设立的专营本公司及子公司保险业务的保险机构。欧美国家的许多大企业集团都有自己的自保保险公司。近年来，专属保险公司数量有很大增长。大型企业集团设立自保公司的原因，一是承保其他保险公司不予承保的风险；二是节省保险费，主要是节省附加费支出；三是补偿迅速，经营灵活，且能够避免道德风险的发生；四是能享受税收上的优惠。

(二)中国经营保险业务的组织形式

自2009年10月1日起正式实施的新《保险法》为适应保险业的发展需要，删除了有关保险公司组织形式的特别规定,保险公司在组织形式上直接适用《公司法》,即除国有独资公司和股份有限公司的组织形式,保险公司可以采取其他如有限公司的形式。

2003 年起我国国有独资商业保险公司陆续进行股份制改革,2006 年中华联合财产保险公司整体改制设立为中华联合保险控股股份有限公司,这标志着国内最后一家国有独资商业保险公司宣告退出历史舞台。但我国的政策性保险公司,如中国出口信用保险公司,仍是国有独资保险机构。

2005 年,我国第一家相互保险公司——阳光农业相互保险公司成立,其是在黑龙江垦区 14 年农业风险互助基础上,经国务院同意、中国保监会批准,在国家工商总局注册的我国首家相互制保险公司。

2012 年 10 月,中石油筹建内地首家自保公司获批,2013 年 11 月,国内第一家自保公司中石油专属财产保险股份有限公司获批开业。2013 年 11 月,保监会批复中石化集团公司成立自保公司开展境外自保业务。而在此之前,中海油的自保公司——中海石油保险有限公司于 2000 年 8 月在香港注册成立,2002 年 2 月获得中国保监会批准,于 2002 年 5 月正式营业。

2013 年 11 月,我国第一家互联网保险公司——众安在线财产保险股份有限公司在上海成立,是世界上第一个获得在线保险牌照的保险公司,众安保险业务流程全程在线,全国均不设任何分支机构,完全通过互联网进行承保和理赔服务。2015 年 11 月,我国第二家互联网保险公司——泰康在线财产保险股份有限公司在武汉正式挂牌成立,业务范围有互联网财产险、车险、健康险、意外险、货运险、责任险、信用保证保险、与互联网保险相关的技术服务与咨询服务。2015 年 12 月我国第三家互联网保险公司——安心财产保险有限责任公司在北京开业,业务范围包括与互联网交易直接相关的企业/家庭财产保险、货运保险、责任保险、信用保证保险等。2016 年 2 月我国第四家互联网保险公司——易安财产保险股份有限公司在深圳开业,主要经营与互联网交易直接相关的企业/家庭财产保险、货运保险、责任保险、信用保证保险,短期健康/意外伤害保险。

众惠财产相互保险社成立于 2017 年 2 月 14 日,是自保监会许可筹建试点后第一家批准开业相互保险社。初始运营资金 10 亿元,由永泰能源公司、英联视动漫文化发展公司、联合创业集团公司、上海烜裕投资管理公司等十家主要会员和 546 个一般发起会员发起建立,主要针对中小微企业和个体工商户开展信用保险、保证保险、短期健康和意外伤害保险等业务。信美人寿相互保险社成立于 2017 年 5 月 5 日,是国内首家成立的人寿相互保险社,初始运营资金 10 亿元,由蚂蚁金服、天弘基金、新国都、汤臣倍健、腾邦国际等九家主要发起会员和 1 460 多位一般发起会员建立,信美主打寿险产品,发展长期养老保险和健康保险业务。汇友建工财产相互保险社成立于 2017 年 6 月 28 日,初始运营资金 6 亿元,长安责任保险股份有限公司和潍坊峡山中骏投资管理有限公司是其主要发起会员,一般发起会员包括 300 家建工企业。该社是获批的三家中相互保险机构中唯一一家由保险公司主要发起建立的相互保险社,汇友建工专注于建筑业保险细分市场,在工程招投标、施工合同履约、工程监理、工程延保等领域开展保险业务。

随着我国保险体制改革的不断深入和对外开放范围的逐步扩大,保险市场上的主体数量不断增多。截至 2018 年年末,全国共有产寿险保险公司 179 家。从保险公司资本结构属性看，中资保险公司有129家，外资保险公司有66家。其中，中资产险公司63家，中资寿险公司63家，外资产险公司22家，外资寿险公司28家。到此，我国形成了以国有控股公司和股份制保险公司为主、中外保险公司等多种组织形式共同发展的新格局。

第二节　保险产品开发与保险费率

一、保险产品开发

(一)保险产品开发的含义

保险产品开发是指保险公司基于自身发展和保险市场需求及其变化状况的需要而创造新产品或对现有产品进行改良、组合，以适应市场需要，提高自身竞争能力的过程或行为。它是一个综合系统工程，不仅仅指保险产品的开发设计，而且还包括保险产品改造、对重点客户保单的特殊设计以及对保险产品的包装和提供全方位优质服务等。

(二)保险产品开发的基本原则

在保险产品开发的过程中，保险人应当遵循以下基本原则：

1.市场性原则

在市场经济条件下，保险业发展的内在规律要求保险公司在险种的设计、开发和销售等方面必须按市场的需求来运作，市场需求是保险产品开发的基础，没有市场的需求，产品即便是开发出来也没有生命力。因此，保险企业必须坚持以市场需求为导向开发新产品。随着科学技术的发展，企业的转制及改制，国家重点工程建设，环境保护，住房商品化，国家医疗制度改革，社会保障体制改革，专业技术人员的职业化和教育产业化等，均为开发新的寿险及非寿险产品，培育新的业务增长点提供了广阔的空间。

2.效益性原则

保险公司的经营必须讲效益，而产品的开发就必须从效益性出发，做到保险新产品的开发既能适应国民经济发展的需要，又能合理防范和减少风险，为公司带来合理的商业利润。新开发的保险产品要取得可观的经济效益，必须注意处理好三个关系：第一，社会效益和自身经济效益的关系；第二，产品开发与销售推广的关系；第三，眼前利益与长远利益的关系。

3.合法性原则

保险产品的开发必须遵守法律法规，维护社会道德规范。保险产品开发的合法性主要体现在保险产品的有关条款上，要求保险产品的条款不仅要遵守国家的基本法、保险法和有关法律法规，还要遵守社会道德规范。

4.技术原则

险种开发只要符合经济原则，其开发的范围与容量在理论上就具有无限性。但是保险标的所面临的风险损失具有不确定性，保险人对于风险的了解仍然受制于人类认识客观世界的能力。即使对于已经认识的风险，由于不同的保险人在承保能力和经营技术方面的局限，使保险人设计和开发保险业务的范围仍然受到限制。所以，遵守险种开发的技术原则，就是要从保险人处理风险的客观能力出发，保证业务经营的财务稳健性.

5.国际性原则

保险市场全面开放后,中资保险公司要想在中国保险市场中站稳脚跟,在竞争中立于不败之地,保险产品开发工作必须适应经济形势的发展需要,增强与国际保险市场接轨的能力,在条款设计上积极吸收国外的先进技术。因此,必须加强对国外保险市场的调研,使条款设计更趋完善,更加贴近市场。如我国保险市场上新开发的计算机设备保险、知识产权保险、律师责任保险及寿险方面的分红产品、投资连结产品,都向国际化保险产品迈进了一大步。

(三)保险产品开发的基本步骤

保险产品的开发是指从产生产品创意到销售产品所经历的整个过程。在整个产品开发的过程中,保险公司开发人员必须始终确保正在开发的产品能够满足市场的需求、符合法律和监管的要求并达到公司的财务目标。产品开发通常包括以下六个步骤:

1.形成创意

形成创意是保险产品设计开发的第一步,是对能够满足现有客户和潜在客户某种需求的新产品所做的设想和构思。创意是新产品形成和推出的基础,但并不是每一个创意都能与真正的市场需求相吻合。保险产品的创意是否能够最终成为现实,与产品创意过程的长短、难易程度、保险企业本身所拥有的技术、营销管理水平的高低以及创意的来源渠道甚至创意数量的多少,存在着重要的关系。

2.创意优选

产品创意对于发展新产品是必需的,但有了产品创意并不一定能使其付诸实施,也不一定能使这种产品成为有前途的新产品。因此,保险企业可以根据其具体的目标和经营能力进行创意优选,主要目的在于尽早地发现好的创意,并放弃不可行的甚至是错误的创意。保险企业在进行创意优选时,可考虑以下因素:新产品的市场空间;新产品的技术先进性与开发可行性;新产品开发需要的资源条件与其配套服务的要求;新产品的上市促销及营销能力;新产品的获利能力和社会效益评价。

3.综合业务分析

保险公司在对保险产品创意进行优选后,会得到一些有初步可行性的创意,但这些创意是否真正可行,还应就产品概念、产品的市场需求、产品的适宜性和效益性进行具体的分析。

4.产品技术设计

产品技术设计的主要活动包括设计合同格式、设定产品的财务价值,并确保程序和人员配置足以支持产品的各个方面。在技术设计的过程中,精算师和产品开发小组的其他成员要深入研究,以确保新产品具有良好的财务状况。

5.新产品实施

新产品的实施首先需要保险公司呈报合同格式以及得到相应监管机构的相关文件,从而获得有关产品的各种许可,建立适合新合同的信息系统和管理措施;其次需要保险公司制定宣传和推广产品的计划并设计培训销售人员和员工的资料,法律部的员工浏览广告和培训资料等,某些情况下还要将广告、培训资料和合同等资料一起呈报,以确保遵守了相关的法律和监管;最后,销售队伍还要接受有关产品销售的培训,才能开始新产品的销售。

6.产品评估

在产品开发的所有过程以及之后的各个时期中，产品开发小组必须确保新产品能够实现保险公司的财务目标，同时也遵守相应的法律和监管法规。在签发和销售产品之后，保险公司必须不断监控新产品的业绩，并且与产品结构中设定的预期业绩相比较。如果结果不满意，就应该及时对新产品做相应的调整，放弃或用改进后的产品来代替。产品监控中所收集的信息能够刺激新创意的产生，以促进公司重复产品开发的循环过程。

（四）保险产品开发的组织安排

合适的战略需要依靠有效的组织来落实，新产品开发的有效组织是战略具体执行的重要方向，组织协调的好坏与资源支持的力度是新产品成功开发的关键。由于保险公司在目标、文化、前景、市场、产品、客户和分销渠道等方面的差异，各家保险公司的新产品组织安排方式也不完全一样，问题的关键是需要找到能调动公司各种相关积极因素的组织安排方式，保证新产品开发的成功。

1.市场营销与研究发展的合作

无论采取哪种产品战略，市场营销部门与研究发展部门的密切合作，都是战略得以执行的基础条件。一个好的战略需要把营销和研发结合起来，营销部门识别和评估客户需求，研发部门的目的是找到一种合适的方式满足这种需求，并通过精算技术的提高力求创造性地为客户增添新的产品功能或利益。通常，保险公司都会设置专门的市场营销部门来负责市场研究、公关宣传和业务企划等工作，研发部门则负责保险产品管理和精算工作。这两个部门之间的协作决定了发现市场机会和技术实现的结合程度。成功的产品开发来自于营销和研发部门很好的合作，两者需要在需求调研、目标市场确定、市场定位、合同设计和精算技术等所有方面进行充分的沟通。

2.新产品战略中的跨职能部门合作

新产品战略的成功绝不仅仅依赖于营销和研发的成功结合，业务管理、信息技术、财务、分销渠道的工作也必须包括在内，要协调所有相关的资源、技能、观念以及行为。营销和研发的协作可以很好地完成市场机会识别、产品创意和产品设计等工作。然而一个成功的新产品战略绝不是停留在营销和产品层面上。业务管理部门需要在契约、核保、核赔等方面为新产品的顺利面世做好铺垫；信息技术部门需要为新产品的管理做好系统设计工作；财务部门需要就新产品的保费收入、理赔或给付支出、预期利润等重要指标进行测算和评估；分销渠道的管理部门需要准备好新产品的销售材料、培训材料和促销计划等。

3.产品开发的组织形式

产品开发的组织形式有很多，但是对于特定公司而言，哪种组织形态更能发挥效用则取决于公司的优势、管理者的风格和技能特色及公司以往的经营历史。由专门的产品管理部门或精算部门主持新产品开发，是保险公司实施新产品开发最主要的组织形式，同时还有产品开发委员会、专门项目小组、合作开发等辅助形式。这里将集中介绍和评价新产品开发各种常见的组织形式。

(1)产品管理部门。大多数公司将产品开发的任务交由产品管理部门负责。产品管理部门不仅负责新产品的开发，还负责已有产品的管理。经验表明，保险公司新产品的开发成本较高，需要市场研究、产品管理、业务管理、客户服务、销售渠道等各部门跨职能的协作配合,牵涉大量人力、物力、财力的投入。由产品管理部门负责产品开发的好处是能够将新产品开发和现有产品管理有机结合起来,有利于充分挖掘整个公司产品组合的协同效应。一方面可以通过新产品开发来充实公司的产品组合,另一方面可以通过升级更新继续扩大现有产品的销量并改善业务营利性。产品管理部门单独负责产品开发的弱点在于,如果该部门采取技术和产品导向的话,则容易忽视市场、客户,难以开发出具有高度市场针对性的产品。另外,有些公司为了强调新产品开发的重要性,成立专门的产品开发中心,负责新产品的开发事宜。

(2)精算部门。不少保险公司将新产品开发的任务交由精算部门负责。由于保险产品开发需要损失率、死亡率、发病率等数据,这些数据主要靠精算部门搜集和测算。同时,产品开发是极具精算技术性的工作,缺少精算师的参与,根本不可能开发出新产品。有精算技术支持,是新产品开发成功的可靠保证。精算部门不仅要负责产品开发,还要负责公司产品组合的资产负债的匹配性管理。如果为了一时的财务绩效改进而漠视市场需求,就可能会危及业务收入的增长潜力。因此,无论是产品开发部门还是精算部门支持开发新产品,都必须在保证技术可靠性的前提下,与市场研究部门充分沟通,增进对市场的认识深度。

(3)产品开发委员会。在保险公司高级管理层对新产品开发给予充分重视的条件下,一般会设立产品开发委员会,授予产品研发部门技术主力很高的等级来体现该项工作的重要性。产品开发委员会通常由主要部门的主管、总精算师、公司总裁成员组成。总精算师拥有高出部门主管的权限和声望,得到公司上下的普遍尊重,负责产品开发委员会的实际运作。新产品的开发优先级由这个委员会来确定,并由他们负责甄别创意和协调技术在产品中的运用。该委员会负责协调工作,不会涉及产品开发过程的具体细节,因此开发必须由相关职能部门完成。这种组织形式的优点是将高级管理层的工作注意力有效集中于产品创新,使高级管理人员能够集体参与以创新为手段的产品开发战略中。

(4)专门项目小组。通过组建专门项目小组实施新产品的开发,集中公司内部各部门的优势人力资源完成项目任务。这种组织形式的优点在于公司高层能够抽出时间应对新产品开发的重大挑战,参加项目小组的成员具有高度的责任感和持续的工作热情。公司总裁能够通过阶段汇报会的形式获悉新产品开发的进度情况并做出及时的方向性反馈。项目组形式的缺点在于项目的成功不代表新产品开发的最终成功,项目成果必须顺利交接到职能部门进入程序化的日常运作中,才能使新产品充分发挥应有的战略作用,而不至于被当作所谓的保密档案锁到公司文件柜里。

(5)合作开发。并不是所有的保险公司都有充分的资源在内部进行新产品开发,通过购买专业服务或者并购、联盟等形式实现新产品的合作开发,是在自身所不擅长的领域进行开发工作的有效组织形式。外界有多种专业服务可以弥补公司技能与资源的缺陷,有专门的市场调研公司可以帮助做创意和测试新产品,可以聘请专业的精算咨询公司提供产品开发的技术支持,可以和某方面具有互补性的领先公司实行战略并购或联盟,前面提及的联盟就是主动性新产品战略的有效实现手段之一。购买专业服务的成本一般较高,但是对比较小型的保险公司而言,不失为绕过大量基础建设投入的变通方法之一。另外,专业机构可以带来更有创造性的思路和建议,其中立的地位保证了在预测时能够更多地避免偏见。

总体来看,产品管理和精算等职能部门主要牵头负责实施新产品开发工作,是保险业产品开发的主流形式:由于优先级、资源条件、技能水平的不同,产品开发委员会、专门项目小组、合作开发等组织形式是新产品开发的辅助形式。

二、保险费与保险费率

保险费是投保人为取得保险人在约定保险责任范围内承担赔偿(给付)责任而交付的费用,或者说是保险人为承担保险责任而向投保人收取的费用。

保险费率即保险价格,是保险人按单位保险金额向投保人收取的保险费,是保险人计收保险费的标准,也是被保险人为获得单位保险金额的保险保障而交付的保险费的比率,通常用千分率(‰)或百分率(%)来表示。

保险费率和保险费之间的关系可以用以下等式表示:

$$\text{保险费率}=\frac{\text{保险费}}{\text{保险金额}}$$

$$\text{保险费}=\text{保险金额}\times\text{保险费率}$$

保险费率是由纯费率和附加费率构成的。纯费率又称为净费率,是满足保险责任发生后的赔付和给付需要的基准定价标准;附加费率是根据保险公司经营过程中发生的各种必要费用而测定的基准定价标准,如办公费用、管理费用、代理手续费、员工工资、法律费用等以及税金和平均利润。纯费率和附加费率的组合构成了毛费率,毛费率又被称为营业费率。

保险费由纯保费和附加保费构成。按照纯费率收取的保险费被称为纯保费,纯保费是保险公司的赔付基金,赔付基金作为保险基金的一个重要组成部分,其功能就是在发生保险事故后用于赔付给被保险人或受益人;按照附加费率收取的保险费被称之为附加保费,是以保险人的营业费用为基础计算的,用于保险人的业务费用支出、手续费支出以及形成平均利润等。

三、保险费率厘定的基本原则与原理

保险人的保险产品的保险费率计算过程,称为保险费率厘定,在厘定过程中要遵循基本原则与原理。

(一)保险费率厘定的基本原则

1.公平合理原则

公平合理原则是指保险费率在保险人与投保人之间及各投保人之间要体现其公平合理性,所谓公平性,一方面表现为保费收入能保证预期的赔付及相关的费用支出,而另一方面表现为投保人所负担的保费应与被保险人所获得的保险保障相一致。保险人向各投保人收取的保费应与保险种类、保险期限、保险金额、保险标的风险水平、被保险人年龄和性别等风险因素相对称,各投保人应当按照标的危险程度的大小相应地分担保险损失和费用,风险性质相同的保险标的承担相同的保险费率,风险性质不同的标的则实行差别费率。

合理性原则强调保险费率不能过高,保险费率的高低应该和被保险人的风险水平和保险人的经营情况相适应。保险费率过高,势必会增加投保人的经济负担,损害投保人的利益。因此,纯费率的制定必须以损失概率为依据,在制定附加费率时对于各项费用和利润的估算要合适,保险人不能为了追求超额利润而制定过高的费率。

2.充分性原则

充分性原则是指保险费率的厘定必须保证保险人有足够的资金和偿付能力。保险人收取的保费要高到能足够补偿因保险事故发生而导致的赔偿或给付,同时也能应付各种营业费用、税金及预期合理的利润,并应能在此基础上积累一定的保险准备金,应付异常的巨灾。若保险费率过低,会导致保险赔款或给付没有足够的资金,保险公司缺乏偿付能力,从而使被保险方的利益受到损害。因此,费率的厘定要保证保险人有足够的偿付能力,否则会危及保险公司的正常经营,最终导致公司倒闭或破产。

由于各保险公司在经营效率、管理水平等各方面有差异,即使对同一险种采用相同的保险费率,对某些公司来说具有充足性,而对于其他公司而言,费率却是不充足的。

3.灵活稳定原则

灵活稳定原则是指保险费率在一定时期内应保持相对稳定,但同时也要随着经济环境、风险、保险责任和市场供求等因素的变化而适时调整,保险费率厘定应有一定弹性,以确保保险费率厘定的公平合理性。当财产保险标的的风险因素有了变化,其赔偿成本增长时,保险人就要相应地提高该业务的期望损失,从而调高保险费率;而人寿保险的费率随着人均寿命的延长及保险投资收益率等各因素的变化要做出及时调整。

4.促进防灾防损原则

促进防灾防损原则是指保险费率的厘定应利于促进加强防灾防损,有利于社会安定。在此原则下,对防灾防损工作做得好的被保险人按较低的费率收取保费;对无损失记录或损失少的被保险人实行优惠费率;对忽视或放弃防灾防损工作的被保险人则应实行高费率。保险公司在实际经营中,已经越来越重视在费率的厘定中利益诱导和鼓励被保险人从事防灾、防损活动。例如,对配置了防火、救火设备火灾保险的投保人可降低费率。另外,保险公司也应积极从事防灾防损活动,所需要的经费应在费率厘定时予以考虑。保险公司的积极举措可以将保险的防灾防损功能体现出来,从而最终减少社会财富的损失。

(二)保险费率厘定的基本原理

1.收支平衡原则

收支平衡原则是保险产品定价遵循的工作方针。收支平衡原则的基本要求是:在保险合同有效期内的任何一个时点上,保险人的收入(收)与其承担的风险责任(支)是相等的。

对于保险人而言,其在保险合同期间内的收入和支出事实上是不确定的,因而此原则中的"收"、"支"相平衡是指收支的期望值相平衡。

财产保险产品一般为短期保险业务,其保险费的交付通常采取趸缴方式,其收支平衡原则可用以下等式表示:

保费收入=期望损失金额+费用额

人寿保险一般具有长期性,在费率厘定时要考虑利率的因素和货币的时间价值。同样可以用等式将原则明确化：

纯保费的价值＝保额的价值

毛保费的价值＝保额的价值＋费用的价值

根据选择时点的不同，寿险费率厘定通常有三种方式：(1)根据保险合同成立时的保费收入的现值和支出的现值相等；(2)根据保险期限结束时点的保费收入的终值和保险金支出的终值相等；(3)根据在保险有效期间内的某一时点保费收入和保险金支出的现值相等。

2.大数法则

保险费率厘定时遵循的一个技术原理是大数法则。大数法则是指随机现象在每次独立观察中出现的偶然性在大量的重复观察中呈现出必然性。危险事故的发生对于单个个体是随机的、不可测的，但当面临同质危险的大量个体集合到一起时，相当于对随机事件的多次重复观察，对总体而言，危险事故发生的概率是确定的、可测的。大数法则在保险经营中得到了体现，大量单个被保险人将面临的不确定的损失转移给保险人，根据大数法则，保险人所承担的全体被保险人的损失是确定的。典型的大数法则数学定理有切比雪夫大数法则和贝努利大数法则。

知识链接

保险精算基本的原理是大数法则

大数法则是用来说明大量的随机现象由于偶然性相互抵消所呈现的必然数量规律的一系列定理的统称，主要包括切比雪夫(Chebyshev)大数法则、贝努利(Bernoulli)大数法则。

1.切比雪夫大数法则

设 $X_1, X_2, \cdots, X_n$ 是由相互独立的随机变量所构成的序列，每一随机变量都有有限方差，并且有公共上界，则对于任意的 $\varepsilon>0$，都有：

$$\lim_{n\to\infty} P\left\{\left|\frac{1}{n}\sum_{i=1}^{n} X_i - \frac{1}{n}\sum_{i=1}^{n} E(X_i)\right| < \varepsilon\right\} = 1$$

此法则在保险经营中的含义是：在承保标的数量足够大时，保险人可直接用保险标的的经验损失来计算风险责任的数学期望的算术平均值。

2.贝努利大数法则

假设某一事件 A 以某一概率 p 发生，如果用 n_A 来表示此事件 A 在 n 次独立重复实验中发生的次数，则 n_A/n 就是该事件发生的频率，其数学期望与标准差分别为：

$$E(\frac{n_A}{n}) = p; \sigma = \sqrt{\frac{p(1-p)}{n}}$$

由此可见，当 n 趋于无穷大时，标准差的值趋于零。而标准差反映的是频率的期望值与实际频率的离散程度，标准差趋于零则表明频率的期望值与实际发生频率很接近。

更一般地，贝努利大数法则表示如下：

$$\lim_{n\to\infty} P\left\{ \left| \frac{n_A}{n} - p \right| < \varepsilon \right\} = 1$$

这一法则说明，当保险标的数量趋向无穷大时，实际观察到的损失概率与客观存在的损失概率之间的差额将趋近于零。该法则对于利用损失经验数据来估计损失概率是极其重要的。假设要估计某一类面临同质风险的标的损失概率，便可以利用历史的损失数据来估计发生损失的概率，只要观察次数足够多或者观察周期足够长，估计的比率与客观实际的损失概率就非常接近。

通过对于切比雪夫大数法则和贝努利大数法则的简单描述，我们可以发现以往的经验数据越多，对未来风险事故发生可能性的分析就越准确，这就是能否客观预测未来风险事故发生可能性的前提条件。但若要准确预测未来风险发生的结果，还需要具备的条件是未来风险单位的足够数量。因此，要准确地确定保险费率，保险公司必须掌握大量的历史经验数据，并将估计出的事件发生概率运用到大量的风险单位，这样才能保证费率厘定的相对准确性。

四、财产保险费率厘定方法

财产保险费率由纯费率和附加费率构成。确定保险产品的价格即确定其纯费率和附加费率，在依据损失概率测定纯费率的基础上，再加上附加费率就可以得到毛费率。纯费率的确定是保险产品定价过程中关键的一个环节。纯费率的厘定通常有两种方法：一是依据经验的统计资料计算保额损失概率，然后确定纯费率；二是在已知索赔次数统计资料和损失分布的情况下，利用统计学的理论拟合分布模型(理论上索赔次数服从泊松、负二项分布等，而损失分布则服从于指数分布、伽玛分布等模型)，用所求期望的赔款金额(赔付成本)除以期望的保险金额得到纯费率。具体来说，财产保险费率厘定的基本方法主要有判断法、分类法和增减法。

(一)判断法

判断法又称观察法或个别法，是指对个别保险标的风险因素进行分析，观察其优劣，估计其损失概率，单独厘定出个别保险费率的方法。采用这种方法确定费率时主要凭借精算师的知识和经验判断，因而精算师的主观因素对于定价的准确与否将产生重大影响。但是，这种方法仍然存在可取之处。其一，按照这种方法厘定的费率是从保险标的的个别情况出发单独制定的，最能反映个别保险标的危险程度，具有灵活性；其二，在风险单位很少的情况下，若牵强地将风险性质差异较大的风险单位集中制定统一费率，则会违反大数法则，不能保证费率的准确性；其三，用判断法厘定费率，虽然是针对个别标的，但仍是建立在有关的经验和数据的基础上的，在一定程度上保证了此方法的科学性。

判断法之所以能够在实务中得到广泛的应用，通常是由于某些险种缺乏历史损失统计资料或者风险单位数量较少的原因。除此之外，当所面临的风险不稳定时也经常采用此方法，如对于海上保险、航空保险等因航程不定、气候变化而导致运输中风险经常变化的情况，判断法就可以发挥较好的作用。

（二）分类法

分类法是指在按照风险性质分类的基础上计算费率的方法。首先是依据某些重要标准，将相同性质的风险分别归类，然后计算不同种类风险的费率。分类法基于这种假设：被保险人未来的损失在很大程度上是由相同的因素决定的。此方法厘定费率的准确性既取决于分类是否适当，又取决于每个类别中所包含的风险单位的数量。分类法的思想应符合大数法则，只有各类别中的标的面临同样性质的风险时，才能较好地符合大数法则中要求的损失概率相同的条件。因此，在分类时应注意各个类别中风险单位的性质是否相同，以及在适当的时期中其损失经验是否一致。

分类法是实务中应用最广泛的也是最主要的费率厘定方法，可以广泛应用于财产保险、人寿保险和大部分意外伤害保险。应用分类法确定财产保险的费率，一般是根据保险标的物的使用性质进行分类，每一类又被分为若干等级，不同类别费率各异，不同等级费率也不同。由于按照此种方法确定的费率通常印在手册上，只需查阅手册便可决定费率，该方法又被称为手册法。分类法的优点是便于运用，能根据实际情况迅速查到适用的费率；其缺点是忽视了每个类别中各个风险之间的差异，厘定的费率有失公平。

（三）增减法

增减法又称修正法，是在分类法确定费率的基础上，结合个别保险标的的风险状况进行增减变动来确定保险费率。采用增减法确定费率时，或依据保险期间的实际损失经验，或基于预期的损失经验来提高或降低保险费率，对分类法确定费率进行修正和补充。增减法厘定的费率能够更好地反映个别标的的风险情况，从而弥补了分类法的缺点，更好地体现了公平原则，同时也具有促进防灾防损的作用。

增减法在实施中又分表定法、经验法、追溯法等。

1.表定法

表定法就是以每个风险单位为计算依据，在对每个风险单位确定一个基本费率的基础上，根据个别标的风险状况作增减。表定法的优点是：其一，该方法能够客观地反映保险标的的风险状况，使确定的费率更准确，体现费率厘定的公平原则；其二，能够促进防灾防损工作的开展，若被保险人的防灾防损意识不强或者防灾防损措施做得不好，将可能会面临较高的保险费率。表定法也有不足之处：其一，采用此方法厘定费率的费用较高，保险人要支付较高的营业费用；其二，表定法在实际应用中灵活性大，当同业竞争激烈时，保险人可能会给予被保险人超标准的费率优惠，这将不利于保险公司的经营；其三，表定法只注重了有形的物质因素而忽视了人的因素。

表定法通常用于承保厂房、商业办公楼和公寓等财产保险的费率厘定。

2.经验法

经验法也称预期经验法，是根据被保险人以往的损失经验，对分类法所确定的保险费率予以修正。此方法一般采用过去三年的平均损失经验为基础，制定未来年份被保险人待用的保险费率。若被保险人的损失经验数据低于同类的平均损失，则降低分类费率；若情况相反，则提高分类费率。

经验法的计算公式如下：

$$M=(A-E)\times C\times\frac{T}{E}$$

其中，M：保险费率调整百分比，也称“修正系数”；A：经验期被保险人的实际损失；E：被保险人适用分类费率下的预期损失；C：准确系数；T：趋势因数。

举例说明，某企业投保了企业财产保险，过去三年的预期损失为60万元，实际损失为75万元，假设准确系数为80%，趋势系数为1，则修正系数为：

$$M=(75-60)\times 0.80\times\frac{100\%}{60}=20\%$$

假定该企业按照分类法应交保费为55万元，则修正后的应交保费为：

$$55\times(1+20\%)=66(\text{万元})$$

根据经验法厘定保险费率时，根据所获得的损失经验统计资料的多少决定准确系数。通常对准确系数采用加权的方法，较早年份的损失经验加权少，较近年份的加权较多。但为获得较多的经验资料，加权法所依据的是较长时间的损失经验，而在此期间内影响损失概率的各种条件会发生变动，因此在调整费率时，也要将变动趋势考虑进去。趋势因数的计算是依照平均赔偿金额支出趋势、物价指数变动趋势等应用统计方法计算的。

按照经验法确定费率时考虑到了影响风险状况的各个因素，而不像表定法只局限于有形的物质因素。同时，损失经验能显示被保险人防灾防损工作的效果，促进防灾防损。

经验法通常适用于有较大规模的企业或有多种形式的部门；具有大量的风险单位、非物质风险因素较多、损失变动较大的风险也同样适用于此方法。实务中此法常被应用于普通责任保险、意外伤害保险等。

3.追溯法

追溯法是与经验法相对的一种方法，经验法是以过去的损失经验来调整费率的，而追溯法是根据保险期间内的实际损失来确定当期保险费率的。由于当期的实际损失只有在保险期满时才能确定，在采用追溯法时要先在保险期开始前以其他方法确定费率，在保险期届满后再依据此方法最终确定费率。费率的高低与实际损失有关，因而追溯法有利于促进被保险人防灾防损。

采用追溯法时会在保险期开始时规定保险期间的最高保险费和最低保险费。如果实际损失较小，那么调整后的保费低于最低保费，则按最低保费收取；如果实际损失较大，调整后的保费高于最高保费，则按最高保费收取。若调整后的保费处在上限和下限之间，则按调整后的保费收取。

这种确定费率的方法步骤比较烦琐，不利于保险人大规模开展业务，因而仅适用于少数大型企业采用此种方法代替自保行为以避免可能遇到的巨大损失风险。对保险人来说，采用追溯法确定费率其面临的风险也较小。

五、人身保险费率厘定方法

由于人身保险中意外伤害保险和健康保险的保险费率计算原理近似于财产保险，因此以下内容重点阐述人寿保险费率厘定方法。人寿保险承保的风险是生存或死亡，生存与死亡发生的概率随被保险人年龄的变化而变化，加上人寿保险期限较长，一般采用均衡保险费方式，同时需要考虑到利率因素。所以人寿保险费率厘定都要依据生命表和利率，形成了一套人寿保险费率厘定专用的计算技术——寿险精算。

人寿保险费率的厘定要考虑以下三个要素：(1)死亡或生存因素。由于人寿保险是以被保险人生命作为保险标的，保险事故是被保险人的生存与死亡，因此，保险费计算必须依据被保险人的死亡率或生存率。(2)利率因素。由于人寿保险的长期性，保费的收取与保险金的给付之间存在着很长的时间差，因此，保险费计算时还应考虑利率因素。(3)附加费用因素。由于经营寿险业务的保险公司所必需的各项费用开支都由被保险人负担，因此，保险费计算时还必须考虑费用因素。由此可见，人寿保险费是依据预定死亡率或生存率、预定利率和预定营业费用率来计算的，这三项构成了人寿保险费率厘定的三要素。

(一)人寿保险费率厘定基础

1.生命表

生命表又称死亡表，是根据一定时期、一定的国家或地区、一定的人口群体(男性与女性)作为统计基础，计算出某一人群中各种年龄的人的生存率和死亡概率，并将其汇编而成的一种表格。在人寿保险中，不管以死亡作为给付条件的定期寿险，还是以生存作为给付条件的年金保险，都与生命表中的死亡率和生存率密切相关。因此，生命表上记载的死亡率、生存率是厘定人寿保险费率的重要依据。

在生命表中，首先要选择初始年龄，然后假定在该年龄生存的人数，这个人数称为基数。一般选择 0 岁为初始年龄，通常取此年龄的人数为整数，如 10 万、100 万、1 000 万等。一个完整的生命表由 6 个子栏目组成，它们分别是：

x：表示年龄。

l_x：表示是生存人数，是指从初始年龄至满 x 岁尚生存的人数。

d_x：表示死亡人数，是指 x 岁的人在未来一年内死亡的人数，满足 $d_x=l_x-l_{x+1}$。

q_x：表示死亡率，是指 x 岁的人在一年内死亡的概率，满足 $q_x=d_x/l_x$。

p_x：表示生存率，指 x 岁的人在一年后仍生存的概率，满足 $p_x=l_{x+1}/l_x$。

e_x：表示平均余命或生命期望值，指 x 岁的人以后还能生存的平均年数。

2.终值与现值

一笔资金(P)在一定年利率(i)下存放一定时期(t 年)后所得的本利和(S)称为终值。如果按复利法计算，终值可表示为：

$$S=P\ (1+i)^t$$

现值是在一定年利率(i)条件下，经过一定时期(t 年)后要得到一笔固定金额资金(S)，现在要投入的资金即为现值(P)。如果按复利法计算，现值可表示为：

$$P=S/(1+i)^t=Sv^t$$

其中 v 为贴现因子，表示 1 年后得到 1 元资金在年初时刻的现值，即 $v=1/(1+i)$。

(二)人寿保险费率的厘定

1.趸缴纯保费厘定

趸缴是指投保人在投保时向保险人一次性缴付纯保费的方式，其对应的纯保费被称作趸缴纯保费。根据收支平衡原则，即在某保险业务上，投保人所缴纳的趸缴纯保费精算现值等于保险人未来给付保险金的精算现值。精算现值是在考虑了人的生死概率因素后的现值的期望值。用公式表示为：

$$投保人每人的趸缴纯保费=\frac{保险人未来赔付的保险金精算现值}{投保时全体投保人数}$$

以定期死亡保险为例,假定 x 岁的人投保了保险期限为 n 年,保险金额为 b 元,并且在死亡发生当年年末给付保险金的定期寿险。若 x 表示投保人应交的趸缴纯保费。

由生命表可知,保险合同有效的第一年内有 d_x 个人死亡,则保险人需给付 $b\times d_x$ 元的保险金,其现值为 $b\times d_x\times v$;第两年内有 d_{x+1} 个人死亡,保险人需给付 $b\times d_{x+1}$ 元的保险金,其现值为 $b\times d_{x+1}\times v^2$;直至第 n 年内有 d_{x+n-1} 个人死亡,保险人给付额的现值为 $b\times d_{x+n-1}\times v^n$。则:

$$保险人未来赔付的保险精算现值=b\times d_x\times v+b\times d_{x+1}\times v^2+\cdots+b\times d_{x+n-1}\times v^n$$

$$投保人应交趸缴纯保费\ x=(b\times d_x\times v+b\times d_{x+1}\times v^2+\cdots+b\times d_{x+n-1}\times v^n)/l_x$$

2.均衡纯保费厘定

由于趸缴方式所缴付的保费往往金额较大,因而保险人常允许投保人选择分期交付的方式,可以按年、季、月或半年交付一次,一年交付一次的方式最为普遍。均衡纯保费的缴费方式是投保人只要生存,在规定缴费期限里就要定期缴付相同金额的纯保费,这一系列缴付的均衡纯保费在投保时点上精算现值的总和应等于投保人趸缴纯保费总和。

仍以上述的定期死亡保险为例,只是缴费方式改为均衡期交保费。用 y 表示投保人应交的均衡纯保费,由生命表可知,保险合同有效第一年有 l_x 个人生存,保险人可收取的纯保费总额为 $y\times l_x$;在第两年时有 l_{x+1} 个人生存,保险人可收取的纯保费总额为 $y\times l_{x+1}$,其现值为 $y\times l_{x+1}\times v$;直到第 n 年时仍有 l_{x+n-1} 个人生存,保险人可收取的纯保费总额为 $y\times l_{x+n-1}$,其现值为 $y\times l_{x+n-1}\times v^{n-1}$。则投保人所缴付的一系列均衡纯保费在投保时点上精算现值的总和为:

$$现值总和=y\times l_x+y\times l_{x+1}\times v+\cdots+y\times l_{x+n-1}\times v^{n-1}$$

根据其精算现值的总和应等于投保人趸缴纯保费总和,从而投保人每期应交的均衡纯保费为:

$$y=\frac{b\times d_x\times v+b\times d_{x+1}\times v^2+\cdots+b\times d_{x+n-1}\times v^n}{l_x+l_{x+1}\times v+\cdots+l_{x+n-1}\times v^{n-1}}$$

课堂讨论

定期生存保险的趸缴纯保费与均衡纯保险如何计算?

3.附加费用厘定

根据收支平衡原则确定保险产品的纯保费,保证保险人在保险责任范围内的给付。纯保费的计算中没有考虑各项费用,而附加保费是用来支付保险人的各种业务费用及合理利润的,附加保费的计算同样遵循收支平衡原理。

按经营过程各环节,费用可分为合同初始费、保单维持费、理赔费用、保单终止费等,按照是否与保费或保额有关,费用可分为:(1)每保单固定费用,与保额和保险费无关,又称保单费用,如合同出立费用;(2)与保险金额有关的费用,如保单维持费,通常设定为保额的一定比例来收取;(3)与保费相关的费用,如佣金、税金等,通常设成保费的一定比例。

4.毛保费厘定

毛保费的厘定也是基于精算等价原理,即毛保费的精算现值=保险给付的精算现值+附加费用的精算现值。在计算附加费用的精算现值时,假设各期保险费用都在期初支付,在实务中,通常还需考虑退保的影响以及一定的利润率。这时需在等式的右边加上"退保给付的精算现值",并在附加费用中加进一个"利润边际"。

第三节　直接保险业务的经营环节

保险经营活动主要包括展业、承保、理赔等环节。各个环节均以实现保险经济保障为目的,因此保险人在注重保险业务的特殊性、安全性、效益性的同时,力求经营的各环节连续通畅。本节着重对保险展业、保险承保和保险理赔三个环节的内容分别进行阐述。

一、保险展业

保险公司展业是指以保险宣传开道,广泛组织和争取保险业务的过程。

(一)保险展业的方式

1.直接展业

直接展业是指保险公司依靠自己的业务人员去争取业务,这适合于规模大、分支机构健全的保险公司以及金额巨大的险种。

2.间接展业

间接展业是指保险公司通过保险代理人和保险经纪人展业。对许多保险公司来说,单靠直接展业是不足以争取到大量保险业务的,在销售费用上也是不合算的。如果保险公司单靠直接展业,就必须配备大量展业人员和增设机构,大量工资和费用支出势必会提高成本,而且展业具有季节性特点,在淡季时,人员会显得过剩。因此,国内外的大型保险公司除了使用直接展业外,还广泛地建立代理网,利用保险代理人和保险经纪人展业。

(二)保险展业的环节

1.展业前的准备

开展保险业务前,应事先对保险市场环境、潜在顾客状况、保险公司自身优势和劣势以及保险商品的特点进行全面分析,制定展业规划和策略。做到知己知彼,才能取得预期的展业效果。其具体准备工作有:

(1)调查背景情况,制定展业规划。调查背景情况是制定展业规划和实施展业的依据,它包括对保险公司自身经营状况的考察和对外部经营环境的调查。前者包括对公司经营状况、信誉、市场占有率、所销保险商品的特点等方面进行全面细致的研究和分析,以便在制定和实施展业规划过程中扬长避短。后者包括对保险市场供求环境的调查、市场购买力的调查,对其他保险公司经营情况和相应保险商品的调查,以及展业区域特点、风俗习惯、风险状况等各种与展业相关因素的调查和研究。

在调查研究的基础上,制定周密的展业规划。展业规划应有明确的展业目标,并通过目标责任制使之落实到班组和个人;展业计划还应包括展业行动的总体方案和实施行动方案的方法和技巧。展业计划是指导展业工作的行动纲领。

(2)了解潜在顾客的情况。潜在顾客是指那些在主观或客观上需要保险且具有购买力的尚未购买保险商品的企业、团体或个人。对潜在顾客的了解主要包括潜在顾客的行业、经济实力、风险状况、保险意识等与展业直接或间接相关的因素。在充分了解的基础上,对潜在顾客进行分类,归纳各类顾客的共同保险需求及不同顾客的特殊保险需求,以便根据具体情况扩大展业成果。

(3)确定展业宣传对象。根据展业计划、潜在顾客情况和所销保险商品的特点来确定展业宣传对象,这样,可以使保险展业目标更加明确,使展业宣传具有针对性,从而取得更好的展业效果。

(4)做好出勤前的各项准备。即根据展业工作的需要,备齐必要的各种单证、条款、费率表、宣传材料和其他宣传工具,做好出勤前的各项准备工作。

2.接触展业对象

接触展业对象主要方法有:介绍接触展业对象和直接接触展业对象。

(1)介绍接触展业对象,是指展业人员通过第三者介绍而接近展业对象。第三者可以是亲友、同学、老乡或者战友等,通过合适的第三者的介绍可以使得展业气氛轻松和谐,便于展业的深入进行。反之,不合适的介绍人不仅无助于展业的开展,还会起到相反的作用。

(2)直接接触展业对象,是指展业人员利用工作关系直接接近展业对象。采用直接接触方法,首先在展业前对展业对象及其负责人进行了解,准备共同话题,增加说服力;其次应当准备一些能够证明自己身份的证件或者材料;再次选择恰当的地点和时间。直接接触方法的优点是面对面相对简捷;不足是可能不能预期接触展业对象。

3.面谈

面谈是展业工作的关键环节。除了提供优质保险商品和服务以外,展业人员的交谈方式和技巧也会对展业是否成功产生影响。为了争取面谈成功,要求展业人员做到以下几点:把展业对象的具体情况寓于面谈内容之中;大方、开朗、满怀信心地做好宣传工作;针对不同类型的展业对象,采取不同的面谈方法;用比较的方法进行宣传;要坚持诚信为本、实事求是的原则;展业面谈要突出保险"以少量保费,获得切实保障"的特点;要注意语言艺术,做到语言简明、通俗易懂,力求使对方完全理解所接受的信息,尽量避免使用对方难懂的专业术语或容易造成误解的含糊词汇,谈话语言要有亲和力,力争引起展业对象的愉悦反应,以诚心赢得顾客的理解与合作。

二、保险承保

保险承保是指保险人接受投保人的申请并与之签订保险合同的全过程。承保工作的质量高低直接关系到保险合同能否顺利履行,关系保险企业财务的稳定性好坏,是衡量保险企业经营管理水平高低的一个重要标志。

(一)承保选择

保险承保工作的基本目标是为保险公司安排一个安全和盈利的业务分布组合。保险人为避免逆选择,保证保险业务的优质,必须选择一组能够适当平衡的被保险人,也就是说,低于平均损失的被保险人能够抵消高于平均损失的被保险人,以便使保险费收入足以抵付支出。所以,对每一份投保申请,保险公司都要通过承保选择,决定是否接受。承保选择包括对“人”的选择,即对投保人或被保险人的选择;对“物”的选择,即对保险标的及其利益的选择。

1.对投保人或被保险人的选择

投保人对保险标的的保险利益、投保人的品格和行为,都会直接影响保险事故发生的可能性和损失程度。因此,保险公司在承保前有必要了解投保人的品格、资信、作风等。

2.对保险标的及其利益的选择

保险标的是保险公司承保风险责任的对象,其自身性质和状态与风险大小以及风险发生所造成的损失程度直接有关。因此,保险公司在承保业务时必须将保险标的细加分类、合理选择。选择的重点应集中在保险标的本身所发生的损失的可能性大小上。

(二)承保控制

承保控制是指保险企业运用保险技术手段,控制自身的责任和风险。因为保险合同关系的成立,还可能会诱发两种新的危险因素,一种是道德风险,另一种是心理风险。所谓道德风险,是指被保险人或受益人故意制造保险事故,牟取赔款。心理风险是指投保人或被保险人在参加保险后产生的松懈心理,不再小心防范所面临的自然风险和社会风险,或在保险事故发生时不积极采取施救措施,任凭损失扩大。道德风险行为在法律上是一种犯罪行为,但心理风险行为并不触及法律,所以更容易发生。对这两类风险,保险人除了在保险条款中明确规定被保险人的义务外,还要运用保险技术手段,采取相应措施予以控制。

1.道德风险的控制

(1)控制保险金额,避免高额保险。人身保险的保险金额在保险公司可接受的范围内,由投保人根据自己的保险需求和保费的交付能力来确定,但保险公司一般不接受过高保险金额的保险。责任保险按投保人对事故所负的法律责任来履行其经济赔偿责任,虽然保单中没有保险金额,但规定了以最高的赔偿责任限额来取代保险金额。财产保险的保险金额按定值保险和不定值保险分别确定:不定值保险的保险金额由投保人自行选定,但原则上应客观地反映保险标的投保时的实际价值;定值保险的保险金额由投保人和保险人双方通过协商,充分考虑市场因素和特约财产的品质,特别约定并在保单中载明。如果是投保人为牟取不正当利益蓄意超额投保,则保单无效。

(2)控制赔偿程度。对于不定值保险,保险公司在保险条款中明确规定,按财产发生的实际损失赔偿,不得超过保险金额。对不足额保险,只赔偿损失的一定比例,即保险金额与保险标的物的保险价值之间的比例。对于超额保险,超过部分无效。

2.心理风险的控制

(1)责任控制。保险公司通过对风险的评估,确定保险责任范围,通过制订相应的保险条款,明确所承担的赔偿责任。对基本风险,一般适用于基本条款,以基本费率予以承保;对特殊风险,往往借助于附加条款,在承保基本责任的基础上,加费承保或采用特约条款,按特别约定的承保条件承保;对有些不易控制的风险责任,按照自己的偿付能力确定自留责任限额,超过自留额部分的风险责任办理分保,以分散风险。

(2)规定免赔额。对有些损失,保险公司往往规定一定的免赔额,对超过免赔额的部分保险公司才负赔偿责任。

(3)续保优惠。对无赔款发生的保户,续保时在保险费率上给予优惠。例如,机动车辆保险为促进被保险人遵守交通规则,对保险车辆在1年保险期内没有发生赔款的,续保时可享受原赔款优待。

(4)其他优惠。例如,对配备先进防灾设施和防灾防损工作做得好的被保险人,在保险费率上也给予优惠。

(三)保险承保的程序

(1)接受投保单。

(2)审核验险。保险人收到投保单后,应详细审核投保单的各项内容,若发现问题,及时与投保人或被保险人联系予以补充或更正。对投保单的财产项目或人名、身体状况、起讫期限、签名、特约条款等审核清楚,审核完毕后交业务内勤,据以签发保单。验险对投保标的的风险情况进行检验,以识别、衡量风险程度,确定风险等级。验险是承保的重要工作,只有全面、认真、细致地检验,才能科学地进行承保选择和风险控制,才能以合理的适用费率做出承保决策。验险分财产保险验险和人身保险验险两种。

(3)接受业务。接受业务是指保险公司内勤人员接受外勤人员交来的各种投保单、明细表,代办协议书和批改申请书,以及接待门市业务。内勤人员接到上述各种单证后,要对这些单证认真地进行全面审核。审核无误后,分保险种类进行投保登记。如果保险金额或标的风险超出保险人承保权限,则无权决定是否承保,要向上一级主管部门做出建议。

(4)缮制单证。缮制单证就是在接受业务后,填制保险单或发放保险凭证以及办理批单手续。保险单或保险凭证是载明保险合同关系双方当事人的权利与义务的书面凭证,是被保险人向保险人索赔和保险人处理赔款事项的主要依据,因此,缮制单证是承保工作的重要环节。

(5)复核签章,手续齐备。每种单证上都应该要求复核签章,如投保单上必须有投保人的签章;验险报告上必须有具体承办业务员的签章;保险单上必须有承保人、保险公司及负责任的签章,保险费收据上必须有财务部门及负责任的签章;批单上必须有制单人与复核人的签章等。

(6)归档保管。各种保险单证和附属材料,均是重要的经济档案,必须按规定编号登记,专人管理。

三、保险理赔

保险理赔是指保险人在保险标的发生风险事故后,对被保险人提出的索赔请求进行处理的行为。因为被保险人的风险受到多种因素和条件的制约,其损失不一定等于保险人的赔偿额或给付额。所以说,保险理赔涉及保险合同双方的权利与义务的实现,是保险经营中的一项重要内容。

(一)保险理赔机构

保险处理赔案的机构有以下两类:

1.保险公司直接处理赔案

保险公司内部机构都设立专门的职能机构和配备专职理赔人,如设防灾理赔处、科,专事理赔工作。理赔人员要熟悉业务,在审定险责任时,还必须熟悉国际和国内相关法律条款和规章、公约等。

2.理赔代理人处理赔案

理赔代理人已经成为保险公司一支处理赔案的主要力量。像船舶保险、海洋运输货物保险的保险标的,都是处于流动之中,往来于世界各地,如仅靠保险公司直接派员去处理发生于世界各地的赔案,在力量上是办不到的,在经济上也是不合算的。因此,在国际保险市场上出现了一种专门从事代为处理赔案和检验工作的代理人。这种代理人同时接受许多国家保险公司的委托,担任在某一地区的理赔检验代理,按照代理工作中所耗用的技术、劳务和开支收取代理、检验费用。

(二)保险理赔的程序

1.损失通知

被保险标的发生保险事故,被保险人首先要立即通知保险公司,以便保险公司派员及时到现场进行损失检验,搜集有关证据,调查损失原因,确定损失责任,并及时采取合理的、有效的施救措施,以避免损失继续扩大。通知的方式可以用口头或函电,但一般采用后者居多,以此可以作为备查根据。对被保险人在发生损失后是否及时通知,是否由于延迟通知而影响责任审定,以及是否采取措施进行施救、抢救,是处理理赔案时首先要注意的问题。

2.损失检验

保险公司接到损失通知后,应立即派员对受损标的进行检验,正确掌握受损原因、受损情况和受损程度等材料,以判断是否属于保险责任。它是保险公司核赔的主要依据。

3.审核各项单证

审查保险单的有效性。损失是否发生在保险单有效期限内,这是继续处理赔案的关键。如果保险单是无效的,就不需要继续处理。除保险单的有关单证需首先审查以外,对其他有关单证也必须予以审核,比如查勘报告、损失证明、所有权证明、账册、商业单据、运输证等,以查核索赔人员是否有索赔权,以便据此来确定损失是否属于保险责任范围。

4.核实损失原因

在损失检验和审核各项单证的基础上,对审核中发现的问题可考虑进一步核实原因,包括赴现场实地调查和函电了解,或向专家、化验部门复证。在核定损失原因时,还要特别注意近因原则。所谓近因原则,是指造成保险标的的毁损、灭失的有效原因,与实际损失有无因果关系,但不是指时间上和空间上与损失最为接近的原因。只要保险标的毁损的有效原因与实际损失的因果关系没有中断,这个损失原因就是理赔的根据。

5.核定损失程度和数额

当保险标的损失的原因肯定属于保险责任范围内的,则要进一步核定损失程度和计算应赔偿的金额。

6.损余处理

损余物资的处理,关系到赔款额度,也关系到残余物资的正确利用,因而对残余物资的作价和处理也是比较重要的一项工作。

7.给付赔款

经被保险人同意保险公司的理算结果后,即办理领款手续。被保人在领款时签署领取赔款收据。

(三)保险理赔的基本原则

对被保险人来说,参加保险的目的是在保险事故发生时能够及时获得保险补偿,解除自己的后顾之忧。对保险人来说,理赔功能的切实发挥足以体现保险制度存在的价值。因此,作为保险经营过程中的关键环节,保险理赔必须坚持以下三项原则:

1.重合同,守信用

保险人和被保险人之间的权利、义务关系是通过保险合同建立起来的。在处理赔案中,对保险人而言,实际上是保险人履行合同中所约定的赔偿或给付义务的过程,而对被保险人而言,则是实现保险权利、享受赔偿或领取保险金的过程。所以,保险人在处理赔案时要重合同、守信用,即按照保险合同条款处理赔案。保险合同对保险责任、赔偿处理及被保险人的义务等作了原则性的规定,保险人应遵守条款,恪守信用,既不要任意扩大保险责任范围,也不要惜赔。

2.主动、迅速、准确、合理

所谓"主动、迅速",是指保险公司在处理赔案时积极主动,及时深入现场进行查勘,对属于保险责任范围内的灾害损失,要迅速估算损失金额,及时赔付。所谓"准确、合理",就是保险人应正确找出致损原因,合理估计损失,科学确定是否赔付以及赔付额度。任何拖延赔案处理的行为都会影响保险公司在被保险方心目中的声誉,从而影响、抑制其今后的投保行为,甚至造成不良的社会影响和后果。因此,保险人在理赔时,应主动了解受灾受损情况,及时赶赴现场查勘,分清责任,准确定损,迅速而合情合理地赔偿损失。

3.实事求是

被保险人或受益人提出的索赔案千差万别,案发原因也错综复杂。对于某些损失发生的原因交织在一起的赔案,有时根据合同条款很难做出是否属于保险责任的明确判断,加之合同双方对条款的认识和解释上的差异,会出现赔与不赔、赔多与赔少的纠纷。在这种情况下,保险人既要严格按照合同条款办事,又不违背条款规定,还应合情合理、实事求是地对不同案情的具体情况进行具体分析,灵活处理赔案。

本章小结

1.保险业务经营概述

保险经营的基本原则包括经济核算原则、随行就市原则、薄利多销原则。保险经营的特殊原则有风险大量原则、风险同质原则、风险选择原则、风险分散原则。

国际上经营保险业务的组织形式有国有保险公司、私营保险公司、合营保险公司、合作保险组织、个人保险组织、行业自保组织等多种形式。

2.保险产品开发与保险费率

保险人在保险产品开发中要遵循市场性原则、效益性原则、合法性原则、技术原则、国际性原则,按照保险产品开发六大基本步骤,建立起有效的组织,确保开发出保险产品满足市场的需求、符合法律和监管的要求并达到公司的财务目标。

保险费率厘定过程要坚持公平合理原则、充分性原则、灵活稳定原则、促进防灾防损原则的四大基本原理,根据收支平衡原理、大数法则,科学厘定各类保险产品的价格。

3.直接保险业务的经营环节

保险经营活动由保险展业、承保、理赔等一系列相互联系、彼此制约的环节组成,保险公司展业是保险经营的第一环节,包括展业前的准备、接触展业对象、面谈等过程。保险的承保是从保险人接受投保人的申请到签订保险合同的全过程,包括承保选择和承保控制。保险理赔也是保险经营的重要环节,理赔工作是从接到损失通知时开始,包括单证审核、现场勘查、赔付等多个过程。

复习思考题

1.保险经营应遵守哪些原则?

2.经营保险业务有哪些组织形式?

3.保险费率由哪几个部分构成?保险费率厘定原则有哪些?

4.在保险承保中如何有效地防范保险经营风险?

5.影响寿险费率的因素有哪些?

6.保险理赔应遵循的原则和程序是什么?

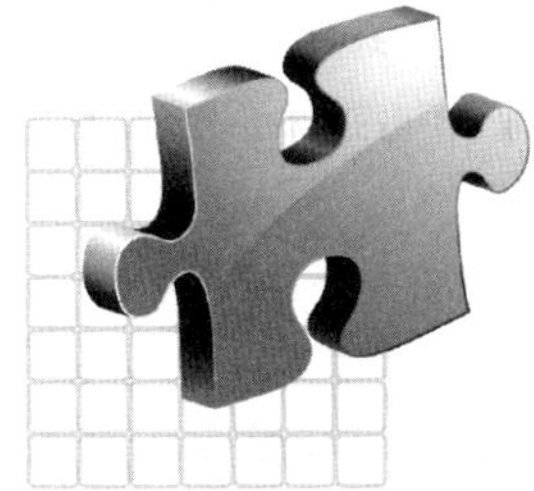

第9章 保险经营与管理(二)

学习目标

通过本章学习,使学生了解保险公司客户服务的意义以及客户服务的内容;掌握保险资金的来源、保险投资的原则和方式;理解再保险与原保险的关系,为进一步了解保险运作流程奠定基础。

学习要点

客户服务;保险资金;保险投资;再保险。

案例导读

最近,黄先生为他母亲的保险漏保事件很闹心。他于2006年9月14日到某寿险公司为母亲投了重疾险(主险)附加住院医疗保险(附加险),每年按合同约定的时间交纳保费。今年9月20日,他到营业大厅续缴保费时,保险公司工作人员告知黄先生,他母亲的附加险已于去年11月自动中止了。原来,黄先生去年只缴纳了主险保费,忘记缴纳附加险保费,在条款规定的宽限期60天内仍没有交付保险费,合同效力自宽限期届满后的次日就失效。这是导致附加险遗漏的主要原因。这让黄先生感到困惑不解:按规定,保险公司应该在合同效力失效之前催告投保人交费,但保险公司没有这样做。为此,他多次讨要说法,问题始终没有得到解决。

上述案例反映的是保险公司经营管理过程中一项重要的内容,那就是客户服务。什么是客户服务?保险公司如何做好客户服务?这是本章将要学习的内容。

第一节 客户服务

客户服务是指企业为了建立、维护并发展顾客关系而进行的各项服务工作的总称，其目标是建立并提高顾客的满意度和忠诚度，最大限度地开发利用顾客。

一、客户服务的意义

保险客户服务是保险公司经营活动最重要的内容之一。保险公司提供优质客户服务的能力对建立和保持积极、持久和紧密有力的保险客户关系是十分重要的。保险客户服务以实现客户满意最大化、维系并培养忠诚保险客户、实现客户价值与保险公司价值的共同增长为目标。

美国寿险管理协会(LOMA)的研究结论指出，企业的客户每年增加5%，其利润就增加85%；有一个客户对公司不满意，将会告诉另外8～10个人；建立一个新客户的成本，比留住一个老客户的成本高10倍。完善的客户服务对保险企业的发展具有重要意义。

1.客户服务是市场竞争的需要

我国人身保险市场开放以后，保险客户对服务的要求会在外资保险公司先进服务技术和理念的刺激下迅速提高，国内保险公司如果准备不足，有可能在对比悬殊的竞争中很快被驱逐出市场。

2.客户服务是满足消费者维权意识提高的需要

随着经济的发展和社会文明的进步，人们的自我意识不断增强，对寿险服务提出了新的要求，构建智能化的保险客户服务信息技术平台，满足客户服务的要求，是实现优质客户服务的基础保证。

3.良好的客户服务为实施顾客忠诚战略打基础

保险公司实施顾客忠诚战略，有利于扩大市场份额，降低市场开发费用，增加公司利润。培养客户对公司的忠诚度，可以引导客户重复购买和投保各类险种；当寿险公司推出新的险种时，忠诚顾客的存在可以很快地拓展市场，打开销路，节约保险新产品市发费用，增加公司利润来源。

4.客户服务是寿险公司形成核心竞争力的重要手段

对于寿险公司而言，核心竞争力不再只表现为险种的更新、保险资金的运用，更表现为向客户提供最佳保险服务的能力，包括管理、人才、技术、品牌等无形资源，这些资源不易流动，不易被复制，在竞争中发挥绝对优势。

二、客户服务的内容

保险客户服务包括保险产品的售前、售中和售后三个环节的服务，每一个环节又包含着具体详细的内容。比如售前为消费者提供各种有关保险行业和保险产品的信息、资讯，提供咨询，举办免费讲座，进行风险规划等。销售产品时帮助客户填写投保单、解释保险条款的内容、免费体检、为客户办理缴费手续等售中服务。售后不定期拜访客户、契约保

全以及帮助客户办理保险赔付等。具体来说,保险客户服务的内容主要有以下几项:

(一)提供咨询服务

顾客在购买保险之前需要了解有关的保险信息,如保险行业的情况、保险市场的情况、保险公司的情况、现有保险产品、保险条款内容等。保险人可以通过各种渠道将有关的保险信息传递给消费者,而且要求信息传递准确、到位。在咨询服务中,保险销售人员充当着非常重要的角色,当顾客有购买保险的意愿时,一定要提醒顾客阅读保险条款,同时要对保险合同的条款、术语等向顾客进行明确的说明。尤其对责任免除、投保人、被保险人义务条款的含义、适用的情况及将会产生的法律后果,要进行明确的解释与说明。

咨询的方式主要有:电话咨询、窗口咨询、网上咨询、客户服务中心系统。

(二)风险规划与管理服务

首先,帮助顾客识别风险,包括家庭风险的识别和企业风险的识别。其次,在风险识别的基础上,帮助顾客选择风险防范措施,既要帮助顾客做好家庭或企业的财务规划,又要帮助顾客进行风险的防范。特别是对于保险标的金额较大或承保风险较为特殊的大中型标的,应向投保人提供保险建议书。保险建议书要为顾客提供超值的风险评估服务,并从顾客利益出发设计专业化的风险防范与化解方案,方案要充分考虑市场因素和投保人可以接受的限度。

(三)接报案、查勘与定损服务

保险公司坚持"主动、迅速、准确、合理"的原则,严格按照岗位职责和业务操作实务流程的规定,做好接客户报案、派员查勘、定损等各项工作,全力协助客户尽快恢复正常的生产经营和生活秩序。在定损过程中,要坚持协商的原则,与客户进行充分的协商,尽量取得共识,达成一致意见。

(四)核赔服务

核赔人员要全力支持查勘定损人员的工作,在规定的时间内完成核赔。核赔岗位和人员要对核赔结果是否符合保险条款及国家法律法规的规定负责。核赔部门在与查勘定损部门意见有分歧时,应共同协商解决,赔款额度确定后要及时通知客户;如发生争议,应告知客户解决争议的方法和途径。对拒赔的案件,经批复后要向客户合理解释拒赔的原因并发出正式的书面通知,同时告知客户维护自身权益的方法和途径。

(五)客户投诉处理服务

保险公司各级机构应高度重视客户的抱怨、投诉。通过对客户投诉的处理,应注意发现合同条款和配套服务上的不足,提出改进服务的方案和具体措施,并切实加以贯彻执行。

(1)建立简便的客户投诉处理程序,确保让客户知道投诉渠道、投诉程序。

(2)加强培训,努力提高一线员工认真听取客户意见、与客户交流及化解客户不满的技巧,最大限度地减少客户投诉现象的发生。

(3)了解投诉客户的真实要求。对上门投诉的客户,公司及各级机构职能部门的负责人要亲自接待,能及时解决的及时解决;不能及时解决的,应告知客户答复时限。对于通过信函、电话、网络等形式投诉的客户,承办部门要限期答复。

(4)建立客户投诉回复制度,使客户的投诉能得到及时、迅速的反馈。

(5)在赔款及其他问题处理上,如果客户与公司有分歧,应本着平等、协商的原则解决,尽量争取不走或少走诉讼程序。

(6)在诉讼或仲裁中,应遵循当事人地位平等原则,尊重客户,礼遇客户。

三、财产保险客户服务的特别内容

对承保标的的防灾防损是财产保险客户服务的重要内容。保险防灾防损是保险公司一项不可忽视的重要工作,需要遵循积极主动、经常、及时、有效和与社会有关防灾部门密切配合的原则。

(一)制订方案

防灾防损要以切实可行的防灾防损方案、周密翔实的实施计划和具备技术特长的专业人员为保障,根据时间的推移和现实情况的变化,定期或不定期地调整防灾防损对策。

(二)重点落实

在制定了防灾防损方案后,最重要的是付诸实施,否则一切措施只是纸上谈兵。在实施过程中,要做到:(1)定期对保险标的之安全状况进行检查,及时向客户提出消除不安全因素和隐患的书面建议,切实做好火灾、爆炸等重点风险的防范工作。(2)对重要客户和大中型保险标的,要根据实际需要开展专业化的风险评估活动。风险评估活动要遵循全程参与、共同配合、保守客户商业秘密和不影响客户正常的生产、经营的原则,运用科学的理论和方法,组织专业化的评估小组,依照切实可行的评估方案和评估程序进行。

(三)特殊服务

财产保险公司可以主动或应客户要求提供一些特殊的服务。例如,收集中长期气象、灾害预报及实时的天气预报信息,协助客户做好灾害防御工作;针对可能发生的暴风、暴雨、台风、洪涝等重大灾害,事先制定详细、可行的预案,建立防洪协作网并逐项贯彻落实。

四、人身保险客户服务的特别内容

(一)寿险契约保全服务

"保全"一词在人寿保险实务上有广义和狭义两种。就广义而言,自人寿保险契约成立时起至终止时止,凡在保险期间内发生的一切事务都可称为保全。故广义的保全不仅包括保险费的收缴、契约内容的变更,更包括保险金、给付金、保单贷款、退保金、红利等各类给付事务。狭义的保全仅仅包括契约内容的各种变更、保单错误的更正以及保险金和退保金的给付。

保全服务是寿险公司业务量最大的服务,寿险公司一般都设有处理保全业务的职能部门。在遵循客户满意最大化原则的基础上,寿险契约保全的具体工作内容包括:续期保险费的收取;保险合同变更的服务;保险合同的复效或退保服务;保险单迁移服务;保单贷款服务;选择减额缴清保险或可转换权益服务;挂失、补发保险单服务;自动垫缴保费服务;利差返还和红利领取服务;保单附加值服务等。

总体上,目前我国寿险公司提供的客户服务水平较低,尤其是附加值服务较少,相信随着保险市场竞争的加剧,保险客户服务水平将不断提高。保险公司的人员要善于利用公司已有的条件,尽量做好售后服务,赢得客户的信任,这样才能使客户群体源源不断地增大。

(二)"孤儿"保单服务

"孤儿"保单是指因为原营销人员离职而需要安排人员跟进服务的保单。"孤儿"保单服务具体包括保全服务、保单收展服务和全面收展服务三种。

1."孤儿"保单保全服务

寿险公司成立专门的"孤儿"保单保全部(组),集中办理"孤儿"保单续期收费和其他保全工作。"孤儿"保单采取按应收件数均衡分配方式,落实到每一个保全员。公司对保全员进行单独管理、单独考核。

2."孤儿"保单收展服务

寿险公司设专门的收展员或成立专门收展部,并按行政区域安排"孤儿"保单的客户服务工作。

3.全面收展服务

寿险公司内设专门的收展部门,并按行政区划安排"孤儿"保单及全部保单若干年的客户服务工作。

第二节 保险投资

保险公司在经营活动中,将自有资本金、各种责任准备金及其他可投资的资金,通过法律许可的渠道进行投资,使保险资金得到增值的业务,就是保险资金运用,也称为保险投资。

保险公司之所以能够将其资金进行运用,主要是因为保险费收入与赔付支出之间存在着时间滞差和数量滞差。

保险投资对保险公司至关重要。在承保市场上,由于竞争的激烈和保险商品的特色属性,保险公司可以获得的利润实际上已经十分微薄,甚至有些业务处于亏损局面,比如美国的责任险市场,监管保险费率非常高,但由于赔偿额度的不可估测性,使美国责任险市场近些年一直处于亏损状态。而美国责任险市场又占据非寿险业务的半壁江山,因此其整个非寿险业务在承保市场上的经营状况可想而知。但美国的保险公司在保险市场上以资产巨大、实力雄厚而著称,原因就在于在投资市场上他们获得了巨大收益。

一、保险投资的资金来源

从我国保险法律法规来看,保险公司可自由运用的资金,主要有以下几种:

(一)权益资产(自有资金)

权益资产是指资本金、公积金和未分配利润等保险公司的自有资金。

资本金又称注册资本。根据《中华人民共和国公司法》的规定,资本金是指在公司登记机关登记的全体股东实缴的出资额。它是投资人作为资本投入到企业中的各种资产的价值。

公积金包括资本公积金和盈余公积金。资本公积金是在公司的生产经营之外,由资本、资产本身及其他原因形成的股东权益收入。盈余公积金是保险公司按照规定从税后利润中提取的积累资金,按其用途,分为法定盈余公积金和任意盈余公积金两种。

未分配利润是指保险公司每年用于积累的资金，属于股东权益的一部分，这部分资金通常随着保险公司规模的扩大而逐步增长，除抵补某些年份的保险费不够偿付保险金以外，一般可以长期运用。

（二）各种责任准备金

保险责任准备金，是指保险公司为了承担未到期责任和处理未决赔款而从保险费收入中提存的一种资金准备。保险责任准备金不是保险公司的营业收入，而是保险公司的负债。这些责任准备金包括：

1.未到期责任准备金

未到期责任准备金也称未赚保费准备金，是指在会计年度决算时，对未满期保险单提存的一种准备金制度。之所以规定这种资金准备，是因为保险业务年度与会计年度是不一致的。将保险责任尚未满期的、应属于下一年度的部分保险费提存出来所形成的准备金。

2.未决赔款准备金

未决赔款准备金是指保险公司在会计年度决算以前发生保险责任而未赔偿或未给付保险金，在当年收入的保险费中提取的资金。提取未决赔款准备金的目的在于保证保险公司承担将来的赔偿责任或给付责任，切实保护被保险人及其受益人的权益。

3.人寿保险责任准备金

人寿保险责任准备金也称人身保险责任准备金，是指保险公司为履行今后保险给付的资金准备，保险人从应收的净保险费中逐年提存的一种准备金。人寿保险责任准备金适用于长期性人寿保险业务，它来源于当年收入纯保险费及利息与当年给付保险金的差数。长期寿险中，为了适应被保险人的需要，保险费往往不按自然费率而按趸缴费率一次缴清，或用均衡费率按年缴付，而保险赔偿则因人们死亡率的规律，随着年龄的增长而增大，于是产生了开头年份保费溢收而末后年份保费歉收的现象。溢收的保费虽归保险公司掌握，却是保险公司的负债，必须严格核算积存，以便补足歉收年份中应赔金额的缺损。因为死亡率和应收的各种纯费率都是科学计算的结果，互相间存在着配合，开头年份中溢收的保费加上规定的利息，正好等于末后年份中短亏之数。保险公司为了履行契约责任，对于被保险方提前缴付的保费部分有责任进行积存。为了使保险公司能够切实履行其各种给付义务和保障保单所有人的利益，各国的保险法规都明确规定了保险公司必须提存责任准备金额度的方法。

二、保险投资的原则

保险投资指保险企业在组织经济补偿过程中，将积聚的各种保险资金加以运用，使资金增值的活动。保险投资过程中必须遵循以下三个原则：

1.安全性原则

由于保险公司可投资资金大部分来源于各种准备金，属于负债，从运行的过程看，最终都要实现对被保险人的返还，所以，保险投资首先要满足安全性原则的要求。否则，就不能保证保险公司具有足够的偿付能力，被保险人的合法权益就不能得到充分的保障。为保证资金运用的安全，必须选择安全性较高的项目。为减少风险，要分散投资。

2.收益性原则

保险投资的目的,是为了提高自身的经济效益,使投资收入成为保险企业收入的重要来源,增强赔付能力,降低费率和扩大业务。但在投资中,收益与风险是同增的,收益率高,风险也大,这就要求保险投资把风险限制在一定程度内,实现收益最大化。

3.流动性原则

保险资金是为被保险人提供经济保障的,一旦被保险人发生保险责任内的保险事故,就必须给予经济补偿,而何时发生保险事故受偶然规律支配。因此,要求保险投资在不损失价值的前提下,能把资产立即变为现金,支付赔款或给付保险金。保险投资要设计多种方式,寻求多种渠道,按适当比例投资,从量的方面加以限制。要按不同险种特点,选择方向。如人寿保险一般是长期合同,保险金额给付也较固定,流动性要求可低一些。国外人寿保险资金投资的相当部分是长期的不动产抵押贷款。财产险和责任险一般是短期的,理赔迅速,赔付率变动大,应特别强调流动性原则。国外财产和责任保险资金投资的相当部分是商业票据、短期债券等。

三、保险投资的方式

保险资金运用的渠道和方式与金融市场的发育程度有关。在高度发达的金融市场上,融资渠道多种多样,可供保险人选择的投资范围广;反之,可选择的范围就小。

一般而言,保险人可运用的投资方式有以下几种:

(一)银行存款

银行存款具有良好的安全性和流动性,但对比其他投资收益率则最低。正因为如此,银行存款主要用作保险公司正常的赔付或寿险保单满期给付的支付准备金,一般不作为追求收益的投资对象。

(二)债券

债券是政府、金融机构、工商企业等机构直接向社会借债筹措资金时,向投资者发行,承诺按一定利率支付利息并按约定条件偿还本金的债权债务凭证。因发行主体不同,分为政府债券、金融债券和企业债券。这三类债券风险递增,相应收益递增。由于债券一般采取息票的形式发行,尽管债券对通货膨胀和市场利率变动很敏感,但是对通货膨胀和利率变动损失的避险能力较差。

(三)股票

股票是股份证书的简称,是股份公司为筹集资金而发行给股东作为持股凭证并借以取得股息和红利的一种有价证券。这种所有权为一种综合权利,如参加股东大会、投票表决、参与公司的重大决策、收取股息或分享红利等,但也要共同承担公司运作错误所带来的风险。股票收益来自股息收入和资本利得,股息收入的多少完全取决于公司的盈亏状况,资本利得则取决于未来股票价格的走向,因此股票投资的风险比较大。

(四)不动产

不动产投资是指保险公司通过购买土地、建筑物或修建住宅、商业建筑等手段获取长期而稳定的租金收入。不动产投资的特点是:安全性好、收益高、项目投资额大、期限长、流动性差。因此,房地产投资比较适合长期性寿险资金投资。

（五）贷款

贷款是指保险公司按一定利率和必须归还等条件出借货币资金的一种信用活动形式。贷款可分为信用贷款和抵押贷款两种形式。信用贷款的主要风险是信用风险和道德风险，抵押贷款的主要风险是抵押物贬值或不易变现的风险。

保险投资除了上述方式外，还可以用来投资各类基金、同业拆借、黄金、外汇等。

知识链接

数据显示，截至 2019 年 6 月末，我国保险资金运用余额 17.37 万亿元，较年初增长 5.85%。资产配置结构基本稳定，银行存款 2.63 万亿元，占比 15.14%；债券 5.98 万亿元，占比 34.43%；股票和证券投资基金 2.19 万亿元，占比 12.61%；其他投资 6.57 万亿元，占比 37.82%，继续保持多元分散特点。

第三节　再保险

案例导读

英国的北海蕴藏着丰富的石油资源。1975 年，英国建成了一艘大型石油钻井平台——派帕·阿尔法号，很快成了这一地区石油钻井队伍中的庞然大物。这艘类似于“航空母舰”的石油钻井平台，日产石油 13 万桶，天然气 1 800 万立方米。这个钻井平台总重量超过 36 000 吨，可同时供 200 人作业。投产 10 多年来，其源源不断的油流、气流简直成了英国的一棵“摇钱树”。1988 年 7 月 6 日晚 9 时 57 分，工人们正在舱房内休息，突然，一股高压天然气从一个气体压缩室中泄出，接着被意外引燃。顷刻间，震耳的爆炸声接连响起，霎时，整个平台淹没在浓烟与烈火中。20 分钟后，又是一阵更大的爆炸巨响，整个平台便开始从根本上被摧毁而下沉，最后水面上只露出不到 1/4 的平台残骸。这场大火爆炸，损失惨重。当时估计直接经济损失高达 12 亿～15 亿美元，还不包括对死伤者的抚恤费用。

这个石油钻井平台为 9 家公司所组成的一个国际财团所拥有，每家公司都就自己的股份安排了保险，这些保险又大都通过各种途径分保到伦敦的劳合社和世界各地的保险公司或再保险公司。因此，这次钻井平台的巨大损失最后实际上是由世界各地几十家保险公司共同分摊的。

这一案例涉及再保险的问题。

再保险，也称分保，是保险人将其所承保的危险责任的一部分或全部向其他保险人办理保险，即保险的保险。随着现代化工业和商品经济的不断发展，工业和贸易中心城市的形成，交通运输的发达，社会财富的日益增多和集中，科学技术在生产中的广泛应用，一次灾害事故可能造成更为巨大的物质财富损毁和更为严重的人员伤亡。大的灾难损失，如果要一家保险公司来履行全部赔偿责任,必然导致财政上的困难,甚至迫使其破产倒闭。承保巨额风险,不仅单独的保险人不敢承担,也为保险监管机构所不允许。我国的保险法规对此就有明文规定。再保险不仅是保险业本身的迫切需要,而且受到社会各界人士甚至国家政府的深切关注和积极支持。再保险已成为保险事业中不可缺少的重要一环。

一、再保险与原保险的关系

再保险的基础是原保险,再保险的产生正是基于原保险人经营中分散风险的需要。因此,原保险和再保险是相辅相成的,它们都是对风险的承担与分散。再保险是保险的进一步延续,也是保险业务的组成部分。再保险与原保险的区别在于:

(一)主体不同

原保险合同主体一方是保险人,另一方是投保人与被保险人;再保险合同主体双方均为保险人。

(二)保险标的不同

原保险合同中的保险标的既可以是财产及其利益、责任和信用,也可以是人的生命与身体;再保险合同中的保险标的是原保险人所承担的危险责任。

(三)合同性质不同

原保险人在履行赔付职责时,对财产保险的损失赔付属补偿性质,而对各种人身保险的赔付属给付性质;再保险人的摊赔则不论财产保险还是人身保险,都属于对原保险人承担损失责任的补偿。

二、再保险的业务种类

原保险人与再保险人,他们之间在保险责任的分摊方式上可采用比例分摊责任和非比例分摊责任的方式,由此便分为比例再保险和非比例再保险两大类。

(一)比例再保险

比例再保险是以保险金额为基础来确定分出公司自留额和分入公司分保额的再保险方式。在比例再保险中,分出公司的自留额和分入公司的责任额都表示为保额的一定比例,该比例也是双方分配保费和分摊赔款时的依据。

在比例再保险中,又可分为成数再保险和溢额再保险。

1.成数再保险

这是一种最简单的分保方式,原保险人以保险金额为基础,对每一危险单位按固定比例,即一定成数作为自留额,将其余的一定成数转让给再保险人,保险费和保险赔款按同一比例分摊。成数分保的原保险人和再保险人有共同的利害关系,对每一笔业务,原保险人有盈余或亏损,再保险人也相应有盈余或亏损,这种分保方式实际上具有合伙经营的性质。其特点表现为:合同双方利害一致;手续简化,节省成本;缺乏弹性;不能均衡风险责任。

2.溢额再保险

溢额再保险是指原保险人以保险金额为基础,规定每一危险单位的一定额度作为自留额,并将超过自留额的部分分给再保险人。再保险人按承担的溢额责任占保险金额的比例收取分保费和分摊分保赔款。溢额再保险中的分保比例并不是固定不变的,不同业务有不同的比例。如某一溢额再保险合同规定自留额为100万元，再保险人接受最高限额为500万元，那么针对一笔保额为500万元的业务，原保险人自留100万元，分出400万元，分保比例为80%，而另一笔保额为200万元的业务，原保险人自留100万元，分出100万元，分保比例为50%。

与成数再保险相比，溢额再保险的优点是具有较大的灵活性，可以根据具体业务种类、业务性质和质量以及自身的财务状况自由决定自留额；而且溢额再保险弹性比较大，对一些大额或高额保险业务，原保险人在安排第一溢额再保险外，还可以安排第二、第三溢额再保险，让原保险人的风险得到彻底分散。

溢额再保险的缺点是分保的比例是不固定的，因此，溢额再保险对不同的危险单位都要计算不同的分保比例，并以此逐笔计算有关的分保费和摊回赔款，对业务的处理比较烦琐。

（二）非比例再保险

非比例再保险又称为超额损失再保险，它是以赔款金额为基础来确定原保险人的自负责任和再保险人的分保责任的再保险方式。原保险人的自负责任额是非比例再保险的起赔点，最高责任额是再保险人承担赔偿的上限。凡损失在自负责任额以内的，由原保险人自行负担，超过自负责任额的赔款部分，则由再保险人在最高责任额范围内承担。其中保险责任、再保险费以及赔款的分摊都与原保险金额没有任何比例关系，而是另行约定。

非比例再保险主要有三种形式：险位超赔再保险、事故超赔再保险和赔付率超赔再保险。

1.险位超赔再保险

险位超赔再保险是以每一危险单位的损失赔款为基础来确定原保险人自负责任额和再保险人的分保责任额的再保险方式。既然险位超赔再保险是以每一危险单位的损失赔款为基础的，因而对于危险单位的正确划定是非常重要的，也就是要恰当判定一次灾害事故可能造成的最大损失程度，据此才能确定自负责任额和分保责任额。

2.事故超赔再保险

事故超赔再保险又称为异常灾害再保险，它是以一次事故中所发生的总赔款为基础来确定原保险人的自负责任额和再保险人的分保责任额的再保险方式。事故超赔再保险可以解决一次事故造成多个危险单位损失而形成的责任累积，这在现代社会科学技术和经济高度发展，一次灾害可能造成巨额损失的今天，具有十分重要的意义。

3.赔付率超赔再保险

赔付率超赔再保险又称停止损失再保险，它是以某一业务在一段时期（一般为一年）的赔付率为基础来确定原保险人的自负责任额与再保险人的分保责任额的再保险方式。赔付率是以一年中积累的赔款额与全年保费收入净额的比率计算而得的，在约定的赔付率以下由原保险人自己承担，超过约定的赔付比率，再保险人才予以负责，但其也有责任限额，超过再保险人责任限额以上的，仍需由原保险人负责。全年赔付率超赔再保险对于原保险人稳定经营业绩是个有力保障。

三、再保险业务的安排方式

在再保险经营实务中，再保险的安排方式主要有三种：临时再保险、固定再保险和预约再保险。

(一)临时再保险

临时再保险是指由于业务发展的需要,原保险人与再保险人根据各自情况洽商分保条件和费率,临时达成再保险合同的一种再保险安排方式,是保险市场上最早使用的一种再保险形式。

临时再保险的优点在于可选择性,对原保险人和再保险人均无约束力。缺点在于手续烦琐,若等再保险合同签订之后再订立原保险合同,则可能原保险合同被竞争对手抢走;若先签订原保险合同后再有再保险合同,则会出现风险累积在原保险人的情况。

临时再保险一般适合于新开办的或不稳定的业务,固定再保险合同中规定除外的或不愿放入固定再保险合同的业务,以及超过固定再保险合同限额的业务。

(二)固定再保险

固定再保险是原保险人与再保险人确立固定的再保险关系,原保险人和再保险人对于规定范围内的业务有义务约束,双方都无权选择的一种再保险安排方式。固定再保险合同一经签订,双方都必须按合同规定的再保险具体方式与限额、承保范围和手续费、账单发送、赔款给付、责任期限以及使用币种等事项严格执行。此合同长期有效,若一方想终止合同,必须在年底前 3 个月,以书面形式通知对方,否则合同继续有效。

固定再保险合同的优点是:可以保证原保险人及时地转移风险责任,有利于稳定经营,对再保险人来说也能比较均衡地得到数量多、风险较为分散的业务,因此是国际再保险业务中最为普遍的再保险合同形式。

(三)预约再保险

预约再保险是指原保险人对合同规定的业务有权决定是否分出,但一旦决定分出,再保险人就必须接受的一种再保险安排方式。预约再保险合同克服了临时再保险合同手续烦琐的缺点,是对固定再保险合同的自动补充,适合火险和水险的比例分保。

本章小结

1.客户服务

客户服务是指企业为了建立、维护并发展顾客关系而进行的各项服务工作的总称,其目标是建立并提高顾客的满意度和忠诚度,最大限度地开发利用顾客。

保险客户服务包括保险产品的售前、售中和售后三个环节的服务。

对承保标的的防灾防损是财产保险客户服务的重要内容。

保全服务是寿险公司业务量最大的服务,寿险公司一般都设有处理保全业务的职能部门。

2.保险投资

保险公司在经营活动中,将自有资本金、各种责任准备金及其他可投资的资金,通过法律许可的渠道进行投资,是保险资金得到增值的业务,就是保险资金运用,也称为保险投资。

保险投资遵循三个原则:安全性原则、收益性原则、流动性原则。

保险资金运用的渠道和方式是与金融市场的发育程度相关的。

3.再保险

再保险，也称分保，是保险人将其所承保的危险责任的一部分或全部向其他保险人办理保险，即保险的保险。

再保险的业务种类分为比例再保险和非比例再保险两大类。

再保险分出业务的安排方式主要有三种：临时再保险、固定再保险和预约再保险。

复习思考题

一、单项选择题

1.(　　)属于人寿保险客户服务的特别内容。

A.对承保标的的防灾防损　　B.承保服务

C.风险规划与管理　　D.“孤儿”保单服务

2.(　　)不属于“孤儿”保单服务。

A.理赔服务　　B.契约保全服务

C.保单收展服务　　D.全面收展服务

3.保险公司对在保险有效期内发生的未决赔案，从当期保险费收入中提取的准备金，称作(　　)。

A.未到期责任准备金　　B.未决赔款准备金

C.保险保障基金　　D.公积金

4.从每年决算后的结余保费中提存，准备应付将来巨灾赔款责任的准备金是指(　　)。

A.赔款准备金　　B.总准备金

C.未到期责任准备金　　D.未决赔款准备金

5.根据我国《保险公司管理规定》，成立保险公司的实收资本金不得低于人民币(　　)。

A.2 亿元　　B.3 亿元　　C.4 亿元　　D.5 亿元

6.提存金额大，期限长，可作为长期稳定运用资金的来源是(　　)。

A.未到期责任准备金　　B.人寿保险责任准备金

C.资本金　　D.总准备金

7.资金运用的变现能力即资金的(　　)。

A.流动性　　B.分散性　　C.收益性　　D.安全性

8.以每一危险单位发生的赔款为基础来确定分出公司自负责任额和接受公司分保责任额的再保险方式是(　　)。

A.事故超额再保险　　B.赔付率超赔再保险

C.超过平均赔付率再保险　　D.险位超赔再保险

9.(　　)是以保险金额为基础来确定分出公司自留额和分入公司分保额的再保险方式。

A.比例再保险　　B.非比例再保险

C.超额赔款再保险　　D.超过赔付率再保险

10.(　　)是指原保险人将每一危险单位的保险金额，按照约定的分保比率分给再保险人的再保险方式。

A.约定再保险　　B.成数再保险　　C.非比例再保险　　D.溢额再保险

11.(　　)是成数再保险和溢额再保险共同具有的特征。

A.可分层设计　　B.分保比例不变

C.自留额不变　　D.以保额为基础确定分保关系

12.(　　)是指一次保险事故可能造成的最大损失范围。

A.危险单位　　B.赔偿限额　　C.保险金额　　D.偿付能力

13.在再保险合同中,分入保险业务的一方为(　　)。

A.原保险人　　B.接受公司　　C.分出公司　　D.经纪人

14.再保险合同是约定再保险双方的权利和义务的协议,再保险合同的当事人是(　　)。

A.分出公司和分保经纪人　　B.原保险人和投保人

C.分出公司和接受公司　　D.接受公司和投保人

二、多项选择题

1.保险资金运用应遵循的原则包括(　　)。

A.安全性原则　　B.收益性原则　　C.诚信原则　　D.流动性原则

2.保险投资的资金来源主要包括(　　)。

A.资本金　　B.储金　　C.责任准备金　　D.承保盈余

3.下列中的(　　)属于非比例再保险。

A.溢额再保险　　B.险位超赔再保险

C.事故超赔再保险　　D.赔付率超赔再保险

4.再保险合同的当事人有(　　)。

A.原保险人　　B.经纪人　　C.再保险人　　D.被保险人

5.按分保安排方式划分,再保险可以分为(　　)。

A.临时再保险　　B.固定再保险　　C.合同再保险　　D.预约再保险

6.下面几种说法正确的有(　　)。

A.原保险合同的当事人是投保人和保险人

B.再保险合同的当事人均为保险人,一方是原保险人,一方是再保险人

C.再保险合同是在原保险合同基础上产生的,没有原保险合同,就不可能有再保险合同

D.除法定再保险合同外,是否分保,分出多少,是由原保险人根据自己的资产和经营状况自主决定的

7.比例再保险主要有(　　)。

A.成数再保险　　B.险位超赔再保险

C.溢额再保险　　D.成数和溢额混合再保险

课外阅读资料

《保险公司经营管理规定》

第10章 个人理财规划与保险规划

学习目标

通过本章的学习，使学生能够理解个人理财的基本原则和步骤，掌握个人理财规划的基本内容；了解个人理财规划与保险规划的关系；了解保险规划的功能，熟悉并掌握保险规划的组织实施。

学习要点

个人理财规划的步骤和基本内容；保险规划的功能；保险规划的基本原则、基本步骤和应用。

案例导读

王先生26岁，其爱人李女士27岁，女儿2011年9月出生。目前，夫妇两人月收入约15 000元，相对稳定，单位有"五险一金"，房子月供4 000元，月生活支出约4 000元，有买车计划，现有银行存款10万元。王先生准备为自己和家人购买保险，但又对保险知识知之甚少。

如何为王先生和他的家人做一份保险规划？保险规划到底有哪些功能？这是本章将要研究的内容。

"会不会当家"，其实说的就是会不会理财。一个家庭的理财过程是个人或家庭在一段时期内的理财规划，是个人或家庭根据家庭客观情况和财务资源而制定的，旨在实现人生各个阶段目标的，一系列互相协调的计划，包括职业规划、房产规划、子女教育规划、退休规划、医疗规划等，它包含一个完整的执行财务计划的动态过程。所有理财目标的实现是建立在家庭具有长期和稳定收入现金流的基础之上。而在人的一生中，常常会遇到很多意想不到的风险，要规避这些风险给家庭理财规划带来的影响，必须首先制定合理的保险规划，进而保证家庭其他理财规划的实施。

第一节 个人理财规划

一、个人理财规划的基本原则和步骤

(一)个人理财规划的含义

简单地说,个人理财规划是指针对个人/家庭的财务状况和财务目标提供或设计相应的金融服务或产品计划。个人/家庭理财业务需求催生了一个新的职业——理财规划师。理财规划师是分析客户的理财环境及财务目标,通过制定书面计划书以满足客户理财目标需求的专业人员。

个人理财规划师起源于美国的一种全新的金融服务理念。根据财务目标涉及的范围,个人理财规划大致可分为单目标理财规划、多目标理财规划以及综合理财规划等三种类型。

1.单目标理财规划

这是最狭义的理财规划观点。该观点认为,向客户销售单一的金融产品或服务以解决单一财务问题即构成理财规划。从而将建议客户买特定股票的经纪人、某房地产开发商的售楼人员、寿险代理人、向委托人说明如何编制预算并根据预算安排生活的私人财务顾问等都视为理财规划师。

2.多目标理财规划

持有该观点的人认为,从事单一目标的理财规划人员不能视为理财规划师。真正的理财规划必须为客户解决一个以上的财务问题,在服务方式上应该比单一金融产品或服务有所拓展。他们强调客户的财务需求、金融产品以及服务,基本上可以分为保险规划、税务规划和投资规划三大类;理财规划应该涉及至少其中一类的大部分及另一类的某些方面,或至少必须包括一种投资规划行为。从这一角度来说,以下人员都可以视为合格的理财规划师:出售各类保险产品的保险代理人;协助客户进行各项税务规划的律师;在证券交易委员会注册的投资顾问;出售共同基金以满足客户防范风险和积累财富双重目标的寿险代理人等。

3.综合理财规划师

持综合理财规划观的人认为,理财规划师必须全面考虑客户的财务状况,包括客户的所有财务需求及其目标,并运用综合手段来实现这些财务需求和目标。综合理财规划具有两个本质特征:

其一,包含了所有可能获取的个人信息和财务状况;

其二,综合运用单目标理财规划所用的各种专业技巧和技能,系统解决客户的财务问题。

综合理财规划需要广泛的专业技能,通常需要有一个专家队伍才能完成有效的理财规划;而综合理财规划师的主要任务是协调团队成员的工作,并发挥各自领域的专业技能。理财规划师可以从金融产品的销售中获取佣金,或者按照所提供的服务收取报酬,或者把两种补偿机制综合使用。

（二）个人理财规划的基本原则

在进行个人理财规划活动中，一般应当遵循以下原则：一是量入为出的原则，要求理财规划活动在每个人的经济支出和风险承受能力范围内进行；二是经济效益原则，要求理财活动中应当注重经济效益，实现个人资产的保值和增值；三是安全性原则，要求理财活动中应注意平衡收益和风险的关系，以及个人财产的变现能力；四是终身理财原则，要求将理财活动看成是一个长期、动态、贯穿个人始终的过程。处于不同人生阶段的个人对理财规划的需求是不一样的，个人理财规划必须考虑阶段性和延续性。

（三）个人理财规划的步骤

个人理财规划通常包括六个步骤：确定当前财务状况、确定理财目标、选择理财方法、评估理财方法、制定并实施理财规划、回顾和修正理财规划。

1.确定当前财务状况

根据个人的收入、储蓄、生活开支、负债情况，以及面临的风险状况和风险偏好，确定其当前的财务状况。可以制作一张个人资产负债表，作为个人理财规划的基础。

从理财规划师的角度讲，当客户叙述完关注的问题和目标后，理财规划师必须从客户那里搜集大量正确、完整、及时的相关信息，这些信息分为客观信息和主观信息两大类。前者包括客户持有的证券清单、资产和负债清单、年度收支表以及当前的保险状况等；后者包括客户及其配偶的期望、恐惧感、价值观、偏好、风险态度和非财务目标方面的信息，其重要性不亚于前者。规划是在搜集信息之前，必须让客户明白，在理财规划的信息搜集阶段，客户本人也需要投入一定的时间。规划师必须帮助客户克服防范心理，建立相互信任关系，或以书面合同的形式规定保密责任，提高相互信任程度，使客户主动提供一些必要的敏感性信息。理财规划师可以通过向客户询问一系列问题或填写预先设计好的调查表格来搜集信息，但搜集信息并非简单地等同于提问或填表，通常还要求对遗嘱、保单等文书进行检查和分析，与客户及其配偶进行面对面的交流，听取意见并加以归纳总结，帮助客户及其配偶识别并清楚地表达真正的目标以及风险承受能力。

同时，对客户的相关信息搜集、整理并对其正确性、一致性和完整性检查完毕后，理财规划师需要分析客户当前的财务状况，以发现客户目标的有利条件和不利因素。如果规划师的分析表明，客户根本不可能实现原定目标，如客户的财力以及投资收益率难以实现约定的退休收入计划，则规划师必须帮助客户降低目标，或告知客户为实现既定目标所需做出的调整，如推迟退休时间、增加储蓄、寻求更高的投资收益率等，以便客户做出适当的调整，使之更易于达到理财目标。

2.确定理财目标

要分阶段分析个人的财富价值和理财目标。理财目标的确定和每个人对金钱的感觉、经济目标、经济上的优先考虑、社会压力、家庭需求等因素相关。别人可能会向你建议不同的理财目标，但是，每个人必须明确自己究竟想要何种目标。例如，目标可以把当前的剩余收入都用于储蓄，也可以将收入进行投资，以确保未来的经济安全。

合理、明确的目标是理财规划取得成功的前提，但许多人往往在目标不明的情况下做出了重大的财务决策。理财规划师必须通过有效的引导和询问方式，了解客户的财务目标，这通常涉及死亡、残疾、退休收入、纳税、赠与、遗产、应急基金、教育基金等方面，然后帮助客户按优先排序确立合理、可行的目标以及整个理财规划的基调。

3.选择理财方法

选择理财方法是理财规划的关键。理财方法的选择和个人的生活环境、价值观以及经济因素相关。一般来讲,选择理财方法要保持个人理财活动的连续性,拓展个人现有经济状况。

4.评估理财方法

对可能采取的理财方式,要结合个人自身的生活情况、理财观念、经济状况和风险偏好态度等进行评估。个人的年龄、支配闲暇时间的偏好及对利率汇率变化的敏感度等都影响个人的理财活动。

5.制定并实施理财规划

这一步骤是理财规划的实施过程,通过选定的方法实现个人理财目标。为了完成理财规划,个人往往需要他人的帮助。例如,购买保险时需要保险机构的服务;投资股票、债券或基金时需要理财规划师的帮助。

理财规划师要制定一个切实可行的方案,使客户从目前的财务状况出发实现理财目标。财务计划必须因人而异,即针对特定客户的财务需要、收入能力、风险承受能力、个性和目标来设计;财务计划应该是明确的,具体到应该由谁做、何时做、做什么、需要哪些资源等;财务计划必须是合理的、客户可以接受的。当实现客户财务目标的途径不止一种时,规划师有必要向客户介绍所有备选方案及其优缺点,对那些有助于实现多重目标的方案更需要提醒客户注意。通常,财务计划的报告应采取书面形式,必要时插入一些曲线图、图表及其他直观的辅助工具,尽量使客户易于理解和接受。

对于理财规划师来说,仅仅提供财务建议,不管这种建议有多么坚实的基础,都不是真正的理财规划。只有付诸实践时,理财规划才对客户有用。因而,规划师有责任按照客户同意的进度表来贯彻实施财务计划。一些范围和复杂程度有限的理财规划可以由规划师全权代表客户来实施,但某些计划的实施需要其他领域的专家参与,如起草遗嘱和信托协议等法律文书、购买保险或证券投资等,则必须与律师等其他领域的专家形成团队。为了全面实施计划,规划师有责任适当激励并协助客户完成每一个步骤。

为实施理财规划,理财规划师还要跟客户之间保持联系,在计划开始实施后,还必须对计划的实施情况进行监控。通常,规划师每年至少与客户会面一次,对计划的实施情况进行检查,在环境多变时需要更为频繁的面晤。首先,检查程序应对各种实施手段的效果进行评估;其次,针对客户个人及其财务状况的变化及时调整财务计划;最后,应该由客户对经济、税收或财务环境发生的变化进行审核。如果根据客户当前的目标和处境,定期检查结果表明计划的实施效果是比较满意的,就不必采取任何措施。如果计划的实施效果不能被接受,或客户的个人财务状况和目标发生了显著变化,规划师必须调整计划以适应新的环境。计划调整过程类似于理财规划过程,但所需时间和投入将会有所减少。

6.回顾和修正理财规划

理财规划是一个动态过程,每个人都需要定期评估自己的理财决策,至少每年一次。个人、社会和经济因素变化频繁时要求及时地回顾和修正理财规划。定期回顾理财决策过程,可以帮助个人调整实现财富目标和提高生活质量。

二、个人理财规划的基本内容

人的一生一般有五大类金融需求，包括个人的现金管理需求、信用需求、资产保障需求、资产积累与管理需求、资产分配需求等。

1.现金管理需求

现金管理需求是人们将迅即可用的资金在各种生活费用、储蓄和投资上分配的需求，包括人们管理现金使其能支付账单、进行购买，以及无成本或无风险的方式短期存储资金等。

2.信用需求

信用需求是人们能够通过承诺今后付款而立即购买的金融服务需求。信用产品可以作为现金的方便替代物，使人们能够购买以其当前储蓄与收入无力负担的产品和服务，包括信用卡、分期偿还贷款、抵押贷款和信用额度等。

3.资产保障需求

资产保障需求是人们使已取得的货币和资产免遭财物损失风险的需求，也就是从财务角度保护自己的需求。资产保障最常用的一种方法就是保险，包括生、老、病、死，以及财产的损失或毁灭等引起财物损失的资产保障需求。

4.资产积累和管理需求

资产积累与管理需求是人们为了诸如子女教育、婚嫁、防病和养老等目的积累资金的需求。

5.资产分配需求

资产分配需求是人们将资产以某种方式，比如退休收入、遗产和捐赠等形式，进行分配的需求。

对应人们一生的五大类金融需求，个人理财规划主要包括现金规划、储蓄规划、消费信贷规划、保险规划、投资规划、房地产规划、子女教育规划、退休规划和遗产规划等。

其中，现金规划和储蓄规划属于现金管理需求；消费信贷规划属于信用需求；投资规划和房地产规划属于资产积累需求；子女教育规划、退休规划和遗产规划属于资产管理与分配需求；保险规划既能满足资产保障需求，也能满足资产管理与分配需求，是个人理财规划的基本内容（将在本章后面介绍）。

三、个人理财规划的误区

目前，个人理财规划在我国尚属于新生事物，人们对它了解不多，难免存在一些片面的认识或误区。误区之一是，认为个人理财规划是“大款”、“富翁”有钱人的事，与普通老百姓和工薪阶层无关或关系不大；误区之二是，认为只有退休人员或老年人才需要个人理财规划；误区之三是，将个人理财规划理解为“个人投资”或“资金的保值、增值”，过分强调资金的收益率；误区之四是，只有在出现财务困难时才需要个人理财规划；误区之五是，理财规划师不值得信任。由于目前我国的商业信用不高，法制不够健全，一般人不敢轻易将自己辛苦积攒起来的储蓄交给别人，他们不相信理财规划师会将客户的利益放在首位，而且顾虑理财规划师仅仅牟取自身利益，甚至携款潜逃，危及本金的安全性等。前四种误区主要是因为对自身风险状况及财务目标认识不足，或者完全没有意识到自身面临的风险。事实上，一般工薪阶层的财富积累不多，收入不高，承受各种人身风险的能力不强，更需要合理的理财规划，如购买一些费率较低的保障型人身保险产品。在当前形势下，第五种顾虑反映了一定的社会现实，但也缺乏对理财规划的全面了解。真正的理财规划从头到尾都需要客户本身的参与和自守，而不是简单地将资金交给理财规划师完成。这些误区都可能成为发展我国个人理财规划服务业的障碍，必须多方努力，消除广大潜在客户的后顾之忧。

四、个人理财规划与保险规划的关系

保险规划是指通过购买保险来管理个人/家庭的损失风险，是个人/家庭理财规划中的一个基本组成部分，个人/家庭的保险规划要放在对个人/家庭理财规划的基础上来进行，以最大限度地实现家庭财务目标和经济安全保障。

保险规划是个人理财规划的基本组成部分，涉及的风险主要包括早逝风险、残疾风险、疾病风险、长寿风险，以及意外伤害风险。其目的是通过对客户经济状况和保险需求的深入分析，帮助客户选择合适的保险产品并确定合理的期限和金额，与其他理财规划内容相配合，力求最大限度地保障家庭经济安全，实现家庭财务目标，并使人能拥有高品质的生活。

在人的一生中，重要财务目标的实现还涉及买房资金、子女教育费用、准备创业金、退休金等问题。保险在这些问题的解决中都可以发挥重要作用。保险是财务安全的重要工具，因为保险在所有财务工具中最具有防御性。良好的保险规划不但能够使得资本增值，还可以提供偿债能力。当我们遭遇风险事故且没有能力继续增加收入以获得经济补偿的情况下，保险是唯一可以立即创造资金的工具，因此，它也被人们称作一种“买时间”的理财工具。

第二节　保险规划

要对个人或家庭做出专业的保险规划方案，必须综合分析与个人或家庭有关的各种因素，针对不同情况做出不同的保险规划。因此，学习保险规划的功能，对保险规划的影响因素进行分析是十分必要的。

一、保险在家庭/企业理财规划中的功能

一般认为，保险具有分摊风险、补偿损失的功能，也具有派生出来的投资、防灾防损功能。就家庭理财而言，保险具有的功能主要包括风险保障、储蓄、资产保护、资金融通、避税、规避通货膨胀和利率风险等几方面的功能。

1.风险保障功能

目前，我国的社会保障制度还不是很完善，并且家庭对自然灾害的承受能力比较脆弱，不论是家庭成员的生、老、病、死，还是火灾、水灾等自然灾害发生时对家庭的冲击都是巨大的。家庭在平时资金宽裕的情况下缴纳一定数量的保险费，在面临危难时得到援助，

使生活能够得到正常维持，即用确定的小额支出来应对不确定的大额损失，这正是保险最根本的功能，也是家庭理财规划中对保险的基本定位。

2.储蓄功能

对于长期寿险产品而言，保单现金价值的存在使得保单具有储蓄功能，并且保单现金价值采取复利的方式计算账户收益，即在保险期间内投资账户中的现金价值以年为单位进行“利滚利”。而像银行等其他理财产品采取的主要是单利的方式，即一定期限、一定数额的存款会有一个相对固定的收益空间。不论是固定收益还是采取浮动利息，在理财期限内，银行理财产品都采取单利计算。从这个角度看，部分寿险产品在储蓄生息方面具有一定的优势。

3.资产保护功能

在特定条件下，寿险保单能够起到资产保护的功能。以企业主为例，当由于债权债务问题发生法律诉讼时，企业主银行里的资金甚至股票、房地产等都可能被冻结。但是，其投保时所形成的人寿保险单的相应价值是不受影响的。因为人寿保险合同是以人的寿命和身体为保险标的，依据《保险法》的规定，未经被保险人书面同意，保单不得转让或质押，因此当所有的财产都被冻结甚至拍卖时，人寿保险的保单不会被冻结或拍卖，而其保单贷款功能则又使其成为最好的“变现”工具。即使企业遇到破产情形，企业主也不会因此而一贫如洗，从而达到了资产保护的目的，这是其他投资工具所不具备的。

4.资金融通功能

保险产品，尤其是长期寿险产品，可为投保人提供临时的融资功能。这种功能主要通过保单质押贷款来实现。保单质押贷款的根本作用在于能够满足保险单的流动性与变现性要求。金融理论认为，流动性是金融资金的基本属性，几乎所有的金融资产都需要具有流动性和变现能力，保险单作为一种金融资产也不例外。一般金融资产的流动变现能力是依靠二级市场和保单交易来实现其流动变现要求。因此，为赋予保险单一定的流动和变现能力，寿险公司设计出各种保单质押贷款。

就提供变现、融资的渠道来看，保单质押贷款有别于商业贷款，主要体现在：一是保单持有人没有偿还保单质押贷款的法定义务，由此保单持有人与保险公司之间并非一般的借贷关系；同时保险人只需要根据保单的现金价值审批贷款，不必对申请贷款的保单持有人进行资信状况和还款能力的审查；而对商业贷款，银行则有严格的审查。因此对保险公司而言，保单质押贷款业务是一项附加服务，管理成本较低。对于投保人而言，利用保单贷款是一种较为便捷的获得临时资金的方式，在其资金紧张时，可以解燃眉之急。

5.避税功能

利用合理合法的手段和根据税收的监管规定，在节省上缴税收额度的情况下，为员工、自己或家人增加一份收入，就是很好的理财，保险在这方面有着独特的功能。

(1)企业可以合理合法地为员工投保进而达到避税的目的。根据有关规定，企业拿出职工工资总额的一定比例为员工投保商业保险是完全可以免税的，如若补缴金额较大的，还可获得“不低于三年的期间内分期均匀扣除”费用的权限；同时，由于员工将来从保险公司获得的保险金按税法规定也同样是免税的，因此不论是企业还是个人，都可获得资产保护。

(2)保险是规避遗产税的有效工具。我国已经开始讨论并出台了《中华人民共和国遗产税暂行条例(草案)》,这意味着遗产税的征收已经纳入了国家法律健全化的日程。根据草案,遗产越多,税率也越高,最高可达50%。因此,个人财富会在其离开人世时因为纳税而"缩水"。而保险则是此方面有效的避税工具,目前我国税法明确规定保险金是不纳入应征税额的。

课堂讨论

分组讨论一下,如果我国开征遗产税,对保险行业意味着什么?

6.规避通货膨胀和利率风险功能

目前我国投资渠道极为广阔,人们可以选择银行存款、股票、基金、房地产、债券和外汇等多种投资方式,这些投资方式显然受到通货膨胀及利率波动的影响。保险产品则有较强的稳定性,它本身就是一种分散风险的理财行为,其预定利率具有前瞻性且一般对国家的利率变化并不特别敏感,如变额寿险(即投资连结保险)、万能寿险等,正是为应对通货膨胀及利率风险而产生的。变额寿险的保险金额由两部分构成:一部分是最低给付额,另一部分是其保费分离账户产生的投资收益。万能寿险又称为综合人寿保险,居民个人可以根据个人需要对保险金额进行变更(在万能寿险中客户可以增减保险金额),这是一种非常灵活的险种。因此,投资连结保险及万能寿险是集保障、投资、收益保底三种功能于一体的创新型保险理财产品,能帮助投资者在不断变化的资本市场顺利实现其理财需求。

课堂讨论

分组讨论一下,保险在家庭理财规划中的各项功能,你认为哪一项最重要?为什么?

知识链接

家庭寿险规划的重要性

(一)惨痛案例的警示

一个真实的案例:1997年10月的一天,投保人及其妻子乘坐朋友的小轿车外出,在拐弯时汽车右前胎突然爆裂,致使车辆撞上了路边的大树,投保人及其妻子身受重伤,送医院抢救后终因伤势过重而双双过世,留下不满7岁的女儿。

投保人曾为其女儿购买了20份少儿保险,但遗憾的是投保人夫妻并没有为自己投保过任何保险,投保人所购买的保险似乎并没有达到最优的家庭财务规划,孩子还是要为今后的生活担忧。

天下的父母都爱孩子,会为自己的孩子买保险,却往往忘记为家庭的经济支柱也买保险。此案件让我们思考:一个家庭究竟谁应该先买保险?家庭究竟应该怎样做保险规划才能达到保障目的?这两个问题都可以用生命价值理论来解释。

(二)家庭经济收入的主要来源者应该最先买保险

人寿保险的目的,是保障生命价值可能遭受的损失。因此,寿险需求取决于人的生命价值(或死亡损失)。月有阴晴圆缺,人有旦夕祸福。不怕一万,就怕万一。家庭主要经济支柱的意外去世是最严重的经济损失,对于一个家庭来说,无异于塌天之祸。因此,一般情况下,在家庭中最应该购买保险的是家庭经济收入的主要来源者。购买保险是为了寻求风险的保障,当家庭经济收入的主要来源者遭遇不测,由于有了保险保障,就可以获得一笔可观的保险金,从而保证其家庭的各项生活安排不出现大的波动,对孩子的学习、成长都有很大的帮助。

二、保险规划的程序

个人/家庭保险规划的程序包括收集信息、分析信息和综合管理等几个环节。

(一)收集信息

要收集的客户信息包括:

1.客户的保险信息,包括已经投保的各项人身保险保单

2.客户的潜在负债

除了目前的负债以外,主要考虑家庭中被抚养人口的年龄、年生活开销、未来的学费开支、丧葬费用等信息。

3.确认客户的风险管理目标

4.确认客户对风险的承受能力

客户风险承受能力与已有的财富、财富获取方式、受教育程度、年龄、性别、婚姻家庭状况及就业状况有关,这是非常重要的客户信息。

5.确认相关的生活方式形态

人生风险事件造成的损失发生后,家庭或遗属的生活状况会有怎样的调整,还有哪些目标需要实现等。

6.确认健康状况

目前个人及家庭的健康状况,会影响疾病发生的概率及是否可以投保寿险或健康险。

7.确认客户采取积极步骤管理财务风险的愿望

安全感需求强的客户会积极寻求管理风险的途径,而安全感需求弱的客户则会心存侥幸,忽视风险管理的必要性。

(二)分析信息

1.确定目前保险额度与范围的特点:已投保的险种、有效期限、涵盖风险的范围等。

2.评估承受的财务风险状况

家庭财务报表是识别风险的重要基础,从资产负债表来看,当资产减少而负债依旧时,差额就是可能的财务风险。从现金流量来看,收入中断了,支出还是会持续,差额与可能持续的年数,就是财务风险,例如一家的主要收入来源者身故,家人还是要生活,预计生活的开销乘以持续的年数就是基本的寿险保额。

3.评估当前的保险范围和风险管理策略，以及客户所承受的风险状况

将拟定的保险范围与当前的保险范围相比较，差异的部分就是客户目前承受的风险状况。

4.评估保险范围发生变化的影响

如增加保额或购买其他险种，都会使得保费增加，影响原有的现金流量。将旧保单解约也会影响未来保费支出与保险给付的现金流量。可以利用自费购买团体寿险，或者根据预估资产成长的状况，购买保额递减的定期寿险，或夫妻购买联合寿险取代单独购买寿险，都可以在获得足额的保障下降低保费支出。

5.把客户风险管理需求的优先次序排好

按照风险事件发生的概率与发生后的损失程度，以及风险管理的成本，排定风险管理的优先级。比如寿险优于财险、保障型险种优于储蓄型险种等，当保费预算有限时，就从最优次序的险种开始购买。

（三）综合整理

1.制定各种风险管理策略

可以提出几个不同的方案，比如，A方案是原有保单不动，增加保费预算，针对保障不足的部分增加购买新的保单；B方案是保费预算不变，原有的保单全部解约，用旧保单的现金价值与年缴保费，重新安排购买更合理的险种与足够的保障额度；C方案是旧保单办理保全变更手续转换为新保单，另外在收入的合理比例下增加保费预算来购买其他新保单，补足保障缺口。

2.评估每种风险管理策略的优缺点

利用假设保险事故发生后的现金流量表与生涯模拟表等工具，评估每种风险管理策略的优缺点。

3.优化策略，提出风险管理建议

与客户沟通，按照评估结果提出客户最能接受的风险管理建议。

4.按优先级排列顺序，帮助客户制定实施风险管理计划的行动步骤

此时要帮助客户构建保险组合与调整保单的方式。应明确到购买哪一家保险公司的哪一种保险产品，保额多少，保费多少，缴费多少年，受益人是谁等细节。采取行动步骤时，有时要等到旧保单满周年时才能办理保全变更。如保费预算足够，定期寿险通常缴费到退休年龄。缴费方式方面，保障型保险通常年缴优于趸缴，储蓄型保单才考虑以趸缴来增加分红。

三、保险规划的原则、步骤及应用

（一）保险规划的基本原则

由风险管理的一般理论可知，个人购买保险主要是为了个人或家庭生活的经济安全与稳定，将某些重大的风险转移给保险公司，在发生保险事故时获得充分的损失融资和经济保障。在购买保险时，通常需要遵循以下原则：

1.转移风险的原则

每一个投保人购买保险都是为了转移风险，在发生保险事故时可以从保险公司那里

获得约定的经济补偿。因此，任何人在投保之前必须全面系统地分析自身或家庭面临的各种风险，明确哪些风险可以回避、预防和抑制，哪些风险可以自留，哪些风险可能通过非保险方式转移，然后将其余的风险转移给保险公司。

2.量力而行的原则

保险是一种经济行为，属于经济活动范畴，投保人必须付出一定的保费才能获得相应的保险保障。投保险种越多，保险金额越高；保险期限越长，所需的保费越多。因此，投保时一定要充分考虑个人和家庭的经济购买力，尽量在保费支出一定的情况下获得最大的保障，或者在获得可接受保障的水平时保险费支出最低，防止保险过多或保险不足。有的20岁左右的年轻人，或50岁以上的中老年人，为自己投保了份数较多的保险，其年交保费常常在几千元甚至万元以上。而生活经验告诉我们，一个人的收入受到很多因素的影响，很难维持一成不变的水平。20多岁的年轻人收入不稳定，一旦将来经济收入状况变差，就很难继续交纳高额的保险费，如果退保就会造成损失，不退保又实在难以维持，处于两难的境地。而老年人一般工作较为稳定，经济收入趋于平衡，能够维持在一定的水平上，但由于身体或其他方面原因，可能导致平时开支出现剧增，如果投保了交费比较高的保险，则到时可能交不起保费，在现实中不乏其例。作为一个理智的保险消费者，应该根据自己的年龄、职业、收入等实际情况，力所能及地适当购买人身保险，既能使自己长时期负担保费支出，又能得到应有的保障。

3.高额损失优先原则

从现实来看，损失的严重性是衡量风险程度非常重要的一个指标。一般来讲，较小的损失可以不必购买保险，而严重的损失是适合购买保险的。人们除了通过购买保险来对付它以外，没有更好的办法。对于高额损失就需要投保高额保险。保险的保险金额可以使投保人得到最充分的保障。当然，其保险费自然会比较高，但可以用提高免赔额的办法，降低保险费率，从而抵消高保额所高出的保险费。在购买保险之前，投保人应该充分考虑所面临的损失程度有多大，程度越大，就越应当购买这种保险。

课堂讨论

分组讨论一下，家庭成员中，优先考虑保险规划的应是谁？为什么？

4.合理搭配险种的原则

投保人身保险可以在保险项目上进行一定的组合，如购买1～2个主险附加意外伤害、重大疾病保险，使人得到全部保障。但是在全面考虑所有需要投保的项目时，还需要进行综合安排，避免重复投保，使用于投保的资金得到最有效的运用。例如，某人因工作需要要经常出差，那么他就应该买一项专门的人身意外伤害保险，而不要每次购买乘客人身意外伤害保险。一是可以节省保费，二是可以在任何时候和其他情况下出现人身伤害时得到赔偿。这就是说，如果准备购买多项保险，那么应当尽量以综合的方式投保，因为这样可以避免各个单独的保单之间可能出现的重复，从而节省保险费，得到较大的费率优惠。

(二)保险规划的基本步骤

1.确定保险标的

确定保险标的是购买保险的首要任务,保险标的可以是财产及其相关利益,也可以是人的生命或身体。投保人可以本人、与本人有密切的关系的人、所拥有的财产及可能依法承担的民事赔偿责任作为保险标的。

一般各国保险法律对保险利益都有明确的规定。在为自己或家人购买保险时,投保人通常要考虑适合性、经济支付能力和选择性三个因素。

(1)适合性。自己或家人购买保险必须考虑所需保障的范围,即将那些风险发生的概率较小而其造成的损失可能会较大的风险作为投保的标的。

(2)经济支付能力。购买保险产品,每年需要交纳一定的保险费,投保人必须确保每年有足够的收入流,以支付每年应交纳的保险费。可以考虑运用“双十原则”来制定保险规划与保费的预算。所谓“双十原则”,是指应有的保险金额一般为家庭年支出的10倍,合理的保费一般为家庭年收入的10%。前者可以解释为,一旦保险事故发生,能够给家人提供10年的生活保障。10年的保障额度可能没有由生命价值法或遗属需求法计算的那么高,但在现实生活中,10年的时间应该能够让一个经历重大变故的家庭回到正常的生活轨道。后者可以被解释为,家庭收入扣除70%的生活费用、20%的储蓄之后,剩下10%应当用于购买保险,以构造家庭的财务安全网。构造家庭财务安全网的目的是,使家庭负担者在应付当前家庭消费和储蓄投资之后,没有后顾之忧。

(3)选择性。保险市场上的险种和产品十分丰富,而且创新不断,不可能所有的都购买,况且没有必要。因此,在购买力存在预算约束的情况下,成年人或家庭中的主要收入者的保险应该优于子女或纯粹的受抚养人。另外,年轻人应侧重于保障型的险种,随着年龄的增长,应该将投保的重点转向健康保险和具有储蓄功能的保险。

2.选择保险产品

人们在生活中面临着各种人身风险、财产风险和责任风险,而同一保险标的也可能面临着多种风险。因此,在确定保险需求和保险标的后,必须考虑投保什么样的保险产品。以人身保险为例,每个人都同时面临着意外伤害、死亡与疾病风险,因此,应该分别为这些风险投保相应的保险产品。对于财产风险,同一家庭财产也面临着多方面的风险,例如家用汽车就面临着盗窃、火灾、第三者责任等风险,这时主人可以考虑投保车损险、第三者责任保险、盗窃险等保险。

投保人在理财人员、保险代理人、保险经纪人或者其他财务顾问的帮助下,能够更全面、细致地分析不同保险标的面临的风险及需要投保的险种,综合考虑各类风险发生的概率、事故发生后可能造成损失的严重程度、个人的风险承受能力等因素,选择适合的保险产品,有效地管理和化解个人或家庭可能面临的风险,从而达到风险管理的目的。

当然,在确定购买保险产品时,还应注意险种的合理搭配与有效组合,使得保障全面,又节省了保险费。在确定整个保险方案前,必须进行综合规划,做到不重不漏,使保费支出发挥最大的利益。

3.确定保险金额

在确定保险产品的种类之后,就需要确定保险金额。保险金额是当保险事故发生时,保险公司所赔偿的最高限额。保险金额的确定应该以财产的实际价值或人的生命经济价值为依据。

财产的价值比较容易估算。对一般财产而言，如房屋、家具、汽车等财产保险的保险金额，投保人可以根据财产的实际价值自行确定，也可以按照重置价值来确定。对于特殊的财产（如珠宝等）则需要专家的评估来确定。购买财产保险时，可以选择足额投保，也可以选择不足额投保。由于保险公司按照实际损失程度进行赔偿，所以一般不会出现超额投保或重复投保的现象。一般说来，投保人会选择足额投保，这样，当保险事故发生时，受益人可以获得足额赔偿；如果是不足额投保，一旦发生损失，保险公司只会按约定的方式给予赔偿。

对于人身保险而言，人的价值是无法估量的。但是，从保险的角度来看，我们可以根据性别、年龄、配偶情况、收入水平、消费水平、受抚养人的年龄及人数、银行存款及其他财富、市场利率、通货膨胀、个人贷款余额等计算人的生命价值，作为人寿保险金额确定的参考依据。在保险行业中，对人的生命价值有一些常见的评估方法，如生命价值法、家庭财务需求法等，但值得注意的是，这些方法都需要每年重新计算并调整。因为人的年龄每年递增，如果其他因素保持不变，那么他的生命价值和家庭财务需求就会逐年下降，其保险就会从足额保险逐渐转变为超额保险。如果他的收入和消费每年在增长，其他因素不变，则其价值会逐年增加，原有的保险就会变为不足额保险。因此，每年应请保险专业人员检查投保客户的保险单。

课堂讨论

讨论一下，保险是否买得越多越好？为什么？

4.确定保险期限

在确定保险金额后，还需要确定保险期限，因为这涉及投保人预期交纳保费的多少与频率，与个人未来的预期收入密切相关。对于财产保险、意外伤害保险和短期健康保险产品来说，通常为中、短期保险产品，在保险期满后可以续保。对于人寿保险，由于其保险期限一般较长，有的长达几十年。在为个人或家庭制定保险规划时，应该将长、短期险种结合起来综合加以考虑。

5.选择合适的保险公司

购买保险不同于购买一般商品，投保人在缴纳保费之后，保险保障能否如期实现取决于保险期间保险公司是否具有充足的偿付能力，能否提供良好的保险售后服务。因此，选择一家经营稳健、信誉良好、管理规范、服务周到的保险公司以及获取保险的渠道至关重要。考察保险公司可以从公司的经营理念、财务实力、理赔记录、管理水平、服务质量等方面加以考察，但对于一般消费者来说，这并非一件易事。个人或金融理财师获取相关信息的渠道包括保险公司公开披露的信息、来自监管机构披露的信息和来自社会监管范畴的信息等。

知识链接

需要调整保险计划的几种情形

一般而言，除了时常检查自己的保险规划之外，在下列情况发生时，应该修改保险规划：

(1)经济状况改变。比如，当人们的收入增加或减少时，当人们的债务增加或减少时，当人们购买了房子或车子有更多的贷款需要缴付时，应该适时调整保险规划。

(2)家庭责任改变。当出现结婚、离婚、丧偶、分居等婚姻状况的重大改变时；当生子、孩子独立生活及结婚、家庭成员死亡等家庭成员的增加或减少，只要是家庭责任加重或是减轻时，都需要检查并及时修改保险规划。

(3)工作环境改变。创业、更换工作，也就是工作场合的危险性加重或是减轻时，都应该要检视保单，调整意外伤害保险的保险金额。

(4)生涯变动。初次就业、退休、由职场重回校园生活时，也都应检视保险规划。

(三)保险规划的基本应用

由于人身保险规划是风险管理和保险规划最复杂也是最重要的组成部分，本部分着重以人身保险为基础，针对不同年龄段和不同收入阶层讨论购买人身保险的规划。

1.生涯规划与保险规划

生涯规划就好像人生的行程图，个人方面的重要决策是学业和事业规划以及何时退休的计划；就家庭而言，包括何时结婚、何时生子的家庭计划，以及配合家庭成员的居住计划。家庭、居住、事业、退休等生涯规划预期在人生的不同阶段实现，具有明显的时间性。为此，根据年龄将生涯规划分为六个时期，如表10-1所示。

表10-1 生涯规划与理财活动

阶段	学业/事业	家庭形态	理财活动	投资工具	保险规划
个人探索期 (15～24岁)	升学或就业 进行从业/转业选择	以父母家庭 为生活重心	求学深造 提高收入	活期存款 定期存款 基金定投	意外险、定期寿险 以父母为受益人
家庭建立期 (25～34岁)	在职进修 确定职业方向	择偶结婚 有学前子女	量入为出 攒首付款	活期存款 股票投资 基金定投	定期寿险、储蓄险 受益人为配偶或子女
家庭稳定期 (35～44岁)	提升管理技能 进行创业评估	子女上小学/中学	偿还房贷 筹教育金	自用房产投资、股票基金	养老险、住房抵押贷偿还保险或信用人寿保险；残疾收入保险
家庭维持期 (45～54岁)	晋升为中层管理者 着重建立专业声誉	子女上大学/出国深造	收入增加 筹退休金	建立多元 投资组合	重大疾病健康保险、投资型保单、年金类产品
空巢期 (55～60岁)	晋升为高层管理者 事业以指导组织为主	子女已独立就业	负担减轻 准备退休	降低投资 组合风险	长期看护险 退休年金
退休养老期 (60岁以后)	担任名誉顾问 经验传承	子女成家含饴弄孙	享受生活 规划遗产	固定收益 投资为主	趸缴的年金保险，领取退休年金至终老

(1)个人探索期——就业前的准备(15～24 岁)。生涯规划应从选择大学和专业开始,重点考虑个人的兴趣爱好和特长,并考虑社会未来就业需求的前景等因素,在此期间,多数人尚未成家,通常与父母同住或住在学校宿舍,这时候的保险规划重点应该放在保障自己的学习费用方面,还需要从父母那里获得资助,如果有收入,可以考虑父母作为受益人,购买一定保额的定期寿险或意外伤害保险。

(2)家庭建立期——从职场新人到独立贡献者(25～34 岁)。这是刚刚踏入社会的时期,个人已经具备独立的经济能力,但收入还不高,大部分人选择在这个时期结婚、生子。这一时期的特点是收入低、支出大,经济虽然独立,但还需要获得父母和亲戚朋友的资助。在保险方面,可以互相指定配偶为受益人,购买保险金额为年收入 5～10 倍的定期寿险,在子女出生之后可以以子女为受益人购买保险金额为家庭年收入 2～5 倍的定期寿险,以便发生不测时有足够的保险金为子女提供教育金。

(3)家庭稳定期——确定生涯方向(35～44 岁)。在家庭建立 10 年或职场历练 10 年之后,个人对于未来的职业发展已经基本确定:是否转向管理岗位,是否专注于个人业绩或专业发展,是否要自行创业?这一阶段是家庭成长期的前段,此时个人的收入水平有了明显提升,家庭经济状况有了明显改善,子女应该到了上小学或中学的阶段,父母应该着手准备子女接受高等教育所需的资金。如果购买了按揭的商品房,分期付款也是一笔固定的日常开销。在保险方面,如果有住房贷款,可以购买抵押贷款偿还保险或信用人寿保险,保险金额等于贷款余额,属于保额递减的定期寿险,确保家庭主要收入者发生意外时,用保险金来还清贷款;家庭主要收入来源者还必须投保一定的残疾收入保险,保证发生残疾后每月收入能达到残疾前收入的 50%～80%。

(4)家庭维持期——最具有投资力的年龄层(45～54 岁)。经过将近 20 年的工作和奋斗,这时候的个人应该具有一定的社会影响,具有较为雄厚的经济实力,子女多处于大学或深造阶段,属于家庭成长期的后半段,住房贷款大多已经还清,子女教育费用是最大支出。在该阶段,最重要的目标是为自己和配偶准备足够的退休金。这个时期由于收入增加并负担减轻,离退休至少还有 10 年,此时投资能力最强,同时还能负担中等程度的风险,因此对于已累积的资产应该构建一个多元化的投资组合,包括存款、货币市场基金、债券基金、股票型基金、投资用房地产、艺术品投资等,来分散风险。保险规划方面,可考虑购买一些投资型的保险产品、年金类产品;这个时期要重点考虑健康保险,特别是重大疾病保险产品,以确保越来越大的医疗费用支出。

(5)空巢期——退休前的准备(55～60 岁)。在中国,一般人在 55～60 岁退休,个人在这个时候已经处于事业的末期。此时还在企业发展的人,有望成为高层管理者。专业工作者也到了经验最丰富的时候,可传承经验,培养接班人。此时一般人的子女应已就业,可能自己租房或仍和父母同住,若已成家也到了“离巢”的时刻,和家庭成熟期的阶段相当。这个时期,应开始规划退休后的“银发生涯”如何开展,把退休当作圆梦的开始而非人生的终点。在投资上应在该阶段逐步降低投资组合的风险,增加债券基金及存款的比重。在保险方面,退休时可以将原有的养老保险转换为活到老领到老的终身年金,同时应该趁还未超过保险年龄而投保长期看护险,以免年老起居无法自理时,无人照顾或成为子女的负担。如果要征收遗产税，个人还要多考虑身后资产的处理，要计算自己的遗产是否会超过遗产税的起征点；在投保寿险时，从节税的目标来看，应投保高额的终身寿险，一方面通过高额寿险保单压缩资产，降低遗产税，另一方面也能通过免税的保险金为遗产税提供资金来源。

(6)养老期——退休后享受晚年生活(60岁以后)。该时期的保险购买，不需要再考虑投资增值的因素，应将大部分的资金购买趸缴的年金保险，年金给付至身故为止，以转移长寿风险。

2.收入水平与保险规划

按照经济收入状况，可将消费者分为富裕阶层、高收入阶层和中低收入阶层三个细分市场，根据这三类消费者的特征来分别介绍各自的主要风险，进行合适的保险规划。

(1)富裕阶层。富裕阶层是指率先致富的一部分经商者、演艺界明星、体育界明星，这部分人为数不多，但收入极高，有很强的经济能力和较强的抵御风险的能力，这些人优越感很强，一般自认为不需要保险，所得收入已够子孙花销。这种观点有失偏颇，他们面临的风险会导致较大的财务波动，同样需要购买保险来转移风险、稳定财务。当然，普通的保险产品对他们的意义不大，必须量体裁衣，针对他们的特殊身份、社会地位、精神满足感等特点来制定保险规划，主要考虑以下几个因素：①资产提前规划。遗产税已经成为国际上大多数国家采用的一项重要税种，我国的遗产税也正处于紧锣密鼓的筹划阶段，而高收入阶层是遗产税关注的重点，为了将更多的资产合理合法地转移给下一代，高收入阶层必须提前考虑利用寿险规避遗产税。②意外险是高收入阶层的重点选择。由于高收入阶层收入较高，花销当然也较高，意外事故可能造成重大的财务波动。因此，必须合理安排意外伤害保险，转嫁较大的财务风险。③满足特殊的精神需求。高额的寿险保单往往是高收入阶层的身份、地位的重要体现。④健康险也是他们考虑的重点。无论富人还是穷人，健康是每个人一生的追求，但对于高收入阶层而言，疾病的高额花费和疾病期间收入的损失将更高。综合起来，高收入阶层主要应考虑定期保障型保险、意外伤害保险、健康保险、终身寿险等险种，保费支出可以是年收入的20%以上。

(2)高收入阶层。高收入阶层的物质生活和精神生活都比较优越、充实，生活水平较高，这部分人虽已是无忧，收入较高，但仍有后顾之忧，担心到老年或身患重病等各种原因导致收入减少，生活水平下降或支付不起高额的医疗费用等意外事件发生。这部分个人或家庭对人身保险的需求比较强烈，而且也具有较高的保险购买力，保险规划的重点是：①保障期长，能够应付养老问题的险种应该尽早考虑，如养老保险、终身寿险等；②为应付疾病风险和医疗费用，必须购买足够的健康保险和医疗保险；③高收入阶层的消费者通常会有一部分剩余资金，可以考虑购买一定的投资连结产品，在确保保障的同时，享受保险公司专业、稳健经营的成果；④由于这个收入阶层的一家之主是家庭的主要经济来源，应该为其投保意外伤害保险。综合起来，高薪阶层消费者主要考虑养老保险、终身寿险、健康保险、医疗保险、投资连结保险与分红保险、意外伤害保险等。

(3)中低收入阶层。中低收入阶层的人口比例最大，从事的职业比较广泛，他们收入较低，各项福利保障也相对不高，抵御风险的能力较低。因此，他们是寿险公司主要的客户。从收入状况分，这部分人群可以进一步细分为两类：一类是收入微薄，除维持生活费用外无力购买保险;另一类是收入除用于生活水平开支外,还有相当一部分剩余资金,这就为其选择保险提供了条件。由于我国实行多年的就业、福利、保障三位一体的社会保障制度正在深化改革,中低收入阶层普遍希望寻求一种能够取代社会保障,而又花钱不多的保障方式,因此,该阶层在进行保险规划时主要应考虑如下因素:①中低收入阶层消费者收入低,抵御风险的能力不强,低保费、高保障的险种是他们的首选,如保障型的人寿保险和短期的意外伤害保险;②该收入阶层的消费者应付疾病风险的能力也比较弱,为了应付日益增长的高额医疗费,应着重考虑健康保险;③该阶层的保户一般比较关注本金的返还,如果经济收入允许,可考虑储蓄保险、返本保险等。综合起来,中低收入阶层应该主要考虑定期保障型保险、健康保险、医疗保险、分红保险、储蓄保险等险种。

案例分析 

以本章章首引入的例子为例进行分析

理财保险:通过购买保险、理财产品,为一家三口提供保障。

理财建议:王先生的家庭收入水平较高,并且比较稳定,但家庭理财方式单一,保障缺口明显,急需商业保险作为补充。根据风险排序,王先生及李女士均需侧重于人寿保险、重大疾病保险、意外伤害保险,孩子侧重于医疗保险、意外伤害保险。保障额度方面,主要是防范重大风险对家庭经济的冲击,保障孩子教育和家庭责任的履行。

(1)重大疾病保险方面,保额设定主要考虑个人医疗开支、由重大疾病引发的收入中断损失和后期较长一段时间的康复费用。鉴于夫妇二人月收入较高,但节余有限,可考虑购买消费型重大疾病保险,额度建议在 30 万元左右。

(2)意外伤害保险额度,以两人工作情况和担负的家庭责任来看,保额至少 30 万。可附加意外伤害医疗保险。

(3)目前家庭最大责任就是孩子的教育抚养责任和夫妇间的责任,因此在定期寿险方面夫妇二人各需补充 50 万元左右,建议 30 岁左右再补充养老保险需求。考虑到目前家庭经济状况,可暂缓考虑孩子的教育金计划。

家庭现状决定保费预算不宜过高,先建立部分保障,规划 20 年责任重心期,以后再通过保单检视进行调整。王先生夫妇还需制定理财规划。家庭每月节余达 7 000 元,可拿出 1 000~2 000 元购买分红险、万能险、投连险或者债券型基金,不仅能起到强制储蓄的作用,还能带来高收益。如果贷款利率下调,则可以考虑贷款买车。

本章小结

1.个人理财规划

个人理财规划是指针对个人/家庭的财务状况和财务目标提供或设计相应的金融服务或产品计划。

根据财务目标所涉及的范围,个人理财规划大致可分为单目标理财规划、多目标理财规划以及综合理财规划等三种类型。

个人理财规划应当遵循量入为出、经济效益、安全性、终身理财原则。

个人理财规划通常包括六个步骤：确定当前财务状况、确定理财目标、选择理财方法、评估理财方法、制定并实施理财规划、回顾和修正理财规划。

个人理财规划的基本内容包括个人的现金管理需求、信用需求、资产保障需求、资产积累与管理需求、资产分配需求等。

2.保险规划

保险在家庭理财规划中的功能主要包括风险保障功能、储蓄功能、资金融通功能、避税功能、规避通货膨胀及利率风险功能。

我国社会经济转轨的影响因素包括人口老龄化问题、家庭规模小型化问题、政府职能的转变、人口素质的提高、传统观念的转变、收入的快速增长与个人资产的多样化等方面。

影响人们保险需求的因素主要包括风险因素、保费附加、收入和财富、信息、其他保障来源以及非货币损失。

保险规划的基本原则包括转移风险的原则、量力而行的原则、高额损失优先的原则和合理搭配险种的原则。

保险规划的基本步骤是确定保险标的、选择保险产品、确定保险金额、确定保险期限、选择合适的保险公司、签订保险合同、定期审查与调整保险计划。

保险标的的确定要考虑适合性、经济支付能力与选择性三个重要的因素。

选择保险人时应重点考虑保险公司的偿付能力、保险公司的服务质量、保险公司的机构网络、保险公司的民调评价，以及保险公司的经营特长等几个方面。

人的生涯规划的主要阶段包括探索期、建立期、稳定期、维持期、空巢期和退休期六个时期。不同时期有不同的理财规划与保险需求。

复习思考题

一、单选题

1.影响保险规划的环境因素不包括(　　)。

A.人口环境　　B.经济环境　　C.生态环境　　D.政治环境

2.关于马斯洛的需求层次理论，下列说法错误的是(　　)。

A.人的需求从低级到高级依次可分为生理需求、安全需求、社交需求、自我实现的需求

B.不同的需求层次在不同的发展阶段占据主导地位

C.较低层次的需求主要通过个人的劳动获取收入、积累来实现

D.较高层次的需求对应于较高的经济发展水平，主要通过有精神象征意义的心理行为及社会行为来满足

3.通过保险规划，可以改变风险发生的频率和(　　)。

A.时间　　B.地点　　C.性质　　D.损失程度

4.下列各项中不属于保险购买原则的是(　　)。

A.分析客户需要的原则　　B.量力而行的原则
C.合理性原则　　D.稳定性原则

5.保险规划的主要步骤不包括(　　)。
A.确定保险标的　　B.选定保险产品　　C.接受保险方案　　D.明确保险期限

6.确定保险规划的首要任务是(　　)。
A.选择保险公司　　B.选择保险产品　　C.确定保险金额　　D.确定保险标的

7.在为自己或家人购买人身保险时,投保人通常需要考虑的因素不包括(　　)。
A.选择性　　B.适合性　　C.经济性　　D.经济支付能力

8.在确定保险金额时,常用的依据是(　　)。
A.保险人可以接受的赔偿额　　B.财产的实际价值和人的生命价值
C.投保人想获得的赔偿额　　D.财产或人身可能损失的价值

9.在保险规划中,个人风险衡量通常包括的三种情况是(　　)。
A.人身死亡、生存死亡、退休死亡　　B.重大疾病、交通意外、生理死亡
C.生理死亡、生存死亡、退休死亡　　D.遗产风险、死亡风险、财产风险

10.下列各项中不属于生涯规划阶段的是(　　)。
A.探索期　　B.增长期　　C.空巢期　　D.养老期

11.(　　)主要适合于35～44岁的稳定期,开始创业或进入初级管理层的客户购买。
A.趸交退休年金　　B.房贷信用寿险　　C.终身寿险　　D.意外寿险

12.(　　)的客户投资能力最强。
A.探索期　　B.维持期　　C.稳定期　　D.养老期

13.高收入阶层的保费支出可以达到年收入的(　　)。
A.10%　　B.15%　　C.20%　　D.30%

14.(　　)是寿险公司的主要客户。
A.高收入阶层　　B.高薪收入阶层　　C.中产阶级　　D.中低收入阶层

15.为筹备子女教育基金或准备退休养老之用,应选择(　　)保险产品。
A.生存　　B.死亡　　C.意外伤害　　D.健康

二、多项选择题

1.下列各项中影响人们购买保险的因素有(　　)。
A.收入与财富的变动　　B.保费附加
C.其他保障来源　　D.个人所拥有的有关损失分布的信息

2.选择保险公司应该考虑的因素主要有(　　)。
A.偿付能力　　B.经营特长　　C.机构网络　　D.服务质量

3.我国社会经济转轨的因素主要包括(　　)。
A.人口老龄化　　B.家庭规模小型化
C.政府职能的转变　　D.收入的快速增长与个人资产的多样化

4.保险规划的基本原则包括(　　)。
A.转移风险　　B.量力而行　　C.越多越好　　D.高额损失优先

5.保险规划的基本步骤包括(　　)。

A.确定保险标的　　B.选择保险产品

C.确定保险金额　　D.选择适合的保险公司

6.在为自己或家人购买保险时,投保人通常要考虑的因素有(　　)。

A.适合性　　B.经济支付能力　　C.选择性　　D.越多越好

7.人的生涯规划阶段包括(　　)。

A.探索期　　B.工作期　　C.养老期　　D.空巢期

8.高收入阶层应考虑的保险有(　　)。

A.高额寿险　　B.健康保险　　C.意外伤害保险　　D.定期寿险

9.中低收入阶层应该考虑的保险有(　　)。

A.定期寿险　　B.终身寿险　　C.医疗保险　　D.投资型保险

10.保险规划的风险主要体现在(　　)。

A.未充分保险的风险　　B.理赔的风险

C.过分保险的风险　　D.不必要保险的风险

三、简答题

1.马斯洛的需求层次理论包括哪些内容?

2.我国人口老龄化有哪些特点?其主要影响是什么?

3.我国社会经济转轨的因素有哪些?

4.保险规划的基本原则是什么?

5.保险规划的基本步骤包括哪些方面?

6.人的生涯规划包括几个部分?各自的特点是什么?

四、案例分析

小刘和小徐当年是同学,结为夫妻后有了一个可爱的女儿小萱。2012 年,小刘 35 岁,小徐 32 岁,小萱 3 岁,入读托儿所。小刘和小徐都是办公室白领,在公司中是中层管理人员,事业蒸蒸日上,两人都经常出差。小刘和小徐所在的单位都按照国家的规定为他们缴纳了社会保险,并且所在单位还为员工购买了团体医疗保险,保障部分门诊和住院费用;每年,单位还为员工购买意外伤害保险,保险金额为 20 万元。小萱也有社会保险,其门诊和住院费用可以由社会保险承担 50%,还参加了城市儿童互助医疗保险,住院费用还可以减少一半;另外,小萱所在的托儿所已经为所有小朋友购买了儿童意外伤害保险,保险金额 20 万元,并附加了医疗费用保险。小刘和小徐目前年收入都为 20 万元。两人已经购买了住房并且还清了贷款,有一套价值 200 万元的自住商品房。现在,小刘和小徐的生活比较富足,每月除小萱的托儿费用 1 600 元外,每月养车及日常生活的费用大概在 1 万元,其中小萱每月的生活费用为 2 000 元,小刘夫妇各为 4 000 元。这样,夫妻二人的每年净收入为 26 万元左右。夫妻俩的工作压力都比较大,业余时间基本上没有参加什么运动。

请根据上述资料,为小刘的家庭设计一份保险规划。

附录一　中华人民共和国保险法

（2015 年修正）

颁布单位：全国人大常委会　颁布时间：2009-02-28　生效时间：2009-10-01　时效性：现行有效

（1995 年 6 月 30 日第八届全国人民代表大会常务委员会第十四次会议通过　2002 年 10 月 28 日第九届全国人民代表大会常务委员会第三十次会议《关于修改〈中华人民共和国保险法〉的决定》修正　2009 年 2 月 28 日第十一届全国人民代表大会常务委员会第七次会议修订　2009 年 2 月 28 日中华人民共和国主席令（十一届）第十一号公布　自 2009 年 10 月 1 日起施行　根据 2014 年 8 月 31 日第十二届全国人民代表大会常务委员会《关于修改保险法等五部法律的决定》修正　2015 年 4 月 24 日第十二届全国人民代表大会常务委员会第十四次会议全国人民代表大会常务委员会《关于修改等五部法律的决定》修正）

目　录

第一章　总则

第一条　为了规范保险活动，保护保险活动当事人的合法权益，加强对保险业的监督管理,维护社会经济秩序和社会公共利益,促进保险事业的健康发展,制定本法。

第二条 本法所称保险,是指投保人根据合同约定,向保险人支付保险费,保险人对于合同约定的可能发生的事故因其发生所造成的财产损失承担赔偿保险金责任,或者当被保险人死亡、伤残、疾病或者达到合同约定的年龄、期限等条件时承担给付保险金责任的商业保险行为。

第三条 在中华人民共和国境内从事保险活动,适用本法。

第四条 从事保险活动必须遵守法律、行政法规,尊重社会公德,不得损害社会公共利益。

第五条 保险活动当事人行使权利、履行义务应当遵循诚实信用原则。

第六条 保险业务由依照本法设立的保险公司以及法律、行政法规规定的其他保险组织经营,其他单位和个人不得经营保险业务。

第七条 在中华人民共和国境内的法人和其他组织需要办理境内保险的,应当向中华人民共和国境内的保险公司投保。

第八条 保险业和银行业、证券业、信托业实行分业经营、分业管理,保险公司与银行、证券、信托业务机构分别设立。国家另有规定的除外。

第九条 国务院保险监督管理机构依法对保险业实施监督管理。

国务院保险监督管理机构根据履行职责的需要设立派出机构。派出机构按照国务院保险监督管理机构的授权履行监督管理职责。

第二章 保险合同

第一节 一般规定

第十条 保险合同是投保人与保险人约定保险权利义务关系的协议。

投保人是指与保险人订立保险合同,并按照合同约定负有支付保险费义务的人。

保险人是指与投保人订立保险合同,并按照合同约定承担赔偿或者给付保险金责任的保险公司。

第十一条 订立保险合同,应当协商一致,遵循公平原则确定各方的权利和义务。

除法律、行政法规规定必须保险的外,保险合同自愿订立。

第十二条 人身保险的投保人在保险合同订立时,对被保险人应当具有保险利益。

财产保险的被保险人在保险事故发生时,对保险标的应当具有保险利益。

人身保险是以人的寿命和身体为保险标的的保险。

财产保险是以财产及其有关利益为保险标的的保险。

被保险人是指其财产或者人身受保险合同保障,享有保险金请求权的人。投保人可以为被保险人。

保险利益是指投保人或者被保险人对保险标的具有的法律上承认的利益。

第十三条 投保人提出保险要求,经保险人同意承保,保险合同成立。保险人应当及时向投保人签发保险单或者其他保险凭证。

保险单或者其他保险凭证应当载明当事人双方约定的合同内容。当事人也可以约定采用其他书面形式载明合同内容。

依法成立的保险合同,自成立时生效。投保人和保险人可以对合同的效力约定附条件或者附期限。

第十四条 保险合同成立后,投保人按照约定交付保险费,保险人按照约定的时间开始承担保险责任。

第十五条 除本法另有规定或者保险合同另有约定外,保险合同成立后,投保人可以解除合同,保险人不得解除合同。

第十六条 订立保险合同,保险人就保险标的或者被保险人的有关情况提出询问的,投保人应当如实告知。

投保人故意或者因重大过失未履行前款规定的如实告知义务,足以影响保险人决定是否同意承保或者提高保险费率的,保险人有权解除合同。

前款规定的合同解除权,自保险人知道有解除事由之日起,超过三十日不行使而消灭。自合同成立之日起超过二年的,保险人不得解除合同;发生保险事故的,保险人应当承担赔偿或者给付保险金的责任。

投保人故意不履行如实告知义务的,保险人对于合同解除前发生的保险事故,不承担赔偿或者给付保险金的责任,并不退还保险费。

投保人因重大过失未履行如实告知义务,对保险事故的发生有严重影响的,保险人对于合同解除前发生的保险事故,不承担赔偿或者给付保险金的责任,但应当退还保险费。

保险人在合同订立时已经知道投保人未如实告知的情况的,保险人不得解除合同;发生保险事故的,保险人应当承担赔偿或者给付保险金的责任。

保险事故是指保险合同约定的保险责任范围内的事故。

第十七条 订立保险合同,采用保险人提供的格式条款的,保险人向投保人提供的投保单应当附格式条款,保险人应当向投保人说明合同的内容。

对保险合同中免除保险人责任的条款,保险人在订立合同时应当在投保单、保险单或者其他保险凭证上作出足以引起投保人注意的提示,并对该条款的内容以书面或者口头形式向投保人作出明确说明;未作提示或者明确说明的,该条款不产生效力。

第十八条 保险合同应当包括下列事项:

(一)保险人的名称和住所;

(二)投保人、被保险人的姓名或者名称、住所,以及人身保险的受益人的姓名或者名称、住所;

(三)保险标的;

(四)保险责任和责任免除;

(五)保险期间和保险责任开始时间;

(六)保险金额;

(七)保险费以及支付办法;

(八)保险金赔偿或者给付办法;

(九)违约责任和争议处理;

（十）订立合同的年、月、日。

投保人和保险人可以约定与保险有关的其他事项。

受益人是指人身保险合同中由被保险人或者投保人指定的享有保险金请求权的人。投保人、被保险人可以为受益人。

保险金额是指保险人承担赔偿或者给付保险金责任的最高限额。

第十九条 采用保险人提供的格式条款订立的保险合同中的下列条款无效：

（一）免除保险人依法应承担的义务或者加重投保人、被保险人责任的；

（二）排除投保人、被保险人或者受益人依法享有的权利的。

第二十条 投保人和保险人可以协商变更合同内容。

变更保险合同的，应当由保险人在保险单或者其他保险凭证上批注或者附贴批单，或者由投保人和保险人订立变更的书面协议。

第二十一条 投保人、被保险人或者受益人知道保险事故发生后，应当及时通知保险人。故意或者因重大过失未及时通知，致使保险事故的性质、原因、损失程度等难以确定的，保险人对无法确定的部分，不承担赔偿或者给付保险金的责任，但保险人通过其他途径已经及时知道或者应当及时知道保险事故发生的除外。

第二十二条 保险事故发生后，按照保险合同请求保险人赔偿或者给付保险金时，投保人、被保险人或者受益人应当向保险人提供其所能提供的与确认保险事故的性质、原因、损失程度等有关的证明和资料。

保险人按照合同的约定，认为有关的证明和资料不完整的，应当及时一次性通知投保人、被保险人或者受益人补充提供。

第二十三条 保险人收到被保险人或者受益人的赔偿或者给付保险金的请求后，应当及时作出核定；情形复杂的，应当在三十日内作出核定，但合同另有约定的除外。保险人应当将核定结果通知被保险人或者受益人；对属于保险责任的，在与被保险人或者受益人达成赔偿或者给付保险金的协议后十日内，履行赔偿或者给付保险金义务。保险合同对赔偿或者给付保险金的期限有约定的，保险人应当按照约定履行赔偿或者给付保险金义务。

保险人未及时履行前款规定义务的，除支付保险金外，应当赔偿被保险人或者受益人因此受到的损失。

任何单位和个人不得非法干预保险人履行赔偿或者给付保险金的义务，也不得限制被保险人或者受益人取得保险金的权利。

第二十四条 保险人依照本法第二十三条的规定作出核定后，对不属于保险责任的，应当自作出核定之日起三日内向被保险人或者受益人发出拒绝赔偿或者拒绝给付保险金通知书，并说明理由。

第二十五条 保险人自收到赔偿或者给付保险金的请求和有关证明、资料之日起六十日内，对其赔偿或者给付保险金的数额不能确定的，应当根据已有证明和资料可以确定的数额先予支付；保险人最终确定赔偿或者给付保险金的数额后，应当支付相应的差额。

第二十六条 人寿保险以外的其他保险的被保险人或者受益人，向保险人请求赔偿或者给付保险金的诉讼时效期间为二年，自其知道或者应当知道保险事故发生之日起计算。

人寿保险的被保险人或者受益人向保险人请求给付保险金的诉讼时效期间为五年，自其知道或者应当知道保险事故发生之日起计算。

第二十七条 未发生保险事故，被保险人或者受益人谎称发生了保险事故，向保险人提出赔偿或者给付保险金请求的，保险人有权解除合同，并不退还保险费。

投保人、被保险人故意制造保险事故的，保险人有权解除合同，不承担赔偿或者给付保险金的责任；除本法第四十三条规定外，不退还保险费。

保险事故发生后，投保人、被保险人或者受益人以伪造、变造的有关证明、资料或者其他证据，编造虚假的事故原因或者夸大损失程度的，保险人对其虚报的部分不承担赔偿或者给付保险金的责任。

投保人、被保险人或者受益人有前三款规定行为之一，致使保险人支付保险金或者支出费用的，应当退回或者赔偿。

第二十八条 保险人将其承担的保险业务，以分保形式部分转移给其他保险人的，为再保险。

应再保险接受人的要求，再保险分出人应当将其自负责任及原保险的有关情况书面告知再保险接受人。

第二十九条 再保险接受人不得向原保险的投保人要求支付保险费。

原保险的被保险人或者受益人不得向再保险接受人提出赔偿或者给付保险金的请求。

再保险分出人不得以再保险接受人未履行再保险责任为由，拒绝履行或者迟延履行其原保险责任。

第三十条 采用保险人提供的格式条款订立的保险合同，保险人与投保人、被保险人或者受益人对合同条款有争议的，应当按照通常理解予以解释。对合同条款有两种以上解释的，人民法院或者仲裁机构应当作出有利于被保险人和受益人的解释。

第二节 人身保险合同

第三十一条 投保人对下列人员具有保险利益：

(一)本人；

(二)配偶、子女、父母；

(三)前项以外与投保人有抚养、赡养或者扶养关系的家庭其他成员、近亲属；

(四)与投保人有劳动关系的劳动者。

除前款规定外，被保险人同意投保人为其订立合同的，视为投保人对被保险人具有保险利益。

订立合同时，投保人对被保险人不具有保险利益的，合同无效。

第三十二条 投保人申报的被保险人年龄不真实，并且其真实年龄不符合合同约定的年龄限制的，保险人可以解除合同，并按照合同约定退还保险单的现金价值。保险人行使合同解除权，适用本法第十六条第三款、第六款的规定。

投保人申报的被保险人年龄不真实，致使投保人支付的保险费少于应付保险费的，保险人有权更正并要求投保人补交保险费，或者在给付保险金时按照实付保险费与应付保险费的比例支付。

投保人申报的被保险人年龄不真实，致使投保人支付的保险费多于应付保险费的，保险人应当将多收的保险费退还投保人。

第三十三条 投保人不得为无民事行为能力人投保以死亡为给付保险金条件的人身保险，保险人也不得承保。

父母为其未成年子女投保的人身保险，不受前款规定限制。但是，因被保险人死亡给付的保险金总和不得超过国务院保险监督管理机构规定的限额。

第三十四条 以死亡为给付保险金条件的合同，未经被保险人同意并认可保险金额的，合同无效。

按照以死亡为给付保险金条件的合同所签发的保险单，未经被保险人书面同意，不得转让或者质押。

父母为其未成年子女投保的人身保险，不受本条第一款规定限制。

第三十五条 投保人可以按照合同约定向保险人一次支付全部保险费或者分期支付保险费。

第三十六条 合同约定分期支付保险费，投保人支付首期保险费后，除合同另有约定外，投保人自保险人催告之日起超过三十日未支付当期保险费，或者超过约定的期限六十日未支付当期保险费的，合同效力中止，或者由保险人按照合同约定的条件减少保险金额。

被保险人在前款规定期限内发生保险事故的，保险人应当按照合同约定给付保险金，但可以扣减欠交的保险费。

第三十七条 合同效力依照本法第三十六条规定中止的，经保险人与投保人协商并达成协议，在投保人补交保险费后，合同效力恢复。但是，自合同效力中止之日起满二年双方未达成协议的，保险人有权解除合同。

保险人依照前款规定解除合同的，应当按照合同约定退还保险单的现金价值。

第三十八条 保险人对人寿保险的保险费，不得用诉讼方式要求投保人支付。

第三十九条 人身保险的受益人由被保险人或者投保人指定。

投保人指定受益人时须经被保险人同意。投保人为与其有劳动关系的劳动者投保人身保险，不得指定被保险人及其近亲属以外的人为受益人。

被保险人为无民事行为能力人或者限制民事行为能力人的，可以由其监护人指定受益人。

第四十条 被保险人或者投保人可以指定一人或者数人为受益人。

受益人为数人的，被保险人或者投保人可以确定受益顺序和受益份额；未确定受益份额的，受益人按照相等份额享有受益权。

第四十一条 被保险人或者投保人可以变更受益人并书面通知保险人。保险人收到变更受益人的书面通知后，应当在保险单或者其他保险凭证上批注或者附贴批单。

投保人变更受益人时须经被保险人同意。

第四十二条 被保险人死亡后，有下列情形之一的，保险金作为被保险人的遗产，由保险人依照《中华人民共和国继承法》的规定履行给付保险金的义务：

(一)没有指定受益人,或者受益人指定不明无法确定的;

(二)受益人先于被保险人死亡,没有其他受益人的;

(三)受益人依法丧失受益权或者放弃受益权,没有其他受益人的。

受益人与被保险人在同一事件中死亡,且不能确定死亡先后顺序的,推定受益人死亡在先。

第四十三条 投保人故意造成被保险人死亡、伤残或者疾病的,保险人不承担给付保险金的责任。投保人已交足二年以上保险费的,保险人应当按照合同约定向其他权利人退还保险单的现金价值。

受益人故意造成被保险人死亡、伤残、疾病的,或者故意杀害被保险人未遂的,该受益人丧失受益权。

第四十四条 以被保险人死亡为给付保险金条件的合同,自合同成立或者合同效力恢复之日起二年内,被保险人自杀的,保险人不承担给付保险金的责任,但被保险人自杀时为无民事行为能力人的除外。

保险人依照前款规定不承担给付保险金责任的,应当按照合同约定退还保险单的现金价值。

第四十五条 因被保险人故意犯罪或者抗拒依法采取的刑事强制措施导致其伤残或者死亡的,保险人不承担给付保险金的责任。投保人已交足二年以上保险费的,保险人应当按照合同约定退还保险单的现金价值。

第四十六条 被保险人因第三者的行为而发生死亡、伤残或者疾病等保险事故的,保险人向被保险人或者受益人给付保险金后,不享有向第三者追偿的权利,但被保险人或者受益人仍有权向第三者请求赔偿。

第四十七条 投保人解除合同的,保险人应当自收到解除合同通知之日起三十日内,按照合同约定退还保险单的现金价值。

第三节 财产保险合同

第四十八条 保险事故发生时,被保险人对保险标的不具有保险利益的,不得向保险人请求赔偿保险金。

第四十九条 保险标的转让的,保险标的的受让人承继被保险人的权利和义务。

保险标的转让的,被保险人或者受让人应当及时通知保险人,但货物运输保险合同和另有约定的合同除外。

因保险标的转让导致危险程度显著增加的,保险人自收到前款规定的通知之日起三十日内,可以按照合同约定增加保险费或者解除合同。保险人解除合同的,应当将已收取的保险费,按照合同约定扣除自保险责任开始之日起至合同解除之日止应收的部分后,退还投保人。

被保险人、受让人未履行本条第二款规定的通知义务的,因转让导致保险标的危险程度显著增加而发生的保险事故,保险人不承担赔偿保险金的责任。

第五十条 货物运输保险合同和运输工具航程保险合同,保险责任开始后,合同当事人不得解除合同。

第五十一条 被保险人应当遵守国家有关消防、安全、生产操作、劳动保护等方面的规定，维护保险标的的安全。

保险人可以按照合同约定对保险标的的安全状况进行检查，及时向投保人、被保险人提出消除不安全因素和隐患的书面建议。

投保人、被保险人未按照约定履行其对保险标的的安全应尽责任的，保险人有权要求增加保险费或者解除合同。

保险人为维护保险标的的安全，经被保险人同意，可以采取安全预防措施。

第五十二条 在合同有效期内，保险标的的危险程度显著增加的，被保险人应当按照合同约定及时通知保险人，保险人可以按照合同约定增加保险费或者解除合同。保险人解除合同的，应当将已收取的保险费，按照合同约定扣除自保险责任开始之日起至合同解除之日止应收的部分后，退还投保人。

被保险人未履行前款规定的通知义务的，因保险标的的危险程度显著增加而发生的保险事故，保险人不承担赔偿保险金的责任。

第五十三条 有下列情形之一的，除合同另有约定外，保险人应当降低保险费，并按日计算退还相应的保险费：

（一）据以确定保险费率的有关情况发生变化，保险标的的危险程度明显减少的；

（二）保险标的的保险价值明显减少的。

第五十四条 保险责任开始前，投保人要求解除合同的，应当按照合同约定向保险人支付手续费，保险人应当退还保险费。保险责任开始后，投保人要求解除合同的，保险人应当将已收取的保险费，按照合同约定扣除自保险责任开始之日起至合同解除之日止应收的部分后，退还投保人。

第五十五条 投保人和保险人约定保险标的的保险价值并在合同中载明的，保险标的发生损失时，以约定的保险价值为赔偿计算标准。

投保人和保险人未约定保险标的的保险价值的，保险标的发生损失时，以保险事故发生时保险标的的实际价值为赔偿计算标准。

保险金额不得超过保险价值。超过保险价值的，超过部分无效，保险人应当退还相应的保险费。

保险金额低于保险价值的，除合同另有约定外，保险人按照保险金额与保险价值的比例承担赔偿保险金的责任。

第五十六条 重复保险的投保人应当将重复保险的有关情况通知各保险人。

重复保险的各保险人赔偿保险金的总和不得超过保险价值。除合同另有约定外，各保险人按照其保险金额与保险金额总和的比例承担赔偿保险金的责任。

重复保险的投保人可以就保险金额总和超过保险价值的部分，请求各保险人按比例返还保险费。

重复保险是指投保人对同一保险标的、同一保险利益、同一保险事故分别与两个以上保险人订立保险合同，且保险金额总和超过保险价值的保险。

第五十七条 保险事故发生时，被保险人应当尽力采取必要的措施，防止或者减少损失。

保险事故发生后，被保险人为防止或者减少保险标的的损失所支付的必要的、合理的费用，由保险人承担；保险人所承担的费用数额在保险标的损失赔偿金额以外另行计算，最高不超过保险金额的数额。

第五十八条 保险标的发生部分损失的，自保险人赔偿之日起三十日内，投保人可以解除合同；除合同另有约定外，保险人也可以解除合同，但应当提前十五日通知投保人。

合同解除的，保险人应当将保险标的未受损失部分的保险费，按照合同约定扣除自保险责任开始之日起至合同解除之日止应收的部分后，退还投保人。

第五十九条 保险事故发生后，保险人已支付了全部保险金额，并且保险金额等于保险价值的，受损保险标的的全部权利归于保险人；保险金额低于保险价值的，保险人按照保险金额与保险价值的比例取得受损保险标的的部分权利。

第六十条 因第三者对保险标的的损害而造成保险事故的，保险人自向被保险人赔偿保险金之日起，在赔偿金额范围内代位行使被保险人对第三者请求赔偿的权利。

前款规定的保险事故发生后，被保险人已经从第三者取得损害赔偿的，保险人赔偿保险金时，可以相应扣减被保险人从第三者已取得的赔偿金额。

保险人依照本条第一款规定行使代位请求赔偿的权利，不影响被保险人就未取得赔偿的部分向第三者请求赔偿的权利。

第六十一条 保险事故发生后，保险人未赔偿保险金之前，被保险人放弃对第三者请求赔偿的权利的，保险人不承担赔偿保险金的责任。

保险人向被保险人赔偿保险金后，被保险人未经保险人同意放弃对第三者请求赔偿的权利的，该行为无效。

被保险人故意或者因重大过失致使保险人不能行使代位请求赔偿的权利的，保险人可以扣减或者要求返还相应的保险金。

第六十二条 除被保险人的家庭成员或者其组成人员故意造成本法第六十条第一款规定的保险事故外，保险人不得对被保险人的家庭成员或者其组成人员行使代位请求赔偿的权利。

第六十三条 保险人向第三者行使代位请求赔偿的权利时，被保险人应当向保险人提供必要的文件和所知道的有关情况。

第六十四条 保险人、被保险人为查明和确定保险事故的性质、原因和保险标的的损失程度所支付的必要的、合理的费用，由保险人承担。

第六十五条 保险人对责任保险的被保险人给第三者造成的损害，可以依照法律的规定或者合同的约定，直接向该第三者赔偿保险金。

责任保险的被保险人给第三者造成损害，被保险人对第三者应负的赔偿责任确定的，根据被保险人的请求，保险人应当直接向该第三者赔偿保险金。被保险人怠于请求的，第三者有权就其应获赔偿部分直接向保险人请求赔偿保险金。

责任保险的被保险人给第三者造成损害，被保险人未向该第三者赔偿的，保险人不得向被保险人赔偿保险金。

责任保险是指以被保险人对第三者依法应负的赔偿责任为保险标的的保险。

第六十六条 责任保险的被保险人因给第三者造成损害的保险事故而被提起仲裁或

者诉讼的，被保险人支付的仲裁或者诉讼费用以及其他必要的、合理的费用，除合同另有约定外，由保险人承担。

第三章 保险公司

第六十七条 设立保险公司应当经国务院保险监督管理机构批准。

国务院保险监督管理机构审查保险公司的设立申请时，应当考虑保险业的发展和公平竞争的需要。

第六十八条 设立保险公司应当具备下列条件：

(一)主要股东具有持续盈利能力，信誉良好，最近三年内无重大违法违规记录，净资产不低于人民币二亿元；

(二)有符合本法和《中华人民共和国公司法》规定的章程；

(三)有符合本法规定的注册资本；

(四)有具备任职专业知识和业务工作经验的董事、监事和高级管理人员；

(五)有健全的组织机构和管理制度；

(六)有符合要求的营业场所和与经营业务有关的其他设施；

(七)法律、行政法规和国务院保险监督管理机构规定的其他条件。

第六十九条 设立保险公司，其注册资本的最低限额为人民币二亿元。

国务院保险监督管理机构根据保险公司的业务范围、经营规模，可以调整其注册资本的最低限额，但不得低于本条第一款规定的限额。

保险公司的注册资本必须为实缴货币资本。

第七十条 申请设立保险公司，应当向国务院保险监督管理机构提出书面申请，并提交下列材料：

(一)设立申请书，申请书应当载明拟设立的保险公司的名称、注册资本、业务范围等；

(二)可行性研究报告；

(三)筹建方案；

(四)投资人的营业执照或者其他背景资料，经会计师事务所审计的上一年度财务会计报告；

(五)投资人认可的筹备组负责人和拟任董事长、经理名单及本人认可证明；

(六)国务院保险监督管理机构规定的其他材料。

第七十一条 国务院保险监督管理机构应当对设立保险公司的申请进行审查，自受理之日起六个月内作出批准或者不批准筹建的决定，并书面通知申请人。决定不批准的，应当书面说明理由。

第七十二条 申请人应当自收到批准筹建通知之日起一年内完成筹建工作；筹建期间不得从事保险经营活动。

第七十三条 筹建工作完成后，申请人具备本法第六十八条规定的设立条件的，可以向国务院保险监督管理机构提出开业申请。

国务院保险监督管理机构应当自受理开业申请之日起六十日内，作出批准或者不批准开业的决定。决定批准的，颁发经营保险业务许可证；决定不批准的，应当书面通知申请人并说明理由。

第七十四条 保险公司在中华人民共和国境内设立分支机构，应当经保险监督管理机构批准。

保险公司分支机构不具有法人资格，其民事责任由保险公司承担。

第七十五条 保险公司申请设立分支机构，应当向保险监督管理机构提出书面申请，并提交下列材料：

（一）设立申请书；

（二）拟设机构三年业务发展规划和市场分析材料；

（三）拟任高级管理人员的简历及相关证明材料；

（四）国务院保险监督管理机构规定的其他材料。

第七十六条 保险监督管理机构应当对保险公司设立分支机构的申请进行审查，自受理之日起六十日内作出批准或者不批准的决定。决定批准的，颁发分支机构经营保险业务许可证；决定不批准的，应当书面通知申请人并说明理由。

第七十七条 经批准设立的保险公司及其分支机构，凭经营保险业务许可证向工商行政管理机关办理登记，领取营业执照。

第七十八条 保险公司及其分支机构自取得经营保险业务许可证之日起六个月内，无正当理由未向工商行政管理机关办理登记的，其经营保险业务许可证失效。

第七十九条 保险公司在中华人民共和国境外设立子公司、分支机构，应当经国务院保险监督管理机构批准。

第八十条 外国保险机构在中华人民共和国境内设立代表机构，应当经国务院保险监督管理机构批准。代表机构不得从事保险经营活动。

第八十一条 保险公司的董事、监事和高级管理人员，应当品行良好，熟悉与保险相关的法律、行政法规，具有履行职责所需的经营管理能力，并在任职前取得保险监督管理机构核准的任职资格。

保险公司高级管理人员的范围由国务院保险监督管理机构规定。

第八十二条 有《中华人民共和国公司法》第一百四十六条规定的情形或者下列情形之一的，不得担任保险公司的董事、监事、高级管理人员：

（一）因违法行为或者违纪行为被金融监督管理机构取消任职资格的金融机构的董事、监事、高级管理人员，自被取消任职资格之日起未逾五年的；

（二）因违法行为或者违纪行为被吊销执业资格的律师、注册会计师或者资产评估机构、验证机构等机构的专业人员，自被吊销执业资格之日起未逾五年的。

第八十三条 保险公司的董事、监事、高级管理人员执行公司职务时违反法律、行政法规或者公司章程的规定，给公司造成损失的，应当承担赔偿责任。

第八十四条 保险公司有下列情形之一的，应当经保险监督管理机构批准：

（一）变更名称；

（二）变更注册资本；

（三）变更公司或者分支机构的营业场所；

（四）撤销分支机构；

（五）公司分立或者合并；

（六）修改公司章程；

（七）变更出资额占有限责任公司资本总额百分之五以上的股东，或者变更持有股份有限公司股份百分之五以上的股东；

（八）国务院保险监督管理机构规定的其他情形。

第八十五条 保险公司应当聘用专业人员，建立精算报告制度和合规报告制度。

第八十六条 保险公司应当按照保险监督管理机构的规定，报送有关报告、报表、文件和资料。

保险公司的偿付能力报告、财务会计报告、精算报告、合规报告及其他有关报告、报表、文件和资料必须如实记录保险业务事项，不得有虚假记载、误导性陈述和重大遗漏。

第八十七条 保险公司应当按照国务院保险监督管理机构的规定妥善保管业务经营活动的完整账簿、原始凭证和有关资料。

前款规定的账簿、原始凭证和有关资料的保管期限，自保险合同终止之日起计算，保险期间在一年以下的不得少于五年，保险期间超过一年的不得少于十年。

第八十八条 保险公司聘请或者解聘会计师事务所、资产评估机构、资信评级机构等中介服务机构，应当向保险监督管理机构报告；解聘会计师事务所、资产评估机构、资信评级机构等中介服务机构，应当说明理由。

第八十九条 保险公司因分立、合并需要解散，或者股东会、股东大会决议解散，或者公司章程规定的解散事由出现，经国务院保险监督管理机构批准后解散。

经营有人寿保险业务的保险公司，除因分立、合并或者被依法撤销外，不得解散。

保险公司解散，应当依法成立清算组进行清算。

第九十条 保险公司有《中华人民共和国企业破产法》第二条规定情形的，经国务院保险监督管理机构同意，保险公司或者其债权人可以依法向人民法院申请重整、和解或者破产清算；国务院保险监督管理机构也可以依法向人民法院申请对该保险公司进行重整或者破产清算。

第九十一条 破产财产在优先清偿破产费用和共益债务后，按照下列顺序清偿：

（一）所欠职工工资和医疗、伤残补助、抚恤费用，所欠应当划入职工个人账户的基本养老保险、基本医疗保险费用，以及法律、行政法规规定应当支付给职工的补偿金；

（二）赔偿或者给付保险金；

（三）保险公司欠缴的除第（一）项规定以外的社会保险费用和所欠税款；

（四）普通破产债权。

破产财产不足以清偿同一顺序的清偿要求的，按照比例分配。

破产保险公司的董事、监事和高级管理人员的工资，按照该公司职工的平均工资计算。

第九十二条 经营有人寿保险业务的保险公司被依法撤销或者被依法宣告破产的，其持有的人寿保险合同及责任准备金，必须转让给其他经营有人寿保险业务的保险公司；不能同其他保险公司达成转让协议的，由国务院保险监督管理机构指定经营有人寿保险业务的保险公司接受转让。

转让或者由国务院保险监督管理机构指定接受转让前款规定的人寿保险合同及责任准备金的，应当维护被保险人、受益人的合法权益。

第九十三条 保险公司依法终止其业务活动，应当注销其经营保险业务许可证。

第九十四条 保险公司，除本法另有规定外，适用《中华人民共和国公司法》的规定。

第四章 保险经营规则

第九十五条 保险公司的业务范围：

（一）人身保险业务，包括人寿保险、健康保险、意外伤害保险等保险业务；

（二）财产保险业务，包括财产损失保险、责任保险、信用保险、保证保险等保险业务；

（三）国务院保险监督管理机构批准的与保险有关的其他业务。

保险人不得兼营人身保险业务和财产保险业务。但是，经营财产保险业务的保险公司经国务院保险监督管理机构批准，可以经营短期健康保险业务和意外伤害保险业务。

保险公司应当在国务院保险监督管理机构依法批准的业务范围内从事保险经营活动。

第九十六条 经国务院保险监督管理机构批准，保险公司可以经营本法第九十五条规定的保险业务的下列再保险业务：

（一）分出保险；

（二）分入保险。

第九十七条 保险公司应当按照其注册资本总额的百分之二十提取保证金，存入国务院保险监督管理机构指定的银行，除公司清算时用于清偿债务外，不得动用。

第九十八条 保险公司应当根据保障被保险人利益、保证偿付能力的原则，提取各项责任准备金。

保险公司提取和结转责任准备金的具体办法，由国务院保险监督管理机构制定。

第九十九条 保险公司应当依法提取公积金。

第一百条 保险公司应当缴纳保险保障基金。

保险保障基金应当集中管理，并在下列情形下统筹使用：

（一）在保险公司被撤销或者被宣告破产时，向投保人、被保险人或者受益人提供救济；

（二）在保险公司被撤销或者被宣告破产时，向依法接受其人寿保险合同的保险公司提供救济；

（三）国务院规定的其他情形。

保险保障基金筹集、管理和使用的具体办法，由国务院制定。

第一百零一条 保险公司应当具有与其业务规模和风险程度相适应的最低偿付能力。保险公司的认可资产减去认可负债的差额不得低于国务院保险监督管理机构规定的数额；低于规定数额的，应当按照国务院保险监督管理机构的要求采取相应措施达到规定的数额。

第一百零二条 经营财产保险业务的保险公司当年自留保险费，不得超过其实有资本金加公积金总和的四倍。

第一百零三条 保险公司对每一危险单位，即对一次保险事故可能造成的最大损失范围所承担的责任，不得超过其实有资本金加公积金总和的百分之十；超过的部分应当办理再保险。

保险公司对危险单位的划分应当符合国务院保险监督管理机构的规定。

第一百零四条 保险公司对危险单位的划分方法和巨灾风险安排方案，应当报国务院保险监督管理机构备案。

第一百零五条 保险公司应当按照国务院保险监督管理机构的规定办理再保险，并审慎选择再保险接受人。

第一百零六条 保险公司的资金运用必须稳健，遵循安全性原则。

保险公司的资金运用限于下列形式：

（一）银行存款；

（二）买卖债券、股票、证券投资基金份额等有价证券；

（三）投资不动产；

（四）国务院规定的其他资金运用形式。

保险公司资金运用的具体管理办法，由国务院保险监督管理机构依照前两款的规定制定。

第一百零七条 经国务院保险监督管理机构会同国务院证券监督管理机构批准，保险公司可以设立保险资产管理公司。

保险资产管理公司从事证券投资活动，应当遵守《中华人民共和国证券法》等法律、行政法规的规定。

保险资产管理公司的管理办法，由国务院保险监督管理机构会同国务院有关部门制定。

第一百零八条 保险公司应当按照国务院保险监督管理机构的规定，建立对关联交易的管理和信息披露制度。

第一百零九条 保险公司的控股股东、实际控制人、董事、监事、高级管理人员不得利用关联交易损害公司的利益。

第一百一十条 保险公司应当按照国务院保险监督管理机构的规定，真实、准确、完整地披露财务会计报告、风险管理状况、保险产品经营情况等重大事项。

第一百一十一条 保险公司从事保险销售的人员应当品行良好，具有保险销售所需的专业能力。保险销售人员的行为规范和管理办法，由国务院保险监督管理机构规定。

第一百一十二条 保险公司应当建立保险代理人登记管理制度，加强对保险代理人的培训和管理，不得唆使、诱导保险代理人进行违背诚信义务的活动。

第一百一十三条 保险公司及其分支机构应当依法使用经营保险业务许可证，不得转让、出租、出借经营保险业务许可证。

第一百一十四条 保险公司应当按照国务院保险监督管理机构的规定，公平、合理拟订保险条款和保险费率，不得损害投保人、被保险人和受益人的合法权益。

保险公司应当按照合同约定和本法规定，及时履行赔偿或者给付保险金义务。

第一百一十五条 保险公司开展业务，应当遵循公平竞争的原则，不得从事不正当竞争。

第一百一十六条 保险公司及其工作人员在保险业务活动中不得有下列行为：

（一）欺骗投保人、被保险人或者受益人；

（二）对投保人隐瞒与保险合同有关的重要情况；

（三）阻碍投保人履行本法规定的如实告知义务，或者诱导其不履行本法规定的如实告知义务；

（四）给予或者承诺给予投保人、被保险人、受益人保险合同约定以外的保险费回扣或者其他利益；

（五）拒不依法履行保险合同约定的赔偿或者给付保险金义务；

（六）故意编造未曾发生的保险事故、虚构保险合同或者故意夸大已经发生的保险事故的损失程度进行虚假理赔，骗取保险金或者牟取其他不正当利益；

（七）挪用、截留、侵占保险费；

（八）委托未取得合法资格的机构从事保险销售活动；

（九）利用开展保险业务为其他机构或者个人牟取不正当利益；

（十）利用保险代理人、保险经纪人或者保险评估机构，从事以虚构保险中介业务或者编造退保等方式套取费用等违法活动；

（十一）以捏造、散布虚假事实等方式损害竞争对手的商业信誉，或者以其他不正当竞争行为扰乱保险市场秩序；

（十二）泄露在业务活动中知悉的投保人、被保险人的商业秘密；

（十三）违反法律、行政法规和国务院保险监督管理机构规定的其他行为。

第五章　保险代理人和保险经纪人

第一百一十七条 保险代理人是根据保险人的委托，向保险人收取佣金，并在保险人授权的范围内代为办理保险业务的机构或者个人。

保险代理机构包括专门从事保险代理业务的保险专业代理机构和兼营保险代理业务的保险兼业代理机构。

第一百一十八条 保险经纪人是基于投保人的利益，为投保人与保险人订立保险合同提供中介服务，并依法收取佣金的机构。

第一百一十九条 保险代理机构、保险经纪人应当具备国务院保险监督管理机构规定的条件，取得保险监督管理机构颁发的经营保险代理业务许可证、保险经纪业务许可证。

第一百二十条 以公司形式设立保险专业代理机构、保险经纪人，其注册资本最低限额适用《中华人民共和国公司法》的规定。

国务院保险监督管理机构根据保险专业代理机构、保险经纪人的业务范围和经营规模，可以调整其注册资本的最低限额，但不得低于《中华人民共和国公司法》规定的限额。

保险专业代理机构、保险经纪人的注册资本或者出资额必须为实缴货币资本。

第一百二十一条　保险专业代理机构、保险经纪人的高级管理人员，应当品行良好，熟悉保险法律、行政法规，具有履行职责所需的经营管理能力，并在任职前取得保险监督管理机构核准的任职资格。

第一百二十二条　个人保险代理人、保险代理机构的代理从业人员、保险经纪人的经纪从业人员，应当品行良好，具有从事保险代理业务或者保险经纪业务所需的专业能力。

第一百二十三条　保险代理机构、保险经纪人应当有自己的经营场所，设立专门账簿记载保险代理业务、经纪业务的收支情况。

第一百二十四条　保险代理机构、保险经纪人应当按照国务院保险监督管理机构的规定缴存保证金或者投保职业责任保险。

第一百二十五条　个人保险代理人在代为办理人寿保险业务时，不得同时接受两个以上保险人的委托。

第一百二十六条　保险人委托保险代理人代为办理保险业务，应当与保险代理人签订委托代理协议，依法约定双方的权利和义务。

第一百二十七条　保险代理人根据保险人的授权代为办理保险业务的行为，由保险人承担责任。

保险代理人没有代理权、超越代理权或者代理权终止后以保险人名义订立合同，使投保人有理由相信其有代理权的，该代理行为有效。保险人可以依法追究越权的保险代理人的责任。

第一百二十八条　保险经纪人因过错给投保人、被保险人造成损失的，依法承担赔偿责任。

第一百二十九条　保险活动当事人可以委托保险公估机构等依法设立的独立评估机构或者具有相关专业知识的人员，对保险事故进行评估和鉴定。

接受委托对保险事故进行评估和鉴定的机构和人员，应当依法、独立、客观、公正地进行评估和鉴定，任何单位和个人不得干涉。

前款规定的机构和人员，因故意或者过失给保险人或者被保险人造成损失的，依法承担赔偿责任。

第一百三十条　保险佣金只限于向保险代理人、保险经纪人支付，不得向其他人支付。

第一百三十一条　保险代理人、保险经纪人及其从业人员在办理保险业务活动中不得有下列行为：

（一）欺骗保险人、投保人、被保险人或者受益人；

（二）隐瞒与保险合同有关的重要情况；

（三）阻碍投保人履行本法规定的如实告知义务，或者诱导其不履行本法规定的如实告知义务；

（四）给予或者承诺给予投保人、被保险人或者受益人保险合同约定以外的利益；

（五）利用行政权力、职务或者职业便利以及其他不正当手段强迫、引诱或者限制投保人订立保险合同；

（六）伪造、擅自变更保险合同，或者为保险合同当事人提供虚假证明材料；

（七）挪用、截留、侵占保险费或者保险金；

（八）利用业务便利为其他机构或者个人牟取不正当利益；

（九）串通投保人、被保险人或者受益人，骗取保险金；

（十）泄露在业务活动中知悉的保险人、投保人、被保险人的商业秘密。

第一百三十二条 本法第八十六条第一款、第一百一十三条的规定，适用于保险代理机构和保险经纪人。

第六章 保险业监督管理

第一百三十三条 保险监督管理机构依照本法和国务院规定的职责，遵循依法、公开、公正的原则，对保险业实施监督管理，维护保险市场秩序，保护投保人、被保险人和受益人的合法权益。

第一百三十四条 国务院保险监督管理机构依照法律、行政法规制定并发布有关保险业监督管理的规章。

第一百三十五条 关系社会公众利益的保险险种、依法实行强制保险的险种和新开发的人寿保险险种等的保险条款和保险费率，应当报国务院保险监督管理机构批准。国务院保险监督管理机构审批时，应当遵循保护社会公众利益和防止不正当竞争的原则。其他保险险种的保险条款和保险费率，应当报保险监督管理机构备案。

保险条款和保险费率审批、备案的具体办法，由国务院保险监督管理机构依照前款规定制定。

第一百三十六条 保险公司使用的保险条款和保险费率违反法律、行政法规或者国务院保险监督管理机构的有关规定的，由保险监督管理机构责令停止使用，限期修改；情节严重的，可以在一定期限内禁止申报新的保险条款和保险费率。

第一百三十七条 国务院保险监督管理机构应当建立健全保险公司偿付能力监管体系，对保险公司的偿付能力实施监控。

第一百三十八条 对偿付能力不足的保险公司，国务院保险监督管理机构应当将其列为重点监管对象，并可以根据具体情况采取下列措施：

（一）责令增加资本金、办理再保险；

（二）限制业务范围；

（三）限制向股东分红；

（四）限制固定资产购置或者经营费用规模；

（五）限制资金运用的形式、比例；

（六）限制增设分支机构；

（七）责令拍卖不良资产、转让保险业务；

（八）限制董事、监事、高级管理人员的薪酬水平；

（九）限制商业性广告；

（十）责令停止接受新业务。

第三十九条 保险公司未依照本法规定提取或者结转各项责任准备金，或者未依照本法规定办理再保险，或者严重违反本法关于资金运用的规定的，由保险监督管理机构责令限期改正，并可以责令调整负责人及有关管理人员。

第一百四十条 保险监督管理机构依照本法第一百四十条的规定作出限期改正的决定后，保险公司逾期未改正的，国务院保险监督管理机构可以决定选派保险专业人员和指定该保险公司的有关人员组成整顿组，对公司进行整顿。

整顿决定应当载明被整顿公司的名称、整顿理由、整顿组成员和整顿期限，并予以公告。

第一百四十一条 整顿组有权监督被整顿保险公司的日常业务。被整顿公司的负责人及有关管理人员应当在整顿组的监督下行使职权。

第一百四十二条 整顿过程中，被整顿保险公司的原有业务继续进行。但是，国务院保险监督管理机构可以责令被整顿公司停止部分原有业务、停止接受新业务，调整资金运用。

第一百四十三条 被整顿保险公司经整顿已纠正其违反本法规定的行为，恢复正常经营状况的，由整顿组提出报告，经国务院保险监督管理机构批准，结束整顿，并由国务院保险监督管理机构予以公告。

第一百四十四条 保险公司有下列情形之一的，国务院保险监督管理机构可以对其实行接管：

（一）公司的偿付能力严重不足的；

（二）违反本法规定，损害社会公共利益，可能严重危及或者已经严重危及公司的偿付能力的。

被接管的保险公司的债权债务关系不因接管而变化。

第一百四十五条 接管组的组成和接管的实施办法，由国务院保险监督管理机构决定，并予以公告。

第一百四十六条 接管期限届满，国务院保险监督管理机构可以决定延长接管期限，但接管期限最长不得超过二年。

第一百四十七条 接管期限届满，被接管的保险公司已恢复正常经营能力的，由国务院保险监督管理机构决定终止接管，并予以公告。

第一百四十八条 被整顿、被接管的保险公司有《中华人民共和国企业破产法》第二条规定情形的，国务院保险监督管理机构可以依法向人民法院申请对该保险公司进行重整或者破产清算。

第一百四十九条 保险公司因违法经营被依法吊销经营保险业务许可证的，或者偿付能力低于国务院保险监督管理机构规定标准，不予撤销将严重危害保险市场秩序、损害公共利益的，由国务院保险监督管理机构予以撤销并公告，依法及时组织清算组进行清算。

第一百五十条 国务院保险监督管理机构有权要求保险公司股东、实际控制人在指定的期限内提供有关信息和资料。

第一百五十一条 保险公司的股东利用关联交易严重损害公司利益，危及公司偿付能力的，由国务院保险监督管理机构责令改正。在按照要求改正前，国务院保险监督管理机构可以限制其股东权利；拒不改正的，可以责令其转让所持的保险公司股权。

第一百五十二条 保险监督管理机构根据履行监督管理职责的需要，可以与保险公司董事、监事和高级管理人员进行监督管理谈话，要求其就公司的业务活动和风险管理的重大事项作出说明。

第一百五十三条 保险公司在整顿、接管、撤销清算期间，或者出现重大风险时，国务院保险监督管理机构可以对该公司直接负责的董事、监事、高级管理人员和其他直接责任人员采取以下措施：

（一）通知出境管理机关依法阻止其出境；

（二）申请司法机关禁止其转移、转让或者以其他方式处分财产，或者在财产上设定其他权利。

第一百五十四条 保险监督管理机构依法履行职责，可以采取下列措施：

（一）对保险公司、保险代理人、保险经纪人、保险资产管理公司、外国保险机构的代表机构进行现场检查；

（二）进入涉嫌违法行为发生场所调查取证；

（三）询问当事人及与被调查事件有关的单位和个人，要求其对与被调查事件有关的事项作出说明；

（四）查阅、复制与被调查事件有关的财产权登记等资料；

（五）查阅、复制保险公司、保险代理人、保险经纪人、保险资产管理公司、外国保险机构的代表机构以及与被调查事件有关的单位和个人的财务会计资料及其他相关文件和资料；对可能被转移、隐匿或者毁损的文件和资料予以封存；

（六）查询涉嫌违法经营的保险公司、保险代理人、保险经纪人、保险资产管理公司、外国保险机构的代表机构以及与涉嫌违法事项有关的单位和个人的银行账户；

（七）对有证据证明已经或者可能转移、隐匿违法资金等涉案财产或者隐匿、伪造、毁损重要证据的，经保险监督管理机构主要负责人批准，申请人民法院予以冻结或者查封。

保险监督管理机构采取前款第（一）项、第（二）项、第（五）项措施的，应当经保险监督管理机构负责人批准；采取第（六）项措施的，应当经国务院保险监督管理机构负责人批准。

保险监督管理机构依法进行监督检查或者调查，其监督检查、调查的人员不得少于二人，并应当出示合法证件和监督检查、调查通知书；监督检查、调查的人员少于二人或者未出示合法证件和监督检查、调查通知书的，被检查、调查的单位和个人有权拒绝。

第一百五十五条 保险监督管理机构依法履行职责，被检查、调查的单位和个人应当配合。

第一百五十六条 保险监督管理机构工作人员应当忠于职守，依法办事，公正廉洁，不得利用职务便利牟取不正当利益，不得泄露所知悉的有关单位和个人的商业秘密。

第一百五十七条 国务院保险监督管理机构应当与中国人民银行、国务院其他金融监督管理机构建立监督管理信息共享机制。

保险监督管理机构依法履行职责，进行监督检查、调查时，有关部门应当予以配合。

第七章 法律责任

第一百五十八条 违反本法规定，擅自设立保险公司、保险资产管理公司或者非法经营商业保险业务的，由保险监督管理机构予以取缔，没收违法所得，并处违法所得一倍以上五倍以下的罚款；没有违法所得或者违法所得不足二十万元的，处二十万元以上一百万元以下的罚款。

第一百五十九条 违反本法规定，擅自设立保险专业代理机构、保险经纪人，或者未取得经营保险代理业务许可证、保险经纪业务许可证从事保险代理业务、保险经纪业务的，由保险监督管理机构予以取缔，没收违法所得，并处违法所得一倍以上五倍以下的罚款；没有违法所得或者违法所得不足五万元的，处五万元以上三十万元以下的罚款。

第一百六十条 保险公司违反本法规定，超出批准的业务范围经营的，由保险监督管理机构责令限期改正，没收违法所得，并处违法所得一倍以上五倍以下的罚款；没有违法所得或者违法所得不足十万元的，处十万元以上五十万元以下的罚款。逾期不改正或者造成严重后果的，责令停业整顿或者吊销业务许可证。

第一百六十一条 保险公司有本法第一百一十六条规定行为之一的，由保险监督管理机构责令改正，处五万元以上三十万元以下的罚款；情节严重的，限制其业务范围、责令停止接受新业务或者吊销业务许可证。

第一百六十二条 保险公司违反本法第八十四条规定的，由保险监督管理机构责令改正，处一万元以上十万元以下的罚款。

第一百六十三条 保险公司违反本法规定，有下列行为之一的，由保险监督管理机构责令改正，处五万元以上三十万元以下的罚款：

（一）超额承保，情节严重的；

（二）为无民事行为能力人承保以死亡为给付保险金条件的保险的。

第一百六十四条 违反本法规定，有下列行为之一的，由保险监督管理机构责令改正，处五万元以上三十万元以下的罚款；情节严重的，可以限制其业务范围、责令停止接受新业务或者吊销业务许可证：

（一）未按照规定提存保证金或者违反规定动用保证金的；

（二）未按照规定提取或者结转各项责任准备金的；

（三）未按照规定缴纳保险保障基金或者提取公积金的；

（四）未按照规定办理再保险的；

（五）未按照规定运用保险公司资金的；

（六）未经批准设立分支机构；

（七）未按照规定申请批准保险条款、保险费率的。

第一百六十五条 保险代理机构、保险经纪人有本法第一百三十一条规定行为之一的，由保险监督管理机构责令改正，处五万元以上三十万元以下的罚款；情节严重的，吊销业务许可证。

第一百六十六条 保险代理机构、保险经纪人违反本法规定，有下列行为之一的，由保险监督管理机构责令改正，处二万元以上十万元以下的罚款；情节严重的，责令停业整顿或者吊销业务许可证：

（一）未按照规定缴存保证金或者投保职业责任保险的；

（二）未按照规定设立专门账簿记载业务收支情况的。

第一百六十七条 违反本法规定，聘任不具有任职资格的人员的，由保险监督管理机构责令改正，处二万元以上十万元以下的罚款。

第一百六十八条 违反本法规定，转让、出租、出借业务许可证的，由保险监督管理机构处一万元以上十万元以下的罚款；情节严重的，责令停业整顿或者吊销业务许可证。

第一百六十九条 违反本法规定，有下列行为之一的，由保险监督管理机构责令限期改正；逾期不改正的，处一万元以上十万元以下的罚款：

（一）未按照规定报送或者保管报告、报表、文件、资料的，或者未按照规定提供有关信息、资料的；

（二）未按照规定报送保险条款、保险费率备案的；

（三）未按照规定披露信息的。

第一百七十条 违反本法规定，有下列行为之一的，由保险监督管理机构责令改正，处十万元以上五十万元以下的罚款；情节严重的，可以限制其业务范围、责令停止接受新业务或者吊销业务许可证：

（一）编制或者提供虚假的报告、报表、文件、资料的；

（二）拒绝或者妨碍依法监督检查的；

（三）未按照规定使用经批准或者备案的保险条款、保险费率的。

第一百七十一条 保险公司、保险资产管理公司、保险专业代理机构、保险经纪人违反本法规定的，保险监督管理机构除分别依照本法第一百六十条至第一百七十条的规定对该单位给予处罚外，对其直接负责的主管人员和其他直接责任人员给予警告，并处一万元以上十万元以下的罚款；情节严重的，撤销任职资格。

第一百七十二条 个人保险代理人违反本法规定的，由保险监督管理机构给予警告，可以并处二万元以下的罚款；情节严重的，处二万元以上十万元以下的罚款。

第一百七十三条 外国保险机构未经国务院保险监督管理机构批准，擅自在中华人民共和国境内设立代表机构的，由国务院保险监督管理机构予以取缔，处五万元以上三十万元以下的罚款。

外国保险机构在中华人民共和国境内设立的代表机构从事保险经营活动的，由保险监督管理机构责令改正，没收违法所得，并处违法所得一倍以上五倍以下的罚款；没有违法所得或者违法所得不足二十万元的，处二十万元以上一百万元以下的罚款；对其首席代表可以责令撤换；情节严重的，撤销其代表机构。

第一百七十四条 投保人、被保险人或者受益人有下列行为之一，进行保险诈骗活动，尚不构成犯罪的，依法给予行政处罚：

（一）投保人故意虚构保险标的，骗取保险金的；

（二）编造未曾发生的保险事故，或者编造虚假的事故原因或者夸大损失程度，骗取保险金的；

(三)故意造成保险事故,骗取保险金的。

保险事故的鉴定人、评估人、证明人故意提供虚假的证明文件,为投保人、被保险人或者受益人进行保险诈骗提供条件的,依照前款规定给予处罚。

第一百七十五条 违反本法规定,给他人造成损害的,依法承担民事责任。

第一百七十六条 拒绝、阻碍保险监督管理机构及其工作人员依法行使监督检查、调查职权,未使用暴力、威胁方法的,依法给予治安管理处罚。

第一百七十七条 违反法律、行政法规的规定,情节严重的,国务院保险监督管理机构可以禁止有关责任人员一定期限直至终身进入保险业。

第一百七十八条 保险监督管理机构从事监督管理工作的人员有下列情形之一的,依法给予处分:

(一)违反规定批准机构的设立的;

(二)违反规定进行保险条款、保险费率审批的;

(三)违反规定进行现场检查的;

(四)违反规定查询账户或者冻结资金的;

(五)泄露其知悉的有关单位和个人的商业秘密的;

(六)违反规定实施行政处罚的;

(七)滥用职权、玩忽职守的其他行为。

第一百七十九条 违反本法规定,构成犯罪的,依法追究刑事责任。

第八章 附则

第一百八十条 保险公司应当加入保险行业协会。保险代理人、保险经纪人、保险公估机构可以加入保险行业协会。

保险行业协会是保险业的自律性组织,是社会团体法人。

第一百八十一条 保险公司以外的其他依法设立的保险组织经营的商业保险业务,适用本法。

第一百八十二条 海上保险适用《中华人民共和国海商法》的有关规定;《中华人民共和国海商法》未规定的,适用本法的有关规定。

第一百八十三条 中外合资保险公司、外资独资保险公司、外国保险公司分公司适用本法规定;法律、行政法规另有规定的,适用其规定。

第一百八十四条 国家支持发展为农业生产服务的保险事业。农业保险由法律、行政法规另行规定。

强制保险,法律、行政法规另有规定的,适用其规定。

第一百八十五条 本法自 2009 年 10 月 1 日起施行。

【保险法发展历程】

中华人民共和国保险法[19950630]

全国人大常委会关于修改《中华人民共和国保险法》的决定[20021028]

中华人民共和国保险法(2009 年修订)[20090228]

全国人大常委会关于修改《中华人民共和国保险法》等五部法律的决定[20140831]

中华人民共和国保险法(2014 年修正)[20140831]

全国人民代表大会常务委员会关于修改《中华人民共和国计量法》等五部法律的决定[20150424]

附录二　章后习题参考答案

第一章　风险与风险管理

一、名词解释

风险:风险是某种事件发生的不确定性。

静态风险:静态风险是指由于自然力的不规则变动所导致的风险。

动态风险:由于社会经济或者政治的变动而导致的风险。

纯粹风险:是指只有损失机会而且没有获利可能的风险。

实质风险因素:是指有形的、能直接影响事物的物理功能的风险因素。

道德风险因素:是指与人的品德修养有关的无形因素,即由于个人的不诚实、不正直或不良企图致使风险事故的发生,以致引起财产损失或人身伤亡的因素。

心理风险因素:是指与人的心理状态有关的无形因素,即由于人的主观上的疏忽或过失,以致增加了风险事故发生的机会或扩大损失程度的原因或条件。

风险事故:也称风险事件,是指造成损失的直接原因或外在原因,即风险有可能变成现实引起损失的结果。

风险管理:风险管理是以最小的成本获得最大的安全保障的管理活动。

可保风险:可保风险是可以被保险公司接受的风险,或者说可以向保险公司转嫁的风险。

二、单项选择题

1.B　2.B　3.B　4.D　5.A　6.A　7.A　8.A　9.C　10.C　11.D

三、多项选择题

1ABC　2.ABCD　3.ABCD　4.ABCD　5.ABC　6.BC　7.ACD

四、判断题

1.×　2.×　3.×　4.√　5.√

五、复习思考题

1.风险的特征:客观性、普遍性、不确定性、可测性、发展性。

风险的构成要素:风险因素、风险事故、损失。

2.按风险产生的环境分类:静态风险和动态风险

按风险的性质分类:纯粹风险和投机风险

按风险损害的对象分类:财产风险、责任风险、信用风险和人身风险

按风险产生的原因分类：自然风险、社会风险、经济风险和政治风险

按风险是否可分散分类：可分散风险和不可分散风险

3.纯粹风险是指只有损失机会而没有获利可能的风险。而投机风险是指既有损失机会，又有获利可能的风险。

4.社会风险是指由于个人或团体的行为或不行为使社会生产及人们的生活受到损失的风险。政治风险是指国家风险，指在对外投资和贸易过程中，因政治原因或订约双方所不能控制的原因，使债权人可能遭受损失的风险。

5.风险是纯粹风险，风险必须是偶然的，风险必须是意外的，风险必须是大量标的均有遭受损失的可能性，风险应有发生重大损失的可能性。

第二章　保险概述

一、名词解释

商业保险：保险是指以契约的形式明确法律关系，以集合众多同质风险为代价建立基金，对个别特定约定风险事故后果提供补偿或给付，从而保障个人或社会财富安全的经济活动。保险是一种财务安排，是一种合同行为。

社会保险：社会保险是指国家通过立法强制建立社会保险基金，对参加劳动关系的劳动者在丧失劳动能力或失业时给予必要的物质帮助的制度。社会保险不以盈利为目的，是社会保障制度中的核心内容。

二、单项选择题

1—5：BAAAD　6—10.BDADA　11—12.BD

三、多项选择题

1.ABCDE　2.AD　3.AC　4.ABCD　5.ABCDE　6.ACD　7.ABCD

第三章　保险合同

一、名词解释

保险合同：又称保险契约，是合同的一种，是保险关系双方当事人之间权利义务关系的协议。

投保人：是指与保险人订立保险合同，并负有交付保险费义务的人。投保人可以是自然人、法人或其他组织。

保险人：也称承保人，是与投保人订立保险合同、收取保险费、在保险事故发生时对被保险人承担给付或赔偿损失责任的人。

被保险人：是指其财产或者人身受保险合同保障，享有保险金请求权的人，投保人可以为被保险人。

受益人：也叫保险金领受人，是指人身保险合同中由被保险人或者投保人指定的、在保险事故发生后直接向保险人行使赔偿请求权的人。投保人、被保险人可以为受益人。

保险合同中止和终止：保险合同中止是指保险合同生效后，由于某种原因使保险合同

的效力处于暂时停止状态即保险合同暂时失效。保险合同终止是指某种法定或约定事由的出现，致使保险合同当事人双方的权利义务归于消灭。

二、单项选择题

1.A 2.B 3.B 4.A 5.D 6.C 7.C 8.D 9.C 10.B

三、多选题

1.ABC 2.AB 3.ABCD 4.AD 5.ABCD

6.AC 7.ABC 8.ABCD 9.ABC 10.ABC

四、简答题

1.保险合同的解释是指当保险当事人由于对合同内容的用语理解不同发生争议时，依照法律规定的方式或者约定俗成的方式，对保险合同的内容或文字的含义予以确定或说明。保险合同的解释原则通常有文义解释、意图解释、专业解释以及不利条款起草人的解释原则。

2.保险合同终止是指某种法定或约定事由的出现，致使保险合同当事人双方的权利义务归于消灭。具体包括：合同被解除；合同期限届满；合同履行完毕；财产保险合同的保险标的灭失；人身保险合同的被保险人死亡；财产保险合同因保险标的部分损失，保险人履行赔偿义务而终止。

3.保险合同的特征主要有：

(1)保险合同是双务合同：双方当事人互负权利义务；

(2)保险合同是有偿合同：双方当事人享有利益的同时均需履行义务；

(3)保险合同是射幸合同：合同当事人一方是否履行义务有赖于未来偶然事件是否发生；

(4)保险合同大多为附和合同：由当事人一方(往往是保险人一方)拟订合同的主要内容，另一方当事人(即投保人一方)只能表示同意或不同意、接受或不接受；

4.投保人的义务：如实告知、交付保险费、维护保险标的的安全、危险增加通知、保险事故发生的通知、出险施救、提供单证以及协助追偿义务。

5.保险人的义务：条款说明，及时签发保险单证，承担保险责任，为投保人、被保险人或再保险分出人保密。

五、案例分析

1.受益人是人身保险合同中由被保险人或者投保人指定的、在保险事故发生后享有保险金请求权的人。投保人、被保险人可以为受益人。

《保险法》规定："被保险人或者投保人可以变更受益人并书面通知保险人。保险人收到变更受益人的书面通知后，应当在保险单或者其他保险凭证上批注或者附贴批单。"即投保人或被保险人可以中途变换受益人，或撤销受益人的受益权。受益人的撤销或变更不必征得保险人的同意，但必须通知保险人。如果受益人改变而没有通知保险人，后者在向原指定受益人做出给付后，不承担对更改后的受益人的义务。

本案中陈先生(既是投保人也是被保险人)有权指定和变更受益人，但变更受益人须通知保险人，否则，保险人只能将保险金给付给合同原受益人，即大儿子。

2.《保险法》："人身保险的受益人由被保险人或者投保人指定。投保人指定受益人时须经被保险人同意。”王某指定其妻张某为受益人合法。

受益人是享有保险金请求权的人。当被保险人与受益人不是同一人时,保险事故或事件发生后,如果被保险人死亡,则受益人能够从保险人处获得保险金。受益人与被保险人在同一事件中死亡,且不能确定死亡先后顺序的,推定受益人死亡在先。

本案,王某与张某在同一事件中死亡,且不能确定死亡先后顺序,推定受益人张某死亡在先,合同没有其他受益人。保险金作为被保险人王某的遗产,按《中华人民共和国继承法》由王某的法定继承人继承。

故此,保险金向王某父母给付。

第四章　保险的基本原则

一、名词解释

保险利益原则:保险利益原则是指在订立和履行保险合同的过程中,投保人或被保险人对保险标的必须具有保险利益,如果投保人对保险标的不具有保险利益,签订的保险合同无效;或者保险合同生效后,如果投保人或被保险人失去了对保险标的的保险利益,保险合同随之失效(人身保险合同除外)。

最大诚信原则:最大诚信原则是保险合同当事人在订立合同以及在合同有效期内,应依法向对方提供影响对方决定是否缔约及缔约条件的全部实质性重要事实,同时,绝对信守合同订立的约定与承诺。否则,受到损害的一方可以以此为理由宣布合同无效或不履行合同的约定义务或责任,还可以对因此而受到的损失要求对方予以赔偿。

近因:近因是造成保险标的损失的最直接、最有效、起决定性作用的原因,而不是指在时间上最接近损失的原因。

代为求偿:代位求偿是指保险人依照法律或保险合同约定,对被保险人所遭受的损失进行赔偿后,依法取得向对财产损失负有责任的第三者进行求偿(或追偿)的权利或取得对保险标的的所有权。包括权利代位和物上代位权。

物上代位:物上代位是指保险标的因遭受保险事故而发生全损时,保险人在全额支付保险赔偿金之后,依法拥有对该保险标的物的所有权,即代位取得受损保险标的物上的一切权利。

重复保险:重复保险指投保人就同一保险标的、同一保险利益、同一保险事故分别与数个保险人订立数个保险合同,且保险金额总和超过保险标的的价值的保险。

二、单项选择题

1—5:CCBDA

三、多项选择题

1.BEF　2ABCDE　3.ABD　4.BCE　5.ABCDE

四、案例分析

1.(1)按我国《保险法》的规定,投保人对本人、配偶、父母、子女、具有抚养或扶养关系的人、员工等具有保险利益,而案例都不符合以上条件。但《保险法》同时规定若被保险人同意投保人为其投保,也认可投保人对被保险人具有保险利益。本案中林某对何某给自己购买保险之事并不知情，所以不构成何某对林某具有保险利益。因此，何某给自己买的保险有效；给林某买的保险合同无效。

(2)因为何某给林某买的保险合同无效，林某死亡事故发生后，保险公司不予赔偿，应退还保单现金价值。

2.(1)根据保险利益原则，投保时银行作为抵押物机器设备的权利人，具有以贷款额度为限的保险利益，所以投保金额最高应为50万元。

(2)索赔30万元。因为事故发生时，未偿还贷款为50－20＝30万元，所以此时投保人的保险利益损失为30万元，也就是说银行最多可向保险公司索赔30万元保险赔款。

3.(1)被盗85篓的近因是盗窃；被冻坏250篓的近因也是盗窃，250篓红橘，是因为盗窃导致车皮的破口，从而导致冷空气进入车厢，导致冻坏。

(2)按照近因原则，根据近因是否属于承保风险来决定保险人是否应该承担赔偿责任。这里损失的近因都是盗窃，而盗窃属于货物运输险的保险责任，因此保险公司对这两项损失均要赔偿。

4.在案件中，保险人根据合同约定给付被保险人保险金，完全符合合同及法律的要求。至于在保险人给付保险金后，被保险人能否要求致害人赔偿，则分两种情况：如果是财产保险，按照代位追偿原则，向致害人要求赔偿的权利已经转移给保险公司了；如果是人身保险，则不适用代位追偿原则，被保险人还能继续向致害者进行追偿。案件中，投保人投保的是人身保险，因此，郑先生可以继续找肇事者的家长，追究其赔偿责任。

第五章　人身保险

一、单项选择题

1.C　2.C　3A　4.B　5.C　6.C　7.D　8.A　9.D　10.D

11.B　12.D　13.A　14.B　15.B　16.B　17.B　18.B　19A　20.B

二、多项选择题

1.ABCD　2.ABCD　3.ABC　4.ABCD　5.ABC

6.ABCD　7.BC　8.AD　9.BCD　10.ABD

三、简述题

1.人身保险具有与财产保险不一样的一些特征：保险标的的价值无法衡量；保险金额的定额给付；保险期限长；具有储蓄性；保险费率确定方式特殊，以人的死亡率为基础测定；保险利益的特殊：标的是无价的人的身体或生命，保险利益不能用货币估算和衡量。

2.人寿保险常见条款及含义(详见教材)

3.健康保险是以被保险人的身体为保险标的，在保险期限内被保险人因疾病、生育或意外事故导致医疗费用支出或收入损失时，由保险人予以补偿或给付保险金的人身保险。

健康保险与其他人身保险业务相比，存在不同的特征：除重大疾病保险外，保险期限多为短期；承保风险易变动性和不易预测，精算技术要求高；承保管理的严格；合同条款特殊；保险金给付具有多样性。

4.人身意外伤害保险有以下几个特征：一是保险期限短；二是保险金给付条件的差异

性较大;三是保险费率测定基础不同,取决于被保险人的职业、工种或从事的活动。四是保险金额定额给付。

人身意外伤害保险的保险责任是被保险人因意外伤害所致死亡、残疾时,由保险人给付保险金的责任。构成人身意外伤害保险的保险责任必须具备三个条件,这三个条件缺一不可:一是被保险人在保险期限内遭受了意外伤害;二是被保险人在责任期限内死亡或残疾;三是意外伤害必须是造成被保险人死亡或残疾的直接原因或近因。

意外伤害保险的给付方式:

(1)死亡保险金的给付方式:保险人按合同约定的保险金额作定额给付。

(2)残疾保险金的给付方式:依据残疾程度给付。残疾保险金的数额由保险金额和残疾程度两个因素确定。残疾程度一般以百分率表示,残疾保险金数额的计算公式是:

残疾保险金=保险金额×残疾程度对应的给付比例

5.意外伤害的界定:(1)必须有客观的意外事故发生,且事故原因是意外的、偶然的、不可预见的。(2)被保险人必须有因客观事故造成死亡或残疾的结果。(3)意外事故的发生和被保险人遭受人身伤亡的结果之间存在着内在的、必然的联系,即意外事故的发生是被保险人遭受伤害的原因,而被保险人遭受伤害是意外事故的后果。

6.健康保险的种类有:

(1)医疗保险(也称医疗费用保险)。对被保险人因疾病、生育或意外伤害发生后其治疗时所支出的医疗费用进行补偿。

(2)疾病保险。以保险合同约定的疾病的发生为给付保险金条件的保险。疾病保险并不考虑被保险人的实际医疗费用支出,而是依照保险合同约定给付保险金。

(3)失能收入损失保险。为被保险人因合同约定的疾病或者意外伤害导致工作能力丧失而导致收入的丧失或减少提供经济上的保障,但不承担被保险人因疾病或意外伤害所发生的医疗费用。

(4)护理保险。主要是为被保险人在老年护理中心和其他一些康复机构,甚至被保险人家中因各种护理需要或接受各类护理服务所产生的费用提供补偿的保险。

第六章 财产损失保险

一、简答题

1.简述财产保险的含义与特征。

财产保险(Property Insurance)有广义和狭义之分。广义的财产保险是以各种财产及其相关利益、责任、信用为保险标的的一种保险。如果仅以各种财产及相关利益为保险标的的保险为狭义的财产保险。狭义财产保险也成为财产损失保险。

财产保险与人身保险比较,有以下几个主要特征:

第一,保险标的可估价;

第二,保险金额按标的的市场价、账面价值或重置价确定;

第三,财产保险是补偿性保险,赔偿遵循损失补偿原则第四，财产保险经营技术复杂；

第五，财产保险一般是短期保险。

2.财产保险的三种基本的赔偿方式。

财产保险有三种基本的赔偿方式，依据不同的赔偿方式计算的赔偿额是不相同的，保险单上要对赔偿方式做具体的规定。

第一种，比例责任赔偿方式。

这种赔偿方式是按保险标的的保险金额与保险价值的比例计算赔偿金额。如果保险金额低于保险价值，被保险人的损失金额不能全部得到赔偿。其计算公式为：赔偿金额＝损失金额×（保险金额/保险价值）

（注：保险金额不得大于保险价值）

第二种，第一危险责任赔偿方式。

这种赔偿方式是在保险金额范围内，赔偿金额等于损失金额。也就是说，被保险人在保险金额范围内的损失，能够全部从保险人处获得赔偿。其计算公式为：

赔偿金额＝损失金额（注：赔偿金额不得大于保险金额）

第三种，免责限度赔偿方式。

这种赔偿方式是事先规定一个免责限度（免赔额或免赔率），在规定免责限度内的损失，保险人不负赔偿责任；只有损失超过免责限度时，保险人才承担赔偿责任。

以免赔率为例，分为相对免赔率和绝对免赔率。

相对免赔率下，赔偿金额＝保险金额×损失率（注：损失率必须大于免赔率）。

绝对免赔率下，赔偿金额＝保险金额×（损失率—免赔率）（注：损失率必须大于免赔率）。

3.定值保险与不定值保险的区别；足额保险、不足额保险与超额保险的区别。

定值保险是一种事先在合同中确定保险标的价值的险种，其在保险合同成立后，若有保险事故发生，导致财产全部损失时，不管保险标的的实际价值多少，保险人按保险合同事先约定的保险价值计算赔偿金额，不用重新对标的进行估价。若部分损失，以损失比例与合同确定的保险价值的乘积就是保险人应支付的赔偿金额。通常情况下，定值保险合同多见于海上保险、国内货物运输保险、国内船舶保险及一些以不易确定价值的艺术品为保险标的的财产保险中。

不定值保险是合同双方当事人在订立合同时对保险标的的保险价值没有事先确定，只订明保险金额作为赔偿的最高限额。当保险标的发生保险事故出现损失时，再对其价值进行确认来计算损失的保险合同。当保险金额等于或高于保险价值时，按实际损失金额赔偿；当保险金额小于保险价值时，其不足的部分视为被保险人自保，保险人按受损标的的保险金额与保险价值的比例计算赔款。

足额保险是指财产保险合同的保险金额与保险标的出险时的保险价值相等。在足额保险中，一般当保险标的发生保险事故造成损失时，保险人按实际损失进行赔偿，损失多少，赔偿多少。

不足额保险是指财产保险合同的保险金额小于保险标的出险时的保险价值。不足额保险的产生一般有两种情况：一是投保时投保人仅以保险价值的一部分投保，使保险金额小于保险价值；二是投保时保险金额等于保险价值，但在保险合同有效期内，保险标的的市场价上涨，造成出险时保险单上约定的保险金额小于保险价值。在不足额保险中，保险事故发生时，除合同另有约定外，保险人按照保险金额与保险价值的比例承担赔偿责任，被保险人要自己承担一部分损失。

超额保险是指财产保险合同的保险金额大于保险标的出险时的保险价值。超额保险的产生一般有两种情况：一是投保时投保人以高于保险价值的金额投保，使保险金额大于保险价值；二是投保时保险金额等于保险价值，但在保险合同有效期内，保险标的的市场价下跌，造成出险时保险单上的保险金额大于保险价值。根据损失补偿原则，保险金额超过保险价值的，其超过部分无效。

4.财产保险的损失状态。

财产保险标的损失可以从不同的角度分类：按遭受损失的程度，可分为全部损失和部分损失；按损失的形态，可分为物质损失和费用损失；按损失发生的客体是否是保险标的本身，可分为直接损失和间接损失。

5.企业财产保险基本险与综合险责任范围如何界定？

我国企业财产保险基本险责任范围采用风险列明方式承保，即保险标的只有遭受保险单中列明的自然灾害、意外事故造成损失时，保险人才负责赔偿。综合险的保险责任是在基本险的责任范围基础上，再增加各种自然灾害责任。

6.机动车辆保险基本险的险种及其保险责任；无赔款优待的条件有哪些。

基本险包括机动车辆损失保险、第三者责任保险、全车盗抢险和车上人员责任保险四大险种。车辆损失险的保险责任分为两类：一是意外事故或自然灾害造成保险车辆的损失；二是合理的施救、保护费用。

第三者责任险的保险责任包括：被保险人或其允许的合格驾驶员在使用车辆过程中，发生意外事故，致使第三者遭受人身伤亡或财产的直接损毁，依法应当由被保险人支付的赔偿金额，保险人依照《道路交通事故处理办法》和保险合同的规定给予赔偿。但因事故产生的善后工作，由被保险人负责处理。

全车盗抢险的保险责任：保险期间内，被保险机动车的下列损失和费用，且不属于免除保险人责任的范围，保险人依照本保险合同的约定负责赔偿：

1.被保险机动车被盗窃、抢劫、抢夺，经出险当地县级以上公安刑侦部门立案证明，满60天未查明下落的全车损失；

2.被保险机动车全车被盗窃、抢劫、抢夺后，受到损坏或车上零部件、附属设备丢失需要修复的合理费用；

3.被保险机动车在被抢劫、抢夺过程中，受到损坏需要修复的合理费用。

车上人员责任先的保险责任：保险期间内，被保险人或其允许的驾驶人在使用被保险机动车过程中发生意外事故，致使车上人员遭受人身伤亡，且不属于免除保险人责任的范围，依法应当对车上人员承担的损害赔偿责任，保险人依照本保险合同的约定负责赔偿。

无赔款优待的条件：保险车辆在上一年保险期限内无赔款，续保时可享受无赔款减收保险费优待，优待金额为本年度续保险种应交保险费的10%。被保险人投保车辆不止一辆的，无赔款优待分别按车辆计算。上年度投保的车辆损失险、第三者责任险和附加险中任何一项发生赔款，续保时均不能享受无赔款优待；不续保者不享受无赔款优待。如果续保的险种与上年度相同，但投保金额不同，无赔款优待则以本年度保险金额对应的应交保险为计算基础。无论机动车辆连续几年无事故，无赔款优待一律为应交保险费的10%。

7.海上货物运输保险基本险别的内容。

我国海上货物运输保险承保的基本险别包括平安险、水渍险和一切险三种。

平安险的保险责任范围包括保险标的因自然灾害造成的全损以及因部分意外事故造成的部分损失和费用。

水渍险的责任范围除了包括上列平安险的各项责任外，还负责保险标的由于恶劣气候、雷电、海啸、地震、洪水等自然灾害所造成的部分损失。即：水渍险＝平安险＋自然灾害造成的保险货物的部分损失。

一切险承保的责任范围除包括上列平安险和水渍险的各项责任外，还负责保险标的在运输途中由于一般外来风险所致的全部或部分损失。我国的一切险仍属于列明责任制，其中，各种外来风险主要是指11种一般附加险。即：一切险＝水渍险＋11种一般附加险。

二、单项选择题

1—5：AACCD　6—10　ACBDA

三、多项选择题

1.BDC　2.ABC　3.AD　4.ABCD　5.ABC

6.BC　7.ACD　8.ABCD　9.CD　10.ABC

四、案例分析

1.在不考虑免赔率的情况下

(1)甲车的保险公司赔偿乙方损失＝(乙车车损＋乙车货损)×甲方责任比例

＝(500＋400)×70%＝630元

乙车的保险公司赔偿甲方损失＝(甲车车损＋甲车货损)×乙方责任比例

＝(1 500＋600)×30%＝630元

(2)如果同时投保了车损险和第三者责任险，则第三者责任险项下赔偿同上。车损项下：

甲车的保险公司赔偿甲车损失＝甲车车损×甲方责任比例

＝600×70%＝420元

乙车的保险公司赔偿甲车损失＝乙车车损×乙方责任比例

＝400×30%＝120元

2.厂房的赔偿＝(损失额－残值)×保险金额/出险时重置价值

＝(80－1)×400/500＝63.2万元

机器设备的赔偿＝(损失额－残值)×保险金额/出险时重置价值

＝(50－0.5)×200/300＝33万元

流动资产的赔偿＝(损失额－残值)×保险金额/出险时账面余额＋施救费用×保险金额/出险时账面余额

＝30×150/200＋1×150/200＝23.25万元

3.根据第一危险赔偿方式,财产损失 10 万元,小于保单保额,保险公司按实际损失 10 万元赔偿;财产损失 45 万元,大于保单保额,保险公司按保险金额 40 万元赔偿

第七章 责任保险

一、单选题

1.A 2.D 3.C 4.C 5.D 6.B 7.A

8.D 9.C 10.C 11.A 12.C 13.B 14.D

二、多项选择题

1.AB 2.CDC 3.ABCE 4.ABC

三、思考题

1.责任保险与一般财产保险的区别:

(1)保险标的不同:责任保险的保险标的是被保险人在法律上对他人的无形的民事赔偿责任;一般的财产保险以有形的物质财产作为保险标的。

(2)赔偿目的不同:责任保险保障被保险人的财产的安全和稳定,维护了被保险人的利益。同时,责任保险也为第三者在遭受意外伤害时得到及时的充分的赔偿提供了保障,从而维护了第三者的利益。因此,责任保险具有第三者保险的性质;一般财产保险仅仅保障被保险人的利益。

(3)责任保险对补偿原则的修改:在责任保险中,保险人赔偿的是被保险人依法负有赔偿责任时的责任损失(赔偿金额须根据保险合同的规定,在赔偿限额之内),赔偿金额既可以支付给被保险人,也可以支付给受损害的第三者。一般财产保险只能把赔偿金额支付给被保险人。

(4)责任保险合同当事人的特殊性:任何一种责任保险都涉及到保险人、致害人(被保险人)、受害人三个方面的关系;一般财产保险仅仅涉及保险人和被保险人,部分涉及代位追偿的第三方。

2.两个案例涉及的案情都属于工伤。

按照《工伤保险条例》的规定,职工有下列情形之一的,应当认定为工伤:

(一)在工作时间和工作场所内,因工作原因受到事故伤害的;

(二)工作时间前后在工作场所内,从事与工作有关的预备性或者收尾性工作受到事故伤害的;

(三)在工作时间和工作场所内,因履行工作职责受到暴力等意外伤害的;

(四)在工作时间和工作岗位,突发疾病死亡或者在 48 小时之内经抢救无效死亡的;

3.属于雇主责任保险的保险责任。因为雇主责任保险的保险责任范围包括被保险人应承担的雇员遭受工伤或职业病应付的医疗费用。本案中,造成吕某死亡的近因是职业病,所以该赔。

4.场所责任保险承保固定场所(包括房屋、建筑物及其设备、装置等)因存在结构上的缺陷或管理不善,或被保险人在被保险场所内进行生产经营活动时因疏忽而发生意外事故,造成他人人身伤亡或财产损失的经济赔偿责任。本案中,酒楼投保的公众责任保险应

该属于一种场所责任保险。按照法院的判决结果，被保险人红星酒楼应当对受害人杨某承担一定的补偿责任，这正属于保险责任范围，保险人应该对这部分补偿金额承担赔偿责任。

5.(1)本案的归责原则和何法律依据：

本案的归责原则是过错推定原则。

根据是《侵权责任法》第三十七条的规定：宾馆、商场、银行、车站、娱乐场所等公共场所的管理人或者群众性活动的组织者，未尽到安全保障义务，造成他人损害的，应当承担侵权责任。因第三人的行为造成他人损害的，由第三人承担侵权责任；管理人或者组织者未尽到安全保障义务的，承担相应的补充责任。

《侵权责任法》第八十五条规定：建筑物、构筑物或者其他设施及其搁置物、悬挂物发生脱落、坠落造成他人损害，所有人、管理人或者使用人不能证明自己没有过错的，应当承担侵权责任。所有人、管理人或者使用人赔偿后，有其他责任人的，有权向其他责任人追偿。

(2)本案中旅馆、装修队的责任认定：

根据《侵权责任法》第三十七条和第八十五条的规定，旅馆应当承担赔偿责任，其赔偿后有权向装修队追偿。

第八章 保险经营与管理(一)

1.保险经营应遵守原则：

(1)保险经营的基本原则：经济核算原则(包括保险成本核算、保险资金核算、保险利润核算)、“随行就市”原则、“薄利多销”原则。

(2)保险经营的特殊原则：风险大量原则、风险同质原则、风险选择原则、风险分散原则

2.经营保险业务的组织形式分为以下几种：国有保险公司、私营保险公司、合营保险公司、合作保险组织、个人保险组织、行业自保组织等。

3.保险费率的构成：保险费率是由纯费率和附加费率构成的。

保险费率厘定原则：保险费率厘定过程要坚持公平合理原则、充分性原则、灵活稳定原则、促进防灾防损原则的四大基本原理，根据收支平衡原理、大数法则，科学厘定各类保险产品的价格。

4.在保险承保中如何有效地防范保险经营风险？

保险合同关系的成立，还可能会诱发两种新的危险因素，一种是道德风险，另一种是心理风险。对于道德风险的控制的措施有：(1)控制保险金额，避免高额保险；(2)控制赔偿程度。对于心理风险的控制的措施有：(1)责任控制；(2)规定免赔额；(3)续保优惠；(4)其他优惠。例如，对配备先进防灾设施和防灾防损工作做得好的被保险人，在保险费率上也给予优惠。

5.影响寿险费率的因素主要有以下三个要素：(1)死亡或生存因素；(2)利率因素；(3)附加费用因素。

6.保险理赔应遵循的原则和程序：

作为保险经营过程中的关键环节，保险理赔必须坚持以下三项原则：重合同、守信用；主动、迅速、准确、合理；实事求是。

保险理赔的程序有：损失通知；损失检验；审核各项单证；核实损失原因；核定损失程度和数额；损余处理；给付赔款。

第九章　保险经营与管理(二)

一、单项选择题

1.D　2.B　3.B　4.B　5.A　6.B　7.A　8.D　9.A　10.B

11.D　12.A　13.B　14.C

二、多项选择题

1.ABD　2.ACD　3.BCD　4.AC　5.ABD　6.ABCD　7.AC

第十章　个人理财规划与保险规划

一、单项选择题

1.C　2.B　3.D　4.D　5.C　6.D　7.C　8.B

9.B　10.B　11.B　12.B　13.C　14.D　15.A

二、多项选择题

1.ABC　2.ABCD　3.ABCD　4.ABD　5.ABCD

6.ABC　7.ABC　8.ABC　9.AC　10.ABCD

三、案例分析

依据案情介绍，小刘一家属于高收入阶层，有基本的社保、医保、意外和医疗费用保障。设计家庭保险规划时应补充重大疾病保险、寿险(养老和终身寿险)、子女教育险以及个人医疗费用险和提高意外险的保障额。具体如下：

1.(收入－日常开支)×10％用于购买个人医疗费用保险及意外、重疾保险。

2.(收入－日常开支)×20％用于养老及子女教育，确保子女的教育不受影响，日后年迈时有足够的养老金从而不增加子女负担，由于它是以后必定要花费的资金，所以不容有半点投资风险，惟有教育保险/养老保险才能以合同形式标注退休时可领的金额来保证以后自己享有怎样的养老生活。

3.以后随着净收入的增加，以上重疾险和养老险还可继续增加保额。满足此需求的基础上，可考虑购买投资型保险。

参考文献

1.《中华人民共和国保险法》(2015 年修订)。
2.《风险管理与人身保险》,中国人身保险从业人员资格考试教材,2009 年版。
3.《人身保险合同》,中国人身保险从业人员资格考试教材,2009 年版。
4.《人身保险产品》,中国人身保险从业人员资格考试教材,2009 年版。
5.裘红霞:《保险学》,清华大学出版社 2011 年版。
6.李洁:《保险概论》,清华大学出版社 2005 年版。
7.曹时军、曾玉珍:《保险学原理与实务》,北京大学出版社 2007 年版。
8.郝演苏:《保险学教程》,清华大学出版社 2004 年版。
9.粟芳、许谨良:《保险学》,清华大学出版社 2006 年版。
10.孙祁祥:《保险学》,北京大学出版社 2009 年版。
11.江生忠:《保险学理论研究》,中国金融出版社 2007 年版。
12.项俊波:《保险基础知识》,中国财政经济出版社 2013 年版。
13.林宝清:《保险法原理与案例》,清华大学出版社 2006 年版。
14.奚晓明:《中华人民共和国保险法条文理解与适用》,中国法制出版社 2010 年版。
15.郑功成、许飞琼:《财产保险》,中国金融出版社 2010 年版。
16.黄华明:《中外保险案例分析》,对外经济贸易出版社 2004 年版。
17.徐昆:《保险市场营销学》,清华大学出版社 2006 年版。
18.孙秀清:《中国区域保险发展研究》,东北财经大学出版社 2008 年版。
19.刘永刚:《保险学》,人民邮电出版社 2013 年版。
20.钟明:《保险学》,上海财经大学出版社 2011 年版。